इस्मत चुग़ताई

इस्मत चुग़ताई का जन्म 21 अगस्त, 1915 को बदायूँ, उत्तर प्रदेश में हुआ। इस्मत ने निम्न मध्यवर्गीय मुस्लिम तबक़े की दबी-कुचली-सकुचाई और कुम्हलाई लेकिन जवान होती लड़कियों की मनोदशा को उर्दू कहानियों व उपन्यासों में पूरी सच्चाई से बयान किया है। इस्मत चुग़ताई पर उनकी मशहूर कहानी 'लिहाफ़' के लिए लाहौर हाईकोर्ट में मुक़दमा चला, लेकिन ख़ारिज हो गया। *गेन्दा* उनकी पहली कहानी थी जो 1949 में उर्दू साहित्य की सर्वोत्कृष्ट साहित्यिक पत्रिका *साक़ी* में छपी। उनका पहला उपन्यास *ज़िद्दी* 1941 में प्रकाशित हुआ। *मासूमा, सैदाई, जंगली कबूतर, टेढ़ी लकीर, दिल की दुनिया, अजीब आदमी, एक क़तरा ख़ून* और *बाँदी* उनके अन्य उपन्यास हैं। *कलियाँ, चोटें, एक रात, छुई-मुई, दो हाथ, दोज़ख़ी, शैतान* आदि कहानी-संग्रह हैं। हिन्दी में *कुँवारी* व अन्य कई कहानी-संग्रह तथा अंग्रेज़ी में उनकी कहानियों के तीन संग्रह प्रकाशित हैं जिनमें *काली* काफ़ी मशहूर हुआ। कई फ़िल्में लिखीं और *जुनून* में एक रोल भी किया। उनकी पहली फ़िल्म *छेड़-छाड़* (1943) थी। कुल 13 फ़िल्मों से वे जुड़ी रहीं। उनकी आख़िरी फ़िल्म *गर्म हवा* (1973) को कई अवार्ड मिले।

'साहित्य अकादेमी पुरस्कार' के अलावा उन्हें 'इक़बाल सम्मान', 'मख़दूम अवार्ड' और 'नेहरू अवार्ड' भी मिले। अदबी दुनिया में 'इस्मत आपा' के नाम से विख्यात इस लेखिका का निधन 24 अक्टूबर, 1991 को हुआ। उनकी वसीयत के अनुसार मुम्बई के चन्दनबाड़ी में उन्हें अग्नि को समर्पित किया गया।

राजकमल पेपरबैक्स में
पहला संस्करण : 2016
पाँचवाँ संस्करण : जनवरी, 2022
आठवाँ संस्करण : जनवरी, 2024

राजकमल पेपरबैक्स : उत्कृष्ट साहित्य के जनसुलभ संस्करण

राजकमल प्रकाशन प्रा.लि.
1-बी, नेताजी सुभाष मार्ग, दरियागंज
नई दिल्ली-110 002
द्वारा प्रकाशित

शाखाएँ : अशोक राजपथ, साइंस कॉलेज के सामने, पटना-800 006
पहली मंजिल, दरबारी बिल्डिंग, महात्मा गांधी मार्ग, प्रयागराज-211 001
1, अनमोल सोराबजी संतुक लेन, धोबी तलाव, मरीन लाइंस, मुम्बई-400 002
वेबसाइट : www.rajkamalprakashan.com
ई-मेल : info@rajkamalprakashan.com

बी.के. ऑफसेट
नवीन शाहदरा, दिल्ली-110 032
द्वारा मुद्रित

मूल्य : ₹299

LIHAAF
Stories by Ismat Chughtai

ISBN : 978-81-267-2704-9

लिहाफ़

इस्मत चुग़ताई

लिप्यन्तर
सुरजीत

सम्पादक
अब्दुल मुगनी

राजकमल पेपरबैक्स

क्रम

निवाला

पूरी चाल में एक द्वन्द्व मचा हुआ था। ऐसा मालूम हो रहा था, जैसे किसी खोली में साँप निकल आया है या किसी के बाल-बच्चा हो रहा है। औरतें एक खोली से दूसरी खोली में घुस रही थीं। शीशियाँ, बोतलें, डिब्बे लिये सब की सब सरला बेन की खोली की तरफ़ तक रही थीं, जैसे सरला बेन का आख़िरी वक़्त हो और सारी पड़ोसिनें अपनी-सी करने पर तुली हों।

एक तरह से तो सरला बेन का वाक़ई आख़िरी वक़्त था।

उनकी ट्रेन बस छूटने ही वाली थी। पूरे तैंतीस बरस की होतीं, अगर उनके दूरंदेश वालिदैन ने प्रभाकर के सर्टीफ़िकेट में उनकी उम्र के पूरे पाँच साल न हड़प कर लिये होते।

मगर काग़ज़ की उम्र ऐसा ज़बरदस्त सहारा नहीं होती।

वह यू.पी. के किसी गुमनाम से गाँव की पैदावार थीं, मगर बम्बई में इतने साल रहीं कि वतन को भूल-भाल के बम्बई की ही हो गई थीं। उन पर किसी सूबे का ठप्पा नहीं था। कोई उन्हें गुजराती समझता, कोई मारवाड़ी और सिंधी। बस, जगत सरला बेन हो गई थीं।

सरला बेन के.ई.एम. हॉस्पिटल में नर्स थीं। महँगाई अलाउंस मिला के दो सौ चालीस रुपए मिलते थे। बारह रुपए कमरे का किराया देकर इतना बच जाता था कि बड़े ठाठ से रहती थीं। हॉस्पिटल से मरहम-पट्टी का सामान, ए.पी.सी. की गोलियाँ, मरक्यूरीक्रोम, अस्ली ग्लीसरीन और पेटेंट दवाओं के सैम्पल लाकर मुफ़्त तक़्सीम किया करती थीं। उनका कमरा आस-पास के इलाक़े के लिए अच्छा-भला हॉस्पिटल था।

सरला बेन बड़े काम की चीज़ थीं। ऊपर से शक्ल-सूरत के साथ-साथ चाल-चलन ऐसा था कि कभी किसी की गृहस्थी पर शह[1] पड़ने का खदशा[2] नहीं हुआ। यही वजह थी कि वह बेइन्तिहा हरदिल-अज़ीज़[3] थीं। जिधर निकल जातीं, उनके जनाए हुए बच्चे कुलबुलाते, रोते-बिसूरते नज़र आते। लोग उनके क़दमों में आँखें

1. संकट, 2. शंका, 3. लोकप्रिय,

बिछाते। हर सौदे वाला, हर दुकानदार उन्हें रिआयत से माल देता। वह मोल-तोल करती जातीं और मरीज़ों के हाल-चाल पूछती जातीं।

"क्यों रे तुलसी, बहू की कमर का दर्द कैसा है...अरे शाकिर मियाँ, आमना बीबी के पैरों की सूजन उतरी कि नहीं। शाम को ले आना। इंजेक्शन दे दूँगी। अरे ओ रजनी, तेरे घुटनों के दर्द का क्या हुआ? तेरा मर्द फिर दारू पीकर आने लगा है?"

वह ख़ैर-ख़बर पूछती गामदेवी के नुक्कड़ वाले बस-स्टॉप पर पहुँच जातीं और उनके मरीज़ उनको दुआएँ देते रह जाते।

बस सबको यही दुख था कि सरला बेन अब तक कुँआरी बैठी थीं। अगर शादी के बाद बेवा हो गई होतीं या मियाँ छोड़कर चला जाता, तो भी सब्र आ जाता, मगर यह तो निरा अँधेर था कि उनकी रेल छूट रही थी और जीवन-साथी का दूर-दूर तक निशान न था। सबके सिर उनके एहसानों के बोझ से झुके हुए थे। वह सबके लिए करती थीं, लेकिन उनके लिए कोई कुछ नहीं कर सकता था। यह शहर बम्बई है। यहाँ ज़िन्दगी सरपट दौड़ती है। यहाँ मश्शाता[4] और नाइन का फ़ैशन ख़त्म हो चुका है। यहाँ तो बस आँख लड़ जाती है और ब्याह हो जाता है।

सरला बेन फ़िल्म-हीरोइन न सही, डरावनी भी न थीं कि कोई अल्लाह का बन्दा उन पर आशिक़ ही न हो जाए। आदमी का बच्चा थीं। बाप बचपन ही में मर गए। माँ हमेशा की रोगी सिंगर मशीन के बल-बूते पर उन्हें पालती रहीं। फिर जब बेटी कमाने लगी, तो वह बिल्कुल ही टूट गईं। दो-एक बार उचटता हुआ उन्हें बेटी के ब्याह का ख़याल आया, मगर इस ख़याल के कोई माक़ूल सूरत इख़्तियार करने से पहले ही वह चल बसीं। वह दिन और आज का दिन सरला बेन ऐसी अपने काम में जुटीं कि शादी का ख़याल तक न आया। ख़याल आया भी होगा, तो उन्होंने किसी से तक़ाज़ा नहीं किया। और था भी कौन, जिससे तक़ाज़ा करतीं कि भई हमारा ब्याह करा दो?

कहते हैं, अगर कोई कुँआरी कन्या बैठी रहे, तो धरती की छाती पर बोझ होता है और धरती के इस कर्ब[5] का पाप सबको लगता है। कम-अज़-कम सरला बेन के जाँनिसारों[6] का तो यही अक़ीदा[7] था। उनकी नेकी और पारसाई[8] क़ाबिले-सिताइश[9] थी मगर नेकी की भी एक हद होती है। यह तो उनसे कोई नहीं कहता था कि बाबा, किसी भी ऐरे-ग़ैरे नत्थू-ख़ैरे के गले में बाँहें डालकर झूल जाओ, मगर औरत के चन्द गुर हैं, जिन्हें अगर सलीक़े से इस्तेमाल किया जाए, तो कोई मुज़ायका[10] नहीं। आजकल तो वर फाँसना अकेले माँ-बाप के बस की बात भी नहीं। अच्छी शरीफ़ज़ादियाँ भी अब तो चिड़िया ख़ुद ही घेरती हैं। फिर शरमाकर सिर झुकाकर डोर वालिदैन के हाथ में थमा देती हैं। कोई दाग़ नहीं लगता। किसी

---

4. प्रसाधिका, 5. यातना, 6. जान न्योछावर करनेवाले, 7. विश्वास, 8. संयम, 9. प्रशंसनीय, 10. हरज,

को पता भी नहीं चलता। वालिदैन सुर्ख़रू, दूल्हा-दुल्हन भी मग्न! यों हुआ करती हैं शादियाँ, मगर नहीं हो पातीं, तो बेचारी सरला बेन जैसी मुसमुसी गालों की, जो दुनिया के ज़ख़्मों पर फाहा रखने में ऐसी गुम हैं कि अपना कुछ होश ही नहीं। सबके दुख बाँटती हैं। रातें आँखों में काट देती हैं। नौ-ज़ाइदा[11] बच्चे हथेलियों पर झेलती हैं...और फिर अपनी नीम-तारीक[12] खोली में उलटा-सीधा निगलकर सूनी खाट पर पड़ जाती हैं। कोई इतना नहीं, जो उनकी तन्हाई[13] के रिसते हुए ज़ख़्मों पर फाहा रखे।

यह इतना बड़ा चीख़ता-चिंघाड़ता बम्बई! क्या यहाँ कोई अकेला किसी औरत के प्यार का भूखा नहीं? किसी औरत के लम्स[14] की चाहत नहीं? सरला बेन किसी की मुहताज नहीं, अपनी कमाई खाती हैं। सारी चाल में एक नगीना-सा कमरा है, जो किसी फ़्लैट से कम नहीं...सोफ़ा-कुर्सी भी हैं, अपना अलग संडास भी...अब और क्या चाहिए इस दुनिया में...

लोगों का क्या है! कुँआरे तो आँखों में खटकते हैं। हर दम शादी की दुआएँ, शादी के तक़ाज़े। लो भई, शादी कर लो। बच्चे की फ़रमाइश! एक बच्चा हुआ, तो यह उलाहना है कि ऐ है, बस एक ही...चलो दूसरा पैदा कीजिए, मगर सरला बेन को भी यक़ीन न हुआ था कि वह सदा कुँआरी ही रहेंगी। कोई तो होगा, उनका यहाँ से वहाँ तक फैली दुनिया में। कोई एक अल्लाह का बन्दा है, जिसे ख़ुदा ने उनकी जिन्दगी का हिस्सेदार बनाया होगा। यह और बात है कि वह उसे ढूँढ़ नहीं पाईं। लोगों के कहने से उन्हें और भी ख़याल आने लगे, मगर जब भी उन्होंने किसी को इस ख़याल से देखा, वह शजरे-ममनूआ[15] साबित हुआ और अपनी बीवी की पोशीदा[16] बीमारियों का रोना ले बैठा। कुछ वक़्त साथ गुज़ारने को तो बहुत से तैयार मिले, मगर हाथ पकड़कर निभाने के ख़याल से बरात लेकर घोड़ी चढ़ने का अरमान किसी के दिल में न झाँका। हॉस्पिटल में कभी किसी ने गहरी-गहरी पुर-असरार[17] आँखों से उन्हें न देखा। कभी किसी ने उन्हें हटकर रास्ता देने की ज़रूरत तक न महसूस की। लोग दनदनाते निकल जाते और वह आड़ी होकर दीवार से लग जातीं।

गामदेवी के नाके से वह रोज़ सुबह को पौने आठ बजे वाली बस पकड़ा करती थीं। बस में सब ही रोज़ के जाने-पहचाने हुआ करते थे। सबकी सीटें कुछ मुक़र्रर-सी हो गई थीं। उस दिन वह बेख़याली में अपनी सीट की तरफ़ बढ़ीं। एक अजनबी को वहाँ बैठा हुआ देखकर उन्होंने ठसाठस भरी हुई बस पर एक ताइराना[18] नज़र डाली और बस के बीच में लटकी हुई रकाब पकड़कर खड़ी हो गईं। अजनबी ने उन्हें सिर से पैर तक देखा और खड़ा हो गया।

''बैठ जाइए...'' वह रकाब पकड़कर खड़ा हो गया और अख़बार पढ़ता रहा।

11. नवजन्मे, 12. अध-अँधेरी, 13. अकेलेपन, 14. स्पर्श, 15. निषिद्ध वृक्ष, 16. गोपनीय, 17. रहस्यपूर्ण, 18. उड़ती हुई, उचटती हुई,

उन्होंने पहले तो बौखलाकर झट से अपना बटुआ दबोचा कि कहीं कोई चोर-उचक्का तो नहीं। फिर समझीं, किसी पेशेंट का शौहर होगा और अभी पैरों के वरम[19] और कमर के दुख-दर्द का क़िस्सा शुरू कर देगा, मगर रकाब पकड़े वह खड़ा झूलता रहा और अख़बार पढ़ता रहा। जब उन्हें यक़ीन आ गया कि वह ख़ुद भी किसी मुहलिक मरज़[20] में मुब्तला[21] नहीं, तो वह सन्नाटे में रह गईं। ऐसा तो कभी होता नहीं!

मगर दूसरे दिन जब फिर वही हुआ कि वह बस पर चढ़ीं, और उसने अपनी जगह छोड़ दी और खड़ा हो गया, तो वह बैठने को तो बैठ गईं, मगर बड़ी कसमसाईं। उनकी समझ में नहीं आया, क्या करें। जी चाहा कि उसे मुट्ठी भर सल्फ़े की गोलियाँ ही दे दें। कहीं ज़ख़्म तलाश करके मरक्यूरीक्रोम का फाहा रखकर सफ़ेद झक-सी पट्टी बाँध दें, मगर उसकी मुकम्मल सेहत से उन पर ओस पड़ गई। एक खरोंच तक का निशान न था। वह बस में बेतअल्लुक़-सा खड़ा झूलता रहा और अख़बार पढ़ता रहा।

तीसरे दिन जब यही हादसा हुआ, तो सरला बेन के छक्के छूट गए।

'निगोड़े काहे को मुझे रोज़-रोज़ सीट देता है। क्या तेरी अम्माँ-बहनें नहीं कलमुँहे!' उनका जी चाहा, उसे किसी बात पर ख़ूब जली-कटी सुनाएँ, मगर वह ऐसा बेतअल्लुक़-सा खड़ा झूल रहा था कि उन्हें बात बेतुकी-सी लगी।

जब हफ़्ता भर यही दस्तूर चलता रहा, तो सरला बेन बिल्कुल उथल-पुथल हो गईं। ख़िदमत-गुज़ारियों[22] की तो वह आदी हो चुकी थीं। किसी का एहसान उठाने की उनमें आदत न थी। उनके दिल पर बोझ बढ़ने लगा। ड्यूटी पर उन्हें बार-बार ख़याल आता कि क्या करें। दूसरी बस पर चलें, तो वक़्त पर पहुँचना नामुम्किन!

सरला बेन की कुछ समझ में नहीं आ रहा था कि यह क्या हो रहा है। वह दुनिया से रूठी-रूठी रहने लगीं, जैसे कोई उनके साथ सख़्त ज़्यादती कर रहा हो। उनका मिज़ाज बड़ा नाज़ुक हो गया। अब वह बात-बात पर उलझ पड़तीं। बेबात के रोने लगतीं। ड्यूटी से लौटतीं, तो आँखें बन्द करके खाट पर पड़ जातीं, खाने की भी सुध-बुध न रहती, किसी को कुछ दुख-दर्द भी होता, तो पास आते डरता...

"सरला बेन को इश्क़ हो गया है..." सत्तो गिरहकट ने राम दई को बताया।

"दुर मुए! तेरी खाट कटे। सरला बेन तो देवी हैं देवी!" राम दई ने सत्तो की सात पुश्तें तूम डालीं।

"मैं जो कह रहा हूँ।"

"क्या कह रहा है! तेरे मुँह में भूभल!"

मगर जब सत्तो गिरहकट ने बताया कि गामदेवी के नाके पर उसकी बिज़नेस होती है। हर एक को तोलना, परखना, उसकी जेब को हल्का करना, उसका रोज़

---

19. सूजन, 20. घातक रोग, 21. ग्रस्त, 22. सेवा करने,

का काम है। एक अदद बाबू रोज़ाना अपनी सीट सरला बेन को दे देता है और ख़ुद खड़ा सफ़र करता है। आज से नहीं, हफ़्तों से यह क़िस्सा चल रहा है और मुआमला क़तई पटता नज़र आ रहा है।

"हाय! मैं मर जाऊँ!" राम दई ने छाती कूट ली और दौड़ी-दौड़ी शब्बो के पास गई। शब्बो भी सन्नाटे में रह गई। फिर दोनों मिलकर सआदत की बहू के यहाँ गईं। सआदत की बहू मुँडेर पर लौंडे को लटकाए इजाबत[23] करा रही थी।

"ख़ुदा की क़ुदरत!" लौंडा मोरी में गिरते-गिरते बचा।

फिर यह बात आग की तरह सारी चाल में घूम गई।

"ऐसा ही होता है।" लक्ष्मी घाए ने कहा। वह रेडीमेड कपड़ों में काज-बटन बनाती थी और बड़ी जहाँ-दीदा[24] थी। उसका मियाँ लापता था। एक लड़की थी, वह उसने मिशन स्कूल में दे दी थी। सब उसे गालियाँ देते थे कि उसने लौंडिया को ईसाई बनवा दिया है, लेकिन लक्ष्मी एक कान सुनती थी, दूसरे कान उड़ा देती थी। काज-बटन से कहीं पेट पलते हैं? सब जानते थे। वह रातों को जाया करती है। लाला के डर से गाहकों को चाल पर नहीं लाती, मगर किसी को क्या? उसने दारू पीकर कभी लफ़ड़ा नहीं किया, जैसे आए दिन एंटरी किया करती थी। नाम उसका एड था, मगर एंटरी होकर रह गया था। वह खुले बन्दों दारू का धन्धा करती थी। लाला को डरकर बख़्शिश देती थी। पुलिस से भी हफ़्ता मुक़र्रर था। कोई उसके मुँह नहीं लगता था, क्योंकि वह आए दिन दारू चढ़ाकर अंग्रेज़ी में गालियाँ दिया करती थी। कम से कम चाल वालों का तो यही ख़याल था। कई बार भँवर में आ चुकी थी और सरला बेन की शुक्रगुज़ार थी कि उन्होंने उसकी नैया पार लगाई थी। चाल में कई आबरू-बाख़्ता[25] औरतें रहती थीं, मगर किसी को ताने देने और एतिराज़ करने की फ़ुरसत न थी। हर एक की कोई न कोई रग दबती थी।

"तो ब्याह क्या चाल में ही रचेगा?"

"और क्या? सामने के मैदान में तम्बू तन जाएगा। बम्बई में तो बड़ी-बड़ी शादियाँ तम्बू तान के की जाती हैं।" शब्बो ने फ़ैसला दिया।

"हाय! मज़ा आवेगा! अपनी सरला बेन दुल्हन बनेगी!" राम दई को शादियों का बड़ा शौक़ था। वह हर मौसम में नई शादी रचाती थी। कुछ दिन बाद दूल्हा उसकी ठुकाई करके कभी-कभी कपड़े-लत्ते तक चुराकर भाग जाता। अभी पिछली शादी तो उसने बाक़ायदा की थी। तम्बू तानने में बहुत ख़र्चा आता, इसलिए बस खोली ही में पंडित लोहे की अँगीठी जैसा हवन लेकर आ गया, और फेरे डाल दिए। राम दई ख़ूब सजकर दुल्हन बनी। चाल पर अजब अरूसाना मूड छा जाता। ख़ूब-सी मेहँदी घोलकर सबने थोपी। टीन बजाकर फ़िल्मी गाने गाए गए। रुख़्सती के वक़्त जो हाथ लग गया, राम दई उससे गले लग-लग रोई, "मेरा बैरन...हाय मेरा

23. शौच, 24. अनुभवी, 25. इज़्ज़त बेचनेवाली,

बाबुल...हाय, मुझे मत अपनी ड्योढ़ी से निकालो!'' वह किसी फ़िल्मी सीन की याद में चिंघाड़ती रही। पनवाड़ी ने तेज़-तेज़ आवाज़ में ग्रामोफ़ोन लगा दिया, ''काहे को ब्याही बिदेस!'' गो निहायत सरपट चिनचिनाती आवाज़ में बेहद बेसुरी औरतें गा रही थीं, मगर यह कम्बख़्त गीत ही कुछ ऐसा है कि जी भर आता है। बेटी की रुख़्सती का समाँ भी अजीब होता है, हालाँकि राम दई रुख़्सत नहीं हुई। उसका भैंगा दूल्हा भी ब्याह कर चाल ही में आ गया।

कई दिन राम दई शरमाती, लजाती, पायल बजाती फिरती रही। फिर दूल्हे ने उसकी पिटाई शुरू कर दी, रोज़ दारू पीकर हड्डियाँ तोड़ता। महीने भर के अन्दर-अन्दर वह उसके चाँदी के कड़े और नाक की लौंग लेकर भाग गया। राम दई थोबड़ा सुजाए कई दिन तक लँगड़ाती रही और उसकी जान को कोसती रही।

इन तल्ख़[26] तज़र्बों के बावुजूद लफ़्ज़ शादी से राम दई के दिल में लड्डू फूटने लगते। अपने अलावा भी किसी की शादी हो, तो मुज़ायका नहीं। मौक़ा ख़ुशी का है।

डरते-डरते सरला बेन को छेड़ा गया। और जब वह ज़रा झेंप गईं, तो बस धर लिया गया।

''सरला बेन, ब्याह कर डालो...''

''हाँ जी, यही उम्र है, खेलने-खाने की!''

''तुम्हारे माता-पिता की आत्मा को भी शान्ति मिलेगी!''

''हाय राम! हम तो ख़ूब हलचल मचाएँगे!''

''चौक में तम्बू तनेगा।''

''दूल्हा घोड़े पर चढ़कर आवेगा!''

''सरला बेन, घूँघट काढ़ोगी?''

''ऐ भला, क्यों न काढ़ेंगी! कहीं बिना घूँघट दुल्हन बनी है।'' राम दई ने राय दी। वह इस लाइन में एक्सपर्ट मानी जाती थी।

''हाय, चाल सूनी हो जाएगी।''

''सआदत की बहू का बच्चा कौन जनेगा?'' हर साल सआदत की बहू को सरला बेन की ख़िदमत की ज़रूरत पड़ती थी।

''सूत न कपास, कोल्हू से लट्ठम-लट्ठा!'' सरला बेन चिढ़ गईं, ''किसने कह दिया तुमसे शादी-ब्याह का?''

''ऐ है, तो फिर रोज़ सीट बस में क्यों देते हैं?'' शब्बो तनतनाई।

''यह तो उनकी भलमनसाहत है,'' सरला बेन नर्मी से मुस्कराई!

''ऐ, तेल देखो, तेल की धार देखो। आज सीट देते हैं, कल दिल भी देंगे।'' सआदत की बहू ने गोदी के लौंडे को कूल्हे पर ठसककर फ़ैसला किया। इस पर सब चहक उठीं।

---

26. कटु,

इन प्यारी-प्यारी बातों से सरला बेन की आँखों में भी ख़्वाब झूम उठे। उन्हें इन मद्क़ूक़[27], आबरू-बाख़्ता, हर्राफा[28] औरतों पर प्यार आ गया। दिल शुक्रगुज़ारी के एहसास से लबरेज़[29] हो गया।

"अबकी बार दूध कम उतरने की शिकायत तो नहीं।" वह बात बदलने को एकदम नर्स बन गईं।

"अभी तक तो नहीं!" सआदत की बहू मिनमिनाई।

"और देख एडिथ, अबके जो कुछ लफ़ड़ा हुआ, तो क़सम से पुलिस में दे दूँगी!"

"बाबा, वह लोग हस्बैंड का नाम पूछते।" एडिथ भिन्नाई!

"एंटरी, सिद्दीक बाबू का नाम दे दे।" राम दई ने मश्वरा दिया।

"बट, हम कैथोलिक हैं, वह लुच्चा..."

"तो सरमा जी का नाम दे दे..."

"चुप रहो चुड़ैलो..." सरला बेन ने सबको डाँटा, और सआदत की गोद के लौंडे को चुप कराने के लिए चमचा भर सीरप उसे चटा दिया, "दूर हो यहाँ से!"

"पहले यह बताओ, शादी कब होगी?" शब्बो अड़ गई।

"हाँ, तारीख़ मुक़र्रर हो जाए।" लक्ष्मी ने मुतालबा[30] किया।

"किसकी शादी? कैसी तारीख़? कोई बात न चीत!" सरला बेन बिगड़ गईं।

"बात न चीत, यह कैसे? क्या दूल्हा गूँगा है?" क़हक़हा पड़ा।

और फिर सबने बौखलाई हुई सरला बेन को समझाया कि उनकी ढील ही से यह हुआ है कि उन जैसी गुणवंती कुँआरी बैठी है। मर्द की ज़ात तो ठलुवा होती है, जब तक मुँह में निवाला न ठूँसो, बात नहीं बनती। सब सरला बेन के बहीख़्वाह[31] हैं, दुश्मन नहीं। कहो तो अपनी जानें भी तुम्हारे लिए दे दें। यह चिड़िया अब हाथ से नहीं जानी चाहिए!

"कहो, तो उनसे बात करने को बोलूँ!" सआदत की बहू ने पूछा।

"अरे, हम ख़ुद बात करने को तैयार हैं उनसे कि बाबा, लड़की पसन्द है, तो ऐसा बात करो!" मगर राम दई की इस राय से सबको इख़्तिलाफ़[32] पैदा हो गया। उसे मर्दों को फाँसने में मलिका[33] हासिल है, मगर कम्बख़्त को शादी का चस्का पड़ चुका है। अगर अमानत में ख़यानत की गई, तो?...न बाबा, राम दई से अल्लाह बचाए।

"शायद बेचारों की हिम्मत नहीं पड़ती। यह रोब-दाब से चश्मा चढ़ा के जाती हैं। वह सोचते होंगे मीठी नज़र से देखा और जूते पड़े।" शब्बो ने तश्ख़ीस[34] की।

---

27. क्षय-रोगी, 28. कुलटा, 29. भर, परिपूर्ण, 30. माँग, 31. शुभचिन्तक, 32. असहमति, 33. प्रवीणता, 34. जाँच,

"कपड़े-लत्ते का असर तो पड़ता है!"

"ड्यूटी की और बात हुई, पर यह हर घड़ी डॉक्टरनी बनी रहवें हैं।"

"औरत को कुछ सिंगार तो करना ही पड़ता है। अरे, यह मुखड़ा, इस पर मेकअप हो, तो क़सम से श्रीमान के छक्के छूट जाएँ!"

"और कपड़े भी भड़कदार हों।"

"थोड़ा-बहुत तेल-फुलेल!"

"हाथों में चूड़ियाँ।"

"कानों में आवेजे...फिर देखते हैं, बाबू जी कहाँ जाते हैं!"

सरला बेन ने उस वक़्त तो सबको झिड़क दिया, मगर सोच में पड़ गईं। यह दुनिया का दस्तूर है। बम्बई में एक से एक भड़कदार औरत घूमती है...सूनी-सादी औरतों पर नज़र ही नहीं टिकती।

जैसा मौक़ा, वैसा भेस!

मगर उसके पास तो सादी कन्नी की साड़ियाँ थीं, दो-चार बदरंग-सी खटाऊ की होंगी। गले में तार-सी ज़ंजीर तो पड़ी रहती है, अगरचे उसे ज़ेवर कहना ज़्यादती है। माँ की यादगार है।

रात के सन्नाटे में उनके दिमाग़ में रंग-बिरंगे कपड़े और ज़ेवर थिरकते रहे।

"शायद ब्याहता है।" दूसरे दिन शब्बो ने फ़िक्रमन्द होकर कहा।

"नहीं, ब्याहे तो नहीं!"

"कैसे मालूम!"

"बस में कोई दोस्त मिले, तो पूछ रहे थे, 'कमरा मिला?' वह बोले, 'हाँ मिला।' कहने लगे, 'अब शादी कर डालो!'"

"फिर क्या बोले?" राम दई क़रीब खिसककर बोली।

"हँसने लगे!"

"चलो, इधर से तो इत्मीनान हुआ। ज़ात के तो ठीक हैं?"

"हाँ, बैग पर रामस्वरूप भटनागर लिखा है। वह तो पहले ही दिन देख लिया था।"

"बस फिर क्या बात रह गई है, जो टाल-मटोल कर रही हो!"

"मुँह से जो नहीं बोलते!"

"कुछ मीठी नज़रों से कहते होंगे?"

"नहीं..." जो कहते भी होंगे, तो...सरला बेन के काहे को पल्ले पड़ेगा...राम दई हुई, एडिथ हुई, शब्बो ही होती, तो फट समझ जाती। दो दिन में बाबू जी मुट्ठी में होते।"

"ठंडी साँस भरी!"

"नहीं...!"

"तो यह मर्दुआ कौन-सी मिट्‌टी का बना है?" सआदत की बहू बिगड़ गई।

बड़ी काँय-काँय के बाद तय हुआ कि सरला बेन दूरंदेशी पर तैयार हों। तीर-तुफ़ंग[35] से लैस होकर मुँह में निवाला दें, तब ही नैया पार लगेगी।

बस इसी कारण औरतें अपने-अपने तर्कशों से सामान निकाल-निकालकर सरला देवी की कुमक को पहुँचने लगीं। शबाना कभी फ़िल्मों में एक्स्ट्रा का काम भी ले लेती थी। वह वहाँ से न जाने क्या अटरम-सटरम लाया करती थी। हैज़लीन स्नो तो सआदत की बहू के पास भी साल भर से पड़ी थी। एडिथ के पास तो तमाम स्मगल किया हुआ कॉस्मेटिक था। वह एक हेयर-ड्रेसर को भी जानती थी, और ख़ुद भी फ़र्स्ट-क्लास ग़ुब्बारे-नुमा ऊँचे, तूँबी जैसे बाल बना लेती थी। उसके पास ऐसे-ऐसे छोटे-बड़े कपड़े थे, जो अगर खपच्ची को पहना दो, तो बुते-क़ाफ़िर बन जाए।

बस सब की सब मरम्मत पर जुट गईं। सरला बेन ने बहुत न-न की, मगर शब्बो ने अपनी प्याज़ी नाइलोन जार्जेट की साड़ी, जिस पर सीकुएंस का काम बना था, उन्हें पहनाई। ब्लाउज़ पर बहुत झगड़ा पड़ा। शब्बो कहती थी, ताज़ातरीन फ़ैशन के मुताबिक़ सुर्ख़ ब्लाउज़ और सुर्ख़ पेटीकोट होना चाहिए, नीचे से चलका मारेगा और लाल ही सैंडल हों, तब आएगा मज़ा।

सरला बेन निगोड़ी को न फ़िटिंग का पता, न मैचिंग के राज़ मालूम! उनके हाथों में खेल बनती रहीं।

मुँह पर पहले क्रीमें थोपी गईं, मअ[36] सआदत की बहू की हैज़लीन स्नो के, जो सूख चुकी थी, क्योंकि वह बुरा माने जा रही थी। फिर रोज़ और पाउडर के पलस्तर चढ़े। ख़ूब-सा स्याह सूत लेकर तूँबी की शक्ल का जूड़ा बना, फिर ज़ेवर की बारी आई। इस पर ख़ानाजंगी[37] होते-होते बची। हर शख़्स यही चाहता था कि उसका चन्दा ज़्यादा से ज़्यादा हो।

जब ऊँची एड़ी के कारचोबी सैंडल पहनकर सरला बेन बस स्टॉप पर लहराती-डगमगाती पहुँचीं, तो उनकी बग़ैर ऐनक की आँखों में तिरमिरे नाच रहे थे। पसीने के शरारे[38] छूट रहे थे।

"क्या औरत होना काफ़ी नहीं। एक निवाले में इतना अचार, चटनी, मुरब्बा क्यों लाज़िमी है।" उनकी आँखों में आँसू चलने लगे।

और फिर उस निवाले को बचाने के लिए सारी उम्र की घिस-घिस!

जब थोड़ी ही देर बाद लोगों ने सरला बेन को लश्तम-पश्तम वापस लौटते देखा, तो सबके हाथों के तोते उड़ गए। वह बग़ैर दूल्हा के डगमगाती-लरज़ती[39] चली आ रही थीं। गालों पर काजल की लकीरें बहाती, वह गटर में गिरते-गिरते बचीं।

---

35. बन्दूक, 36. समेत, 37. गृहयुद्ध, 38. चिनगारियाँ, 39. काँपती,

''निवाला थूक दिया गया!''

''यह कैसे हुआ? क्यों हुआ?'' सरला बेन सवालों की बौछार से बेदम होकर पलंग पर गिर पड़ीं

वह जब बस में दाख़िल हुईं, तो वह उनसे क़तई ग़ाफ़िल[40] अख़बार पढ़ता रहा। वह रकाब पकड़े सीट के पास खड़ी झूलती रहीं और वह बस के दरवाज़े की तरफ़ बार-बार देखता रहा, जैसे किसी का मुन्तज़िर[41] हो।

उन्होंने नज़रों के सारे तीर उसके कलेजे में झोंक दिए, मगर वह उनकी तरफ़ से मुँह मोड़े दरवाज़े को तकता रहा।

उन्होंने कान्ता की महक में बसा हुआ गुलाबी आँचल ढलकाया, मगर उसने अख़बार से नज़रें न उठाईं।

उन्होंने एक भरपूर अँगड़ाई ली, मगर उसकी आँखों में मस्तियाँ न लहराईं। उसने एक पथराई हुई नज़र उन पर डाली और उनके धूम-धड़क्के को बे-एतिनाई[42] से ठुकराता हुआ अख़बार पर झुक गया।

सामने की सीट ख़ाली हो गई। और वह उस पर ढह गईं।...सारे तीर सनसनाते हुए वार ख़ाली दे गए और ख़ाली तर्कश लरज़ता रहा, काँपता रहा।

डरते-डरते उन्होंने अपनी सीट से मुड़कर देखा। वह बस से उतरकर जा रहा था। उतरते वक़्त उसने बस-स्टैंड पर धन्धा चलाते हुए सत्तो गिरहकट से पूछा, ''क्यों रे पाजी, आज सरला देवी नहीं आईं?''

सत्तो गिरहकट हकलाता रह गया और अजनबी लम्बे-लम्बे डग भरता, सामने गली में गुम हो गया।

---

40. बेख़बर, 41. प्रतीक्षारत, 42. बेपरवाही।

तन्हा-तन्हा

"अच्छा रशीद ?"

"उफ़ ! तौबा करो !"

"नईम ?"

"बालिश्तिया !"

"मगर बाप की ढेरों जायदाद..."

"मगर डार्लिंग, मैं पाँच इंच की हील पहनती हूँ।"

"अच्छा, अच्छा, मगर दिलशाद मिर्ज़ा..."

"मम..." शहज़ाद के गुलाबी होंठ भीग गए। काली-काली पुतलियाँ सिमटीं और फैल गईं। एक चुलबुली शोख़ लट ने फिसलकर बाएँ गाल को चूम लिया। मुँहज़ोर उमंगों ने उसूलों का एक पल के लिए दौराने-ख़ून[1] रोक दिया। दिलशाद मिर्ज़ा का छह फ़ीट दो इंच का क़द पाँच इंच की हील के बावुजूद क़ुतुब मीनार की बुलन्दी की तरह ज़ेहन पर छा गया। फिर मीनार ने अनगिनत बाँहें फैलाकर उसके पिघलने, एहसासे-सुपुर्दगी[2] से मग़लूब[3] वुजूद[4] को समेटकर पी लिया। उबटन और ताज़ा पिसी हुई मेहँदी की महक नपाक के डबल पैग की तरह दिमाग़ में चढ़ गई। शहनाइयों के सुर पर नागिन मस्त होकर झूम उठी।

मगर दूसरे ही लम्हे उसने उस मद्होशकुन[5] समन्दर की तह पर ऊँची एड़ियों से ठोकर मारी और तीर की तरह सतह पर उभर आई। उसने चंचल लट को गाल पर से नोचकर जूड़े में उड़स दिया। हाथ की पुश्त से रसीले होंठों को रगड़ा और बिफरते समन्दर को तमाचा मारकर गर्म ख़ुश्क रेत पर दोनों पाँव जमा दिए।

"कंगाल !"

"होश में आओ !" फ़रीदा झल्ला उठी। वह कॉलेज की उन लड़कियों में से थी, जो अपने-आपको आदमी का बच्चा होने की क़ाइल होते हुए दिलशाद मिर्ज़ा को तख़य्युल[6] में भी नज़र भरकर देखने का हक़दार नहीं समझतीं। उन्हें कॉलेज के तरहदार तलबा[7] के जोड़े लगाने में ही इश्क़बाज़ी के सारे मज़े मिल जाते हैं। इश्क़

1. रक्तसंचार, 2. समर्पण-अनुभूति, 3. पराजित, 4. अस्तित्व, 5. बेसुध करनेवाली, 6. कल्पना, 7. विद्यार्थियों,

दूसरे करते हैं और सोज़ो-गुदाज़[8] यह सहती हैं। अक्सर पैग़ाम-बरी[9] की सआदत[10] पाकर सुलगते, झनझनाते मुहब्बतनामे भी रिश्वत में पढ़ने को मिल जाते हैं।

"थीसिस मुकम्मल करते ही लेक्चरर हो जाएगा।"

"लेक्चरर और फिर एक दिन प्रोफ़ेसर और अगर बहुत क़िस्मत ने यावरी[11] की तो प्रिंसिपल!"

"यक़ीनन...दिलशाद बहुत प्रोमज़िंग..."

"मगर डार्लिंग, यह काले स्टूडेंट, लाइब्रेरी का कॉमन-रूम, सालाना जलसे, तक़्सीमे-इनामात,[12] सेमिनार, कॉन्फ्रेंस, सच बताओ, कभी तुम्हारा दिल नहीं चाहता कि टेस्ट-बुक धड़ से प्रोफ़ेसर के सिर पर मारकर भाग निकलो...और बहुत दूर जाकर पतंग उड़ाने लगो..."

"बाई गॉड! यू आर ए बिट मैड!"

"ए बिट नहीं, डियर! क्वाइट ए बिट..."

"अच्छा छोड़ो दिलशाद मियाँ को! ज़्यादा हसीन मर्द भी रास नहीं आते। कोहेनूर हीरे के लिए बड़े-बड़े क़ुफ़्ल[13] कौन ढूँढ़ता फिरे। तो अब बचा अपना तमीज़ुद्दीन, मगर तुम कहती हो, निहायत खूसट, घिसा-पिटा, बदतमीज़ नाम है।"

"ऊपर से शे'र कहता है और फिर तरन्नुम[14] से पढ़ने पर मुसिर[15]। एक तो शाइर, ऊपर से बजता हुआ..."

"आवाज़ तो बुरी नहीं!"

"यही तो रोना है। अगर आवाज़ बुरी होती, तो भीम-प्लासी में तोड़ी न घुसेड़ पाता...साफ़ पकड़ लिया जाता!"

"ऊँह! अब क्लासिकल म्यूज़िक की भी उस्ताद बन गईं। हाँ, हाँ! मालूम है। तुमने उस्ताद आशिक़ हुसैन से तालीम ली है," फ़रीदा ने शहज़ाद की मुस्कराहट पर चिढ़कर कहा, "तो यों कहो, तुम्हें रशीद जैसा क्रिकेट का बैट्समैन, नईम जैसा लखपति, शहज़ाद मिर्ज़ा जैसा सजीला और..."

"मँझली आपा के दूल्हा जैसा हँसमुख!" शहज़ाद ने लुक़्मा दिया[16]।

"और तसनीम के मियाँ जैसा जोरू का ग़ुलाम, और तिलक जैसा क़ौमपरस्त,[17] और भगत सिंह जैसा जाँबाज़[18] और टैगोर जैसा..."

गुस्ताख़ लट फिर बाएँ या दाएँ रुख़्सार[19] को चूमने के लिए उछल पड़ी और शहज़ाद के होंठों पर फिर शहद फूट आया।

"देखने में तो गावदी हो, मगर दिमाग़ के किसी कोने में है तो कुछ मसाला!"

"और...और गामा पहलवान जैसा..."

"बस...बस...फ़ुल-स्टाप के बाद मज़ीद[20] कुछ कहने की गुंजाइश नहीं..."

---

8. जलन, 9. सन्देशवाहन, 10. सौभाग्य, 11. मदद, 12. पुरस्कार-वितरण, 13. ताले, 14. लय, 15. आग्रहशील, 16. बीच में बोला, 17. राष्ट्रवादी, 18. प्राण-न्यौछावर करनेवाला, 19. गाल, 20. ज़्यादा,

अचानक एक पुरानी, छकड़ा मोटर चिंघाड़ती अहाते में दाख़िल हुई। पूरे ग्यारह मुसाफ़िर बरामद हुए। शायद इसीलिए बेचारी मोटर आहो-ज़ारी[21] कर रही थी। उनके बाद ड्राइवर यानी दिलशाद मिर्ज़ा लड़खड़ाते हुए बरामद हुए और बोनट पर ग़श खाकर गिरे...मगर बिलबिलाकर उछल पड़े। बोनट क्या, पूरी मोटर चिंगारियाँ छोड़ रही थी।

उफ़! क्या-क्या हँसते-खिलखिलाते रंगों में डूबे थे। ज़िन्दगी क्या थी, एक ला-मुतनाही[22] कहकशाँ थी। दिन और रात की क़ैद से आज़ाद!

उन दिनों फ़िल्मों की यह इफ़रात[23] न थी। तलबा फ़िल्म-स्टार्ज़ के पीछे दीवाने नहीं बने थे। आजकल की मार-धाड़ और नाच-गानों से भरपूर फ़िल्में बड़ी तहक़ीर[24] की निगाह से देखी जाती थीं। सिर्फ़ नौकर-चाकर ही सुलोचना, बिलीमोरिया की फ़िल्मी तस्वीरें बावर्चीख़ानों की ज़ीनत[25] बनाते थे। न्यू थियेटर, प्रभात या बम्बई टाकीज़ की फ़िल्में ही तलबा की इनायत[26] की हक़दार समझी जाती थीं और नौजवान फ़िल्मी सितारों के परवाने नहीं थे। लाइब्रेरियों, कॉमन-रूम में सियासी बहसें चलतीं या अदब और शायरी के चर्चे होते। अंग्रेज़ उस वक़्त ग़ासिब[27] और मुल्क के लीडर हरदिल-अज़ीज़ हीरो थे। दूसरी जंगे-अज़ीम के बाद मुल्क की आज़ादी के साथ-साथ बँटवारे की ज़रूरत का एहसास नहीं पैदा हुआ था। आज़ादी और बँटवारे का मस्अला कुछ मुब्हम[28]-सा था। उन दर्जन भर लड़कियों में शम्सा भी थी, और सुशीला भी, कमला भटनागर भी और तमीज़ुद्दीन भी। एलिस टोम्स भी और दिलशाद मिर्ज़ा भी शुस्ता[29] उर्दू के साथ नपे-तुले पुरतकल्लुफ़ अंग्रेज़ी के अल्फ़ाज़ और जुमले उस चंडूख़ाने के मनचले गिरोहों की ख़ास पहचान थे। यह तब्क़ा तअल्लुक़ादारों, ओहदेदारों के आला अंग्रेज़ी स्कूलों और मशहूर कॉलेजों से निकले हुए, ख़ुशनसीब नौजवानों का, जिनके मुस्तक़्बिल[30] रौशन थे और आइन्दा ज़िन्दगी के ख़्वाब ख़ुशगवार! उनमें कमोबेश कमतरी का शिकार, जिन्सी[31] बीमार मुस्तक़्बिल के धुँधलकों से फनफनाता, ज़हर उगलता नौजवान पहुँच ही नहीं पाता था, और अगर किसी तरह भेस बदलकर बाप-भाई के किसी बारुसूख़ वसीले या अपनी ज़हानत[32] के बल-बूते पर पहुँच भी जाता, तो वह अपने वुजूद पर केंचुली चढ़ाए रहता और अपनी जड़ का सुराग़ किसी को न बताता।

दिलशाद मिर्ज़ा आगरे के एक उजड़े हुए मुग़ल ख़ानदान के पौन दर्जन बच्चों में से पाँचवें नम्बर पर था। उसके वालिद नवाब महमूद अली शेरवानी के यहाँ मुंशी थे। मुहल्ला पंजा शाही में एक अँधेरे घने, गन्दी तंग गलियों से घिरे नीम-शिकस्ता[33] मकान में उनके ख़ानदान के साथ कई ख़ानदान लश्तम-पश्तम रहते थे। बड़े चार भाइयों को स्कूल से ज़्यादा पतंगबाज़ी और कबड्डी के अखाड़ों से शौक़ था। तीन

---

21. चीख़-पुकार, 22. असीम, 23. अधिकता, 24. घृणा, 25. शोभा, 26. कृपा, पसन्द, 27. शोषक, 28. अस्पष्ट, 29. ठेठ, 30. भविष्य, 31. यौनिक, 32. बुद्धिमानी, 33. अर्ध-जर्जर,

दिलशाद से छोटी बहनें क़ुरान मजीद पढ़ने और उर्दू की शुद-बुद हासिल करने के बाद दूल्हों के इन्तिज़ार में बैठी थीं। दिलशाद मिर्ज़ा की क़िस्मत अच्छी थी कि नवाब साहब के लड़कों की सुहबत मिली और अपनी ज़हानत के बलबूते पर उसने नवाब साहब की ख़ास तवज्जुह[34] हासिल कर ली। उन्होंने उसे अलीगढ़ भेज दिया, जहाँ वज़ीफ़े के सहारे उसने फ़र्स्ट डिवीज़न का रिकॉर्ड क़ायम कर लिया, यों अच्छी गुज़र हो जाती। उसके ठाठ देखकर तो उसे वाक़ई चचा जान यानी नवाब साहब का अज़ीज़ समझा जाता।

ख़ुदा समझे दामाद के मुतलाशी[35] वालिदैन को। आगरा अलीगढ़ से दूर नहीं, चुनाँचे बहुत जल्द यह बात खुल गई कि दिलशाद मिर्ज़ा नवाब साहब के एक मुफ़लिस कारिन्दे[36] का लड़का है। दिलशाद एम.ए. और फिर पी-एच.डी. करने के लिए लखनऊ चला आया और अपने माज़ी[37] को बहुत दूर अँधेरे में दफ़्न कर आया। वालिदैन को पता भी न था कि वह कहाँ ग़ायब हो गया, क्योंकि जब वह एफ़.ए. में नुमायाँ[38] तौर पर कामयाब हुआ, तब ही उसकी ख़ाला और फूफी में उस पर जूता चल गया, मगर दिलशाद को अपनी दधियाल और ननिहाल मुसमुसी, हिस्टीरिया के दौरे डालती मरगिल्ली[39] लड़कियों से घिन आती थी। अलीगढ़ में उसका राज़ फ़ाश हो गया था और लखनऊ में उसे पनाह मिल चुकी थी। वह अच्छा मुक़र्रिर[40] था। अख़बारों में कॉलम लिखकर कमा लेता था। उसके इतने बहुत से आसूदा-हाल[41] दोस्त थे, जिनके ख़ानदान उसकी आवभगत में पेश-पेश[42] रहते थे। महँगाई निस्बतन[43] बढ़ गई थी, मगर लखनऊ में ठाठ से रहना दिलशाद मिर्ज़ा जैसे होनहार नौजवान के लिए मुश्किल न था, मगर वह अजीब बद-दिमाग़ इनसान था, जिसने इश्क़ो-आशिक़ी को कभी कोई अहमीयत न दी, बस अपना मुस्तक़्बिल सँवारने की धुन में लगा रहता था।

क़ुदरत का मस्ख़रापन देखिए...सख़्त कोशिशों के बाद भी दिलशाद मिर्ज़ा ख़ुद को शहज़ाद हसन के सिह्र[44] से महफ़ूज़[45] न रख सका। कॉलेज के अक्सर लड़के और नौजवान प्रोफ़ेसर तक शहज़ाद से मुतअस्सिर[46] थे। वैसे शहज़ाद के परस्तारों[47] में उम्र की कोई क़ैद न थी, मगर दिलशाद मिर्ज़ा तो पहले उन सब आशिक़ों को गधा समझता था, फिर क्यों इस शिद्दत[48] से शहज़ाद पर मर मिटा? शहज़ाद पले-पलाए तब्क़े की पली-पलाई बूर्ज़ुआ लड़की, इन्तिहाई नकचढ़ी और तर्रार, अपने हुस्न और ज़हानत पर मुकम्मल भरोसा रखनेवाली मग़रूर[49] और दिलफेंक! मुँहज़ोर, फड़कते हुए मद्दाहों[50] को ठंडा करने में माहिर। जब अकेले में किसी मोड़ पर एक दूसरे के सामने आ जाते, तो सारी दानाई[51] उड़न-छू हो

---

34. ध्यान, 35. खोजी, 36. दरिद्र नौकर, 37. अतीत, 38. विशेष, 39. दुर्बल, 40. वक़्ता, 41. सम्पन्न, 42. आगे-आगे, 43. अपेक्षाकृत, 44. जादू, सम्मोहन, 45. सुरक्षित, 46. प्रभावित, 47. प्रशंसकों, 48. तीव्रता, 49. अभिमानी, 50. प्रशंसकों, 51. बुद्धिमानी,

जाती। दीदा-दिलेर शहज़ाद की पलकें भारी हो जातीं, एक शोख़-चंचल, नमदार लट रुख़्सार[52] को चूमने लगती और होंठ भीग जाते। अकलखुरा, मैटर ऑफ़ फ़ैक्ट, धारदार ज़बान वाला मिर्ज़ा दिलशाद अहमक़ों की तरह गुद्दी खुजाता, आँख मसलने लगता, जैसे कंकड़ पड़ गया हो। एक हाथ को तो किसी किताब का सहारा मिल जाता, दूसरे हाथ की बाबत समझ में न आता कि इसका क्या मस्रिफ़[53] है।

उनके दिल बोलते, जिस्म पुकारते, मगर मुँह से बस बेमा'नी, रूखे-अधूरे जुमले उबलते और फिर किसी के क़हक़हे या पाँव की चाप सुनकर दोनों कन्नी काटकर तेज़ी से गुज़र जाते, जैसे बड़े ज़रूरी काम से जाना है।

लाइब्रेरी में कोई मोटी-सी किताब खोलकर शहज़ाद कोई निहायत अहम चीज़ तलाश करने लगती। दिल की उलटी-सीधी धड़कन को जी चाहता, ऊँची एड़ी से कुचल दे...यह जाहिल मुसमुसी, झेंपू लड़की उसके वुजूद में कहाँ छुपी बैठी है और सिर्फ़ दिलशाद की ताक में रहती है। उसे देखकर पाँव फैलाने लगती है और शहज़ाद के अपने वुजूद को कुचलती, हँसी उड़ाती ठंडा पसीना बन जाती है। वह शहज़ाद नहीं, किसी बेवक़ूफ़ नामुराद बन्दिशों में क़ैद नादान लड़की का भूत है, जो मौक़ा-बेमौक़ा उस पर हावी हो जाता है।

वह बड़े ज़ोर-शोर से कोई चुभता हुआ जुमला, कोई बर्फ़ का छींटा, कोई नुकीला वार अपने ज़ेहन में तामीर करती। यह क्या हिमाक़त[54] है! क्या वह उसे खा जाएगा? जब चंडूख़ाने के मनचले जुड़ते हैं, ख़ूब फब्तियाँ कसी जाती हैं। धड़ल्ले से बैतबाज़ियाँ होती हैं, तो वह बुज़दिल हमज़ाद कहाँ दुबक जाता है? दिलशाद मिर्ज़ा भी अच्छे-भले होशमन्द नौजवान की तरह जुमलेबाज़ी से नहीं चूकते। शायद इन्तिक़ामन[55] कुछ ज़्यादा ही उलझते हैं, और वह भी उसकी हर बात की काट करती है और रोमांटिक फ़रीदा दिल ही दिल में कुढ़ती है।

हाय! क्या प्यारी जोड़ी है। इधर यह छह हाथ का मुग़ल। उधर यह बूटा-से क़द की सैयदानी! वह मैदा-शिहाब[56], तो यह पिघला सोना, जिसमें एक चुटकी सिन्दूर की। लोगो, इनका मेल न हुआ, तो धरती प्यासी रह जाएगी।

बी.ए. करते ही शहज़ाद के लिए पैग़ामों की भरमार होने लगी, मगर शहज़ाद को एक न जँचा! उसने आर्ट्स कॉलेज ज्वाइन कर लिया, मुसव्विरी[57] से उसे हमेशा दिलचस्पी रही थी। स्कूल के कई मुक़ाबलों में उसने इनाम भी हासिल किए थे और फिर जब तक शादी न हो, कुछ तो मश्ग़ला[58] चाहिए। किसी स्कूल में टीचरी करने के ख़याल से ही दम बौलाता था।

फिर मश्ग़ला ज़िन्दगी का अस्ल मक़्सद साबित हुआ। दिल में घुटे हुए प्यार, नफ़रत, झुँझलाहट, रूह में छुपे हुए नामालूम से अनजान जज़्बे कैनवस पर रंगों में

52. गाल, 53. प्रयोग, 54. मूर्खता, 55. प्रतिशोध में, 56. गोरा, 57. चित्रकारी, 58. मनोविनोद,

तह्लील[59] हो गए। दो माह उसने मुख़्तलिफ़[60] आर्ट-गैलरियों, मन्दिरों, मस्जिदों, ख़ानक़ाहों, एलोरा-अजन्ता की गुफाओं, खजुराहो की पथराई हुई धड़कती ज़िन्दगी से याराना गाँठा। गोवा के चर्च, जुनूबी[61] हिन्द के गूँजते-गरजते घंटे, बम्बई का धुआँधार समन्दर। समन्दर की मौजों ने उसके नंगे पैरों को चूमा और वह रो पड़ी। क्यों? अनगिनत 'क्यों' का उसके पास जवाब नहीं था। दिलशाद मिर्ज़ा क्यों याद आता है? वह उसका कौन है? उससे किस जन्म का नाता है? या दुश्मनी है कि उसका ख़याल एक टीस के सिवा कुछ नहीं।

मुल्क का बँटवारा पुरानी बात बन चुका था। दुनिया बिखर चुकी थी। माँ के बाद वह उस ज़मीन को छोड़कर दूसरे मुल्क न जा सकी। कुछ पेंटिंग्ज़ की नुमाइश के सिलसिले में फ्रांस जाना हुआ। यूरोप के दर्शन हुए। आर्ट गैलरियों में कुछ सुकून भी मिला और बेचैनी भी। वक़्त बेपाँव रेंगता रहा। चौंक के वह आईने के सामने झुक गई। नामुम्किन! शायद तकिये के पुराने ग़िलाफ़ के डोरे बालों में उलझ गए हैं। जल्दी से उसने बालों में कंघा फेरा। डोरे क़ायम रहे। यह कैसे हो सकता था? यह कैलेंडर उलटा लटका है? 1975 नहीं, शायद 1957 है। सत्तावन! या ख़ुदा दुनिया बिखरे दस बरस हो गए! नहीं! यह उसकी भूल है। कैलेंडर सीधा ही लटका है। तीस बरस! उसे हिसाब लगाते डर लगने लगा। उसने कब से आईना नहीं देखा! ज़रूर कोई घपला है।

आप ही आप उसके क़दम हेयर-ड्रेसिंग सैलून की तरफ़ उठ गए। घंटा भर बाद जब वह निकली, तो पुराने तकिये के सफ़ेद डोरे उसके बालों से ग़ायब हो चुके थे। उसका जिस्म अब भी नर्म, नाजुक और मुतनासिब[62] था। बग़ैर ऐनक के चेहरे पर बेवक़्त की पड़ी झुर्रियाँ भी मिट जाती हैं।

उसके आर्ट की मुल्क में क़द्र बड़ी तेज़ी से बढ़ी। चोटी के फ़नकारों[63] में उसका शुमार होता था। उसके फ़नपारों[64] में देश का हसीन और पुरवक़ार माज़ी[65] अपनी पूरी ताबानी[66] से जलवागर था। उसने रंगों में मन्दिरों की घंटियों की आवाज़, मस्जिदों से उठती हुई अज़ान की गूँज समो दी थी। हाल और मुस्तक़्बिल, माज़ी[67] का निचोड़ हैं। माज़ी कभी नहीं मरता, जिन क़ौमों का माज़ी फना[68] हो जाए, उनका हाल और मुस्तक़्बिल मुह्मल[69] और बौखलाए रहते हैं।

माज़ी ज़िन्दा है। बालों में उलझे हुए पुराने तकिये के डोरे ग़ायब हो गए। माज़ी लौट आया। माज़ी हर ज़िन्दा शै में रचा-बसा है।

"बीबी, दो कौड़ी का लेक्चरर, माई गॉड!" मँझली ख़ाला ने दिलशाद मिर्ज़ा के बारे में उड़ाई ख़बरें सुनकर कहा था।

---

59. घुल, 60. विभिन्न, 61. दक्षिणी, 62. सुडौल, 63. कलाकारों, 64. कलाकृतियाँ, 65. प्रतिष्ठित अतीत, 66. प्रभा, 67. वर्तमान, भविष्य और अतीत, 68. नष्ट, 69. अर्थहीन,

और फिर नईम, अहमद जमाल, आई.सी.एस. ...अनवार-उल-हक़ तअल्लुक़ादार... हाँ, ज़रा उम्र ज़्यादा है, मगर बेहद स्मार्ट। जावेद ज़ैदी...सबके सब खरे सैयद, पोतड़ों के रईस, मगर उसे एक भी फूटी आँख न जँचा।

नईम ठिगना!

अहमद जमाल काले भट! उलटा तवा। बिहारी है, तो क्या हुआ?

अनवार-उल-हक़ को तो सारे ख़ानदान की मुख़ालिफ़त हासिल थी। पन्द्रह-बीस साल का फ़र्क़ था उम्र में। रहे जावेद ज़ैदी, तो निहायत दक़ियानूसी ख़ानदान। अभी औरतों ने पर्दा भी नहीं छोड़ा। सोसाइटी मूव करने का तो सवाल छोड़ दो!

और दिलशाद मिर्ज़ा!

लेक्चरशिप तो मिल गई थी अलीगढ़ में, मगर क्यू बहुत लम्बा था, इसलिए 1953 में ही पाकिस्तान चला गया था। वहाँ कुछ क़दम जमते न दिखाई दिए, तो इंग्लैंड चला गया। जानेवाले क्या लौटकर आते हैं?

नहीं, अब तो लट को रुख़्सार चूमने का भी शौक़ नहीं रहा। न दिलशाद मिर्ज़ा के ख़याल से पलकें बोझिल होती हैं, मगर दिल में टीस तो उठती है। ख़ुदा का शुक्र कि दिल ज़िन्दा है। मर जाता, तो किसी का क्या कर लेती? दिल की टीस को ही उसने रंगों में डुबो दिया था। वह टीसें जब उसने डस्टबिन से सेब के छिलके खाते बच्चों को देखा था, और चौपाटी पर चाट के जूठे पत्ते चाटते नन्हे बच्चों की आँखों में भूख देखी थी, फ़ारस रोड पर सलाख़ों के पीछे ग्यारह बरस की बच्ची को गाहक को लुभाने के लिए जाली का कुर्ता पहने पाउडर-लिपस्टिक थोपे देखा था। जाली के कुर्ते में से उसकी मटर बराबर छातियाँ झलक रही थीं। उसने उस माँ को भी देखा था, जो अपने बच्चों को नाकाफ़ी भीख माँगकर लाने पर कोस-पीट रही थी।

"क्यों मार रही हो?" उसने पूछा।

"बड़ा हरामी है यह बच्चा लोग, मेम साहब! दिन भर इधर-उधर खेलता है और अक्खा पैसा चाट-मसाला में खा जाता है।" वह पूरे दिनों से थी और बुरी तरह हाँफ रही थी।

"तुम इनसे भीख मँगवाती हो?"

"और क्या करें मेम साहब?"

"इनका बाप कहाँ है?"

"भाग गया एक हलकट के संग!"

उसने रुख़्सार पर गिरी हुई लट को वापस नहीं उड़सा, क्योंकि वह धीरे-धीरे उसे डस रही थी। शिवजी ने जब धरती के नसीब का ज़हर पी लिया था, तो उनका कंठ नीला पड़ गया था, मगर उसका गला नीला न हो पाया। सारा ज़हर दिल में उतर गया, जो उसने कैनवस पर उड़ेल दिया।

"तो यह है ममता!" उसने ब्रश को नीले रंग में डुबोते हुए सोचा। कहते हैं, जब औरत गर्भवती होती है, तो उसका अंग-अंग कुन्दन की तरह दमकने लगता है, मगर कभी गर्भ कैंसर भी साबित होता है, लेकिन जिसने मर्द के जिस्म को न जाना, वह क्या जाने गर्भवती का दुख-सुख! शहज़ाद एक बंजर जज़ीरा[70] थी, जहाँ कोंपल फूटने का भी ख़तरा न था। लोगों की निगाहों में अपने लुटते हुस्न की परछाइयाँ देखकर वह सहम जाती।

वक़्त के रेले में टेलीफ़ोन की घंटी बज उठी।

"मैं...शहज़ाद हसन से बात करना चाहता हूँ!"

"आपका नाम?"

"दिलशाद मिर्ज़ा!"

वह पत्थर की मूरत बन गई।

"हैलो, हैलो..." उधर से आवाज़ आई।

"मैं शहज़ाद बोल रही हूँ।" उसे हैरत थी कि उसकी आवाज़ में लरज़िश[71] क्यों नहीं थी।

"ओहो! आदाब अर्ज़!"

"आदाब अर्ज़!...आपको कैसे मालूम हुआ? मैं यहाँ हूँ!"

"इंग्लैंड सात समन्दर पार सही, मगर इसी कुरए-अर्ज़[72] पर है। और आपकी शुहरत देखते हुए अब तो मुझ जैसे जाहिले-मुत्लक़[73] भी ऐसे गए गुज़रे नहीं कि..."

"अच्छा, तो निशानेबाज़ी की मश्क़[74] जारी है।"

"आपकी दुआ से अपनी टोली के कई अफ़राद[75] यहाँ तलाशे-मुआश[76] की ख़ातिर जलवा-अफ़रोज़[77] हैं।"

"ख़ूब!...अच्छा...यह बताइए, आपसे मुलाक़ात का वक़्त लेने के लिए आपके सैक्रेटरी से बात करनी होगी?"

"अरे, आप न जाने किस मुग़ालते[78] में पड़े हैं। मैं इतनी तोप हस्ती हरगिज़ नहीं हूँ, जो सैक्रेटरी वग़ैरा रखूँ?"

"आपसे किस वक़्त मिला जा सकता है?"

"जो शुभ घड़ी आपको सूट करे!"

"यानी कि अभी...इसी वक़्त?"

"क़तई..."

"वह...मेरा मतलब है, मेरे साथ बीवी भी होगी!"

क़ुतुब मीनार की अनगिनत बाँहें नमकोलियों की तरह टप-टप गिरने लगीं, मगर उसने जल्दी से कहा, "ज़रूर...अभी..."

---

70. टापू, 71. कम्पन, 72. भूमंडल, 73. क़तई अनपढ़, 74. अभ्यास, 75. व्यक्ति, 76. जीविका की खोज, 77. सुशोभित, 78. भ्रम,

"बच्चे तो हैं..."

"मतलब साथ नहीं आए!"

"ओह! सॉरी!"

"कोई बात नहीं। अच्छा, तो हम आते हैं।"

थोड़ी देर तो वह टेलीफ़ोन का ख़ामोश रिसीवर थामे पत्थर की मूरत की तरह बैठी रही। फिर जैसे एकदम आज़रे-काइनात[79] ने तकमील[80] से ग़ैर-मुत्मईन[81] होकर छेनी पर हथौड़ा दे मारा।

कमरा गूदड़[82] हो रहा था। रंगों के ट्यूब, ब्रश, कुशन, रात के उतारे हुए कपड़े, चाय की प्याली...उसने जल्दी-जल्दी लीपा-पोती शुरू की। कूड़ा जो सिमट सका, उठाकर दूसरे कमरे में पटका। पहले ऊदी काँजीवरम की साड़ी निकाली। बड़ी मुर्दा-सी लगी। फिर ताऊसी तनचोई को टटोला। हाँ, यह ठीक रहेगी। न जाने दिल का कौन-सा कोना पुकार-पुकारकर कह रहा था, दिलशाद मिर्ज़ा को उस पर तरस खाने का मौक़ा नहीं मिलना चाहिए। वह अपनी बीवी के साथ अकड़ता हुआ अपनी कामयाब ज़िन्दगी का ढिंढोरा बना आएगा, मुझ अकेली पर तरस खाएगा। हिश्त! मैं...

घंटी बजने पर उसने एक बार आईने पर नज़र डाली। हलकी लिपस्टिक और मस्कारा से चेहरे पर शगुफ़्तगी[83] पैदा हो गई थी।

दरवाज़ा खोलकर वह फिर पत्थर की मूरत में जमने लगी।

सूखा, चरमरख़, लम्बा ताड़-सा, बिल्कुल गंजा, एक मरियल-सा अंग्रेज़ मस्नूई[84] दाँत निकोसे उसके सामने खड़ा था। उसके हाथ में हाथ डाले एक मिनी-सी बुढ़िया खड़ी थी, जो मुश्किल से उसकी कमर से ज़रा ऊँची होगी, हालाँकि वह हाई हील पहने हुए थी।

"दिलशाद मिर्ज़ा और सिलविया मेरी बीवी," बातें अंग्रेज़ी में हुईं।

"शहज़ाद...आइए...आइए..."

"यह तो अब भी हसीन है!" सिलविया ने मियाँ से कहा। वह उनसे चन्द साल बड़ी होगी। थोड़ी देर सन्नाटा छाया रहा।

"या ख़ुदा! क्या अब भी ज़बानें बन्द रहेंगी। सिर्फ़ दिल धड़केंगे," शहज़ाद ने सोचा, मगर उसका दिल न धड़का, न उछला।

"मुझे अल्सर के मरज़ ने परेशान कर डाला। दरअस्ल मेरी और सिलविया की मुलाक़ात और शादी भी पेट के अल्सर की वजह से हुई। हम दोनों एक ही डॉक्टर के ज़ेरे-इलाज थे। फिर मुलाक़ातें बढ़ीं। सिलविया का मरज़ मुझ से भी पुराना था। उसकी राय पर अमल करके मुझे बहुत फ़ायदा हुआ।"

"डली इन्तिहाई बेपरवाह इनसान हैं। शराब ने इन्हें तबाह कर डाला था।"

---

79. सृष्टि के कर्ता, 80. पूर्ति, 81. असंतुष्ट, 82.अस्त-व्यस्त, 83. प्रफुल्लता, 84. बनावटी,

"सिलविया ने मुझे नई ज़िन्दगी दी!"

"आपकी शादी..."

"हमारी शादी को यह चौथा साल चल रहा है। अक्तूबर में पूरे चार साल हो जाएँगे।"

"डली को तुम से प्यार था।" सिलविया शरारत से मुस्कराई और चाय बनाने लगी।

"प्लीज़ सिलवी!" दिलशाद मिर्ज़ा के ज़र्द चेहरे पर नीलाहट छलकने लगी।

"नॉनसेंस! मिस हसन, क्या तुम्हें भी इनसे प्यार था?"

"सिलवी!"

"हमारे यहाँ औरत मुहब्बत का इक़रार करे, तो बेहया समझी जाती है।" शहज़ाद ने मज़ाक़ में बात टालना चाही।

"मगर ज़रूर तुम्हें इनसे मुहब्बत होगी। नामुम्किन है कि डली ने एकतरफ़ा मुहब्बत की हो और इस शिद्दत से की हो—इम्पॉसीबल!"

"इन बातों से फ़ायदा?" दिलशाद मिर्ज़ा ने सोफ़े की पुश्त पर सिर टिकाकर आँखें बन्द कर लीं।

"हाऊ सिल्ली! फिर तुम दोनों ने शादी क्यों नहीं की? पुराने ख़यालात के बुज़ुर्गों के दबाव से मजबूर हो गए?"

"नहीं!"

"तो फिर?"

"आप नहीं समझ सकेंगी!"

"क्यों?"

"बड़ी मुश्किल-सी बात है। हम हिन्दोस्तानी लड़कियाँ आज़ाद भी हैं और महबूस[85] भी!"

"वह कैसे?"

"हमारे रौशन ख़याल बुज़ुर्ग हमें जीवन-साथी के चुनाव की पूरी आज़ादी भी देते हैं। फिर बड़ी नर्मी और होशियारी से हमारे इन्तिख़ाब[86] के बारे में दिल में शुब्हा[87] डाल देते हैं।"

"इन्तिहाई ज़ुल्म....ग़ैर-इनसानी हरकत!" सिलविया भिन्नाई।

"मगर उन्हें मुजरिम[88] नहीं क़रार दिया जा सकता!"

"क्योंकि वो बहुत चालाक हैं!"

"नहीं, वो जो कुछ करते हैं, हमारी बेहतरी समझकर करते हैं।"

"सिलविया, किस क़दर हिमाक़त[89] है। हम तीनों ने वालिदैन को भुगता है, मगर औलाद के बारे में हम कुछ नहीं जानते, इसलिए यह बस फ़ुज़ूल है। कोई काम की बात करो।"

---

85. क़ैद, 86. चुनाव, 87. सन्देह, 88. अपराधी, 89. मूर्खता,

"अच्छा, यह इतने दिन बाद हिन्दोस्तान किस सिलसिले में आना हुआ?" शहज़ाद ने मौज़ू[90] बदला।

"वतन की याद खींच लाई!"

"मगर आप तो पाकिस्तान चले गए थे!"

"पाकिस्तान भी मेरा वतन है। वहाँ तो साल दो साल बाद जाना होता रहा!"

"और हिन्दोस्तान?"

"हिन्दोस्तान मेरा आबाई[91] वतन है, जहाँ मैं पैदा हुआ, जहाँ मेरे जद्दे-अम्जद[92] दफ़्न हैं। जिस मिट्टी में मैं खेल-कूदकर बड़ा हुआ। जमुना के पानी को भूल सकता हूँ, जहाँ मैंने तैरना शुरू किया। वह आगरे की पेच-दर-पेच गलियाँ, मुहर्रम के ताज़िये, होली के रंगीन जलवे, दीवाली की जगमगाती फ़िज़ा[93]। यों तो मैं बरतानवी बाशिंदा हूँ, तो क्या अनारकली की गहमागहमी, कराची की ज़िन्दगी से भरपूर महफ़िलें, इल्मी और अदबी जलसे। हाक्स-बे, सेंडज़ पिट, पिकनिक पार्टियाँ, फ़ैज़ अहमद फ़ैज़, मेहँदी हसन, मेरे अपने नहीं? सोचता हूँ, तो सारी दुनिया अपनी ही लगती है!"

फिर अजीब उदास-सी ख़ामोशी छा गई—डसनेवाली तन्हाई।

"और अब..." दिलशाद मिर्ज़ा ने कहा, "उम्र का तक़रीबन निस्फ़[94] हिस्सा इंगलिस्तान में गुज़ारने के बाद वह भी तीसरा वतन हो गया है। वहाँ मेरी पेट की बीमारी क़ाबू में रहती है। मुझे इस ज़िन्दगी की ऐसी आदत हो गई कि कहीं जी नहीं लगता। क्या वह जो ईरान, तूरान और अरबिस्तान से हिज्रत[95] कर गए, सदियों के बाद भी अपने आबाई वतन को भूल सके हैं? क्या हमें उन लोगों से दिली लगाव नहीं है, जो हमने विरसे में अपने बुज़ुर्गों से पाया है। मुझे इन तीनों वतनों से प्यार है। इसका यह मतलब नहीं कि एक मुल्क से प्यार करके दूसरे मुल्क से ग़द्दारी कर रहा हूँ। कितने लोग हिन्दोस्तान और पाकिस्तान से दूसरे मुल्कों में जा बसे। वहाँ से निकाले गए, तो जहाँ सींग समाया, वहाँ जा बसे। मुझे ऐसे लोग मिले, जो ख़ुद को हिन्दोस्तानी कहते हैं और अफ्रीक़ा जहाँ से निकाले गए हैं, उसकी याद में रोते हैं और इंगलिस्तान में आकर बसने के बाद वहाँ के आदी हो गए हैं।"

"जैसे सदियों से हिन्दोस्तान में बसे हुए चीनी ख़ुद को चीनी ही मानते हैं। चीन से जंग भी हुई, वो ग़द्दार नहीं साबित हुए। वो चाहें भी, तो अपने आबाई वतन नहीं जा सकते। यहाँ बम्बई में सदियों के बसे हुए ईरानी अपने आबाई मुल्क को नहीं भूले, मगर हिन्दोस्तान की सलामती[96] उनकी सलामती है।"

"उफ़! बड़ी बोर बातें कर रहे हो तुम लोग! तुम्हारे जवाब से मुझे तसल्ली नहीं हुई," सिलवी बिगड़ उठी।

"किस जवाब से?" शहज़ाद ने पूछा।

---

90. विषय, 91. पूर्वजों का, 92. पूर्वज, 93. वातावरण, 94. आधा, 95. स्वदेश-त्याग, 96. शान्ति,

"कि वालिदैन, ज़बरदस्ती नहीं करते, फिर भी तुम लोग अपने प्यार का गला घोंट लेते हो। तुम दोनों भाग क्यों नहीं गए?"

"क्या बेरहम बीवी है कि शौहर को भगवाने पर मुसिर[97] है।"

"उस वक़्त मैं तुम्हारी बीवी थोड़ी थी। तुम भाग जाते, तो मुझे तो ख़बर भी न होती!" सिलवी बोली।

"क्या आपके मुल्क में जो लड़कियाँ वालिदैन की मर्ज़ी के ख़िलाफ़ भागकर शादी कर लेती हैं, वो कामयाब ज़िन्दगी गुज़ारती हैं?"

"ओ माई गॉड नो...बड़ी मज़्हकाख़ेज़[98] बात है। कोई गारन्टी नहीं।"

"यह कही अब तुमने समझ की बात," दिलशाद हँसे, "वालिदैन जबरन शादी कर दें और नाकाम हो, तो वालिदैन मुजरिम, और औलाद अपनी मर्ज़ी से करे, तो वालिदैन कहते हैं, देखा, हमारा कहा मानते, तो सुख-चैन से रहते।"

सिलवी ज़िद करके चाय बनाने के लिए उठ खड़ी हुई, और दिलशाद मिर्ज़ा और शहज़ाद फिर मुजरिमों की तरह गुमसुम बैठे रहे।

"फ़ॉर गॉड सेक, कुछ बातें करो। शरमाओ नहीं। मैं कुछ नहीं सुन रही हूँ।" सिलवी ने किचन से हाँक लगाई।

एकदम दिलशाद ने ग़ौर से शहज़ाद की आँखों में आँखें डालीं और करख़्त[99] आवाज़ में कहा, "मैंने तुम्हारी मुहब्बत में ज़िन्दगी को तमाशा बना डाला। ख़ुदा-रा, एक बार अब तो कह दो कि मैं अहमक़[100] नहीं था। मेरा जुनून एक तरफ़ा नहीं था, थोड़ी-सी आँच तुम तक भी पहुँची थी।"

"क्या इक़बाले-जुर्म से ही जुर्म साबित होगा?" शहज़ाद की पलकें भारी हो गईं। शरीर[101], चुलबुली लट मचलकर दाएँ या बाएँ रुख़्सार[102] को चूमने लगी और न जाने कितनी सदियों के बाद होंठ काँपकर नम हो गए। ऐसा लगा, उसके बालों की लट नहीं, दिलशाद मिर्ज़ा के होंठ हैं। उसने लट जूड़े में नहीं उड़सी!

"मगर बख़ुदा, ज़िन्दगी का हर लम्हा तुम्हारे तसव्वुर[103] से रंगीन रहा। सोज़ो-साज़ से पुर!"

"जो शायद दूसरी सूरत में न रह पाता!"

"और जो तुम बेज़ार होते, अब तक तो तलाक़ हो चुका होता," सिलवी ने चाय की ट्रे लाते हुए कहा, "सॉरी, मैं सब सुन रही थी। इतनी उर्दू समझ लेती हूँ।"

"अच्छा सिलवी, आपने इतनी देर में शादी क्यों की?"

"क्या तुम हिन्दोस्तानी समझते हो, तुम ही इश्क़ करने का सलीक़ा जानते हो!"

"मतलब?"

"मतलब यह कि मेरा मंगेतर फ़ैक्टरी के हादसे में मर गया!"

---

97. आग्रहशील, 98. हास्यास्पद, 99. कर्कश, 100. मूर्ख, 101. नटखट, 102 गाल, 103 कल्पना,

"अब आपने उसकी याद में ज़िन्दगी के बेहतरीन लम्हे तन्हाई की भेंट चढ़ा दिए!"

"लो भई, पतीली भी बोली कि चूल्हे का मुँह काला! माई डियर, तुमने मुझ से कम हिमाक़त नहीं की!" तीनों जी खोलकर हँसे।

"हम कितने अहमक़ हैं?"

"फिर भी ज़िन्दा हैं।"

"दरअस्ल हमारे दिल ज़िन्दा हैं," शहज़ाद चहकी।

"अच्छा शहज़ाद! मुझे सिलवी से बड़ा प्यार है। उसके बग़ैर मैं ज़िन्दा नहीं रह सकता। तुम्हें एतिराज़ तो नहीं?"

"तौबा!" शहज़ाद बौखला गई, "अच्छा, मैं कहूँ, मुझे भी सिलवी पसन्द आई, तो आपको कुछ एतिराज़ है?"

उन दोनों के जाने के बाद भी शहज़ाद पर एक अजीब-सा नशा तारी रहा।

क्या औलाद सिर्फ़ रहम[104] में परवान चढ़ती है? दिल और दिमाग़ में भूसा भरा रहता है? आज मेरा दिल और दिमाग़ नए जज़्बे से 'हामिला[105]' हो रहा है। यह मेरे बच्चे, जिनसे मेरे क़द्रदानों की भी मुहब्बत वाबस्ता है, क्या मेरी औलाद नहीं। उसने बनी अध-बनी पेंटिंग्ज़ को प्यार से निहारा।

"क्या मैं अकेली हूँ? सात समन्दर पार सही, मगर मुझे कोई दिल में बसाए जी रहा था। मैंने जब चाहा है, उसकी बाँहों में पनाह ले ली है। मेरी आज़री, मेरी क़ैद, मेरी अपनी तमन्ना है, मेरी अपनी आरज़ू है। मेरे अपने बस में है और फिर जिन कमरों में मेरी पेंटिंग्ज़ सजी हुई हों, उनसे भी तो मेरा एक नाता है। यह बुलन्दो-बाला समन्दर, सनमख़ाने, मीनार, सड़क पर खेलते बच्चे, हवा में उड़ते परिन्दे, हरे-भरे खेत, आहें और क़हक़हे, दूर बिजली, रेल की सीटी, इन सबको मैंने अपने ब्रश में क़ैद करके कैनवस पर सजा दिया!

"क्या मैं अकेली हूँ? पगली शहज़ाद हसन, जवाब दो?"

और यकायक कमरा उबटन और ताज़ा पिसी मेहँदी की महक से भर गया और शहनाइयाँ सुहाग के गीत गुनगुनाने लगीं।

दूर कोई नन्हा-सा बच्चा किलकारी मारकर हँसा। आसमान पर शफ़क़[106] फूट रही थी।

शहज़ाद ने ब्रश निकाला और नारंगी रंग की प्याली में डुबो दिया।

---

104 क़ोख, 105. गर्भवती, 106. लालिमा।

तेरा हाथ

ग़ज़ाला ने अंगूरों की ख़ाली टोकरी दीवार पर खींच मारी।

"लानत, लानत, लानत!" उसने निज़ाम आलम पर ग़ुस्सा उतारा। हर टोकरी ख़ाली! उसे कई रोज़ से पता था कि अंगूरों की टोकरी ख़ाली हो चुकी है। फिर भी ख़ाली बटुए, ख़ाली शकरदानी, ख़ाली मर्तबान और ख़ाली डिब्बों में हाथ आदतन रेंग जाता। इस ख़ालीपन पर उसे बहुत झुँझलाहट हो रही थी।

और फिर अम्मी की ख़ाली आँखों से तो उसे डर लगने लगा था। अम्माँ जान से अम्माँ जानी और फिर उतावली में वह अम्मी बन गई थी। न जाने उसे क्यों जल्दी पड़ी रहती। ऐसी गुफ़्तगू कि आधे अल्फ़ाज़ और पूरा मतलब ही बात का ख़त्म हो जाता। चलती तो यों जैसे लपक-झपक भाग रही हो।

"बेटी जान, लड़कियाँ यों बछड़ों की तरियों धमाधम नहीं चला करतीं। कुँआरी लड़कियों की चाल में नज़ाकत होनी चाहिए, जैसे नसीमे-सहर[1] ख़रामाँ-ख़रामाँ सब्ज़ाज़ारों[2] पर अटखेलियाँ करती"...अम्मी को ख़ाँसी ने आ दबोचा, वर्ना वह बेचारी हसीन बात कहने जा रही थीं।

अम्मी की ख़ाँसी इन्तिहाई डरावने सुर इख़्तियार करती जा रही थी। रुब्बे-सूस, बनफ़शा, तुख़्मे-रेहाँ, अल्लम-ग़ल्लम उनकी ख़ाँसी से नबर्द-आज़मा[3] नहीं हो पा रहा था। अम्मी को जब भी ख़ाँसी-ज़ुकाम की शिकायत हो जाती, नाना हुज़ूर उन्हें शिमला या देहरादून ले जाया करते थे। अल्लाह आमीन की दो बेटियाँ थीं। ख़ाला अम्माँ और अम्मी के दरम्यान कितने ही मामूँ-ख़ालाएँ पैदा हुईं, लेकिन इन दो के सिवा क़िस्मत में औलाद ही न थी। ख़ाला अम्माँ पाकिस्तान चली गई थीं और ठाठ कर रही थीं। सब औलादें कामयाब शादियाँ करके अरब मुल्कों, अमेरिका और इंग्लैंड में जम चुकी थीं। अल्लाह तेल के ज़ख़ीरों को सलामत रखे, कितने कुनबों को पाल रहा है।

"कभी दिन अच्छे थे। अब्बा हुज़ूर का क्या दबदबा था। खुले हाथ का ख़र्च। विलायती मेहमान आया करते थे। शिकार का ग़ल्ग़ला[4] मचता। घर में अनगिनत

---

1. सुबह की हवा, 2. हरे-भरे मैदानों, 3. युद्ध-कुशल, 4. शोर,

लौंडियाँ, बाँदियाँ, मुलाज़िम छोकरे भरे पड़े थे। इकलौती बेटी ग़ज़ाला माँ-बाप की आँखों का तारा थी। कितने नाज़ उठाए जाते थे उसके! कॉन्वेंट में तालीम मिली, मगर सीनियर कैम्ब्रिज करने से पहले ही हालात का मनका ढल गया। अब्बाजान अच्छे-भले शिकार को गए। वापस लाश आई! हार्ट फ़ेल हो गया। न जाने गर्ल-फ्रेंड और यार-दोस्त कहाँ फुर्र से उड़ गए। गाँव के लोग लाश लेकर आए और एक आदमी की मौत सारे टाट-प्लान की मौत साबित हुई।

अम्मी के तो होशो-हवास गुम हो गए। अब्बा हुज़ूर इधर-उधर मुँह मारते थे, लेकिन बेगम से हमेशा आप अदब से बात करते थे। ख़ाला अम्माँ बड़ी तर्रार थीं। पढ़ी न लिखी, मगर अच्छी-ख़ासी पॉलिटीशियन थीं। ख़ालू मियाँ को जूती की नोक के नीचे दबाकर रखती थीं। आठ बच्चे हुए भी, दम-खम वही था। ख़ालू मियाँ वतन छोड़ने पर किसी तरह तैयार न होते थे, मगर उन्होंने दो-तीन खेपों में बच्चे पार किए और सब कुछ औने-पौने बेच मियाँ की नकेल पकड़ चल दीं। अम्मी आहें भरती रह गईं। अब्बा हुज़ूर ने पुट्ठे पर हाथ ही न धरने दिया।

ग़ज़ाला ने उन्हें कभी संजीदा नहीं देखा। वह भी बेटी की तरह बेचैन बोटी थीं। दो घड़ी थमकर सोचना, मुस्तक़्बिल[5] पर नज़र डालना, उनके ख़मीर ही में था। साँवला-सलोना रंग। दराज़ क़द! ख़ासे बार्बरा कार्टलैंड के हीरो थे। क्या बाँके अन्दाज़ से घने बालों वाले सिर पर हैट लगाते थे और काला चश्मा, इन्तिहाई रंगीन और पुरअसरार[6]। अम्मी लाख उनसे रूठें, जलथल आँसू बहाएँ, पर वह निहायत ढिठाई से दनादन इश्क़ दाग़ते। जब एक गर्ल-फ्रेंड से मार-कुटाई तक नौबत पहुँच जाती, तो फ़्लैश की बैठकें, शिकार-पार्टियाँ, क्लबबाज़ी और व्हिस्की के दौर! ग़ज़ाला ने हमेशा उनके मुँह से भपके निकलते सूँघे। जब भी वह उसे प्यार करते और किए जाते, यहाँ तक कि वह रो पड़ती, कि उन भपकों से उसे मतली होने लगती थी, तब वह कुछ खिसियाने-से गुद्दी खुजाते बाहर चले जाते।

अम्मी निस्वानियत[7] की पोट थीं। फ़ज्र[8] की नमाज़ पढ़ के हल्का-सा नाश्ता करतीं। धान-पान तो थीं ही। नफ़ीस लिबास पहनकर आमना बी से चोटी गुँधवातीं, पाउडर-लिपस्टिक भी लगातीं और पान की धड़ी भी जमातीं।

"बेटी जान बन-सँवरकर रहा करो। मर्द का दिल जीतने के लिए जतन करने पड़ते हैं।"

मगर मर्द कम्बख़्त घर में टिके जब न! सुबह जाता है, रात गए बँकारता-दनदनाता, नशे में धुत आता है और कपड़े बदलने से पहले ग़ाफ़िल हो जाता है। अम्मी निहायत रुआँसी, इख़्तिलाजे-क़ल्बे[9] की बीमारी में हैरतज़दा[10], बेबस-सी टुकुर-टुकुर देखा करतीं और आँसू बहाया करतीं। न जाने अम्मी की आँखों में कितना पानी भरा था, रुमाल पर रुमाल भिगोतीं, अब्बा हुज़ूर आँसू की पहली ही

5. भविष्य, 6. रहस्यपूर्ण, 7. स्त्रीत्व, 8. सुबह, 9. हृदय-रोग, 10. विस्मित,

बूँद पर सैलाबज़दा मख़्लूक़[11] की तरह गुद्दी खुजाते बाहर भागते और फिर उनके घोड़े की टापों की गूँज पर अम्मी कुछ और आँसू बहाकर शल[12] हो जातीं।

काश, वह उनकी गर्ल-फ्रेंड्स की तरह ऊँचे-ऊँचे क़हक़हे लगाकर विलायती गालियाँ बक सकतीं। घोड़े पर उनके साथ शिकार पर जा सकतीं। दो घूँट व्हिस्की ही पी लेतीं। कैसी-कैसी अब्बा हुज़ूर ने मिन्नतें कीं, "बेगम, मेरी जान, एक घूँट चखकर तो देखो। चौदह तबक़ रौशन हो जाएँगे बख़ुदा!" अम्मी के नर्मो-नाज़ुक होंठ लरज़ते[13] और आँसुओं के आबशार[14] चल पड़ते।

ख़ाला अम्माँ एक बदज़ात, वह अपने हाथ से पैग बनाकर मियाँ को देतीं और जब वो ज़िद करते, तो गिलास में आधा इंच व्हिस्की में लबालब सोडा छोड़कर साथ देने लगतीं। ख़ुदाए-मजाज़ी[15] का हुक्म औरत के लिए हुक्मे-ख़ुदा के बाद का दर्जा रखता है। वैसे उनकी कनीज़ गुलनार का कहना था, जब मियाँ नहीं भी होते, तब बेगम साहिबा अकेली ही प्याला पैग मारती हैं। नवाबी ख़ानदानों में रिवाज आम है। ख़वातीन[16] डटकर पीती हैं। वैसे खाते-पीते ख़ानदानों में भी ख़वातीन परहेज़ नहीं करतीं और निचले तब्क़े में तो चलती ही है कंडी की 'अप्सरा'।

लेकिन अब ग़ज़ाला की समझ ने काम करने से इनकार कर दिया था। कॉन्वेंट की फ़ीस अदा न करने की वजह से वह अब्बा हुज़ूर के सामने ही निकाल दी गई थी। वह बेहद बरअफ़्रोख़्ता[17] हुए थे और कॉन्वेंट की ईंट से ईंट बजा देने की धमकी दी थी, फिर शायद भूल-भाल गए। क्या हंगामे थे कि ग़रीब को दम मारने की फ़ुरसत न थी, और फिर हार्ट अटैक ने आन दबोचा।

शुक्र है कि बचपन ही से फ़र-फ़र अंग्रेज़ी बोलने की मश्क़[18] थी, मगर मैट्रिक का सर्टीफ़िकेट भी न था। जब अब्बा हुज़ूर के हार्ट फ़ेल होने के बाद पता चला, मुआमला बिल्कुल खुक्कलक्क है और उस पुरानी कोठी के सिवा कोई और सहारा नहीं, तो हवास गुम हो गए। पाकिस्तान से दूल्हा वुसूल करने की भी उम्मीदें ख़त्म हो चुकी थीं। ख़ाला अम्माँ के सब लड़के बड़ी अमीर ससुरालों में खप चुके थे। एक विलायती मेम के साथ इंग्लैंड में जम चुके थे। सारी सहेलियाँ, जो बचपन से ग़ज़ाला को अपनी बहू बनाने की धमकियाँ दिया करती थीं, न जाने कहाँ ग़ारत[19] हो गई थीं।

एक बुआ रह गई थीं। विर्से में मिली थीं, तो तनख़्वाह तो देनी नहीं पड़ती थी। मियाँ छोड़कर न जाने कहाँ उड़न-छू हो गया था। एक मीर साहब थे। सारी उम्र मक्तब[20] में क़ुरान और उर्दू पढ़ाई, फिर अब्बा हुज़ूर ने मुंशी का उहदा दे दिया। जब आँखों से लाचार हुए, तो ड्यूटी पर सूँड-सी डाले बैठे रहते थे। उनका एक घामड़-सा लड़का था ग़फ़ूरा। ऊपर का काम किया करता था, निहायत मिस्कीन[21] और

---

11. बाढ़ग्रस्त प्राणियों, 12. शिथिल, 13. काँपते, 14. झरने, 15. पति-परमेश्वर, 16. महिलाएँ, 17. उद्विग्न, 18. अभ्यास, 19. लोप, 20. पाठशाला, 21. सरल स्वभाव,

बुज़दिल। अब्बा हुज़ूर एक दिन शिकार पर ले गए, तो बन्दूक के धमाके से लरज़कर रोने लगा। यह सैयद काफ़ी ढीले होते हैं। जब कोठी के मकीनों[22] पर बुरा वक़्त पड़ा, तो मीर साहब तो बिल्कुल ही फप्पस हो गए थे। मस्जिद में जा बैठे थे। अल्लाह के नेक बन्दे साल में एकाध जोड़ा भी दे देते। वैसे जब महँगाई न थी, तो मुल्ला भी संग खिला देता था। उन्होंने कभी हाथ न फैलाया, पर नेक बन्दों के दिल में कभी तरस जागता, तो पेट का सहारा हो ही जाता।

ग़फ़ूरा जूतों के एक कारख़ाने में काम सीखकर कुछ कमाने लगा था और जब मीर साहब अल्लाह को प्यारे हुए, तो वह दुनिया में अकेला रह गया। ज़ेह्नी[23] तौर पर तो वह हमेशा का यतीम था।

काफ़ी अरसे से ग़ज़ाला को अजीब-सा एहसास हो रहा था। ग़फ़ूरा जब भी किसी काम से आता, चोरी-चोरी उसे ताका करता, लेकिन जैसे ही वह उसकी नज़र को पकड़ना चाहती, पलकें झुका लेता। ग़ज़ाला को उससे चिढ़ थी। बेहंगम, लम्बा, कन्धे झुके, ख़शख़ाशी बाल। ख़ुदा जाने किस रंग के होंगे। सफ़ेद चंदिया पर इतनी हक़ीर[24] पैदावार ख़ाक रंग जमाती। बड़े-बड़े कान, बड़े-बड़े हाथ-पाँव, अजब ऊँट जैसी उचकती हुई चाल। दाँत पता नहीं कैसे होंगे। कभी हँसता ही नहीं, जो पता चले। आँख मिला ले, तो पुतलियों का रंग मालूम हुआ। ऊँचा शरई पाजामा, नीचा कुर्ता और ज़र्द मशीन के काम की कलफ़दार टोपी। बिल्कुल मीर साहब जैसा लिबास। रोज़े-नमाज़ का निहायत पाबन्द।

उसे हमेशा ग़ज़ाला बीबी कहता था, हालाँकि वह अब बीबी नहीं रही थी। चौबीसवाँ बरस चल रहा था, मगर अम्मी हमेशा उसकी उम्र में से ख़ासे ढेरों साल हड़प कर जाती थीं। वह उसे बीस से ऊपर उठती देखने को तैयार नहीं थीं। अठारह बरस की उम्र में तो उनकी गोद भर गई थी। फिर पूत जाता रहा, तो दो साल बाद ग़ज़ाला पैदा हुई। ज़्यादा से ज़्यादा चवालीस बरस की होंगी, मगर काफ़ी बाल सफ़ेद हो गए थे। जिल्द[25] को ढलकने की गुंजाइश न मिली थी कि जिस्म पर गोश्त ही कम था।

"गजाला बीबी," ग़फ़ूरा के रबड़ के जूते दहलीज़ पर देखकर उसने नज़र न उठाई, "ग़फ़ूरा! तुम्हारे हल्क़ में क्या मोरी की कीचड़ फँसी है?"

"जी...जी...नहीं तो..." नज़रें नीची।

"तो फिर तुम 'ग़ैन' को 'गाफ' और 'ज़' को 'ज' क्यों बोलते हो। मेरा नाम गजाला नहीं, 'ग़ज़ाला' है।"

"जी गजाला!"

"पाजी कहीं का, बन रहा है।" ग़ज़ाला चिढ़ गई। अम्मी ने कोई नर्म-सा नाम क्यों न रखा। कॉन्वेंट में लड़कियाँ और उस्तानियाँ 'ग़ैन' नहीं बोला करतीं। 'ग़ैन',

---

22. वासियों, 23. मानसिक, 24. तुच्छ, 25. त्वचा,

'ख़े', 'क़ाफ़' निहायत ख़ौफ़नाक आवाज़ें हैं। न अंग्रेज़ी में, न हिन्दी में। बस ढ, ग, ड, फ भी तो मीठी थीं।

"हम भी आज से तुम्हें ग़फ़ूरा कहेंगे समझे!"

"जी!" ग़फ़ूरा को पहले ही उसके यार-दोस्त ग़फ़ूरा कहते थे। उसे एहतिजाज़[26] की कोई वजह न नज़र आई।

"ग़ैन हल्क़ से नहीं निकलती?"

"जी, निकलती है।"

"तो बोलो ग़ैन!"

"जी, 'गैन'!"

ग़ज़ाला का पारा चढ़ गया। जान को आ गई। बिल्कुल सिर पर सवार हो गई, "कमीने, आज तुम्हें 'ग़ैन' बुलवाकर छोड़ूँगी!" ग़फ़ूरा की घिग्घी बँध गई। भाग भी न सकता था। ग़ज़ाला बीबी से उसका दम निकलता था। क्या ततैया की तरह भिनभिनाती थीं। उसके कान लाल हो गए। कम्बख़्त कत्थे के रंग का हो गया था। अम्मी कहती थीं, जब छोटा-सा था, तो फूल की तरह सुर्ख़-सफ़ेद था। बर्तन-झाड़ू और फिर धूप में जल के रह गया।

ग़ज़ाला की सहेलियाँ हाइड्रोजन और अमोनिया मिलाकर बलीच किया करती थीं। उसका जी चाहा, ग़फ़ूरा को उसी मह्लूल[27] के क़राबे में डुबो दे और इतनी देर भिगोये रखे कि उसके जिस्म ही नहीं, रूह का भी कलझनवापन उतर जाए, लेकिन उस वक़्त तो उसे 'ग़ैन' और 'ज़े' बुलवाना था।

"बैठ जाओ!"

ग़फ़ूरा मेढक की तरह उकड़ूँ बैठ गया।

"नहीं, नहीं," वह लपककर खड़ा हो गया।

"इधर स्टूल पर बैठो!"

ग़फ़ूरा नई दुल्हन की तरह सिमटकर दोनों हाथ गोद में रखकर बैठ गया। आँखों तले!

"ग़फ़ूरा, तुम्हारी क्या उम्र है?"

"जी...पता नहीं!"

"कमाल है, यानी पता ही नहीं?"

"बहुत दिन हुए, अब्बा कहते थे, चौदह बरस का हूँ।"

"कितने दिन हुए? कोई तीन दिन...?"

"नहीं...बहुत साल! जब अब्बाजान ज़िन्दा थे और सरकार भी ज़िन्दा थे।"

"ग़फ़ूरा, तुम शादी क्यों नहीं कर लेते?"

"नहीं...नहीं बीबी...मैं कैसे...नहीं, नहीं..."

---

26. प्रतिरोध, 27. घोल,

"अरे अहमक़, इतना बौखलाने की क्या बात है," मगर ग़फ़ूरा के कान इतने सुर्ख़ हो गए कि ग़ज़ाला डरी, कहीं टपक न पड़े पक्के टमाटरों की तरह। वह ऐसी बुद्धू न थी कि ग़फ़ूरा की निगाहों का पैग़ाम उसके भेजे तक न पहुँचा हो, मगर उसे क़तई अपनी 'इंसल्ट' महसूस न हुई। बस हँसी आई। उफ़, इतना बोर, अहमक़ कौन बदनसीब झेलेगी!

फिर उसे ग़फ़ूरा पर तरस आ गया। माली[28] तौर पर उसकी हालत ग़ज़ाला से ग़नीमत थी कि वह तो कौड़ी भी नहीं कमाती थी, लेकिन ज़ेह्नी[29] तौर पर ग़फ़ूरा कितना महरूम[30] था। उसके आलिम-फ़ाज़िल[31] बाप ने सिर्फ़ उसे क़ुरान पढ़ाया। वह भी बेमानी के। फिर उर्दू का क़ायदा शुरू कराया, तो काम से फ़ुरसत ही न मिली। ग़ज़ाला को उन्होंने क़ुरान के साथ आमदनामा भी रटा दिया था।

"आमदन = आना...आमद = आया...आमदीद = आए...!"

फिर थोड़ी-सी उर्दू भी पढ़ा डाली थी। उर्दू में था ही क्या पढ़ने को। उसको कॉन्वेंट में तो बताया ही नहीं किसी ने...उसके कॉन्वेंट में आठवीं से हिन्दी शुरू हो गई थी। पतली-सी किताब थी। लड़कियाँ रटकर हिन्दी में थर्ड डिवीज़न मार्क ले आती थीं। कम्बख़्त पोज़ीशन गिर जाती थी। इससे तो संस्कृत अच्छी। बारह छोटे-छोटे श्लोक रट डालो। पचानवे नम्बर मिले धरे हैं।

उफ़! स्कूल से कैसी जान जलती थी। जब स्कूल छूटा, तो जैसे पैरों तले से ज़मीन खिसक गई। ख़ैर, अंग्रेज़ी के सहारे वह लाइब्रेरी से चार आने फ़ी हफ़्ता ढेरों किताबें ले आती थी। लाइब्रेरियन तक़ाज़ा नहीं करता था। काफ़ी रुपए चढ़ गए थे, बहुत मुश्किल से अदा किए और उसके बाद वह कबाड़िये की दुकान से पुरानी अंग्रेज़ी की किताबें और रिसाले दो आना हफ़्ता पर ले आती। ज़्यादातर मिल्ज़ एंड बूग के और बार्बरा कार्टलैंड के तारीख़ी[32] रूमान[33] उसे पसन्द आते। दिन में एक किताब आसानी से डकार लेती। उन किताबों में उसकी अपनी महरुमियों के लिए मर्हम था। छह-सात बरस से वह इन्हीं रुमानों की रंगीन फ़िज़ाओं में मह्वे-परवाज़[34] थी। इन सब रुमानों की हीरोइनें बिल्कुल उसी की तरह ग़रीब, मगर निहायत हसीन और पाकबाज़ थीं। बड़े दुख उठाती थीं। निहायत अमीर और बेहद मालदार और हैंडसम से टक्कर हो जाती। बेहद अकड़ू और बद-मिज़ाज, खुर्रा, औरत ज़ात से मुतनफ़्फ़िर[35] आवारा, बदमाश, उस नाज़ुक अन्दाम[36], फूल जैसी हीरोइन का बेहद धोबी-घाट करता। तोड़ता, मरोड़ता और जलते-सुलगते बोसों[37] की बारिश में उसे भूनता-भुलसता। उसका तन-मन उस ज़ालिम दरिन्दे के इश्क़ में पिघलकर मोम हो जाता। वह नामुराद टूटा हुआ दिल लेकर भागती। तब वह उसके पीछे दौड़ता और बताता कि वह किस बुरी तरह उस पर ज़िन्दगी में पहली और

---

28. आर्थिक, 29. मानसिक, 30. वंचित, 31. विद्वान, 32. ऐतिहासिक, 33. रोमांस, 34. उड़ान-मग्न, 35. विमुख, 36. कोमलकांत, 37. चुम्बनों,

आख़िरी बार दिलो-जान से और रूह की गहराइयों से आशिक़ हुआ है और वह उससे शादी कर लेता। हँसी-ख़ुशी बीतने लगती।

लेकिन इस नामुराद मुल्क में उसके नसीब के तमाम डैशिंग हीरो सिर्फ़ अमीर लड़कियों पर आशिक़ होते हैं और शादी करके ढीले-मोटे फप्पस होने लगते हैं। दो-एक बार लाइब्रेरी में उसे लड़कों ने मीठी नज़र से देखा। कॉफ़ी की दावत भी दी। सिनेमा भी दिखाया, मगर बदले में निहायत टटोलने पर मुसिर[38] हुए और सख़्त नागवार माहौल में उसे जान छुड़ानी पड़ी।

एक दफ़ा एक काफ़ी हैंडसम और अमीर लड़का उसके पीछे लगा। ख़ूब मोटर दौड़ाई। उसके बाल हवा में उड़े, मगर जब एक निहायत मैले होटल के कमरे में वह एक दिन उस पर चढ़ बैठा, तो उसने उसके बाज़ुओं में दाँत गाड़ दिए। 'यू बिच' उसने गाली दी और वह ज़क़न्द[39] मार के बाहर निकल गई। वह उसके पीछे बहुत ख़ुशामदें करता लगा रहा, मगर न जाने क्यों वह क़तई न पिघली। वह उसे निहायत गन्दी गालियाँ देता। मोटर भगाता, उसे घर से मीलों दूर छोड़कर चलता बना। घंटों पैदल और फिर खड़खड़ाती बस में रगड़ती घर पहुँची, तो ग़फ़ूरा ने उसे गजाला कहकर ख़ून थुकाया। अगर वह इतनी दूर और ऊँचा न होता, तो वह ज़रूर उसके मुँह पर चाँटा जमा देती।

इन्तिक़ामन[40] उसने ग़फ़ूरा को धर घसीटा।

"कहो ग़ा आ आ!"

"ग़ा...आ...!" ग़फ़ूरा रुआँसा हो गया।

"ग़ा..."

"अरे क्यों निगोड़े को हलकान[41] कर रही है, बेटी ग़ज़ल!" वह हमेशा उसे बड़े रुमानी नामों से पुकारा करतीं।

थोड़े दिन तो वह ख़ुद को हसीन समझती रही कि हर नवाबज़ादी नाज़ुक-अन्दाम और रोमांटिक होती है। उसकी निस्वानियत[42] शर्मो-हया, नज़ाकत, लताफ़त[43] मस्हूरकुन[44] होती है, लेकिन उसे मालूम हो गया था कि कमाऊ, दौलतमन्द दूल्हा के लिए दौलतमन्द बीवी ही सबसे बड़ी माहलिक़ा[45] होती है और निस्वानियत, नज़ाकत, लताफ़त और शर्मो-हया का तक़ाज़ा है कि बीवी मेह्र मुआफ़ कर दे और जायदाद ख़ुदाए-मजाज़ी के नाम...

इसमें क्या ऐब की बात है। मौजूदा हालात में अगर वह भी कमाऊ पूत होती, तो कानी-भैंगी, मगर बेहद अमीर दुल्हन ब्याह के लाती कि कोठी की मरम्मत हो जाती। दुकानदारों के क़र्ज़ उतर जाते और अम्मी को पहाड़ पर आराम के लिए किसी सेनीटोरियम में दाख़िल करवा देती। तब वाक़ई उसे वह बद-

---

38. आग्रहशील, 39. छलांग, 40. प्रतिशोध स्वरूप, 41. परेशान, 42. स्त्रीत्व, 43. मृदुलता, 44. सम्मोहक, 45. शशि दर्शन,

शक्ल बीवी परीज़ाद[46] लगती, और पहली फ़ुरसत में वह कोई हसीन छोकरी ढूँढ़कर उसके साथ ऐश उड़ाती। जाहिल हैं वह लोग, जो दौलत पर नाक-भौंह चढ़ाते हैं। बनते हैं, जो रियासत को हिक़ारत से देखते हैं और ग़रीबी को ख़ुदा की रहमत समझते हैं।

अगर ऊपर से कोई 'ग़ैन' को 'गाफ', 'ज़े' को जीम और 'फ़े' को 'फ' कहे, तो क़त्ल की वह मुजरिम हरगिज़ न होगी। उसे फाँसी देना ज़ेह्नी और अख़्लाकी पस्ती[47] का सुबूत होगा। उस पर माद्दीयत[48] छा रही थी। किसी को जलाने, ज़लील करने और ठुकराने को जी चाह रहा था। उसे दूर-दूर ग़फ़ूरा के सिवा कोई नज़र नहीं आ रहा था। और जब उसने अकड़कर कहा, "गजाला बीबी! बेगम साहब बुला रही हैं।"

दुख में आँसू न जाने कहाँ जा मरते हैं, और हँसी का सत्यानास मारने उमड़े चले आते हैं।

और जब चौके पर दस्तरख़्वान लगाकर ग़फ़ूरा हस्बे-आदत दहलीज़ पर पतीली पोंछने बैठ गया, तो ग़ज़ाला का पारा ज़नाज़न ऊपर चढ़ने लगा।

"छोड़ो पतीली गधे!"

ग़फ़ूरा ने डर के पतीली से हाथ खींच लिए।

"यहाँ बैठ के खाओ," उसने दस्तरख़्वान के कोने की तरफ़ इशारा किया। अम्मी लौकी का शोरबा पी रही थीं। नथुने फड़कने लगे। अंग्रेज़ी में बोलीं, "डोंट बी सिल्ली!"

उसने भी अंग्रेज़ी में जवाब दिया, "आई एम नॉट सिल्ली। यह भी इनसान का बच्चा है, कुत्ता नहीं, सैयद है। पठानों से ऊँचा आले-रसूल! और हमारे रसूल तो ग़ुलामों को साथ बिठाकर खिलाते थे।"

अम्मी काफ़ी पक्की मुसलमान थीं। बैठकर सिर्फ़ फ़र्ज़ पढ़तीं, मगर नमाज़ मुश्किल ही से क़ज़ा[49] करतीं, मगर इस्लाम के ऐसे इश्तिराक[50] और मुसावात[51] के उसूलों पर सिर्फ़ ज़बानी जमा-ख़र्च की क़ाइल थीं।

"जा ग़फ़ूरा, प्लेट ला!"

ग़फ़ूरा प्लेट लाया और सहमा-सहमा उकड़ूँ बैठने लगा, तो वह दहाड़ी, "पालथी मार के बैठो।"

ग़फ़ूरा की पालथी ऐसी फुर्ती से मरी कि ग़ज़ाला को अच्छू लग गया।

ग़फ़ूरा का दम घुट रहा था। निवाला निगलते ही सहम जाता कि कहीं निगलने का धमाका बीबी को चौंका न दे। ग़ज़ाला को महसूस हुआ, जैसे वह मिल्ज़ एंड बून या बार्बरा कार्टलैंड का डैशिंग बेरहम लखपति मर्द है और ग़फ़ूरा नादार[52],

---

46. परी की पुत्री, 47. मानसिक और नैतिक पतन, 48. भौतिकता, 49. नियत समय पर पालन न करना, 50. भागीदारी, 51. बराबरी, 52. बेचारा,

नाज़ुक अन्दाम कुँआरी हसीना है और उसे चाहिए कि हसीना को पछाड़कर उस पर दहकते हुए बोसों की बारिश कर दे और कहे, "डार्लिंग, आई लव यू सो!"

मगर वह ज़ोर से हँसी भी नहीं। ग़फ़ूरा के लाल अंगारा कान देखकर दुखी हो गई।

यह नहीं कि उसके लिए पैग़ाम ही नहीं आए। बूढ़े दुहाजू या क्लर्कों के। वैसे कोठी खंडहर सही, काफ़ी रक़्बे[53] पर खंडहर फैला था। पीछे जहाँ कभी फलों से लदा बाग़, बेला, चमेली और गुलाब के तख़्ते खिले रहा करते थे। संगमरमर के तालाब में सुर्ख़ मछलियाँ तैरा करती थीं। थूहर, भटखटिया और बबूल के सिवा सब पेड़ बूढ़े होकर कुछ दिन ईंधन के काम और टाल वाले के हाथ बेचने पर दाल-दलिया के काम आ गए थे।

मगर एक दिन वह चौंक पड़ी। वह साहब, जिन्होंने ख़ाला अम्माँ की कोठी ख़रीदी थी, उनका कारिन्दा आया और कोठी का तख़्मीना[54] मालूम करने लगा। ग़ज़ाला ने कभी कोठी की क़ीमत पर ग़ौर ही नहीं किया था। एक दफ़ा और ज़िक्र छिड़ा था, तो अम्मी बेहद रोई थीं।

"नहीं, मैं आपा जान की तरह बुज़ुर्गों की बख़्शी जायदाद नहीं बेचूँगी।" अम्मी पर उसे आज बहुत ग़ुस्सा आ रहा था, अगर वह सीनियर कैम्ब्रिज कर लेती, तो ज़िन्दगी बन जाती। वह यूँही शादी के कॉलम देखा करती थी। उनमें भी कॉन्वेंट की पढ़ी लड़कियों की ख़ासी माँग थी। ख़ास तौर पर बाहर बड़ी-बड़ी तनख़्वाहों पर लगे हुए दूल्हा की तरफ़ से! उसने कारिन्दे से कहा, "इस वक़्त अम्मी सो रही हैं। कल-परसों जवाब देंगे।"

फिर अम्मी ने बताया, कोठी के काग़ज़ात अन्दर के कमरे में मचान पर काले सन्दूक़ में रखे हैं। जब ग़फ़ूरा आया, उसने मचान पर चढ़कर पहले तो जाले और ख़ाक-धूल झाड़ी। फिर बड़ी मुश्किल से ताला खोला। काग़ज़ात के अम्बार में पहला लिफ़ाफ़ा ढूँढ़कर निकाला। उसमें न जाने कौन-से काग़ज़ात थे। जाहिल लट्ठ ग़फ़ूरा पर उसे बहुत ग़ुस्सा आया।

"नीचे उतरो!" ग़फ़ूरा सहमकर उतर आया। और वह ख़ुद चढ़ने लगी, मगर फिसल पड़ी। बन्दर की औलाद क्या फुर्ती से चढ़ गया और उसके फिसलने पर हँस भी रहा था। वह उस पर बरस ही पड़ती, लेकिन इस बार उसके उजले दाँतों की क़तार देखकर सक्ते[55] में रह गई। बचपन में तो उसके दाँत बड़े ऊबड़-खाबड़ थे।

"ई करो!"

"जी?"

"करो...ई ई ई..." उसने दाँत निकोसकर बताया।

"ई...ई ई..." ग़फ़ूरा ने नक़्ल की।

---

53. क्षेत्रफल, 54. अन्दाज़ा, 55. जड़ता,

"अरे वाह पट्ठे! तुम्हारे दाँत तो एकदम बिनाका टूथ-पेस्ट का इश्तिहार हैं!"

वह गर्दन टेढ़ी करके उसे ग़ौर से देखने लगीं। यानी गूदड़ में लाल छिपा था और उसने नोटिस ही न लिया। महा-गधी!

ठोड़ी हथेली पर रखे वह सोचती रही।

अगर ग़फ़ूरा को बना-सँवारकर चलाया जाए, तो चल जाएगा।

एक दिन उसकी सहेली ने कहा था, "हाय, सो क्यूट!"

अगर धोया-माँजा जाए, तो ग़फ़ूरा काफ़ी क्यूट रहेगा, और कम्बख़्त बाल ख़शख़ाशी करके कद्दू जैसी खोपड़ी पर अगर एलविस प्रेस्ले का विग लगाकर टाम जोन्ज़ की टाइट जीन...मारवेलेस! कम्बख़्त जूते गाँठने से बेहतर है। फ़र्स्ट क्लास जिगलू बन सकता है।

"ग़फ़ूरा अगर अब के तुमने बाल कटवाए, तो समझ लो, तुम्हारी चप्पल से ऐसी चाँद गंजी की जाएगी कि बस!"

"जी?" ग़फ़ूरा बिदका।

"बाल कटाना एकदम बन्द! हम काटेंगे तुम्हारे बाल ख़ुद!...और हाँ, यह मूँछें...राजकपूर कट नहीं चलेंगी...छोड़ो?"

"छोड़ूँ?"

"यानी बढ़ने दो, बस बाल और मूँछें बेमुहार बढ़ने दो!"

"मगर ग़ज़ाला बीबी!"

"हत्त तेरे की! नामुराद 'ग़ैन' भी बहक़-तस्लीम[56] हुई!"

"ग़ज़ाला ब्यूबा!"

"उठ छोड़ यह 'ग़ैन', 'फ़े', 'क़ाफ़' तुम्हारे बस के नहीं। कल से तुम अंग्रेज़ी पढ़ोगे।"

"ए बी सी डी तो अब्बा जी ने सिखा दी थी। सी ए टी केट...के माने बिल्ली...आर ए टी...रैट...रैट माने चूहा!"

"बुद्धू कैट मायनी बिल्ला भी तो हो सकता है, और रैट की मादा भी होती है।"

"ही केट और शी केट!"

"अरे भोंदू, तुम तो छुपे रुस्तम निकले! अच्छा, बस इधर आओ..." ग़फ़ूरा शरमाता-लजाता बढ़ा।

"झुको!"

"जी!"

"हम कहते हैं, झुको। तुम्हारी पीठ पर चढ़ना है!"

"बीबी!"

"ऊँ ईडियट, झुको!" ग़फ़ूरा झुक गया और वह उसकी पीठ, फिर कन्धों पर चढ़ गई।

---

56. मृत स्वीकार हुई,

"हाँ, अब हौले-हौले खड़े हो एहतियात[57] से! अगर मैं गिरी, तो तुम्हारी जान की ख़ैर नहीं!"

मचान पर चढ़कर वह काग़ज़ ढूँढ़ती रही और ग़फ़ूरा भागकर गया और नल के नीचे कान ठंडे करने लगा। दो-तीन दिन तक साहब का कारिन्दा नहीं पलटा। उसे भी नहीं मालूम था...कैसे सौदा शुरू करे।

लेकिन दूसरे दिन एक और आदमी मोटर में आया। कोठी और मुल्हक़ा[58] ज़मीन की क़ीमत पूछी।

"हम अपने वकील से बात करके बताएँगे...आप कल आइए!"

अगर दूसरा आदमी न आता और ख़ुद सेठ रमेश चन्द्र, तो वह दोबारा सोचती भी नहीं।

"न भई, मुसलमान भाई को देंगे कोठी...अपना ख़याल करेगा!"

"ब्योपार में हिन्दू-मुसलमान की क्या क़ैद! दोनों में से जो ज़्यादा दाम देगा!"

"मगर..."

"अम्मी, पैसे का कोई धर्म नहीं होता। बस कमी और इफ़रात[59] की टक्कर होती है।"

और तीसरे दिन ख़लीक़ुज़्ज़मां साहब के लड़के के लिए ग़ज़ाला का पैग़ाम आ गया।

अम्मी तो रो पड़ीं। वह ना-उम्मीद हो चुकी थीं कि बच्ची का नसीबा कभी न खुलेगा, मगर ख़ुदा के यहाँ देर है, अँधेर नहीं! "अपनी जात-पात का भी है। तेल का कारख़ाना है। अपनी वकालत भी करता है। हाय! मेरी लाड़ली के हाथों में मेहँदी रचे। ख़ैर से अपने घर-बार की हो।" अम्मी देर तक वज़ीफ़ा पढ़ती रहीं और ग़ज़ाला पर फूँकती रहीं।

"सेठ और ख़ाँ साहब इलेक्शन में खड़े हो रहे हैं।" ग़फ़ूरा ने कहा और 'ख़े' साफ़ न बोलने पर ग़ुस्सा की बजाय न जाने क्यों ग़ज़ाला को मसर्रत[60] हुई।

शाम को एहसान ख़ालू आए। अब्बा हुज़ूर के जनाज़े में शिरकत[61] करके जो गए, तो आज पलटे और आते ही अम्मी पर क़ुर्बान होने लगे। ठंडी आवाज़ में बोले, "हमारी तुम्हारी ठीकरे की माँग थी, मगर क़िस्मत को और कुछ ही मंज़ूर था। तुम्हारी इस नाक़द्रे से हो गई और मेरी कनीज़ फ़ातिमा से क़िस्मत फूटी!

"कैसी हैं कनीज़ आपा?" अम्मी के चेहरे पर दो बूँद ख़ून फिर गया।

"वही रफ़्तार बेढंगी, जो पहले थी, वह अब भी है। दोस्तों का ताना, क़व्वाली सुनने पर दाँता-किल-किल...लड़कियाँ जवान, कोई ठिकाना है मुसीबतों का। लड़के चाहते हैं, पढ़ी-लिखी कमाऊ बीवी। कहो बेशरमो, बीवी की कमाई पर ऐश करोगे!"

---

57. सावधानी, 58. मिली हुई, 59. अधिकता, 60. ख़ुशी, 61. शामिल,

"शहज़ादी बेगम तो ख़ुदा के फ़ज़्ल से अब...मेरा ख़याल है, मुझ से आठ-नौ बरस छोटी होंगी!"

"क्या बताऊँ, कलेजे पर चट्टान रखे हैं और नामुरादें तीनों ननिहाल पर पड़ गईं। जावेद मेरे ऊपर गया। सो, वह पाकिस्तान चला गया!"

"सुना, शादी कर ली है!"

"हाँ, बड़े जनरल की बेटी है। नाक पर मक्खी नहीं बैठने देती। पिछले साल हम दोनों चले ही गए। सूरत को तरस गए थे। हर साल यही क़िस्सा कि आइन्दा साल आऊँगा। मेरी बदली होनेवाली है। मैंने कहा, ऐसी-तैसी बदली की, मगर जा के पछताये। बस एक कमरे में बन्द रहे। ड्राइंग-रूम में पार्टियाँ चल रही हैं। बहुत कहा, तुम्हारी आपा ने, भलीमानस तंग पाजामा छोड़! कहती है, छह गज़ लट्ठा चुकता है ग़रारे में। दो गज़ में घुटना बनता है।"

बहुत देर तक बैठे रहे, खाने में दाल और भिंडी की भाजी देखकर गए और होटल के गुलावठी के कबाब और ख़मीरी गर्म-गर्म रोटियाँ ले आए।

फिर तो एहसान ख़ालू सुबह-शाम आने लगे। बैठे अम्मी से बातें किया करते थे। कोठी की क़ीमत का अन्दाज़ा लगाने के लिए वकील की फ़ीस चाहिए थी। पड़ोस में पंडित जी कभी किसी वकील के कारिन्दे रह चुके थे। दमे के मरज़ ने लाचार कर दिया था, बैठे ख़ाँसा करते थे। ग़ज़ाला ग़फ़ूरे को लेकर उनसे मिलने गई।

"आदाब-अर्ज़ पंडित चचा!"

"अरे ग़ज़ाला बेटा! किधर भूल पड़ीं? तुमने तो जब से स्कूल छोड़ा, सड़क पर भी नज़र नहीं आतीं। हम उधर से कई बार गुज़रे, चमन में भी नहीं दिखाई पड़ी।"

"अब चमन है कहाँ, चचा ख़ाक उड़ रही है!"

"बेगम साहब तो अच्छी हैं?"

"जी, इधर हफ़्ता भर से जी अच्छा है।"

"अकेलापन सबसे बड़ा मरज़ है बेटा!"

"एहसान ख़ालू आ जाते हैं, उनके साथ ताश खेल लेती हैं, वक़्त गुज़र जाता है।"

"अच्छा एहसान मियाँ आने लगे!"

"उनकी इनायत है। ख़ानदान वाले कुछ हिज्रत कर गए, कुछ दूसरे शहरों में चले गए। कुछ यहीं भूल बैठे।"

"यही ज़माने की रीत है बेटा! सुना है, कोठी बिक रही है!"

"उसी के बारे में आप से सलाह लेनी थी। बीस हज़ार मिल रहे हैं। अम्मी को पहाड़ पर सेनीटोरियम भिजवाना है।"

पंडित भी चुप चिलम कुरेदते रहे।

"मुझे तो कुछ पता नहीं, क्या भाव है जायदाद का चचा!"

"हरामी पिल्ले...क्षमा करना बेटा! गन्दे बोल मुँह से निकल गए। यह पक्के चोर हैं। मैं तो ख़ुद तुम्हारे पास आने की सोच रहा था। गिद्ध हैं बेटा यह सारे के सारे, चाहे वह किसी धर्म के चालक हों, उनका धर्म बस धन-दौलत है। सुना है, तुम्हारे लिए ख़ाँ साहब के बेटे की मंग आई है?"

"जी?"

"कोई बड़ा रोग नहीं, बर्स[62]! सूरत से बे-सूरत हो जाता है। छूत भी नहीं, पर बेटा पीढ़ी-दर-पीढ़ी चलता है। वैसे लड़का लायक़ है। बड़ा दुखी है।"

"अरे, शादी-ब्याह की बात बाद में देखी जाएगी। चचा, ज़मीन का क्या भाव है। कोठी की तो बस दीवारें ही लीप-पोत के मरम्मत हो सकती है। दरवाज़े-खिड़कियाँ सब घुन गए हैं। फ़र्श भी उधड़ रहे हैं।"

"इलाक़ा बड़ी तेज़ी से ऊपर चढ़ रहा है। मेरी यह तिल भर की कोठी के चौदह हज़ार लग चुके हैं, पर मुझे नहीं देनी। मैं तो सोच रहा हूँ, परचून की दुकान खोल लूँ। पीछे आँगन है। बहू-बेटे के लिए अलग कमरा है। यह मेरी कोठड़ी सड़क के किनारे है। यह दालान भी माल सजाने के काम आ जाएगा। सोडा वाटर की पेटी तो सुबह और शाम मँगवाता हूँ, यह सन्दूक़ मीठी गोलियों का भी है। बाल-बच्चे ले ही जाते हैं। बैठा-बैठा ऊब जाता हूँ। बहू का जापा[63] हो ले, तो सोचता हूँ, उससे मीठे सेब और तिल के लड्डू बनवाकर रख दूँ, बड़ी सुघड़ बच्ची है।"

"अरे चचा, आप तो अच्छा-ख़ासा स्टोर खोल सकते हैं। साबुन वग़ैरा..."

"अरे हज़ारों वस्तुएँ...तेल-फुलेल वग़ैरा...बिस्कुट...ख़ैर तो बेटी, सोच-समझ के सौदा करना!"

"सामान के लिए भैया जी रुपया लगाएँगे?"

"अरे, क्लर्की में पेट भर जाए, तो बहुत समझो। फिर बहू के जापे में ख़र्चा होगा। बेटा, मैं तो बैंक से तीन हज़ार ले रहा हूँ।"

"बैंक से? कैसे लेते हैं बैंक से क़र्ज़?"

"किसी दिन चली चलो रिक्शा में मेरे साथ। सब समझ जाओगी!"

"कल ही चलती हूँ। कितने बजे चचा?"

"यही कोई साढ़े दस-ग्यारह बजे बैंक खुलता है।"

"अरे घोंचू!"

"जी ग़ज़ाला बीबी!" ग़फ़ूरा बोला, "तुम घोंचू हो?"

"आप ही कहती हैं!"

"देखो, आइन्दा मैंने घोंचू पुकारा और तुम बोले, तो तुम्हारी ख़ैर नहीं समझे?"

"जी!"

"कल जुमा है!"

---

62. सफ़ेद कोढ़, 63. प्रसूत,

''जुमेरात है कल तो!''

''ख़ैर, परसों तुम्हारे बाल कटवाने का दिन है, और जुमा मुबारक दिन...शहादत का दर्जा भी नसीब होता है जुमा के दिन।''

ग़फ़ूरा कुछ न बोला, मगर हँसी दबाने के लिए मुँह पर हाथ रख लिया।

''हाथ हटाओ!'' ग़ज़ाला ने डाँट बताई। ग़फ़ूरा को हाथ रखने की ज़रूरत न रही।

''कहो...ई ई...ई!''

मगर ग़फ़ूरा गुमसुम खड़ा रहा। उसके बाल काफ़ी बढ़ गए थे और माथे पर झुक आए थे। मूँछें भी ऊपर के होंठ पर भर गई थीं। एकदम उसकी पिंडलियों में च्यूंटियाँ-सी रेंगने लगीं। फ़िज़ा एकदम गुंग हो गई। दूर कहीं पनचक्की फ़ाख़्ता की तरह कप-कप-कप बोल रही थी, दिल की धड़कन के ताल-सुर पर!

न बादे-सबा[64] थी, न फूलों के महकते हुए तख़्ते थे, न रौशन चाँद। बिजली के खम्बे पर कोई मरगिल्ला बीमार कौआ ऊँघ रहा था। रास्ते में नर्म-नर्म घास नहीं, मलबे और कूड़े के ढेर थे।

वह बौखलाकर जल्दी से मुड़ी और कोठी के झूलते हुए फाटक की तरफ़ लपकी। मलबे के ढेर से टकराकर उसके सेंडल की एड़ी निकल गई और पैर गन्द भरे गड्ढे में जा पड़ा।

ग़फ़ूरा बेसाख़्ता आदतन लपका! अगर मनहूस ने उसे कोलिया भरकर उठा लिया, तो वह भस्म हो जाएगी, लेकिन वह ठिठक गया। कीचड़ से पैर निकालकर उसने सारी दुनिया से नफ़रत करते हुए हाथ उठाया। ग़फ़ूरा का गर्म खुरदरा हाथ थामकर वह खड़ी हुई। उसने अपना हाथ खींचा। अगर ग़फ़ूरा ने उसका हाथ न छोड़ा तो?

मगर ग़फ़ूरा ने जल्दी से उसका हाथ छोड़ दिया। मुट्‌ठी में लम्स[65] समेटे वह कोठी के अहाते में दाख़िल हो गई।

---

64. प्रातः समीर, 65. स्पर्श।

लिहाफ़

जब मैं जाड़ों में लिहाफ़ ओढ़ती हूँ, तो पास की दीवार पर उसकी परछाईं हाथी की तरह झूमती हुई मालूम होती है और एकदम से मेरा दिमाग़ बीती हुई दुनिया के पर्दों में दौड़ने-भागने लगता है। न जाने क्या कुछ याद आने लगता है।

मुआफ़ कीजिएगा, मैं आपको ख़ुद अपने लिहाफ़ का रूमान-अंगेज़[1] ज़िक्र बताने नहीं जा रही हूँ, न लिहाफ़ से किसी क़िस्म का रुमान जोड़ा ही जा सकता है। मेरे ख़याल में कम्बल कम आरामदेह सही, मगर उसकी परछाईं इतनी भयानक नहीं होती, जितनी...जब लिहाफ़ की परछाईं दीवार पर डगमगा रही हो।

यह तब का ज़िक्र है, जब मैं छोटी-सी थी और दिन भर भाइयों और उनके दोस्तों के साथ मार-कुटाई में गुज़ार दिया करती थी। कभी-कभी मुझे ख़याल आता है कि मैं कम्बख़्त इतनी लड़ाका क्यों थी। उस उम्र में, जबकि मेरी और बहनें आशिक़ जमा कर रही थीं, मैं अपने-पराये हर लड़के और लड़की से, जूतम-पैज़ार[2] में मशग़ूल[3] थी।

यही वजह थी कि अम्माँ जब आगरा जाने लगीं, तो हफ़्ता भर के लिए मुझे अपनी एक मुँहबोली बहन के पास छोड़ गईं। उनके यहाँ अम्माँ ख़ूब जानती थीं कि चूहे का बच्चा भी नहीं, और मैं किसी से भी लड़-भिड़ न सकूँगी। सज़ा तो ख़ूब थी मेरी। हाँ, तो अम्माँ मुझे बेगम जान के पास छोड़ गईं। वही बेगम जान, जिनका लिहाफ़ अब तक मेरे ज़ेह्न[4] में गर्म लोहे के दाग़ की तरह महफ़ूज़[5] है। यह वह बेगम जान थीं, जिनके ग़रीब माँ-बाप ने नवाब साहब को इसलिए दामाद बना लिया कि वह पक्की उम्र के थे, मगर थे निहायत नेक। कभी कोई रंडी-बाज़ारी औरत उनके यहाँ नज़र न आई। ख़ुद हाजी थे और बहुतों को हज करवा चुके थे।

मगर उन्हें एक निहायत अजीबो-ग़रीब शौक़ था। लोगों को कबूतर पालने का जुनून होता है। कोई तोते पालता है। किसी को मुर्ग़बानी का शौक़ होता है। उनसे साहब को नफ़रत थी। उनके यहाँ तो बस तालिबे-इल्म[6] रहते थे। नौजवान, गोरे-गोरे, पतली कमरों के लड़के, जिनका ख़र्च वह ख़ुद बर्दाश्त करते थे।

---

1. रोमांटिक, 2. लड़ने-झगड़ने, 3. मग्न, 4. मस्तिष्क, 5. सुरक्षित, 6. विद्यार्थी,

मगर बेगम जान से शादी करके तो वह उन्हें कुल साज़ो-सामान के साथ ही घर में रखकर भूल गए और वह बेचारी दुबली-पतली, नाज़ुक-सी बेगम तन्हाई के ग़म में घुलने लगीं।

न जाने उनकी ज़िन्दगी कहाँ से शुरू होती है, वहाँ से जब वह पैदा होने की ग़लती कर चुकी थीं, या वहाँ से जब वह एक नवाब की बेगम बनकर आईं और छपरखट पर ज़िन्दगी गुज़ारने लगीं, या जब से नवाब साहब के यहाँ लड़कों का ज़ोर बँधा। उनके लिए मुरग़्ग़न हलवे और लज़ीज़ खाने जाने लगे, और बेगम जान दीवानख़ाने की दर्ज़ों में से उनकी लचकती कमरों वाले लड़कों की चुस्त पिंडलियाँ और मुअत्तर[7] बारीक शबनम के कुर्ते देख-देखकर अंगारों पर लोटने लगीं।

या जब से, जब वह मन्नतों-मुरादों से हार गईं, चिल्ले बँधे और टोटके और रातों की वज़ीफ़ाख़्वानी भी चित हो गई। कहीं पत्थर में जोंक लगती है? नवाब साहब अपनी जगह से टस से मस न हुए। फिर बेगम जान का दिल टूट गया और वह इल्म की तरफ़ मुतवज्जेह[8] हुईं, लेकिन यहाँ भी उन्हें कुछ न मिला। इश्क़िया नाविल और जज़्बाती अशआर[9] पढ़कर और भी पस्ती[10] छा गई। रात की नींद भी हाथ से गई और बेगम जान जी जान छोड़कर बिल्कुल यासो-हस्रत[11] की पोट बन गईं।

चूल्हे में डाला था ऐसा कपड़ा-लत्ता...कपड़ा पहना जाता है किसी पर रोब गाँठने के लिए। अब न तो नवाब साहब को फ़ुरसत कि शबनमी कुर्तों को छोड़कर ज़रा इधर तवज्जुह[12] करें और न वह उन्हें कहीं आने-जाने देते। जब से बेगम जान ब्याह कर आई थीं, रिश्तेदार आकर महीनों रहते और चले जाते, मगर वह बेचारी क़ैद की क़ैद रहतीं।

इन रिश्तेदारों को देखकर और भी उनका ख़ून जलता था कि सब के सब मज़े से माल उड़ाते, उम्दा घी निगलते, जाड़े का साज़ो-सामान बनवाने आन मरते और वह बावुजूद नई रूई के लिहाफ़ के पड़ी सर्दी में अकड़ा करतीं। हर करवट पर लिहाफ़ नई-नई सूरतें बनाकर दीवार पर साया डालता, मगर कोई भी साया ऐसा न था, जो उन्हें ज़िन्दा रखने के लिए काफ़ी हो...मगर क्यों जिये फिर कोई...? बेगम जान की ज़िन्दगी जो थी, जीना बदा था नसीबों में...वह फिर जीने लगीं और ख़ूब जीयीं...।

रब्बो ने उन्हें नीचे गिरते-गिरते सँभाल लिया। चटपट देखते-देखते उनका सूखा जिस्म भरना शुरू हुआ।

गाल चमक उठे और हुस्न फूट निकला। एक अजीबो-ग़रीब तेल की मालिश से बेगम जान में ज़िन्दगी की झलक आई। मुआफ़ कीजिएगा, उस तेल का नुस्ख़ा आपको बेहतरीन से बेहतरीन रिसाले में भी न मिलेगा...।

जब मैंने बेगम जान को देखा, तो वह चालीस-बयालीस की होंगी। उफ़्फ़ोह...किस शान से वह मस्नद पर नीम-दराज़[13] थीं और रब्बो उनकी पीठ से लगी बैठी कमर

7. सुगंधित, 8. उन्मुख, 9. शेर, पद्य, 10. गिरावट, 11. निराशा, 12. ध्यान, 13. आ-लेटी,

दबा रही थी। एक ऊदे रंग का दुशाला उनके पैरों पर पड़ा था और वह महारानी की तरह शानदार मालूम हो रही थीं...

मुझे उनकी शक्ल बेइन्तहा पसन्द थी। मेरा जी चाहता था, घंटों बिल्कुल पास से उनकी सूरत देखा करूँ। उनकी रंगत बिल्कुल सफ़ेद थी। नाम को सुर्ख़ी का ज़िक्र नहीं और बाल स्याह और तेल में डूबे रहते थे। मैंने आज तक उनकी माँग ही बिगड़ी न देखी। क्या मजाल जो एक बाल इधर-उधर हो जाए। उनकी आँखें काली थीं और अब्रू[14] पर के ज़ाइद[15] बाल अलाहदा करने से कमानें-सी खिंची हुई थीं...आँखें ज़रा तनी हुई रहती थीं...भारी-भारी फूले हुए पपोटे, मोटी-मोटी पलकें...सबसे ज़्यादा जो उनके चेहरे पर हैरतअंगेज़ जाज़िबे-नज़र[16] चीज़ थी, वह उनके होंठ थे, उमूमन[17] वह सुर्ख़ी से रंगे रहते थे। ऊपर के होंठ पर हलकी-हलकी मूँछें-सी थीं और कनपटियों पर लम्बे-लम्बे बाल...कभी-कभी उनका चेहरा देखते-देखते अजीब-सा लगने लगता था...कमउम्र लड़कों जैसा...

उनके जिस्म की जिल्द[18] भी सफ़ेद और चिकनी थी। मालूम होता था, किसी ने कसकर टाँके लगा दिए हों...उमूमन वह अपनी पिंडलियाँ खुजाने के लिए खोलतीं, तो मैं चुपके-चुपके उनकी चमक देखा करती। उनका क़द बहुत लम्बा था और फिर गोश्त होने की वजह से वह बहुत ही लम्बी-चौड़ी मालूम होती थीं, लेकिन बहुत मुतनासिब[19] और ढला हुआ जिस्म था। बड़े-बड़े चिकने और सफ़ेद हाथ और सुडौल कमर! तो रब्बो उनकी पीठ खुजाया करती थी, यानी घंटों उनकी पीठ खुजाती...पीठ खुजवाना भी तो ज़िन्दगी की ज़रूरियात में से था, बल्कि शायद ज़रूरियाते-ज़िन्दगी से भी ज़्यादा! रब्बो को घर का और कोई काम न था...बस वह सारे वक़्त उनकी छपरखट पर चढ़ी कभी पैर और कभी सिर और कभी जिस्म के और दूसरे हिस्से को दबाया करती थी। कभी तो मेरा दिल बोल उठता था, जब देखो, रब्बो कुछ न कुछ दबा रही है या मालिश कर रही है। कोई दूसरा होता, तो न जाने क्या होता...मैं अपना कहती हूँ, कोई इतना छुए भी तो मेरा जिस्म तो सड़-गल के ख़त्म हो जाए।

और फिर वह रोज़-रोज़ की मालिश काफ़ी नहीं थी। जिस रोज़ बेगम जान नहातीं, या अल्लाह, बस दो घंटे पहले से तेल और ख़ुशबूदार उबटनों की मालिश शुरू हो जाती और इतनी होती, कि मेरा तो तख़य्युल[20] से ही दिल लोट जाता! कमरे के दरवाज़े बन्द करके अंगीठियाँ सुलगतीं और चलता मालिश का दौर...और उमूमन सिर्फ़ रब्बो ही रहती। बाक़ी की नौकरानियाँ बड़बड़ाती, दरवाज़े पर ही ज़रूरियात की चीज़ें देती रहतीं।

बात यह थी कि बेगम जान को खुजली का मरज़ था। बेचारी को ऐसी खुजली होती थी कि हज़ारों तेल और उबटन मले जाते थे, मगर खुजली थी कि

---

14. भौंहें, भृकुटी, 15. फ़ालतू, 16. दृष्टि को अपनी ओर खींचनेवाला, 17. सामान्य रूप में, 18. सुडौल, 19. संतुलित, 20. कल्पना,

क़ायम...डॉक्टर-हकीम कहते, कुछ भी नहीं। जिस्म साफ़-चट पड़ा है। हाँ, कोई जिल्द के अन्दर बीमारी हो, तो ख़ैर...

"नहीं भई, यह डॉक्टर तो हुए हैं पागल...कोई आपके दुश्मनों को मरज़ है...अल्लाह रक्खे, ख़ून में गर्मी है।" रब्बो मुस्कराकर कहती और उन्हीं महीन नज़रों से बेगम जान को घूरती...और वह रब्बो...जितनी यह बेगम जान गोरी थीं, उतनी ही यह काली...जितनी बेगम जान सफ़ेद थीं, उतनी ही यह सुर्ख़...बस जैसे तपाया हुआ लोहा...हल्के-हल्के चेचक के दाग़, गठा हुआ ठोस जिस्म, फुर्तीले छोटे-छोटे हाथ, कसी हुई छोटी-सी तोंद...बड़े-बड़े फूले हुए होंठ, जो हमेशा नमी में डूबे रहते और जिस्म में से अजीब घबरानेवाली बू के शरारे[21] निकलते रहते थे और यह नन्हे-नन्हे फूले हुए हाथ किस क़दर फुर्तीले थे। अभी कमर पर तो वह लीजिए, फिसलकर गए कूल्हों पर। वहाँ से रपटे, रानों पर और फिर दौड़े टख़नों की तरफ़।

मैं तो जब कभी बेगम जान के पास बैठती, यही देखती, कि अब उसके हाथ कहाँ हैं...और क्या कर रहे हैं...

गर्मी, जाड़े बेगम जान हैदराबादी जाली कारगे के कुर्ते पहनतीं। गहरे रंग के पाजामे और सफ़ेद झाग-से कुर्ते और पंखा भी चलता हो, फिर भी वह हलकी दुलाई[22] ज़रूर जिस्म पर ढके रहती थीं। उन्हें जाड़ा बहुत पसन्द था। जाड़े में मुझे उनके यहाँ अच्छा मालूम होता। वह हिलती-जुलती बहुत कम थीं। क़ालीन पर लेटी हैं...पीठ खुज रही है। ख़ुश्क मेवे चबा रही हैं और बस...रब्बो से दूसरी सारी नौकरानियाँ ख़ार खाती हैं। चुड़ैल बेगम जान के साथ खाती, साथ उठती-बैठती...और माशाअल्लाह साथ ही सोती थी। रब्बो और बेगम जान आम जलवों और मजमूओं की दिलचस्प गुफ़्तगू का मौज़ू[23] थीं, जहाँ उन दोनों का ज़िक्र आया, और क़हक़हे उठे। लोग न जाने क्या-क्या चुटकुले ग़रीब पर उड़ाते, मगर वह दुनिया में किसी से मिलती ही न थीं। वहाँ तो बस वह थीं और उनकी खुजली।

मैंने कहा, कि उस वक़्त मैं काफ़ी छोटी थी और बेगम जान पर फ़िदा! वह भी मुझे बहुत ही प्यार करती थीं। इत्तिफ़ाक़ से अम्माँ आगरे गईं। उन्हें मालूम था कि अकेले घर में भाइयों से मार-कुटाई होगी, मारी-मारी फिरूँगी, इसलिए वह हफ़्ता भर के लिए बेगम जान के पास छोड़ गईं। मैं भी ख़ुश और बेगम जान भी ख़ुश। आख़िर को अम्माँ की भाभी बनी हुई थीं।

सवाल यह उठा कि मैं सोऊँ कहाँ? क़ुदरती तौर पर बेगम जान के कमरे में, लिहाज़ा मेरे लिए भी उनके छपरखट से लगाकर छोटी-सी पलंगड़ी डाल दी गई। दस-ग्यारह बजे तक तो बातें करती रहीं। मैं और बेगम जान चांस खोलती रहीं और फिर मैं सोने के लिए अपने पलंग पर चली गई और जब मैं सोई, तो रब्बो तो वैसे ही बैठी उनकी पीठ खुजा रही थी।

---

21. चिंगारियाँ, 22. रज़ाई, 23. विषय,

'भंगिन कहीं की...' मैंने सोचा। रात को मेरी एकदम से आँख खुली, तो मुझे अजीब तरह का डर लगने लगा। कमरे में घुप अँधेरा और उस अँधेरे में बेगम जान का लिहाफ़ ऐसे हिल रहा था, जैसे उसमें हाथी बन्द हो।

"बेगम जान!" मैंने डरी हुई आवाज़ निकाली, हाथी हिलना बन्द हो गया। लिहाफ़ नीचे दब गया।

"क्या है...सो रहो..." बेगम जान ने कहीं से आवाज़ दी।

"डर लग रहा है..." मैंने चूहे की-सी आवाज़ से कहा।

"सो जाओ...डर की क्या बात है...आयतुलकुर्सी[24] पढ़ लो!"

"अच्छा।..." मैंने जल्दी-जल्दी आयतुलकुर्सी पढ़ी, मगर 'यालमु-मा-बैना' पर हर दफ़ा आकर अटक गई, हालाँकि मुझे पूरी आयत याद है...

"तुम्हारे पास आ जाऊँ बेगम जान..."

"नहीं...बेटी...सो रहो..." ज़रा सख़्ती से कहा गया।

और फिर दो आदमियों के खुसर-फुसर करने की आवाज़ सुनाई देने लगी।

"हाय रे...यह दूसरा कौन...!" मैं और भी डरी!

"बेगम जान...चोर-वोर तो नहीं..."

"सो जाओ बेटा...कैसा चोर..." रब्बो की आवाज़ न आई। मैं जल्दी से लिहाफ़ में मुँह डालकर सो गई।

सुबह मेरे ज़ेह्न में रात के ख़ौफ़नाक नज़्ज़ारे का ख़याल भी न रहा। मैं हमेशा की वहमी हूँ। रात को डरना, उठ-उठकर भागना और बड़बड़ाना तो बचपन में रोज़ ही होता था। सब तो कहते थे, मुझ पर भूतों का साया हो गया है, लिहाज़ा मुझे ख़याल भी न रहा। सुबह को लिहाफ़ बिल्कुल मासूम नज़र आ रहा था, मगर दूसरी रात मेरी आँख खुली, तो रब्बो और बेगम जान में कुछ झगड़ा बड़ी ख़ामोशी से छपरखट पर ही तय हो रहा था और मेरी ख़ाक समझ में न आया था और क्या फ़ैसला हुआ। रब्बो हिचकियाँ लेकर रोई। फिर बिल्ली की तरह सपड़-सपड़ रकाबी चाटने जैसी आवाज़ें आने लगीं...ऊँह! मैं तो घबराकर सो गई।

आज रब्बो अपने बेटे से मिलने गई हुई थी। वह बड़ा झगड़ालू था। बहुत कुछ बेगम जान ने किया। उसे दुकान कराई। गाँव में लगाया, मगर वह किसी तरह मानता ही न था। नवाब साहब के यहाँ कुछ दिन रहा। ख़ूब जोड़े-बागे भी बने, पर न जाने क्यों ऐसा भागा कि रब्बो से मिलने भी न आता, लिहाज़ा रब्बो ही अपने किसी रिश्तेदार के यहाँ उससे मिलने गई थी। बेगम जान न जाने देतीं, मगर रब्बो भी मजबूर हो गई।

सारा दिन बेगम जान परेशान रहीं। उनका जोड़-जोड़ टूटता रहा। किसी का छूना भी उन्हें न भाता था। उन्होंने खाना भी न खाया और सारा दिन उदास पड़ी रही।

---

24. क़ुर्आन का एक सूर : जो मुसीबतों से बचने के लिए पढ़ा जाता है,

"मैं खुजा दूँ बेगम जान..." मैंने बड़े शौक़ से ताश के पत्ते बाँटते हुए कहा। बेगम जान मुझे ग़ौर से देखने लगी।

"मैं खुजा दूँ...सच कहती हूँ..." मैंने ताश के पत्ते रख दिए।

मैं थोड़ी देर खुजाती रही और बेगम जान चुपकी लेटी रहीं। दूसरे दिन रब्बो को आना था, मगर वह आज भी ग़ायब थी। बेगम जान का मिज़ाज चिड़चिड़ा होता गया। चाय पी-पीकर उन्होंने सिर में दर्द कर लिया।

मैं फिर खुजाने लगी उनकी पीठ! चिकनी मेज़ की तख़्ती जैसी पीठ...मैं हौले-हौले खुजाती रही। उनका काम करके कैसी ख़ुशी होती थी।

"ज़रा ज़ोर से खुजाओ...बन्द खोल दो..." बेगम जान बोलीं, "इधर ऐ हे ज़रा शाने[25] से नीचे...हाँ...वाह भई वाह...हा...हा..."

वह सुरूर[26] में ठंडी-ठंडी साँसें लेकर इत्मीनान ज़ाहिर करने लगीं।

"और इधर..." हालाँकि बेगम जान का हाथ ख़ूब जा सकता था, मगर वह मुझ से ही खुजवा रही थीं और मुझे उलटा फ़ख़्र हो रहा था..."यहाँ...ऊई...तुम तो गुदगुदी करती हो...वाह..." वह हँसीं। मैं भी बातें कर रही थी और खुजा भी रही थी।

"तुम्हें कल बाज़ार भेजूँगी...क्या लोगी...वही सोती-जागती गुड़िया!"

"नहीं, बेगम जान...मैं तो गुड़िया नहीं लेती। क्या बच्चा हूँ मैं?"

"बच्चा नहीं, तो क्या बूढ़ी हो गई..." वह हँसीं, "गुड़िया नहीं, तो बबुवा ले लेना! कपड़े पहनाना ख़ुद! मैं दूँगी तुम्हें बहुत-से कपड़े..." उन्होंने करवट ली।

"अच्छा..." मैंने जवाब दिया।

"इधर..." उन्होंने मेरा हाथ पकड़कर जहाँ खुजली हो रही थी, रख दिया। जहाँ उन्हें खुजली मालूम होती, वहाँ मेरा हाथ रख देतीं और मैं बेख़याली में बबुए के ध्यान में डूबी मशीन की तरह खुजाती रही...और वह बराबर मुझ से बातें करती रहीं।

"सुनो तो...तुम्हारी फ़्रॉकें कम हो गई हैं...कल दर्ज़ी को दे दूँगी...कि इन्हें सी लाए। तुम्हारी अम्माँ कपड़े दे गई हैं..."

"वह लाल कपड़े नहीं बनवाऊँगी...चमारों जैसे हैं..." मैं बकवास कर रही थी और हाथ न जाने कहाँ से कहाँ पहुँचा...बातों-बातों में मुझे मालूम भी न हुआ। बेगम जान तो चित लेटी थीं...अरे...मैंने जल्दी से हाथ खींच लिया।

"ऊई लड़की...देखकर नहीं खुजाती...मेरी पसलियाँ नोचे डालती हो।" बेगम जान शरारत से मुस्कराईं और मैं झेंप गई।

"इधर आकर मेरे पास लेट जा..." उन्होंने मुझे बाज़ू पर सिर रखकर लिटा लिया...।

---

25. कन्धे, 26. उन्माद,

"ऐ हे, कितनी सूख रही है...पसलियाँ निकल रही हैं..." उन्होंने मेरी पसलियाँ गिननी शुरू कीं।

"ऊँ..." मैं मिनमिनाई।

"ऊई...तो क्या मैं खा जाऊँगी...कैसा तंग स्वेटर बुना है!"

"गर्म बनियान भी नहीं पहना तुमने..." मैं कुलबुलाने लगी।

"कितनी पसलियाँ होती हैं..." उन्होंने बात बदली।

"एक तरफ़ नौ और एक तरफ़ दस..." मैंने स्कूल में याद की हुई हाइजीन की मदद से कहा। वह भी ऊट-पटाँग।

"हटाओ तो हाथ...हाँ, एक...दो...तीन..."

मेरा दिल चाहा, किसी तरह भागूँ...और उन्होंने ज़ोर से खींचा।

"ऊँ..." मैं मचल गई...बेगम जान ज़ोर-ज़ोर से हँसने लगीं। अब भी जब कभी उनका उस वक़्त का चेहरा याद करती हूँ, तो दिल घबराने लगता है। उनकी आँखें, पपोटे और वज़्नी हो गए। ऊपर के होंठ पर स्याही घिरी हुई थी। बावुजूद सर्दी के पसीने की नन्ही-नन्ही बूँदें होंठों और नाक पर चमक रही थीं। उनके हाथ ठंडे यख़ थे, मगर नर्म जैसे उन पर की खाल उतर गई हो...उन्होंने शाल उतार दी थी और कारगे के महीन कुर्ते में उनका जिस्म आटे की लोई की तरह चमक रहा था।

भारी जड़ाऊ सोने के बटन गिरेबान के एक तरफ़ झूल रहे थे। शाम हो गई थी और कमरे में अँधेरा घुट रहा था। मुझे एक ना-मालूम डर से दहशत होने लगी...बेगम जान की गहरी-गहरी आँखें...मैं रोने लगी। दिल में वह मुझे एक मिट्टी के खिलौने की तरह भींच रही थीं। उनके गर्म-गर्म जिस्म से मेरा दिल बौलाने लगा, मगर उन पर तो जैसे कोई भूतना सवार था और मेरे दिमाग़ का यह हाल कि न चीख़ा जाए और न रो सकूँ...।

थोड़ी देर के बाद वह पस्त होकर निढाल हो गईं। उनका चेहरा फीका और बद-रौनक़ हो गया और लम्बी-लम्बी साँसें लेने लगीं। मैं समझी कि अब मरीं...और वहाँ से उठकर सरपट भागी बाहर...।

शुक्र है कि रब्बो रात को आ गई...और मैं डरी हुई जल्दी से लिहाफ़ ओढ़कर सो गई, मगर नींद कहाँ...चुप घंटों पड़ी रही।

अम्माँ किसी तरह आ ही नहीं चुकी थीं...बेगम जान से मुझे ऐसा डर लगता था कि मैं सारा दिन मामाओं के पास बैठी रही, मगर उनके कमरे में क़दम रखते दम निकलता था और कहती किससे और कहती ही क्या कि बेगम जान से डर लगता है...तौबा बेगम जान, जो मेरे ऊपर जान छिड़कती थीं...।

आज रब्बों में और बेगम जान में फिर अनबन हो गई...मेरी क़िस्मत की ख़राबी कहिए या कुछ और, मुझे उन दोनों की अनबन से डर लगा, क्योंकि फ़ौरन ही बेगम जान को ख़याल आया कि मैं बाहर सर्दी में घूम रही हूँ और मरूँगी नमूनिया से।

"लड़की, क्या मेरा सिर मुँडवाएगी। जो कुछ हो हवा गया, तो और आफ़त आएगी।" उन्होंने मुझे पास बिठा लिया और ख़ुद मुँह-हाथ सिलफ़ची में धो रही थीं...चाय तिपाई पर रखी थी।

"चाय तो बनाओ...एक प्याली मुझे भी देना..." वह तौलिये से मुँह ख़ुश्क करके बोलीं, "ज़रा कपड़े बदल लूँ।"

वह कपड़े बदलती रहीं और मैं चाय पीती रही! बेगम जान नाइन से पीठ मलवाते वक़्त अगर मुझे किसी काम से बुलवातीं, तो मैं गर्दन मोड़े-मोड़े जाती और वापस भाग आती...अब जो उन्होंने कपड़े बदले, तो मेरा दिल उलटने लगा। मुँह मोड़े मैं चाय पीती रही।

"हाय अम्माँ..." मेरे दिल ने बेकसी[27] से पुकारा, "आख़िर ऐसा मैं भाइयों से क्या लड़ती हूँ, जो तुम मेरी मुसीबत...अम्माँ को हमेशा से मेरा लड़कों के साथ खेलना नापसन्द है...कहो, भला, लड़के क्या शेर-चीते हैं...जो निगल जाएँगे उनकी लाड़ली को...और लड़के भी कौन... ? ख़ुद भाई और दो-चार मटरे-मटरे ज़रा-ज़रा-से उनके दोस्त...मगर नहीं, वह तो औरत ज़ात को सात तालों में रखने की क़ाइल और यहाँ बेगम जान की वह दहशत कि दुनिया भर के गुंडों से नहीं। बस चलता, तो उस वक़्त सड़क पर भाग जाती। फिर वहाँ न टिकती...मगर लाचार थी...! मजबूरन कलेजे पर पत्थर रखे बैठी रही।

कपड़े बदल, सोलह सिंगार हुए और गर्म-गर्म ख़ुशबुओं के इत्र ने और भी उन्हें अंगारा बना दिया और वह चलीं मुझ पर लाड़ उतारने...!

"घर जाऊँगी..." मैंने उनकी हर राय के जवाब में कहा और रोने लगी।

"मेरे पास तो आ जाओ...मैं...तुम्हें बाज़ार ले चलूँगी...सुनो तो..."

मगर मैं खली की तरह फैल गई...सारे खिलौने-मिठाइयाँ एक तरफ़ और घर जाने की रट एक तरफ़...

"वहाँ भैया मारेंगे...चुड़ैल..." उन्होंने मुझे प्यार से एक थप्पड़ लगाया।

"पड़े मारें भैया..." मैंने दिल में सोचा...और रूठी-अकड़ी बैठी रही...

"कच्ची अमियाँ खट्टी होती हैं बेगम जान..." जली-कटी रब्बो ने राय दी और फिर उसके बाद बेगम जान को दौरा पड़ गया...सोने का हार जो वह थोड़ी देर पहले मुझे पहना रही थीं, टुकड़े-टुकड़े हो गया।...महीन जाली का दुपट्टा तार-तार और वह माँग, जो मैंने कभी बिगड़ी न देखी थी, झाड़-झंकाड़ हो गई।

"ओह...ओह...ओह...वह..."

वह झटके ले-लेकर चिल्लाने लगीं। मैं रपटी बाहर...

बड़े जतनों से बेगम जान को होश आया। जब मैं सोने के लिए कमरे में दबे पाँव जाकर झाँकी, तो रब्बो उनकी कमर से लगी जिस्म दबा रही थी।

---

27. दुख,

मैं चुहिया की तरह लिहाफ़ में दुबक गई।

"सर्र...सर्र...फट...कच..."

बेगम जान का लिहाफ़ अँधेरे में फिर हाथी की तरह झूम रहा था, "अल्लाह! आँ..." मैंने मरी हुई आवाज़ निकाली...लिहाफ़ में हाथ उठा और बैठ गया...मैं भी चुप हो गई...हाथ ने फिर लोट मचाई...मेरा रोआँ-रोआँ काँपा। आज मैंने दिल में ठान लिया कि ज़रूर हिम्मत करके सिरहाने का लगा हुआ बल्ब जला दूँ...

हाथ फड़फड़ा रहा था और जैसे उकड़ूँ बैठने की कोशिश कर रहा था। चपड़-चपड़ कुछ खाने की आवाज़ें आ रही थीं, जैसे कोई मज़ेदार चटनी चख रहा हो। अब मैं समझी...!

यह बेगम जान ने आज कुछ नहीं खाया...और रब्बो मरदुई तो है सदा की चट्टो! ज़रूर यह तर-माल उड़ा रही है...मैंने नथुने फुलाकर सूँ-सूँ हवा को सूँघा...सिवाय इत्र, सन्दल और हिना[28] की गर्म-गर्म ख़ुशबू के और कुछ न महसूस हुआ।

लिहाफ़ फिर उमड़ना शुरू हुआ।...मैंने बहुतेरा चाहा कि चुपकी पड़ी रहूँ, मगर उस लिहाफ़ ने तो ऐसी अजीब-अजीब शक्लें बनानी शुरू कीं कि मैं लरज़[29] गई। मालूम होता था, ग़ूँ-ग़ूँ करके कोई बला-सा मेढक फूल रहा है और अब उछलकर मेरे ऊपर आया।

"आँ...न...अम्माँ..." मैं हिम्मत करके गुनगुनाई, मगर वहाँ कुछ सुनवाई न हुई और लिहाफ़ मेरे दिमाग़ में घुसकर फूलना शुरू हुआ। मैंने डरते-डरते पलंग के दूसरी तरफ़ पैर उतारे और टटोलकर बिजली का बटन दबाया। हाथी ने लिहाफ़ के नीचे एक क़लाबाज़ी लगाई और पिचक गया।... क़लाबाज़ी लगाने में लिहाफ़ का कोना फ़ीट भर उठा...

"अल्लाह...!" मैं गड़ाप से अपने बिछौने में...!

---

28. मेहँदी, 29. काँप।

बदन की ख़ुशबू

कमरे की नीम-तारीक फ़िज़ा[1] में ऐसा महसूस हुआ, जैसे एक मौहूम[2] साया आहिस्ता-आहिस्ता दबे पाँव छम्मन मियाँ की मसहरी की तरफ़ बढ़ रहा है।

साये का रुख़ छम्मन मियाँ की मसहरी की तरफ़ था। पिस्तौल नहीं, शायद हमलावर के हाथ में ख़ंजर था। छम्मन मियाँ का दिल ज़ोर-ज़ोर से धड़कने लगा। अँगूठे अकड़ने लगे। साया पैरों पर झुका, मगर इससे पहले कि दुश्मन उन पर भरपूर वार करता, उन्होंने पोल-जम्प क़िस्म की एक ज़क़न्द[3] लगाई और सीधा टेटवे पर हाथ डाल दिया।

''चीं!'' उस साये ने एक मरी हुई आह भरी और छम्मन मियाँ ने ग़नीम[4] को क़ालीन पर दे मारा।

चूड़ियों और झाँझनों का एक ज़बरदस्त छनाका हुआ। उन्होंने लपककर बिजली जलाई। हमलावर सट से मसहरी के नीचे घुस गया।

''कौन है बे तू?'' छम्मन मियाँ चिल्लाए।

''जी, मैं हलीमा...''

''हलीमा? ओह!'' वह एकदम भद्द से क़ालीन पर बैठ गए।

''यहाँ क्या कर रही है?''

''जी, कुछ नहीं!''

''तुझे किसने भेजा था? ख़बरदार, झूठ बोली तो गुद्दी से ज़बान खींच लूँगा।''

''नवाब दुल्हन ने?'' हलीमा काँपी।

''उफ़, प्यारी अम्मी और उनकी जान की दुश्मन!'' एकदम उनका दिमाग़ कुलाँचें भरने लगा। कई दिन से अम्मी उन्हें अजीब-अजीब नज़रों से देखकर नायाब बोबो से कानाफूसी कर रही थीं। नायाब बोबो एक डायन है कम्बख़्त! भाईजान भी गुस्ताख़ नज़रों से देख-देखकर मुस्करा रहे थे। उन सबकी मिली-भगत मालूम होती है।

---

1. अध-अँधेरे वातावरण, 2. भ्रमात्मक, 3. छलांग, 4. दुश्मन,

नवाबों के ख़ानदान में क्या कुछ नहीं हुआ करता। चचा-दादा ने कई बार अब्बा हुज़ूर को संखिया दिलवाने की कोशिश की। बदमाश उनकी जान को लगा दिए कि जायदाद पर क़ब्ज़ा करके सब हज़्म कर जाएँ। रफ़ाक़त अली ख़ाँ को उनके सगे मामूँ ने ज़हर दिलवा दिया, ख़ुद उनकी चहेती लौंडी के हाथों! लानत है ऐसी जायदाद पर!

शायद प्यारी अम्मी अपनी सारी जायदाद बड़े साहबज़ादे को देना चाहती हैं कि अपनी भतीजी ब्याह कर लाई हैं न! इसलिए उसकी जान की दुश्मन हो रही हैं।

छम्मन मियाँ को जायदाद से कोई दिलचस्पी न थी। असामियों की ठुकाई करना, उन्हें घर से बेघर करके जैसे-तैसे लगान वुसूल करना, उनके ढोर-डंगर नीलाम करवाना! उन्हें वहशत होती थी इन हरकतों से!

उफ़! दुनिया में किसी का भरोसा नहीं! अपनी माँ अगर जान की दुश्मन हो जाए, वैसे ही हर वक़्त टोकती रहती हैं—"यह न करो, वह न करो, इतना न पढ़ो, इतना न खेलो, इतना न जीयो!"

"चाक़ू कहाँ है?" छम्मन मियाँ ने कुहनियों के बल झुककर पूछा।

"चाक़ू!"

"हैंड्स अप!" छम्मन मियाँ ने जासूसी अन्दाज़ में कहा।

"एं!" हलीमा चकराई।

"उल्लू की पट्ठी, हाथ ऊपर!"

हलीमा ने हाथ ऊपर उठाए, तो ओढ़नी फिसल गई। झेंपकर उसने हाथ दबोच लिये।

"फिर वही बदमाशी! हम कहते हैं, हाथ ऊपर!"

"ऊँ काईको?" वह इठलाई।

"काईको की बच्ची! चाक़ू कहाँ है?"

"कैसा चाक़ू?" हलीमा चिढ़ गई।

"तो फिर क्या था तेरे हाथ में?"

"कुछ भी नहीं! अल्लाह क़सम, कुछ भी नहीं था।"

"तो...फिर...फिर क्यों है यहाँ?"

"नवाब दुल्हन ने भेजा है।" हलीमा ने दबी ज़बान से कहा और आँखें झुकाकर अपनी नथनी का मोती घुमाने लगी।

"क्यों?" छम्मन मियाँ सहम गए।

"आपके पैर दबाने के लिए।" वह मसहरी से टिक गई!

"लाहौल वला क़ुव्वत! चल, भाग यहाँ से!" उन्होंने हलीमा की शरीर[5] आँखों से घबराकर कहा।

---

5. चंचल,

हलीमा का चेहरा बसक[6] गया। होंठ काँपे और वह क़ालीन में सिर देकर फूट पड़ी।

"ओहो, रो क्यों रही है? बेवक़ूफ़, गधी कहीं की!"

मगर हलीमा और रोने लगी।

"हलीमा, प्लीज़ हलीमा... ख़ुदा के लिए रो मत और जा...हमें सुबह कॉलेज ज़रा जल्दी जाना है!"

हलीमा फिर भी रोए गई।

दस बरस हुए, तब भी हलीमा इसी तरह रोए जा रही थी। उसका बाप औंधे मुँह लेटा था। उसके मुँह से ख़ून बह रहा था, मगर वह ख़ून बहुत लाल था। उसमें गुलाबी-गुलाबी गोश्त के टुकड़े-से मिले हुए थे, जो बाबा रोज़ बलग़म के रास्ते उगला करता था।

माँ कलेजे से लगाए झूम-झूमकर बैन कर रही थी। फिर सबने अब्बू को सफ़ेद कपड़ों में लपेटा और हस्पताल ले गए। लोग हस्पताल जाकर फिर नहीं लौटा करते।

और उस दिन भी वह इसी तरह रोए जा रही थी, जिस दिन उसकी माँ ने उसे नवाब दुल्हन की पट्टी तले डालकर अनाज से झोली भर ली थी और जाते वक़्त पलटकर भी न देखा था।

गुलाम गर्दिश[7] के अहाते में हलीमा जूठन खाकर पलती रही। उसे नवाब दुल्हन के दालान तक रेंगकर आने की इजाज़त न थी। गन्दगी और ग़िलाज़त[8] में वह मुर्ग़ियों और कुत्तों के पिल्लों के साथ खेल-कूदकर बड़ी हुई।

बेहया मुई हलीमा जीती गई। नायाब बोबो का दस-बारह बरस का लौंडा जब्बार क्या धुआँधार मुई को पीटा करता था। कभी चिमटे से पैर दाग़ देता, कभी आँखों में नारंगी का छिलका निचोड़ देता और कभी ख़ाला की नसवार की चुटकी नाक में चढ़ा देता। हलीमा घंटों बैठी मेढकी की तरह छींकें मारा करती। सारा घर हँस-हँसकर दीवाना हो जाता।

अब भी सताने से बाज़ नहीं आता था। ड्योढ़ी पर कुछ देने गई, चुटकी भर ली। नथनी पकड़ के हिला दी, कभी चोटी खींच ली। बड़ी चलती चीज़ थी। नवाब साहब का तुख़्म[9] था न। उनका बड़ा मुँह-चढ़ा था।

नायाब बोबो एक बाँदी थीं। किसी ज़माने में बड़ी धारदार! नवाब साहब यानी छम्मन मियाँ के वालिद उन पर बुरी तरह लट्टू हो गए। वक़्तन-फ़वक़्तन[10] निकाह की धमकियाँ भी दे दिया करते थे, मगर वह हाथ न लगती थीं।

बाँदी का निकाह हो जाए, चाहे न हो, कोई फ़र्क़ नहीं पड़ता। कोई सुर्ख़ाब के पर नहीं लग जाते। ख़ानदानी नवाबज़ादियाँ मर जाएँगी, साथ न बिठाएँगी। क़ाज़ी

---

6. बुझ, 7. बरामदे, 8. गन्दगी, 9. बीज, 10. कभी-कभार,

के दो बोलों में इतना दम-दुरुद नहीं कि चट्टानों में सूराख़ कर दें या दाल-रोटी के सवाल को हल कर दें।

नायाब बोबो के महल में बड़े ठाठ थे। बजाय बेगम की सौत बनने के वह निहायत जांफ़िशानी[11] से कोशिश करके उनकी मुशीरे-ख़ास[12] और गुइयाँ बन गईं और नवाब साहब पर कुछ ऐसा जादू का डंडा घुमाया था कि उन्होंने उनके बेटे जब्बार के नाम माक़ूल अराज़ी[13] और बाग़ात कर दिए थे। सारे नौकर उससे लरज़ते[14] थे। बोसकी की क़मीज़ और विलायती पतलून चढ़ाए डटा फिरता था। नाम को ड्राइवर था, मगर रोब सब पर जमाता था। अन्दर बोबो और बाहर जब्बार। जो नसीबों का मारा उन दो पाटों के बीच आ जाता, साबुत बचकर न जाता।

हलीमा रोए चली जा रही थी।

छम्मन ने डाँटा, तो रेज़ा-रेज़ा[15] हो गई। थककर चुमकारा, तो बिल्कुल ही बह गई। उसके सर्द हाथ पकड़कर फ़र्श से उठाया, तो टूटकर उनके सीने से लग गई।

अल्लाह! जाड़ों की होशरुबा[16] रातें। तूफ़ान की घन-गरज और छम्मन के नातजर्बेकार हाथों में बिखरी हुई हलीमा!

यार लोगों ने लौंडियों को ठिकाने लगाने के कितने गुर बताए थे, मगर हिमाक़त[17] कहिए या फूटे नसीब, छम्मन ने हमेशा लग़्वियात[18] कहकर सुनी अनसुनी कर दी। अपनी कोर्स की किताबों और क्रिकेट के अलावा उनकी किसी भी शै से गहरी शनासाई[19] न थी। कड़कड़ाते जाड़ों में रोले की डली हलीमा ने उन्हें झुलसकर रख दिया। हाथ जैसे सरेश की थाली में चिपक गए।

फिर न जाने दिमाग़ के किस कोने में नश्तर-सा लगा। उछलकर दूर जा खड़े हुए। ग़ुस्से से थरथर काँपने लगे।

बाहर तूफ़ान रुकने का नाम नहीं ले रहा था और हलीमा की सिसकियाँ तलातुम[20] बरपा किए दे रही थीं।

"हलीमा, मत रो प्लीज़!" वह तंग आकर उसके सामने उकड़ूँ बैठ गए। जी चाहा, उसके सीने पर सिर रखकर ख़ुद भी दहाड़ें मार-मारकर रोएँ, मगर डर था, फिर सिर वहाँ से उठने का नाम न लेगा। अपने कुर्ते के दामन से उसके आँसू पोंछे। उसे उठाया और इससे पहले कि वह कुछ समझ पाती, बाहर धकेलकर अन्दर से कुंडी चढ़ा ली।

नींद तो हलीमा के आँसू बहा ले गए थे। सुबह तक छम्मन मियाँ लिहाफ़ में पड़े काँपते रहे और ज़हर में बुझे आँसू बहाते रहे।

बाहर झुंझलाई हुई हवा बिगड़कर पेड़ों से लड़ती रही, उलझती रही, कराहती रही।

---

11. जानतोड़ कोशिश, 12. विशेष सलाहकार, 13. ज़मीन, 14. काँपते, 15. टुकड़े-टुकड़े, 16. होश उड़ा देनेवाली, 17. मूर्खता, 18. बकवास, 19. जान-पहचान, 20. बाढ़,

नायाब बोबो ने सलाम फेरा और दुआ के लिए हाथ उठाए। जाए-नमाज़ का कोना पलटकर वह उठीं और हौले से दरवाज़ा खोलकर जब्बार के कमरे में झाँका। बेटे के वजीह[21] जिस्म को देखकर ममता से उनकी आँखें भर आईं।

दबे पाँव वह अन्दर गईं। छम्मन मियाँ के वालिद नवाब फ़रहत और जब्बार के बाप की नई बाँदी गुलबहार चोरी छुपे रोज़ जब्बार के पास आती, निशानियाँ छोड़ जाती थी। आज भी लिहाफ़ में से दुपट्टा लटक रहा था। उन्होंने दुपट्टा खींचा। यह नामुराद किसी दिन नाक-चोटी कटवाएगी। अल्लाह, जब्बार को नज़रे-बद[22] से बचाए। हू-ब-हू बाप का नाक-नक़्शा पाया है।

अचानक नायाब बोबो फ़िक्रमन्द हो गईं। बाप की लौंडी माँ बराबर हुई कि नहीं? फ़तवा ले लिया जाए आलिम साहब से, तो जी का हौल कम हो। यह क्या कि दुनिया तो गई, उक़्बा[23] में भी अंगारे ही अंगारे! निगोड़ी गुलबहार का भी क्या क़ुसूर! कहाँ वह बवासीर के मारे खूसट नवाब फ़रहत और कहाँ यह कड़ियल जवान! रात क्या चहकी-चहकी रोती थी। किवाड़ भेड़ने का भी होश नहीं इस लड़के को! बोबो की नींद कच्ची न हो, तो न जाने किसी की नज़र ही पड़ जाए। अल्लाह पाक, सबका रखवाला है।

नायाब बोबो ने जब्बार के लिए बाक़ायदा बाँदियाँ ख़रीदीं। एक जाले में जाती रही, दूसरी मेहतर के लौंडे के साथ निकल गई। उस हर्राफ़ा ने जी का चैन उड़ा दिया था। शरीफ़ घरानों की बाँदियाँ ऐसी उछाल छक्का नहीं होतीं।

कई बार चाहा कि बेगम से हलीमा माँग लें, मगर हिम्मत न पड़ी।

"नहीं, हलीमा तो मेरे छम्मन के लिए है।" बेगम को ज़िद है, आज उनकी ज़िद पूरी होगी। वैसे जब्बार को मुसमुसी लौंडियाँ पसन्द भी नहीं। बाप की तरह ततैया मिर्च चाहिए।

बड़बड़ाती हुई नायाब बोबो बाँदियों के कोठे में पहुँचीं, तो उनका कलेजा धक् से रह गया।

हलीमा सरवरी की रज़ाई में दुबकी पड़ी थी। सलीपर की नोक से उन्होंने हलीमा के झाँझन में ठोकर मारी और रज़ाई का कोना पकड़कर खींच लिया।

हलीमा घबराकर जाग पड़ी और ग़ाफ़िल सोई हुई सरवरी के नीचे से अपना दुपट्टा खींचने लगी।

बोबो की चील जैसी आँखें हलीमा के जिस्म पर टाँके भरने लगीं। हलीमा चोरों की तरह सिर झुकाए मैली तोशक[24] में लगे टाँके गिनने लगी।

"हूँ!" बोबो ने कमर पर हाथ रखकर पूछा।

"मैंने क्या कहा था तुझ से?"

"जी, बोबो!"

---

21. दृढ़, 22. बुरी नज़र, 23. परलोक, 24. गद्दे,

"तो?"

हलीमा चुप रही।

"अरी नेकबख़्त, मुँह से तो कुछ फूट। क्या बोले?"

"उनके पैरों में दर्द नहीं था।" हलीमा का सिर झुक गया।

"हूँ!" बोबो तस्बीह[25] घुमाती हुई मुड़ गईं। दिल में आप ही आप कलियाँ खिलने लगीं। ख़ैर से बस अब तो नवाब फ़रहत का नाम चलानेवाला जब्बार रह गया। ख़ुदा की शान है। बड़े साहबज़ादे का भी कोई क़ुसूर न था। निगोड़ी सनोबर इतनी ही उम्र लेकर आई थी। मुश्किल से चौदहवाँ साल लगा होगा कि साहबज़ादे को पेश कर दी गई। क्या फूल-सी बच्ची थी। हमेशा की धान-पान! माँ-बाप का प्यार मिलता! एक न एक दिन बाबुल का घर छोड़कर शहनाइयों के रसीले सुर कानों में बसाए ससुराल सिधार जाती, जहाँ दो दिल मिलते, एक घर बनता, एक दुनिया बसती।

सनोबर को बचपन से ही दुल्हन बनने का अरमान था। जब देखो, बाँदियाँ जमा हैं। बड़ी सजल-सी बच्ची थी। छोटी हड्डी, खिंचा हुआ बदन, छोटे हाथ-पैर, मुन्ने-मुन्ने छिदरे दाँत! देवी जैसी रौशन अंखड़ियाँ! कितना-कितना जब्बार के लिए चाहा। बेगम अड़ गईं। उनके मायके की बाँदी है। मामूँ जान से बेटे के लिए माँग के लाई हैं।

यह कौन कहता है, सनोबर दुल्हन नहीं बनी। बोबो पुश्तैनी बाँदी थीं। उन्हें ख़ूब एहसास था कि हर औरत दुल्हन बनना चाहती है। बाँदी है, तो क्या औरत नहीं! उसके सीने में भी दिल है। अरमान हैं। सरे-शाम ही से उन्होंने सनोबर को नहला-धुलाकर साफ़-सुथरा प्याज़ी जोड़ा पहनाया। अपने हाथों से मेहँदी तोड़कर पिसवाई। ख़ूब रची थी बदनसीब के हाथों-पैरों में। ख़ुशबूदार तेल डालकर चोटी गूँधी, जिसमें टोल का मुबाफ़ डाला। सहेलियाँ कानों में उलटी-सीधी खुसर-फुसर करके उसे सताती रहीं। जब पैरों से उठाकर छम्मन मियाँ के बड़े भाई हश्मत मियाँ ने उसे कलेजे से लगाया, तो निगोड़ी ने नन्हा-सा घूँघट निकाल लिया था।

चौदह बरस की सनोबर, जिसने हश्मत मियाँ का मुँह देखकर जानो मलकुल-मौत[26] का ही मुँह देख लिया। साल के अन्दर गाभिन हो गई। फीकी-कसैली मरघिल्ली-सी बच्ची सारा दिन मुँह औंधाए पड़ी उबकाइयाँ लिया करती। अल्लाह! लोगों के कैसे-कैसे नाज़-नख़रे होते हैं। मायके-ससुराल वाले सदक़े-वारी जाते हैं। जब अच्छी-भली थी, नवाबज़ादे से हाथ जुड़वा लेती थी। जब ज़रा मुस्कराती थी। एक-एक प्यार के लिए नाक रगड़वाती थी। जब जी से उतरी, तो मियाँ घिन खाने लगे। महल का दस्तूर था, जब गायें-भैंसें गाभिन हो जाती थीं, उन्हें गाँव भेज दिया जाता था। दो-धारी हुई कि वापस बुला ली गईं। लौंडियाँ-बाँदियाँ भी जब

25. माला, 26. यमराज,

बेकार हो जाती थीं, तो गाँव में भिजवा दी जाती थीं। बच्चा जन के वहीं पलने को दे आती थीं, ताकि महल वालों को काँव-काँव से वहशत न हो।

बड़ा फ़ैल मचाती थीं नामुरादें। भैंस की तरह बछड़े की याद में डकरातीं। दूध भर के बुख़ार चढ़ते, तब उन्हें किसी बेगम का बच्चा हल्का दिया जाता। दूध पिलाई के ऐश उठाने को मिलते। अपना बच्चा भूलकर उसी से मानूस[27] हो जातीं, मगर नवाबज़ादियाँ गाय-बकरियों की तरह थोड़े उनके लिए बच्चे जनने बैठेंगी। ज़्यादातर रो-पीटकर ख़ुश्क हो जातीं और फिर काम से लगा दी जातीं...मगर सनोबर अड़ गई कि गाँव नहीं जाऊँगी।

नायाब बोबो ने बहुतेरा समझाया, पर बेगम के क़दमों से लिपट गई। बोबो दुनिया देखे हुए थीं। लौंडियों से उन्हें नफ़रत भी थी कि अपने वुजूद से ही नफ़रत थी, मगर उससे हमदर्दी भी थी।

मगर सनोबर की घड़ी आ गई थी। न मानी और हश्मत मियाँ का मुँह कड़वा करती रही। कोई दूसरी समझाती, तो उसका मुँह नोच डालती।

एक दिन न जाने किस बात पर ज़बान चलाने लगी। साहबज़ादे को ताव आ गया। एक लात जो कस के रसीद की, तो गिरी जा के मोरी में। बेढब पड़ गई लात। तीन दिन भैंस की तरह डकराती रही। कोई डॉक्टर बुलाते, तो फ़ज़ीहता[28] खड़ा हो जाता। पेट में बच्चा मर गया था। लोग वैसे ही दुश्मन हैं। ख़ैर से तीसरे दिन सनोबर ने ग़ुलाम-गर्दिश की सबसे तारीक[29] कोठरी में दम तोड़ दिया।

सनोबर थी, पूरम-पूर जादूगरनी। न जाने क्या कर गई कि चार साल हश्मत मियाँ की शादी को हो गए, मगर औलाद का मुँह देखना नसीब न हुआ। कैसे-कैसे इलाज हुए थे, तावीज़-गंडे हुए, मज़ारों पर मन्नतें चढ़ाईं, मन्दिरों में दीये जलाए। दुल्हन बेगम का पैर भारी न होना था, न हुआ। सच कि झूठ, दुश्मन बैरी कहते हैं, साहबज़ादे ने भरी कोख पर लात मारी थी, इस कारण नामुराद हो गए। जब ही तो बेगम दुल्हन को हिस्टीरिया के दौरे पड़ते हैं और दौड़-दौड़ के मायके जाती हैं। वहाँ उनके ख़लेरे भाई, सुना है, बड़े उम्दा डॉक्टर हैं, वही उनका इलाज कर रहे हैं। और सुना है, कुछ और खटपट भी है दोनों में।

नायाब बोबो ने ठंडी साँस भरी। बेगम नवाब का मुँह-हाथ धुलाने के लिए गर्म पानी समोया और उनकी ख़्वाबगाह की तरफ़ चल दीं।

बेगम नवाब को पहले तो नायाब के वुजूद से कोफ़्त हुई थी, मगर जब वह क़दमों में बिछ गईं और यक़ीन दिलाया कि नवाब दूल्हा की बाँदी नवाब दुल्हन की बाँदी है, वह कोई रंडी ख़ानगी नहीं। चन्द टकों से ख़रीदी लौंडी हैं। न जाने पुश्तहा-पुश्त से कितने नवाबों का ख़ून उनकी रंगों में मौजज़न[30] है। नाचार[31] बेगम को मानना पड़ा। वैसे अब कुछ अँधेर भी न था। ख़ानदान के सब मर्द इधर-उधर मुँह

---

27. हिल-मिल, 28. अपमान, 29. अंधेरी, 30. प्रवाहित, 31. विवशतः,

मार लेते हैं, ताहम[32] नायाब ने भी कभी हद से आगे पैर न निकाले। नवाब के मीठे बोल इस कान सुनती, उस कान उड़ा देती। जब नवाब मुनव्वर मिर्ज़ा के चक्कर में फँसे, तो उन्होंने बाक़ायदा बेगम के साथ मिलकर मोर्चा सँभाला। बेगम की बेदख़ली पर ख़ुश होने के बजाय आठ-आठ आँसू रोईं। उनका और बेगम का नवाब से अटूट नाता था, मगर यह टखियाई कौन होती है जागीर के कोड़े करनेवाली। वह तो चलती हवा का झोंका था, आज इस रुख़, कल उस रुख़!

उन्होंने बेगम के साथ मिलकर महाज़[33] पर बहुत हिक्मते-अमली[34] से काम लिया और तरहदार ख़ाँ को राखी बाँधकर बेगम नवाब का भाई बना दिया। तरहदार ख़ाँ मुनव्वर को साथ लेकर पैरिस चला गया, और जब मुनव्वर ग़ारत[35] हुई, तो नायाब ने अपने हाथों से सेज सजाई। बेगम को अज़-सरे-नौ[36] दुल्हन बनाया। उन्होंने बेगम को फूलों के गहने के साथ दो मोती भी कान में डाल दिए कि नवाब फ़रहत को कैसे ख़ुश करना है और ग़ुलाम-गर्दिश की अँधेरी कोठरी में जब्बार को कलेजे से लगाए सारी रात आँखों में काट दी।

वह दिन और आज का दिन, नायाब बोबो ने बेगम नवाब की ख़िदमत न छोड़ी।

बोबो को मुँह लटकाए देखकर बेगम नवाब का माथा ठनका।

''ख़ैरियत तो है?''

रुक-रुककर बोबो ने तमाम तफ़्सील[37] बताई। बेगम के पैरों तले से ज़मीन खिसक गई। फ़ौरन जब्बार को मोटर देकर भेजा कि हकीम को लाए। हकीम साहब बोले, ''परेशान होने की कोई वजह नहीं, दुल्हन बेगम, बच्चा नातजर्बेकार है, कमसिन है। फिर भी एहतियातन कुछ मुक़व्वियात मअ तफ़्सील[38] के ग़ुलाम साहबज़ादे की ख़िदमत में भिजवा देगा। इसके अलावा सरकार हो सकता है, कि किसी वजह से कराहियत[39] आती हो। बाज़ वक़्त माहज़र[40] कुछ इस ढंग से पेश किया जाता है कि रग़बत[41] नहीं होती। इसका यह मतलब नहीं कि मेदा नाकारा हो चुका है।'' हकीम साहब ने अर्ज़ किया।

''मैं पहले ही खटकी थी हुज़ूर, लौंडिया में कुछ खोट है। नवाबज़ादों के मिज़ाज के लायक़ नहीं। सूखी मारी मरघिल्ली। मेरी मानिए तो सरकार इस नामुराद को बाक़र नवाब को दे डालिए। कई बार कह चुके हैं। उनके विलायती कुत्तों की जोड़ी हशमत मियाँ को पसन्द है, वह बख़ुशी तब्दीली कर देंगे।'' बोबो बेगम की पिंडलियाँ दबाने लगीं।

''ऐ है, नौज! मैं मुई को ज़हर दे दूँगी, मगर उस कोठी को न दूँगी, मुआ सड़ रहा है!''

---

32. फिर भी, 33. युद्ध क्षेत्र, 34. कूटनीति, 35. दूर, 36. नए सिरे से, 37. ब्यौरा, 38. ब्यौरे के साथ दवाएँ, 39. घृणा, अरुचि, 40. ख़ाना, 41. रुचि,

ऐसा अँधेर तो ख़ानदान में कभी नहीं हुआ कि लौंडी जाए और सही सलामत लौट आए।

तकल्लुफ़ात[42] का ख़याल किए बग़ैर ही पेशदस्ती[43] कर बैठते हैं। कहीं भाई-भाई में रक़ाबत न ठन जाए, इसलिए सुघड़ बेगमें एहतियात से बँटवारा कर देती हैं। फिर मजाल है, जो दूसरे की बाँदी पर कोई दाँत लगाए। बिल्कुल क़ानूनी हैसियत होती थी इस घरेलू फ़ैसले की।

"मैं तो आजिज़ हूँ इस लड़के से। अठारह-उन्नीस का होने को आया, क्या मजाल जो किसी लौंडी-बाँदी को छेड़ा हो, कि चुटकी भरी हो। हमारे भाई तो इधर दस-बारह के हुए और ख़रमस्तियाँ शुरू कर दीं। सोलह-सत्रह के हुए और फैल पड़े। ऐ नायाब, निगोड़ी ढंग से नहाई-धोयी भी थी कि तुमने हल्दी, लहसुन में सड़ती हुई मेरे बच्चे की जान पर थोप दी!" बेगम नवाब बोलीं।

"ऐ हुज़ूर, मुझे अनाड़ी समझा है? अल्लाह की इनायत से इन हाथों ने कैसी-कैसी बाँदियाँ सँवारी हैं। इमाम हुसैन की क़सम, मेरी सँवारी लौंडिया की एड़ी देखकर मर्द ज़ात कोहे-क़ाफ़ की परी को न पूछे। हश्मत मियाँ फ़रंगिन से फँसने को हो रहे थे, मगर मेरे हाथ की सनोबर सौरत[44] हुई कि नहीं?" बोबो अपने फ़न पर आँच आते देखकर बड़ी चिराग़-पा[45] हुईं।

"ऐ क़ुर्बान जाऊँ बेगम! आपका लाल जवानों का जवान है। दिन भी तो अब ख़राब हैं। पिछले दिनों भारी क़ीमत देकर दो बाँदियाँ अफ़्ज़ल नवाब ने ख़रीदीं, पुलिस ने नातिक़ा बन्द कर दिया। बहुत कुछ खिलाया-पिलाया, बहुत कहा कि अल्लाह के नाम पर ग़रीब लड़कियों की परवरिश कर रहे हैं, मगर लड़कियाँ किसी होम-सोम में अल्लाह मारी पहुँचा दी गईं। डेढ़ हज़ार पर पानी फिर गया। अब नई बाँदी लेना भी तो मुश्किल है।"

अगर तीसरी जंग शुरू होती, तो भी महल में ऐसा तूफ़ान न मचता। बात रेंगती हुई सारे ख़ानदान में पहुँच गई, जानो हर चहार तरफ़ सँपोलिये छूट गए। एक से दूसरे मुँह तक जाने में कितनी देर लगती है। जिसने सुना, छाती कूट ली।

"है, है, छम्मन मियाँ!"

अफ़्ज़ल मियाँ को पता चला। पायँचा फड़काते, पीक का ग़रारा मुँह में सँभाले आन पहुँचे और सीधे छम्मन की जान पर टूट पड़े।

"ऊई माँ, हमें क्या मालूम था, यह क़िस्सा है, वर्ना तुम्हारी भाभी का फंदा काहे को गले में डालते। जाने-मन, अब भी कुछ नहीं गया है। बन्दा हाज़िर है। किसी ज़माने में वह छम्मन पर बुरी तरह लट्टू हो गए थे। बड़े सरकार ने गोली मार देने का अल्टीमेटम दिया, तब होश में आए। छम्मन उनसे बे-तरह चिढ़ते थे।

---

42. शील-संकोच, 43. छेड़ख़ानी, 44. प्रचंड, 45. ग़ुस्से में आपे से बाहर होना,

"बकवास मत कीजिए। ऐसी कोई बात नहीं, अस्ल में मुझे यह बातें पसन्द नहीं। मेरा मतलब है, बग़ैर निकाह जाइज़ है?"

"मगर सरकार, बाँदी तो जाइज़ है।"

"बिल्कुल जाइज़ नहीं!"

"इसका मतलब यह हुआ कि हमारे जद्दे-अम्जद[46] सबके सब हरामकार थे। एक आप पैदा हुए मुत्तक़ी[47] परहेज़गार!"

"मेरा ख़याल है कि....."

"आपका ख़याल साला कुछ नहीं, कभी अर्काने-दीन का मुतालआ[48] फ़रमाया है?"

"नहीं तो, मगर...यह बात अक़्ल में नहीं आती..."

"पत्थर पड़ गए हैं आपकी अक़्ले-मुबारक पर। मालूम नहीं है कुछ और आएँ-बाएँ-शाएँ हाँकने लगे।"

"मगर क़ानूनन जुर्म है!"

"हम यह क़ाफ़िरों के क़ानून को नहीं मानते। हम ख़ुदाए-ज़ुलजलाल-बिलइक्राम के हुक्म पर सरे-तस्लीम ख़म करते हैं। हमारे यहाँ लौंडी-ग़ुलाम के साथ औलाद जैसा सुलूक किया जाता है। नायाब को देखो, मलिका बनी राज कर रही है। उनके बेटे को किसी चीज़ की कमी नहीं। सब ही बाँदियों पर चर्बी चढ़ रही है।"

"हाँ, तुम्हें सूखा मारा माल दिया गया है, तो मियाँ सरवरी ले लो। दुम्बा हो रही है।"

"हिश्त!"

"हम कहते हैं, आख़िर मुआमला क्या है?"

"कुछ मुआमला नहीं। आप मेहरबानी फ़रमाकर मेरा भेजा न चाटिए।"

"तुम्हारी मर्ज़ी! तुमको जग-हँसाई का शौक़ है, तो कौन रोक सकता है, तुम्हारी मर्ज़ी और सरकार, शायद आपको पता नहीं, कि आपकी मंगेतर..."

"मेरी कोई मंगेतर-वंगेतर नहीं।"

"अभी न सही, हो तो जाएँगी। वह हरमा ख़ानम उस लुक़ंदरे से बहुत मेल-जोल बढ़ा रही हैं—मंसूर से!"

"तो मैं क्या करूँ?"

"बताऊँ, क्या करो। अभी सदर की तरफ़ को जा रहा हूँ, मनिहारिन को भेजे देता हूँ। भर कलाइयाँ चूड़ियाँ पहन लो और क्या!" उन्होंने पीक भरा क़हक़हा मारा।

"जहालत...सब जहालत की बातें हैं!"

"हमारे क़िबला व का'बा जाहिल थे?"

"होंगे। मुझे क्या पता?"

---

46. पूर्वज, 47. संयमी, 48. अध्ययन,

"ए, क्या घास खा गए हो! बुजुर्गों ने कुछ सोच-समझकर ही रिवाज बनाया। अब तक हमारे ख़ानदानों में इसी पर अमल होता चला आया है। बाँदी मिल जाए, तो जवान लड़के बेपरवाह नहीं होते। बुरी लतों से बचते हैं, सेहत अच्छी रहती है।"

"यह सब हरामकारी को जाइज़ बनाने के हथकंडे हैं।"

"तुम कुफ्र बक रहे हो! मज़हब की तौहीन..."

"अरे जाइए बड़े मज़हब वाले आए। मज़हब की बस एक ही बात दिल पर नक़्श है..."

"नालायक़ भी हो और...बदतमीज़ भी। लाहौल वला! मेरी बला से तुम जहन्नुम में जाओ।"

रात को ख़ासा[49] चुना गया, तो नायाब बोबो ने बड़े एहतिमाम से चाँदी की चम्ची में माजून मुरक्कब जवाहर वाला चाँदी के वर्क़ में लपेटकर पेश किया। हकीम साहब की हिदायत का परचा छम्मन ने बे-पढ़े छोड़ दिया था और सरवरी को डपट बताई थी। छम्मन का जी चाहा कि क़ाब[50] में डूब मरें। उन्होंने माजून को हाथ मारकर गिरा दिया और पैर पटकते अपने कमरे में चले गए। सारी दुनिया उनको नामुराद समझ रही थी।

उन्होंने अब तक जितनी इल्मी और अदबी किताबें पढ़ी थीं, सब ही में बग़ैर शादी किए किसी औरत से तअल्लुक़ात रखनेवाले को ज़ानी[51] और बदकार कहा गया था।

बाहर फिर आज हवा बिफरी हुई डायन की तरह हूँक रही थी। खिड़की के शीशे पर एक कमज़ोर-सी टहनी बार-बार सिर पटक रही थी, जैसे हवा से बचकर अन्दर छुपने के लिए दस्तक दे रही हो। बड़ी मुश्किल से आँख लगी।

ठंडी-ठंडी बूँदें उनके पैरों पर रेंगीं, तो घबराकर जाग पड़े। दिल धक-धक करने लगा।

हलीमा उनके पैरों पर मुँह रखे सिसक रही थी। जल्दी से उन्होंने पैर खींच लिये। फिर वही आँसुओं का तूफ़ान! यह लड़की तो दुश्मन से मिलकर उनके ख़िलाफ़ मोर्चाबन्दी पर तुली हुई थी। यह लोग उन्हें डुबोकर ही दम लेंगे।

"क्या है?" उन्होंने डपटा!

"क्या मैं इतनी घिनौनी हूँ कि सरकार के पैर भी नहीं छू सकती?" हलीमा कराही।

"भई, यह क्या गधापन है! जाओ हमारे कमरे से!"

"नहीं जाऊँगी! क्या समझा है मुझे! बाँदी हूँ, कोढ़िन तो नहीं। सारा महल मेरे जन्म में थूक रहा है। मेरा मज़ाक़ उड़ाया जा रहा है कि आपको मुझ से घिन आती है। मैं आपके लायक़ नहीं। कल से सरवरी आपकी ख़िदमतगुज़ारी पर मुक़र्रर की जाएगी।"

---

49. ख़ाना, 50. थाली, 51. व्यभिचारी,

"हम उस सूअर को बहुत मारेंगे। हमें ख़िदमतगुज़ारी की कोई ज़रूरत नहीं..."

"हो जाएगी ज़रूरत...हकीम साहब फ़रमाते हैं कि..."

"झक मारते हैं हकीम साहब, उल्लू के पट्ठे..."

"तो मैं क्या करूँ?"

"जाओ, सो जाओ! बहुत रात हो गई!"

"मेरे लिए कैसा दिन और कैसी रात! पर इतना तो एहसान कीजिए, मुझे ज़हर ही ला दीजिए!"

"हम क्यों लावें ज़हर? बेवकूफ़, कैसी बातें कर रही है? ख़ुदकुशी गुनाह है!"

"तो फिर बाक़र नवाब की आग में जाकर जलूँ। उन्हें गर्मी की बीमारी है छोटे मियाँ।" हलीमा फिर दरिया बहाने लगी।

"बाक़र नवाब! उन कम्बख़्त का ज़िक्र क्या है?"

"उन्हीं का तो ज़िक्र है। आप सरवरी को क़ुबूल कर लीजिए। उनके हाथ बेचा जा रहा है मुझे विलायती कुत्तों की जोड़ी के एवज़, जो अठारह सौ की थी।"

"उफ़्फ़ोह! क्या बकवास है।"

"बाक़र नवाब अन्दर से सड़ रहे हैं। मेहतरानी बोबो से कह रही थी। बोबो को तो मुझ से बैर है। मैंने जब्बार के मुँह पर जूती मार दी थी।"

ठंडे दिल से हलीमा ने समझाया, तो ग़ुस्से से काँपने लगे। उनका जी चाहा, हलीमा के आँसू अपने दामन में समेट लें, मगर उसे हाथ लगाते जी काँप रहा था कि हाथ लगा, तो छूटना मुश्किल हो जाएगा।

"क्या तुम मुझसे शादी करना चाहती हो?" छम्मन मियाँ ने पूछा।

"मेरे अल्लाह, सारी दुनिया को मालूम है, हरमा बिटिया बचपन की माँग है आपकी।"

"और तुम?"

"मैं तो आपकी बाँदी हूँ।"

"तुम हमारी बाँदी हो। तुम्हारी माँ तो बाँदी नहीं थी, न तुम्हारा बाप बाँदीज़ादा था। तुम तो सैयदानी हो हलीमा। तुम्हारे अब्बा किसान थे।"

"हलीमा...सुनो हलीमा..." उसने उसके दोनों हाथ मुट्ठी में पकड़ लिए।

"सुनो तो, हम प्यारी अम्मी से आज ही कहेंगे कि हम हरमा से शादी नहीं करेंगे। हमारी शादी तुमसे होगी।"

"शादी!" हलीमा ने झटके से दोनों हाथ छुड़ा लिए, "तौबा, तौबा! आप तो वाक़ई बच्चों जैसी बातें करते हैं। याद है उलफ़त का अंजाम! सादिक़ नवाब निकाह कर रहे थे। ज़हर दिलवा दिया बड़ी बेगम साहब ने! हाय, कैसी तड़पी है तीन-चार दिन! दम ही न निकलता था मुई का। छोटे मियाँ, ऐसा ही है, तो अपने ही हाथों से गला घोंट दीजिए," हलीमा ने उनके दोनों हाथ अपने गले पर रख लिए।

वही हुआ, जिसका डर था। हलीमा का जिस्म गोंद का बना हुआ था, छम्मन के हाथ उलझ गए।

"जाओ, जाओ...हलीमा...प्यारी हलीमा...जा जा..." उन्होंने उसे समेट लिया।

"उफ़! कितने ठंडे हैं तेरे हाथ...हलीमा..."

"तो गर्म कर दीजिए मेरे सरकार।" उसने छम्मन मियाँ के कुर्ते के बटन खोलकर अपने छोटे-छोटे सर्द हाथ उनके बेक़रार उछलते हुए दिल पर रख दिए। रोते-सिसकते दो मासूम नातजर्बेकार बच्चे एक दूसरे में तहलील[52] हो गए। बाहर हवा दबे पैर शरमाई हुई नई दुल्हन की तरह आहिस्ता-आहिस्ता झूम रही थी।

छम्मन की तो हर बात बेतुकी और निराली हुआ करती थी।

सब ही उन पर हँसते थे। खिलौनों से खेलते हैं, उनकी पूजा नहीं करने लगते। बेगम ने उस सुबह क्या इत्मीनान की साँस ली थी, जब बोबो ने उन्हें झुककर सलाम किया और जी खोलकर मुबारकबाद दी थी। आठ बजे थे और माशाल्लाह अभी तक दरवाज़ा बन्द था।

फिर जब साहबज़ादे कॉलेज चले गए, तो बेगम ने अपनी आँखों से सुबूत देखकर दो रकअत नफ़िल शुक्राने के पढ़े। हलीमा को हरारत हो गई थी। अपनी कोठरी में मुँह औंधाये पड़ी थी। बोबो आते-जाते गन्दे मज़ाक़ कर रही थीं। सारे महल में ग़लग़ला[53] था कि छोटे मियाँ ने हलीमा को क़ुबूल कर लिया। दूसरी बाँदियाँ किलसती फिर रही थीं। हलीमा क़िस्मत वाली थी कि ऐसा सजल, मासूम दूल्हा मिला। अपनी बातचीत में बाँदियाँ दूल्हा कहकर ही दिल को सहारा दे दिया करती थीं।

लड़कियों को देखकर छम्मन मियाँ के हमेशा हाथ-पाँव फूल जाया करते थे, मगर हलीमा को एक बार छूकर वह किसी काम के न रहे। ख़ाली घंटा मिला और भागे चले आ रहे हैं। यार-दोस्त छुट्टी, इतवार के दिन आते हैं। मियाँ बहाना बना रहे हैं, मुझे पढ़ना है और पढ़ते भी तो हलीमा के ज़ानों[54] पर सिर रखा हुआ है। हर फ़ुलस्टाप पर प्यार का नुक़्ता।

"गँवार, लट्ठ! काश, ज़रा-सा पढ़ लिया होता, तो मेरे नोट फ़ेयर कर देती।" और हलीमा बैठी कोयले से ज़मीन पर ए.,बी.,सी., डी., काढ़ रही है।

"मेरे फ़ाउंटेन पैन में स्याही तो भर दो यार!"

स्याही में दोनों हाथ, नाक, मुँह, ओढ़नी रँग गई और ऊपर से टसवे। बिल्कुल गधी है।

बड़ा आला इन्तिज़ाम हुआ करता था। मियाँ को एक हिस्सा अलग महल का दे दिया जाता था। बाँदी से फिर किसी और काम की तवक़्क़ो[55] नहीं की जाती थी। हलीमा तो नायाब बोबो की सधाई थी। बेगम का मुँह-हाथ धुलाने पर ज़िद करती।

---

52. लीन, 53. शोर, 54. घुटनों, 55. आशा,

पानदान पोंछने-सँवारने, ताज़ा कत्था-चूना भरने और छोटे-मोटे काम से मुँह न मोड़ती।

"ए भई, बस अपने छोटे सरकार को सँभालो।" बेगम उसे टालतीं, मगर वह सिर ढके गर्दन झुकाए ज़िद से उनके पैर दबाती। सास ही तो हुईं। उनका पूत भी तो लौंडी के पैर चूमता है।

नए जोड़े, ज़ेवर सब ही कुछ दिया जाता था। बिल्कुल अलाहदा घरदारी का-सा लुत्फ़ आ जाता था। जी चाहा, तो अपनी तरफ़ के बावर्चीख़ाने में कोई ताज़ा चीज़ झटपट बघार ली। रोज़ मालिन टोकरी भर फूल-गजरे दे जाती, मगर सेज पर फूल छम्मन मियाँ को कभी न भाए।

"भई, बड़ा दुःख होता है, फूलों पर चढ़े-लेटे हैं। बड़ी बेरहमी है।" वह सारे फूल समेटकर हलीमा की गोद में भर देते।

नायाब बोबो वही अपने तोते जैसी रट लगाए हुए थीं कि इधर मतलियाँ लगीं, उधर मुई मुर्दार हुई। लोग ब्याहता तक को जी से उतार देते हैं, तो बाँदी की भली चलाई...छम्मन का जुनून और लगन देखकर बोबो सुरूर से आँखें नीम-बाज़[56] कर लेतीं।

"सोचती हूँ, अब के ख़ाली चाँद में निकाह हो जाए। मुझे कुछ फ़ीरोज़ा ख़ानम उखड़ी-उखड़ी लगीं।" बेगम नवाब अब छम्मन मियाँ की मर्दानगी से मुत्मइन[57] होकर बोलीं।

"कुनबे वालों के मुँह में ख़ाक! सुनते हैं, हरमा बिटिया बड़ी आज़ाद हो गई हैं।" बोबो ने इत्तिला[58] दी।

"बेगम कहनेवालों के मुँह में अंगारे कि कोई अरशद मियाँ का यार है। बहुत आना-जाना है उस घर में!"

"है-है, तुमसे किसने कहा?"

"तरहदार ख़ाँ की दुल्हन बहुत आती-जाती रहती हैं। उनकी मुमानी लगती हैं, जो सोज़नकारी सिखाने जाती हैं। मरियम बिटिया को कह रही थीं, ख़ूब गेंद-बल्ला होवे है। अल्लाह रखे, अपने मियाँ की पढ़ाई में कौन-से रोड़े अटकते हैं। मेरी मानिए, तो छम्मन मियाँ का हरमा से निकाह हो जाए, तो अच्छा है।"

"मगर लड़का तो पुट्ठे पर हाथ नहीं रखने देता। कहता है, कि हलीमा से ही निकाह पढ़वा दो। मैंने कहा, अब तो कहा है, फिर अगर यह ख़ुराफ़ात मुँह से निकाली, तो अल्लाह क़सम, जान दे दूँगी।"

"ऐ बेगम, बकते हैं। इन नवाबों के क़ौलो-फ़'ल[59] में कौन-सी संगत। तेल देखिए, तेल की धार देखिए। इसी अठवाड़े में सीधे तुक्का हो जाएँगे। लौंडिया मुझे कुछ मरी-मरी-सी लगती है।"

---

56. अध-मुँदी, 57. आश्वस्त, 58. सूचना, 59. कथनी और करनी,

बोबो से महल का कोई राज़ पोशीदा न था, गाय-भैंस हत्ताकि शायद चूहों तक का पैर भारी हुआ कि बोबो ने ताड़ लिया। वह मुर्ग़ियों के लाल मुँह देखकर समझ जाती थीं कि कुड़की उतर गई और अंडा देनेवाली है।

"प्यारी अम्मी, क्या हलीमा गाँव जा रही है?" छम्मन ने आख़िर दू-ब-दू पूछ ही लिया। हलीमा कई रोज़ से टसर-टसर रो रही थी।

"हाँ चन्दा। नायाब भी साथ जाएँगी। अम्मी हुज़ूर से मैंने कहलवा दिया है कि तुम्हारे लिए नीबू का अचार ज़रूर इर्साल[60] फ़रमाएँ।"

"मगर प्यारी अम्मी।" छम्मन बोले, "हलीमा को क्यों भेज रही हैं? मेरे कपड़ों की देखभाल कौन करेगा?"

"सरवरी है। लतीफ़ा है।"

"सरवरी, लतीफ़ा ने मेरी किसी चीज़ को हाथ भी लगाया, तो...मुझसे बुरा कोई न होगा...हाँ, मगर हलीमा को क्यों भेज रही हैं?" छम्मन मिनमिनाए।

"हमारी मर्ज़ी। तुम इन मुआमलों में कौन होते हो दख़्ल देनेवाले!"

"मगर प्यारी अम्मी!"

"मियाँ, अभी तो हम जीते हैं। क़ब्र में थोप आओ, तब मनमानी करना।" प्यारी अम्मी की आँखों में से चिंगारियाँ चटख़ने लगीं, "अंदरूने-ख़ाना के मुआमले में तुम्हें क्या, तुम्हारे बाबा तक को दख़्ल नहीं, तुम्हें आज तक तकलीफ़ हुई है, जो अब होगी। बाँदियों के मुआमले में बोबो का फ़ैसला ही चलता है।"

"प्यारी अम्मी, हलीमा बाँदी नहीं, मेरी जान है। सैयदज़ादी है। आपने ख़ुद बड़े शौक़ से इन्तिख़ाब[61] फ़रमाकर उसे मेरे दिल में भेजा, अब और कच्चे नाख़ूनों को गोश्त से जुदा कर रही हैं। क्यों? कौन-सी चूक हुई मुझ से?" उन्होंने कहना चाहा, मगर जज़्बात ने गला पकड़ लिया। हल्क़ में काँटे चुभने लगे और वह सिर झुकाए उठ गए।

हलीमा अपने आँसुओं से ख़ाइफ़[62] थी। यह आख़िरी चन्द दिन वह धूम-धाम से गुज़ारना चाहती थी। फिर ज़िन्दगी वफ़ा करे, न करे। अभी चार दिन बाक़ी थे। ज़िन्दगी के इन चार सलोने दिनों के लिए उसने चार जोड़े नक-सिक से तैयार किए थे। इत्र की बू से क़ै आ रही थी, मगर जी पर पत्थर रखकर उसने बिस्तर की हर तह को बसा दिया था। बाल धोकर मसाले की ख़ुशबू बसा ली थी। हाथ-पैर की फीकी मेहँदी को उजागर कर लिया और भर-भर हाथ चूड़ियाँ चढ़ा ली थीं, क्योंकि छम्मन मियाँ को चटपट चूड़ियाँ तोड़ने में बड़ा मज़ा आता था। वह कितनी भी तोड़ डालें, सुहाग के नाम की दो-चार बच ही जाएँगी।

"गाँव जाने का ग़म नहीं?" छम्मन ने उसे फूल की तरह खिले देखकर पूछा। ख़ुद उनका दिल लहू हो रहा था।

"नहीं।" बोबो ने टसवे बहाने को मना कर दिया था।

---

60. भेजें, 61. चुन, 62. भयभीत,

"क्यों?" उन्हें ताव आ गया।

"जल्द ही तो आ जाऊँगी।"

"कितनी जल्दी?"

"थोड़े दिनों में।"

"कितने होते हैं थोड़े दिन।"

"बस छह-सात महीने।"

"छह महीने!"

"आहिस्ता बोलिए!"

"हम मर जाएँगे हलीमा!"

"अल्लाह न करे, आप की बलाएँ मेरे सिर। मेरे नोशा बुरी फ़ाल[63] मुँह से न निकालिए। अल्लाह अपने रहमो-करम से मुझे आपकी ख़िदमत के लिए ज़रूर वापस लाएगा। सब ही तो नहीं मर जातीं। सनोबर की और बात थी। बड़े सरकार ने लात मार दी थी, तो पेट में बच्चा मर गया। हाय, मैं मर जाऊँ।" सहमकर उसने मुँह पर हाथ रख लिया। यह वह क्या बक रही थी।

"बच्चा!" छम्मन तड़पकर उठ बैठे।

"नहीं, नहीं, छोटे मियाँ...मैं..."

"मेरे सिर की क़सम खा...." छम्मन मियाँ ने उसका हाथ अपने सीने पर रख लिया।

"नहीं, अल्लाह, नहीं..."

"झूठी, हलीमा।" उन्होंने जल्दी से लैम्प जलाया। सहमी हुई नज़रों से तकने लगे। फिर मुजरिमों की तरह सिर झुका लिया। गोद में हाथ रखे बैठे रहे।

"बच्चा! उनका बच्चा, ज़िन्दा इनसान का बच्चा!" जी चाहा, न जाने क्या करें। ज़ोर से एक कुलाँच भरें। यह आस्मान पर जो तारे जगमगा रहे हैं, सारे के सारे तोड़कर हलीमा की गोद में भर दें।

"कब होगा?" उन्होंने पूछा।

"शायद छह महीने बाद!" हलीमा शरमा गई।

"और तब तक तो मेरा रिज़ल्ट भी निकल आएगा।" वह टालने लगे।

हलीमा का दिल झोंटे खाने लगा। गाँव से उस बदनसीब के रोने की आवाज़ कैसे पहुँचेगी सरकार के कानों में। बेहया और माँ की तरह सख़्त जान हुआ, तो शायद दूसरे लौंडी-बच्चों के झुरमुट में पल जाएगा। बाप उसे पहचानेगा भी नहीं। बेटा नहीं, ग़ुलाम होगा। कपड़ों पर इस्त्री करेगा, जूते पालिश करेगा और अगर बेटी हुई, तो किसी के पैर दबाने की इज़्ज़त हासिल करके गाँव में ज़िन्दगी का तावान[64] अदा करने चली जाएगी।

63. अपशकुन, 64. जुर्माना,

मगर हलीमा की ज़बान को ताला लगा हुआ था। बोबो ने कह दिया था, "मालज़ादी, अगर साहबज़ादे को भड़काने की कोशिश की, तो बोटियाँ करके कुत्तों को खिला दूँगी।"

"हलीमा, तुम गाँव नहीं जाओगी!"

"ऐसी बातें न कीजिए!"

"क्यों इतना सटपटाते हो। दूसरा इन्तिज़ाम हो जाएगा।" उसने हँस के टाल दिया।

"मुझे दूसरा इन्तिज़ाम नहीं चाहिए।"

"और फिर दिसम्बर में तुम्हारा निकाह है हरमा बीबी से।"

"मैं हरमा से शादी नहीं करूँगा।"

"हलीमा गाँव जाएगी, तो मैं कॉलेज छोड़ दूँगा," उन्होंने एलान कर दिया।

"अच्छा जी, साहबज़ादे की यह मजाल।" बेगम का ख़ून खौल गया।

"अए, ज़िद करना आता है, तो हमें भी जवाब देना आता है। अब तो चाहे मेरी मय्यत उठ जाए, नामुराद हलीमा यहाँ एक घड़ी नहीं रह सकती। परसों-वरसों नहीं, नायाब तुम इसी वक़्त तैयारी करो। क़सम जनाब की!"

"नजम बिटिया भी अल्लाह रखे, उम्मीद से है। फ़राग़त पाकर विलायत जाने का इरादा है।"

"उसका क्या ज़िक्र है। ख़ुदा जीता रखे मेरी बेटी को, छम्मन मियाँ की बहन का, 'आमीन' मगर गोद वाले को विलायत संग तो न ले जाएँगी, और वह दूल्हा नवाब का अकेला जाना भी दुरुस्त नहीं। वह निगोड़ी फ़रंगिन फिर पीछे लग गई, तो क़यामत ही आ जाएगी।"

"अए हए नायाब, कहना क्या चाहती हो?"

"नजम बिटिया और हलीमा का बस दो-चार दिन का फ़र्क़ होगा। ख़ैर से अगर हफ़्ता भर का फ़र्क़ भी पड़ा, तो कोई बात नहीं।"

"मैं तुम्हें नहीं जाने दूँगा।"

"अल्लाह, मेरे भोले सरकार।"

मगर उन्होंने उसे बोलने न दिया। बोबो कहती थीं, पेट वाली औरत से मर्द ज़ात को घिन आती है, तो यह कैसा मर्द था कि बिल्कुल वही पहले दिन का-सा प्यार।

दूसरे दिन छम्मन मियाँ ने कॉलेज को लात मारी और अपनी अकेली हस्ती का वफ़्द लेकर हर दरवाज़े पर दुहाई दे डाली।

"भाईजान, हलीमा को गाँव क्यों भेज रहे हैं?"

"मियाँ, महल का पुराना दस्तूर है।"

"वह गाय-भैंस नहीं, मेरे बच्चे की अमानतदार है।"

साहबज़ादे का चेहरा तमतमा उठा, "भई, हद करते हो तुम भी। यह बातें हमारे सामने कहते हुए तुम्हें शर्म नहीं आती। लाहौल वला क़ुव्वत!" वह भिन्नाकर उठ गए।

महल की पालिटिक्स में मर्दों का कोई दख़्ल नहीं होता। प्यारी माएँ जब मुनासिब समझती हैं, चाक़ो-चौबन्द[65] बाँदी पैर दबाने को मुहैया कर देती है। जब उसे सेहत के लिए मुज़िर[66] और बेकार समझती हैं, दूसरे काठ-कबाड़ की तरह मरम्मत के लिए भिजवा देती हैं। एवज़[67] पर दूसरी आ जाती है। बाँदी से जिस्म का रिश्ता होता है, शरीफ़ आदमी दिल का रिश्ता नहीं कर बैठते।

"अफ़्ज़ल भाई, प्यारी अम्मी से कहिए, हलीमा को गाँव न भेजें।" उन्होंने अपने चचाज़ाद भाई की ख़ुशामद की।

"अमाँ, दीवाने हुए हो। पेट वाली औरत सेहत के लिए मुज़िर होती है।"

"हूँ।" अब बेगम की समझ में बात बैठने लगी।

"नजम बिटिया भी ज़हमत[68] से बच जाएँगी। वह लंदन जाएँगी, तो बाद में हलीमा उनके बच्चे को दूध पिला सकेगी। अच्छा पाक दूध भी बच्चे को मिलेगा।"

"जो हुक्म सरकार।"

"मगर गाँव में अच्छी तरह देखभाल न हो, तो...हलीमा धान-पान तो है ही। यहाँ नज़रों के सामने रहेगी, मेरे हाथ के नीचे। मुई को अच्छी तरह ठुसाऊँगी और फिर साहबज़ादे की ज़िद भी पूरी हो जाएगी।"

"ज़िद ही तो नहीं पूरी करूँगी बस," मगर बेगम ज़रा नर्म पड़ गईं।

"आपकी मर्ज़ी, पर इतना अर्ज़ करूँगी, बस कुछ दिन जाते हैं कि मियाँ का जी भर जाएगा। अपना काम निकलेगा, उन पर एहसान अलग से होगा।"

नायाब के पेट में जब जब्बार ने नुज़ूल[69] फ़रमाया, तो फ़रहत नवाब ठंडे पड़ गए। जब औरत हामिला हो जाती है, तो मर्द की दिलचस्पी ख़त्म हो जाती है कि यह क़ानूने-क़ुदरत है।

मगर छम्मन मियाँ क़ानूने-क़ुदरत और नायाब बोबो दोनों को झुठला रहे थे, क्योंकि वह दीवाने थे कि पैर की जूती को कलेजे से लगा रखा था। ऐसी बेहयाई तो किसी नवाबज़ादे ने किसी बेगम के मुआमले में नहीं लादी। सिर झुकाए मारामार ज़च्चा-बच्चा के रख-रखाव पर किताबें पढ़ी जा रही हैं। सारा जेबख़र्च बाँदी के लिए विटामिन की गोलियाँ और टॉनिक लाने में ख़र्च हो रहा है।

हलीमा सेह्न में बैठी छम्मन मियाँ के कुर्ते पर ज़री का काम कर रही थी, खच से सूई उँगली में उतर गई। वह जानती थी, वह गाँव क्यों नहीं भेजी गई थी, मगर उसने छम्मन के ख़्वाब चिकनाचूर न किए थे।

छम्मन मियाँ को हौल सवार हो रहे थे। उन्होंने इतने क़रीब से हामिला औरत कभी न देखी थी। घड़ी भर को सलाम किया, दूर भाग लिए।

---

65. हृष्ट-पुष्ट, 66. हानिकारक, 67. बदले, 68. तकलीफ़, 69. प्रकट,

उन्हें डर लगता था कि हलीमा कहीं मेढकी की तरह फट न जाए। किताबों से भी कुछ तसल्ली न हुई, तो फ़ख़ुंदा नवाब के यहाँ भाग गए।

फ़ख़ुंदा नवाब से सब ख़ानदान वाले फ़्रंट थे, क्योंकि किसी ज़माने में वह ऊट-पटाँग मुहब्बत करके हाथ जला चुकी थीं, मगर अशरफ़ साहब उनके मियाँ पुलिस में थे, इसलिए सबको ग़र्ज़ पड़ती थी और उनकी चापलूसी करनी पड़ती थी।

वैसे भी बेगमें उनसे बहुत कटती थीं कि वह बहुत आलिम-फ़ाज़िल[70] थीं। उनके बेटे नईम से छम्मन की बहुत घुटती थी।

छम्मन मियाँ के पुरखों को भी पता न था कि प्यारी अम्मी ने उनकी दुल्हन के ज़ेवरात के बारे में सलाह लेने के लिए जुम्आ के रोज़ बुलाया है। फ़ख़ुंदा ज़ेरे-लब मुस्कराईं और वादा किया कि जुम्आ के रोज़ आएँगी, तो उनको हलीमा को भी दिखा लेंगी।

पोर्टीको से उतरकर पहले वह छम्मन की तरफ़ चली गईं।

फ़ख़ुंदा नवाब ने उनकी बौखलाहट पर सरज़निश[71] की, "हलीमा बिल्कुल ठीक है। फटे-वटेगी नहीं। इतना चर्बी वाला खाना न खिलाओ। फल और दूध दो।"

"तस्लीम फूफी जान।" हलीमा ने चलते वक़्त ज़रा-सा घूँघट माथे पर खींच लिया।

"जीती रहो मेरी गुड़िया।" फ़ख़ुंदा जल्दी से गुड़िया के घरौंदे से निकल गईं।

उधर बेगम नवाब के कमरे में उन्होंने छम्मन की दुल्हन के ज़ेवरात देखे, तो गुमसुम बैठी रहीं।

"ए बी, कुछ राय दो कि मुँह में घूंगनियाँ डाले बैठी हो।"

"भाबी जान, ज़माना बदल रहा है। हरमा बड़ी प्यारी बच्ची है। मगर वह...।"

"हाँ, हाँ कहो, वह बड़ी फ़ैशनेबल है। ज़ेवर गँवारू हैं, तो मैं बम्बई से मँगवा रही हूँ।"

"अच्छा है। खुलकर बात हो जाए..." फ़ख़ुंदा बेगम कुछ उखड़ी-उखड़ी बैठीं, फिर बहाने बनाने लगीं। क्लब की मीटिंग है। उनके जाने के बाद बोबो और बेगम उनमें कीड़े डालती रहीं।

नायाब ज़ेवर दिखाने को गईं, तो पता चला, फ़ीरोज़ा नवाब तो अपनी किसी मिलनेवाली के यहाँ गई हैं। हरमा गेंद बल्ला खेल रही थीं।

हरमा धम-धम करती आईं। नायाब बोबो ने ज़ेवरात का सन्दूक़चा दिखाया और बोलीं, "ज़ेवरात रानी बिटिया पसन्द फ़रमा लीजिए।"

"ओह, मगर हलीमा बी के लिए मेरी पसन्द के ज़ेवरों की क्यों ज़रूरत है?" हरमा लापरवाही से मुड़कर कटे बालों में ब्रश घसीटने लगी।

"ऐ, ख़ुदा न करे। हलीमा बाँदी है।"

"अच्छा, वह बच्चा तो छम्मन मियाँ का है न?"

---

70. विद्वान, 71. डाँटा,

"बच्चा।" बोबो को पसीने छूटने लगे।

"कैसा बच्चा?"

"फ़ख़ुंदा ख़ाला कह रही थीं कि..."

"ए नहीं, बिटिया...वह...तौबा है। बच्ची, झाड़ का काँटा हो गई। अम्माँ जान नहीं, इसलिए मुझ बुढ़िया की गत बना रही हैं। वह होतीं, तो मजाल नहीं, यों मेरे मुँह पर जूतियाँ मारतीं।"

बोबो फनफनाती हुई उठ खड़ी हुईं।

"कितना उछलता है पाजी," छम्मन उसके चाँदी जैसे तने हुए पेट पर हथेलियाँ रखे क़ुदरत की हंगामा-आराइयों[72] पर मुतहैयिर[73] हो रहे थे।

"इतनी ठंडी क्यों पड़ गई लीमो।" बहुत प्यार आता, तो छम्मन मियाँ हलीमा को लीमा और लीमा से लीमो कहते।

छम्मन ने उसे रज़ाई में समेट लिया और लम्बी-लम्बी साँसें भरकर सूँघने लगे। कैसी महकती है लीमो, जैसे पका हुआ दसहरी! जी नहीं भरता। पानी का छलकता कटोरा रोज़ पियो, रोज़ प्यास ताज़ा। मगर इतना प्यार करना ख़ुदगर्ज़ी है। मुरझाई जाती है। नहीं, अब वह उसे हाथ भी नहीं लगाएँगे। ऐ वक़्त, यहीं ठहर जा, न पीछे मुड़कर देख, न आगे नज़र डाल कि पीछे छूटा अँधेरा है और आगे? आगे का क्या भरोसा है।

"ग़ज़ब ख़ुदा का, हलीमा ने कैसी दग़ा दी है," बेगम ने नवासी के मुँह में शहद भरी उँगली डुबोकर दे दी।

"नायाब तुम्हारा मुँह है कि निगोड़ा भाड़। कहती थीं, दोनों साथ जनेंगी। नजम धारों-दार रो रही हैं। बच्ची को दूध छुआने की रवादार नहीं और तुम्हारी हलीमा है कि बच्चा नहीं जन पाती। तुम तो कहती थीं कि हलीमा का बच्चा गाँव भिजवाकर नजम के बच्चे को उसके सुपुर्द कर दूँगी। अब क्या होगा?"

नायाब की बात न टले, चाहे दुनिया इधर की उधर हो जाए। दो टके की बाँदी हलीमा की यह मजाल कि सारा प्रोग्राम चौपट किए देती है।

हलीमा बैठी नारंगियों का रस निकाल रही थी। अभी छोटे सरकार मैच जीतकर आते होंगे। बोबो उसे घूर रही थीं, जैसे चील झपट्टा मारने से पहले अपने शिकार को ताकती है। आज बड़ी बरहम[74] नज़र आ रही थीं।

"हलीमा, इधर आ!" उन्होंने करख़्त[75] आवाज़ में पुकारा। हलीमा थर्रा उठी।

"हूँ, तो यह गुल खिलाया है, "उन्होंने उसको सिर से पैर तक घूरा।

"बोल, हरामख़ोर यह किसका है?" जैसे उन्होंने आज पहली बार उसका पेट देखा हो।

"यह...यह नारंगी..."

---

72. कारनामों, 73. विस्मित, 74. क्रुद्ध, 75. कर्कश,

"नारंगी नहीं, नामुराद यह तरबूज़?" उन्होंने उसके उमड़े हुए पेट पर पंखिया से छपाका मारा।

हलीमा दम-बख़ुद[76] रह गई। आज तक किसी ने उसके पेट के क़ुत्र[77] पर कोई बातचीत नहीं की थी। वह गुंग बस आँखें फाड़े सुन्न रह गई।

"अब बोलती है कि लगाऊँ एक जूती इस थोबड़े पर। हरामज़ादी क़त्तामा[78]।"

मँझले नवाब की बाँदी गोरी बी से जब नायाब ने यही सवाल किया था, तो उसने फट से जवाब दे दिया था।

हलीमा की ज़बान तालू से चिपट गई। कोई उसकी बोटियाँ कर डालता, वह छोटे सरकार का नाम न लेती। उनका गुनाह तो उसका सबसे प्यारा सवाब[79] था।

"मुँह से फूटती क्यों नहीं जन्मजली?" उन्होंने चटाख़ से दिया एक थप्पड़ कि अँगूठी गाल में चुभ गई और ख़ून निकल आया।

छम्मन मियाँ हिट पर हिट लगा रहे थे। सारा मैदान तालियों से गूँज रहा था।

तालियों के शोर में छम्मन ने चाँदी का कप दोनों हाथों से सँभाला, तो ऐसा लगा, हलीमा का चिकना रुपहली पेट धड़क रहा है।

हस्बे-आदत छम्मन मियाँ भागते हुए कमरे में दाख़िल हुए। हलीमा को पुकारा, जवाब न पाया, तो कप लिये पसीने में तर, प्यारी अम्मी के पास दौड़ पड़े।

"ऐ मियाँ, यह लोटा कहाँ से उठा लाए। अच्छा ख़ूबसूरत है।"

"यह लोटा नहीं बोबो, कप है।"

"ऐ बेटे जान, ज़रा हकीम साहब को फ़ोन करो कि टाँगों में फिर से ऐंठन शुरू हो गई है।" प्यारी अम्मी कराहने लगी।

"जी, बहुत अच्छा। बोबो, हलीमा से कहो, बड़ी गर्मी है। सूती कुर्ता निकाले।"

टेलीफ़ोन करके वापस लौटे, तो बोबो ने इशारे से कहा, सो रही है।

"मेरे कपड़े?" बोबो ने इशारे से इत्मीनान दिलाया।

"हलीमा कहाँ है?" वह नहाकर निकले, तो सरवरी पाजामे में इज़ारबन्द डाल रही थी।

"हम पूछते हैं, हलीमा कहाँ है और तू बकवास किए जा रही है।" छम्मन गुर्राए।

"अल्लाह हमें क्या मालूम, शागिर्द-पेशे में होगी।" सरवरी आज बड़ी बनी-ठनी नज़र आ रही थी।

"शागिर्द-पेशे में? जा बुला।" उन्होंने पाजामा उससे छीन लिया।

सरवरी मुस्कराई और मैले कुर्ते से बटन निकालकर उजले में डालने लगी।

"अरे सुना नहीं तूने। चुड़ैल, चल भाग के जा!" उन्होंने उससे कुर्ता छीनकर फेंक दिया।

---

76. हतप्रभ, 77. व्यास, 78. कुलटा, 79. पुण्य,

"बोबो ने हमें भेजा है।"

"तुझे भेजा है, क्यों?"

सरवरी आँखें झुका कर हँस दी।

"उल्लू की पट्ठी।" छम्मन ने रेकट लहराया। सरवरी बड़े नाज़ से ठिनकती झाँझन बजाती चली गई।

पाँच फिर दस मिनट गुज़र गए। छम्मन झल्लाए, तौलिया बाँधे मैगज़ीन उलट-पुलट करते रहे। जब पन्द्रह मिनट गुज़र गए, तो बेक़रार हो गए।

"अरे, है कोई?" वह हलीमा को उसी तरह आवाज़ें देते थे।

सरवरी इतराती ज़मीन पर एड़ियाँ मारती फिर नाज़िल[80] हो गई। उसकी ज़हरीली मुस्कराहट देखकर छम्मन का जी धक् से हो गया।

"चुड़ैल, सच-सच बता नहीं तो..." उन्होंने उसकी चुटिया कलाई पर लपेटकर मरोड़ी।

"हई, मैं मर गई। हाय, मेरी मैया। सरकार उधर शागिर्द-पेशे में है।"

छम्मन ने उसकी चुटिया छोड़ दी और सारे बदन से काँपने लगे। जल्दी से सलीपर पैर में डाले और भागे।

"ऐ, मियाँ, ख़ुदा का वास्ता, कहाँ जा रहे हैं?" सरवरी पीछे लपकी, "मर्दों के जाने का वक़्त नहीं है," मगर मियाँ कहाँ सुनते थे। बरामदे में नायाब मिल गई।

"बोबो, डॉक्टरनी को फ़ोन कराओ।"

"है है, छोटे मियाँ, कपड़े तो पहनो। ओ मालज़ादी," उन्होंने सरवरी को फटकारा। वह तो लतीफ़ा को भेज रही थीं, पर सरवरी ने उनके पैर पकड़ लिए।

"बोबो, जब्बार को मोटर लेकर भेज दो। टेलीफ़ोन से काम नहीं चलेगा।"

"ऐ मियाँ, काहे के लिए?"

"हलीमा..." उनका हल्क़ सूख गया, "...हलीमा...वह..."

"डॉक्टरनी नहीं, उसके लिए तो विलायत से मेम आएगी बेहया, मुर्दार!"

"लौंडियों-बाँदियों का दिमाग़ सातवें आसमान पर चढ़ने लगा है इन बातों से। जाइए, आपके दोस्त नइम मियाँ का फ़ोन आया था। उनकी सालगिरह है और सरवरी की बच्ची, नामुराद, मियाँ का वह चूड़ीदार पाजामा निकाल और शेरवानी।" वह चलने लगीं।

"ऐ मियाँ, क्या कहने आई थी, आपने बिल्कुल ही भुला दिया। आपकी प्यारी अम्मी की तबीअत नासाज़ है। नइम मियाँ के यहाँ जाते वक़्त ज़रा हकीम साहब के यहाँ भी होते जाइएगा। मैं जब्बार से कहती हूँ, मोटर निकाले।" वह धम-धम करती चली गईं।

छम्मन बौखलाए हुए कमरे में लौट आए। बैठे, फिर तड़पकर उठ खड़े हुए। फिर जल्दी से उलटे-सीधे कपड़े बदन पर डाले। उन्होंने कितनी बाँदियों की मौत

80. प्रकट,

देखी थी। सनोबर की लाश महीनों उन्हें ख़्वाब में नज़र आती रही थी। हलीमा भी तो फूल-सी बच्ची थी। ख़ून की कमी की वजह से दिक़[81] की मरीज़ लगती थी। वह सीधे बड़े भाई की तरफ़ भागे।

"भाईजान!"

"क्या है?" वह अपने एक दोस्त के साथ शतरंज खेल रहे थे।

"वह...वह...जरा आपसे एक बात कहनी है।" उन्होंने लरज़ते[82] हाथों से उनकी आस्तीन खींची।

"ठहरो, मियाँ! ज़रा यह बाज़ी देखो। क्या ठाठ जमाया है। ऐ भाई क़ुद्दूस, शह बचाइए वर्ना..."

"भाईजान!" छम्मन का दम निकलने लगा।

"बैठो ज़रा। हाँ, भई, क़ुद्दूस..."

कोई बीस मिनट लगे, मगर छम्मन पर बीस सदियाँ गुज़र गईं।

"अरे हाँ भई, कप मार दिया तुमने। मुबारक हो।" उन्होंने पलटकर बड़े जोश से कहा।

"भाईजान, हलीमा...वह...वह प्लीज़, डॉक्टरनी मँगवा दीजिए।"

"हूँ...आ जाएगी। अगर कोई ज़रूरत पड़ी तो..."

"नहीं, भाईजान, हलीमा मर जाएगी। कुछ कीजिए।"

"तो क्या मैं ख़ुदा हूँ, जो किसी की आई को टाल दूँगा, मगर शर्म नहीं आती। एक बाँदी के लिए हड़बड़ाए फिर रहे हो। कुछ तो लिहाज़ करो। एक आवारा छोकरी को सिर पर चढ़ाना ठीक नहीं। हरामी पिल्ला जन रही है। आवारा नहीं, तो बड़ी पारसा[83] है।"

"भाईजान, वह...वह..."

"अमाँ, इतना हकलाते क्यों हो। निकाह नहीं, तो औरत फाहिशा[84] है, ज़ानिया[85] है। संगसार करने के क़ाबिल है। मर जाए, तो अच्छा है। ख़स कम, जहाँ पाक।"

"मगर मैं भी गुनाहगार हूँ।"

"तो मैं क्या करूँ! जाओ, अपने गुनाहों की तौबा करो। मेरा सिर क्यों चाट रहे हो?"

इस क़दर कूढ़मग़ज़ इनसान से बात करना हिमाक़त थी। कोई और होता, तो उनकी जगह तो छम्मन मुँह तोड़ देते, मगर बचपन से बड़े भाई की इज़्ज़त करने की कुछ ऐसी आदत पड़ गई थी कि ख़ून के-से घूँट पीकर गर्दन लटकाए चले आए।

दीवानों की तरह छम्मन ने हर चौखट पर माथा पटका। बाप के सामने गिड़गिड़ाए, मगर उन्हें गुलबहार नामुराद ने ऐसा जलाकर ख़ाक किया था कि बाँदी के नाम से ही तीन फ़ीट उछल पड़े।

81. क्षय रोग, 82. काँपते, 83. संयमी, 84. कुलटा, 85. व्याभिचारिणी,

"तुम्हारी यह मजाल, कि हमारे सामने अपनी बदकारियों का इस ढिठाई से इक़रार करो। एक तो मोरी में मुँह देते हो, फिर उसमें सारे ख़ानदान को लथेड़ना चाहते हो।"

उन्होंने प्यारी अम्मी के तलवों पर आँखें मलीं, मगर उन्होंने हिस्टीरिया का दौरा डाल दिया। ऐसी बात सुनने से पहले वह बहरी क्यों न हो गईं। अंधी हो गई होतीं, तो यह दिन तो न देखना पड़ता।

चचा अब्बा के सामने हाथ जोड़े।

"लाहौल वला क़ुव्वत। अमाँ, मरने दो साली को। हम तुम्हें अपनी माहरुख़ दे देंगे। वल्लाह क्या पटाख़ा है। एक चमरख़-सी बाँदी के पीछे दम दिए दे रहे हो! यह सब तुम्हारी इन वाहियात किताबों की ख़ुराफ़ात है।"

लोग मुस्करा रहे थे, उन पर लतीफ़े छोड़ रहे थे और वह शागिर्द-पेशे के आगे सर्द और सीली ज़मीन पर बैठे रो रहे थे। अठारह बरस का लड़का दूध पीते बच्चों की तरह मचल रहा था, धारोधार रो रहा था।

अब्बा हुजूर ग़ुस्से से गरज रहे थे। अगर बेगम ने दौरा न डाल लिया होता, तो वह इस नंगे-ख़ानदान[86] की हंटर से खाल उधेड़ देते। जिस दिन उन्होंने सुना था कि फ़र्जन्दे-अर्जुमंद[87] ने लौंडी ठिकाने लगा दी, तो उनकी गुफ़्फ़ेदार मूँछें मुस्कराहट के बोझ तले लरज़ उठी थीं। बड़े साहबज़ादे तो दग़ा दे ही गए, अगर छोटे भी इस राह निकल गए होते, तो जायदाद का वारिस कहाँ से आता?

ऐसा तमाशा लोगों ने कभी न देखा, न सुना। नौकर हँस रहे थे बाँदियाँ ठी-ठी कर रही थीं।

उधर बान के झिलंगे में पड़ी हलीमा मोरनी की तरह कूक रही थी। ख़ासे फाँसोंदार बान से उसकी हथेलियाँ छिल गई थीं।

"हाय सरवरी, वह गीले फ़र्श पर बैठे हैं। उन्हें उठा वहाँ से जन्मजली। सर्दी लग जाएगी उनके दुश्मनों को!" अगर दर्द के बेरहम हमले उसे वक़्फ़ा देते, तो वह उन्हें अपने सिर की क़सम देकर ज़मीन से उठा लेती। नहीं, क़सम ख़ुदा की, उनसे कोई शिकायत नहीं।

मगर दर्दों की महीब मौजें[88] उसके पसीने में डूबे बेडौल जिस्म को भँभोड़ रही थीं। उसने अपने होंठ चबा डाले कि उसकी आवाज़ सुनकर छम्मन मियाँ दीवाने न हो जाएँ। पर दिल के कान सब सुन लेते हैं। छम्मन पर नज़्अ[89] की कैफ़ियत तारी थी। जी चाह रहा था कि पत्थर पर सिर दे मारें कि यह खौलन पाश-पश हो जाए। अचानक दर्द से किसी ने एकदम पुकारा, ग़मो-अन्दोह[90] के कुएँ से खींच लिया। उन्होंने पोर्टीको से साइकिल उठाई और वैसे ही कीचड़ में लथपथ तेज़ी से फाटक से बाल-बाल बचते हुए निकल गए।

---

86. अपने कुल के लिए निंदा का कारण, 87. सपूत, 88. भयानक लहरें, 89. ज़िन्दगी-मौत के बीच की अवस्था छाई हुई थी, 90. दर्द,

"हाय, मेरे लाल।" बेगम ने होश में आकर छाती पीट ली।

"ऐ है, छम्मन ख़ैर तो है!"

कीचड़ में सिर से पैर तक नहाए, आँसू के दरिया बहाते, छम्मन हिचकियों से निढाल रो रहे थे, "हलीमा...फ़ूमू..."

"अच्छी तो है?"

"मर गई, मर रही है, फ़ूमू, कोई नहीं सुनता मेरी। कोई नहीं सुनता!"

"भई, बड़े बेवक़ूफ़ हो। मैंने तुमसे कहा था, मुझे फ़ौरन इत्तिला करना। मैं अभी फ़ोन करती हूँ, एम्बुलेंस के लिए। अस्पताल पहुँचा दिया जाए, वहाँ महल में तुम्हारे बड़ों से कौन लड़े जाकर।"

"मैं करता हूँ," अशरफ़, उनके शौहर ने फ़ोन उठाया।

"मेरा आज फ़ाइनल था फ़ूमू...वहाँ से आया तो...पता चला फ़ूमू, मर जाएगी, मर भी गई होगी...अब तक तो..."

"नहीं भाई, मरे-वरेगी नहीं।"

जब फ़ख़ुंदा नवाब की मोटर आगे और पीछे एम्बुलेंस पहुँची, तो महल में कुहराम मच गया। बेगम ने फ़िलबदीह[91] एक अदद दौरा डाला और लबे-दम[92] हो गईं। नवाब साहब ने राइफ़ल में कारतूस डाले और फनफनाते हुए निकल पड़े, मगर एम्बुलेंस के पीछे पुलिस की जीप नज़र आई, तो पलट पड़े। ख़ानदान की ऐसी थुड़ी-थुड़ी तो जब भी नहीं हुई थी, जब मँझले नवाब की जागीर कोर्ट हुई थी।

फ़ख़ुंदा नवाब ने इधर देखा, न उधर! सीधी काल-कोठड़ी में दनदनाती घुस गईं।

छम्मन ने ख़ून में नहाई बाँदी हलीमा को बाँहों में समेट लिया और महल में सफ़े-मातम[93] बिछ गई। बेगम की बेहोशी जाकर लबों पर कोसने आ गए।

अगले रोज़ एक क़लम की जुंबिश से छम्मन अपने हक़ से दस्तबरदार[94] हो गए। कौन-सी गाढ़े पसीने की कमाई थी, जो दर्द होता। जवाबन हुज़ूर ने फ़रमाया। उन्होंने बेदिरेग[95] दस्तखत कर दिए और जायदाद से आक़[96] क़रार पा गए।

छम्मन अब एक छोटी-सी गली में एक सड़ियल-से मकान में रहते हैं। किसी स्कूल में गेंद-बल्ला सिखाते हैं। कॉलेज भी जाते हैं। अक्सर शाम को घिसी-पिटी पतलून और क़मीज़ पहने साइकिल पर आते-जाते नज़र आ जाते हैं। साइकिल के कैरियर पर सौदा-सुलफ़ के दरम्यान कभी-कभी शर्बती आँखों वाला एक बच्चा भी बैठा हुआ नज़र आता है। वह तो गए ख़ानदान से! इतना पढ़-लिखकर गँवा दिया। एक बाँदी घर में डाल रखी है। पता नहीं, बाँदी से निकाह भी किया है कि नहीं, अल्लाह-अल्लाह, कैसे बुरे दिन आए हैं।

---

91. तुरन्त, 92. बेहोश, 93. शोक का बिछौना, 94. वंचित, 95. निडरता, 96. बहिष्कृत।

कुँआरी

उसकी साँस फूली हुई थी। लिफ़्ट ख़राब होने की वजह से वह इतनी बहुत-सी सीढ़ियाँ एक ही साँस में चढ़ आई थी। आते ही वह बेसुध पलंग पर गिर पड़ी और हाथ के इशारे से मुझे ख़ामोश रहने को कहा।

मैं ख़ुद ख़ामोश रहने के मूड में थी, मगर उसकी हालते-बद[1] देखकर मुझे परेशान होना पड़ा। उसका रंग बेहद मैला और ज़र्द हो रहा था। खुली-खुली बेनूर आँखों के गिर्द स्याह हल्के[2] और भी गहरे हो गए थे। मुँह पर मेकअप न था। ख़ास तौर पर लिपस्टिक न होने की वजह से वह बीमार और बूढ़ी लग रही थी। मुझे मालूम हो गया कि मेरे बताए हुए डॉक्टर का इलाज तसल्लीबख़्श साबित हुआ। उसका पेट अन्दर को धँसा हुआ था और सीना सपाट हो गया था। मुझे मालूम हुआ कि इस क़त्ल की मैं भी कुछ ज़िम्मेदार हूँ। अगर मैं डॉक्टर का पता न बताती, तो कोई और बता देता। बिन बुलाए मेहमान को एक दिन निकाला तो मिलना ही था।

"एक मश्वरा लेने आई हूँ..." साँस क़ाबू में आते ही उसने कहा।

'जुमा-जुमा आठ दिन बीते नहीं, और मुर्दार को फिर मश्वरों की ज़रूरत आन पड़ी।' मैंने चिढ़कर सोचा, मगर निहायत ख़न्दा पेशानी[3] से कहा—"लो...ज़रूर लो...आजकल बहुत मश्वरे मेरे दिमाग़ में बिजबिजा रहे हैं।"

"आपा, मैं शादी कर लूँ?" उसने बड़ी लजाजत[4] से पूछा, गोया अगर मैंने इजाज़त न दी, तो वह कुँआरी अरमान भरी मर जाएगी।

"मगर तुम्हारा शौहर?"

"मौत आए हरामी पिल्ले को। उसे क्या ख़बर होगी!"

"यह भी ठीक कहती हो। भला तुम्हारे शौहर को तुम्हारी शादी की क्या ख़बर होगी," मैंने सोचा, "मगर तुम्हारी शादी के चर्चे अख़बारों में होंगे। आख़िर इतनी बड़ी फ़िल्मस्टार हो!"

"फ़िल्मस्टार की दुम में ठेंगा!" अल्लाह गवाह है, मुझे नहीं मालूम कि यह गाली हुई कि नहीं! मदन एक साँस में तीन गालियाँ बकने की आदी है। मुझे तो

---

1. बुरी अवस्था, 2. घेरे, 3. सुशीलता, 4. विनय,

उसकी ज़बान से निकला हुआ हर लफ़्ज़ गाली जैसा सुनाई देता है, मगर हक़ीक़त है कि सिवाय चन्द आम-फ़हम गालियों के यह गुलकारियाँ मेरे पल्ले नहीं पड़तीं।

"भई, एक बात मेरी समझ में बिल्कुल नहीं आती, "मैंने बात की लगाम एकदम दूसरी सड़क पर मोड़ दी, "तुम शादीशुदा हो, तो तुम्हारा बच्चा हरामी कैसे हुआ?"

"ओह...आपा...अल्लाह का वास्ता, कभी तो समझा करो। कम्बख़्त शादी तो शब्बो दो साल का था, तब हुई थी।"

"शब्बो के बाप ही से न?" मैंने सहमकर पूछा।

"ऊँहूँ! तुम्हें याद तो कुछ रहता नहीं। बताया तो था...वह कम्बख़्त..."

"अच्छा!...याद आ गया...वह तुम्हें गृहस्थी का शौक़ चर्राया था।" मैंने अपनी कुंद-ज़ेह्नी[5] पर शर्मिन्दा होकर कहा।

"भूसा चर्राया था। माँ के ख़सम ने धन्धा कराना शुरू कर दिया।" पता नहीं, माँ का ख़सम रिश्ते में क्या हुआ?

"ऊँह! छोड़ो उस नामुराद शादी का तज़्किरा[6]! नई शादी का ज़िक्र करो। अल्लाह रक्खे, कब कर रही हो? कौन है वह ख़ुशनसीब?"

"सुन्दर!" और वह क़हक़हा मारकर क़ालीन पर लोट गई।

एक ही साँस में उसने सब कुछ बता डाला। कब इश्क़ हुआ? कैसे हुआ? अब किन मदारिज[7] से गुज़र रहा है। सुन्दर उसका किस बुरी तरह दीवाना हो चुका है। किसी फ़िल्म में किसी दूसरे हीरो के साथ लव-सीन नहीं करने देता और वह ख़ुद भी उसे किसी दूसरी हीरोइन के साथ रंगरलियाँ नहीं मनाने देती।

"आपा, यह फ़िल्म वालियाँ बड़ी छिनाल होती हैं। हर एक से लंगर लड़ाने लगती हैं।" उसने ऐसे भोलेपन से कहा, जैसे वह ख़ुद बड़ी पारसा[8] है..."आपा, कोई चटपटी-सी कहानी लिखो। हम दोनों उसमें मुफ़्त काम करेंगे। मज़ा आ जाएगा।" उसने चटख़ारा लिया।

"सेंसर सब काट देगा!"

"सेंसर की..." उसने मोटी-सी गाली सेंसर की क़ैंची पर दाग़ी।

"शादी के बाद काम थोड़ी करूँगी। सुन्दर कहता है, अपनी दुल्हन को काम नहीं कराऊँगा। चेम्बूर में बँगला ले लेंगे।" ख़्वाबों के झूले में पींग लेते हुए कहा और एक दफ़ा तो मुझे भी यक़ीन हो गया कि उसकी दुनिया बस जाएगी। चेम्बूर के बँगले में वह बेगम बनी बैठी होगी। बच्चे उसे चारों तरफ़ से घेरे होंगे।

"अम्माँ...खाना...अम्माँ खाना..." वो चिल्लाएँगे।

"ऐ है, ज़रा सब्र करो...आलू तो गल जाने दो," वह कफ़गीर[9] से उन्हें मारेगी।

तब बच्चों का बाप मुस्कराएगा, "बेगम, क्यों मारती हो? अभी बच्चे हैं!"

---

5. मन्दबुद्धि, 6. चर्चा, 7. पड़ाव, 8. पवित्र, 9. कड़छी,

''बस एक लौंडा हो जाए, फिर साले को शादी करनी पड़ेगी।''

''तो क्या अभी शादी नहीं हुई?'' ख़्वाबों की बस्ती से लौटकर मैंने पूछा। मेरा दिल बैठ गया, जैसे मेरी अपनी कुँआरी की बारात दरवाज़े से लौट गई।

''नहीं, आपा...हरामज़ादा है बड़ा चालाक...न जाने क्या करता है!'' वह देर तक सुन्दर को फाँसने की तरक़ीबें पूछती रही। न जाने क्यों यह बात उसके दिल में बैठ गई थी, कि अगर बच्चा हो गया, तो सुन्दर के पैर में बेड़ियाँ पड़ जाएँगी।

''और फिर भी उसने शादी न की, तो...?''

''करेगा कैसे नहीं। उसका तो बाप भी करेगा!''

''ख़ैर, बाप का ज़िक्र फ़ुज़ूल है। वह मर भी चुका!''

''हरामज़ादे की छाती पर चढ़कर ख़ून न पी जाऊँगी!''

''शब्बो के बाप की छाती पर चढ़कर क्यों न ख़ून पी गईं?''

''जब मेरी उम्र ही क्या थी। उलटी चोर-सी बन के बैठ गई। बस तुम कोई ऐसी तरक़ीब बताओ कि साले की एक न चले और...'' जो तरक़ीबें वह मुझसे पूछ रही थी, उनसे मुझे सख़्त वहशत हो रही थी।

मदन कई बार सुन्दर को लेकर मेरे यहाँ आई। सुन्दर अपने नाम की तरह हसीन और नौ-उम्र था। मदन से किसी तरह बड़ा न मालूम होता था। नया-नया कॉलेज से आया, तो भूखे बंगाली की तरह चौमुखी इश्क़ लड़ाने शुरू कर दिए। इसी छीन-झपट में मदन उसे उड़ा लाई। अच्छे घराने का क़हक़हाबाज़ और बातूनी लड़का पहली ही बार घर में ऐसा बेतकल्लुफ़ हो गया, जैसे बरसों से आता-जाता है।

उसे देखकर यह अन्दाज़ा लगाना मुश्किल न था कि क्यों मदन उसे दिल दे बैठी। उसकी सुहबत में एक लम्हा भी उदास नहीं गुज़रता था। मदन जैसी पिटी-पिटाई, ग़म-नसीब लड़की के लिए ज़रा-सी नर्मी भी छलका देने को काफ़ी थी। वह सुन्दर के हर जुमले पर बेतहाशा क़हक़हे लगाती। वह बात पर नहीं, उसके चेहरे के उतार-चढ़ाव पर, लबों[10] की जुम्बिश[11] पर मस्हूर[12] होकर खिलखिला पड़ती। मसर्रत[13] की उछलती-कूदती मौजें उसे झकोल डालतीं। सुन्दर के लब हिलते और वह क़हक़हा मारती। पानी पीती होती, तो उच्छू लग जाता। खाना खाती होती, तो मुँह का निवाला सामने बैठनेवाले के ऊपर छिड़क देती।

वो दोनों न जाने अपना घर छोड़कर मेरे ही यहाँ कुलेलें करने क्यों आते थे। बच्चों जैसी शरारतें करते, कलाबाज़ियाँ करते। कभी रूठते, कभी मनते। उन्हें देखकर मुझे बकरी के वह खिलंदड़े बच्चे याद आ जाते, जो पराये खेत में फुदकने आ जाते हैं। क्या दनदनाता हुआ इश्क़ था दोनों का। बे-परों के हवा में उड़े जाते थे।

जंगली हिरनियों जैसे चौकड़ियाँ भरते हुए प्यार ने मदन की काया पलट कर दी। वह एकदम बेहद हसीन और जाज़िबे-नज़र[14] बन गई। जिल्द[15] के नीचे दिए

---

10. होंठ, 11. हरकत, 12. मंत्रमुग्ध, 13. ख़ुशी, 14. आकर्षक, 15. त्वचा,

रौशन हो गए। सोई हुई आँखें जाग उठीं। हज़ारों जादू सरगोशियाँ करने लगे। सपाट सीना खिल उठा। कूल्हे लहराने लगे। सुन्दर से कुश्तियाँ लड़-लड़कर वह फुर्तीली बन गई।

सुन्दर की और मदन की जोड़ी बन गई। जिन फ़िल्मों में वह सुन्दर के साथ न थी, उन्हें ठुकराना शुरू कर दिया। सेट के बड़े मारिके के सीन मेकअप-रूम में होने लगे। वह फ़िल्में जो आधी हो गई थीं, चीथड़ा हो गईं। मदन ने पहली बार किसी नौजवान को दिल दिया था। सब कुछ भूलकर वह उसी में डूब गई।

सुन्दर उसके बड़े लाड़ सहता। उसके छिछोरपन पर हँसता। उसके उजड़े हुए घर में जाकर जान डाल देता। नानी को अम्माँ-अम्माँ कहकर मस्का लगाता। ख़ाला से बैठकर गप्पें मारता। भाई को व्हिस्की पिलाता। बच्चों के साथ धमाचौकड़ी मचाता। उसे मदन के जिस्म से मतलब था। उसकी आमदनी इसी तरह मुँहबोले रिश्तेदारों के तंदूर में झोंकी जाती थी। शब्बो को बहुत प्यार करता। मदन ने उस बदनसीब बच्चे का हाल उसे सुना दिया था। वह उसे बेटा कहकर गोद में बिठाकर घंटों प्यार की बातें किया करता।

"आपा, शब्बो निगोड़े को बेटा कहता है। बस तुम ही समझ लो, क्या बात है!" वह झूमकर कहती और मेरे कानों में मदन की बारात के ढोल गूँजने लगते। देखने में सुन्दर कैसा लाउबाली-सा[16] था, मगर बच्चों के मुआमले में उसका रवैया हैरतअंगेज़ था। आते ही बच्चे उसे मक्खियों की तरह घेर लेते। उसकी जेबें क्या थीं, उम्र अय्यार की ज़म्बील थीं, रंगीन पेंसिलें, पटाख़ों की डिबियाँ, काग़ज़ पर उतारने की तस्वीरें, चॉकलेट, मीठी गोलियाँ, न जाने क्या अला-बला निकालकर बाँटने लगता। एक दिन बच्ची ने मेरी सेंट की शीशी तोड़ दी। मैंने उसे मारना चाहा, तो मेरे हाथों से उसे झपटकर ले गया।

"आप मारेंगी, तो उसे अपने घर ले जाऊँगा।" वह उसे कन्धे पर बिठा कर बोला।

"उसने मेरी शीशी तोड़ी है। ज़रूर मारूँगी।"

"हाथ तोड़ दिए जाएँगे मारनेवालों के। यह लीजिए अपनी शीशी!" उसने जेब से नई मुँह-बन्द वैसी ही शीशी निकाल दी, "मगर इन्हें पूरी शीशी नहीं देंगे। आधी थी, बस आधी मिलेगी।" उसने शीशी खोलकर ख़ूब बच्चों के बिसाँधे कपड़ों और मैली हथेलियों पर छिड़की! आधी रह गई, तो मेरे सामने डाल दी। जब वह बच्चों को बटोरकर दूसरे कमरे में चला गया, तो मदन ने रोकर मेरे शाने[17] पर सिर डाल दिया।

"आपा, ऐसे ऊट-पटाँग आदमी के साथ कोई प्यार कैसे न करे?"

और फिर मदन की ज़िन्दगी ने एक नया झटका खाया। सुन्दर के घर से तार आया कि माँ सख़्त बीमार है, फ़ौरन आ जाओ। मदन साथ जाने के लिए मचल गई।

---

16. बेपरवाह, 17. कंधे,

उसने अपने तर्कश के सारे तीर इस्तेमाल कर डाले। शाम से ही उसके लिए व्हिस्की की बोतल लेकर पहुँची, उसे धुत कर दिया। बड़े नाज़ुक लम्हों में साथ ले जाने की क़समें दीं, मगर सुन्दर टस से मस न हुआ। वह सारी रात जागती रही। न सोई, न सोने दिया, मगर सुबह होते ही परिन्दा सारी तीलियाँ झटककर उड़ गया।

एयरोड्रोम से सीधी मेरे ऊपर नाज़िल[18] हुईं। मुझे इस क़िस्म के मरियल आशिक़ों से बड़ी कोफ़्त[19] होती है, मगर उसे यों तबाह-हाल देखकर मेरा जी पसीज गया। जैसे बरसों की बीमार! एक ही रात में आँखों के गिर्द स्याह हल्के, मुँह पर फिटकार! यह उसे हो क्या गया है, मैं देर तक सोचती रही।

मैं क्यों उस कम्बख़्त के बारे में सोचूँ! दुनिया में कितने बड़े-बड़े मस्अले हैं, जिनमें जी उलझा हुआ है। फिर आख़िर में उसका ख़याल क्यों करती हूँ। मैं यह सब कुछ क्यों लिख रही हूँ। मदन इस लायक़ नहीं। मुझे अपना जी हल्का करने के लिए ही सही, इस बोझ को बाँटना होगा।

कितने दिन से जब मैं क़लम उठाती हूँ, मदन का ख़याल मुझसे आकर कहता है, "मैं ज़िन्दा हूँ। मेरे सीने में दिल धड़क रहा है। मेरी रगों में ख़ून दौड़ रहा है...राय दो...मुझे बताओ...मैं क्यों...हूँ और कब तक रहूँगी?" अच्छा है, मेरा क़लम एक बार मदन को उगल दे, फिर मतलियाँ आनी बन्द हो जाएँगी।

"आपा, एक तार लिखो।" उसने थोड़ी देर सूखी-सूखी आहें भरकर कहा।

"कैसा तार?"

"कम सून डार्लिंग...यानी जल्द आओ, मर रही हूँ।"

"मगर अभी तो वह पहुँचा भी न होगा।" मैंने टालना चाहा। फिर जान को आ गई, तो लिख दिया, डार्लिंग न लिखा।

शाम को हाँपती-काँपती आई। बड़ी शर्माती हुई तकिये में मुँह छुपाकर हँसने लगी। मैंने कहा, "ख़ैरियत?"

"तार लिख दो!"

"सुबह तो लिखा था!"

"सुबह मुझ नसीबों जली को कहाँ मालूम था," वह फिर शरमाई, "उबकाइयाँ आ रही हैं आपा! लीमूं मँगवा दो।"

"ओहो...यह बात है, मुबारक हो!" मेरे सिर से बोझ-सा उतर गया। यह बस फटकी कामयाब रही, "डॉक्टर के पास गईं?"

"वहीं से तो आ रही हूँ। डॉक्टर हरामी पिल्ला क्या जाने! कहता है, दो दिन चढ़ जाने से कुछ नहीं होता। कुछ नहीं होता का बच्चा...आपा! कपड़े वग़ैरा सिलवा दूँगी...हुँक-हुँक...भई, हम से तो नहीं पलेगा। तुम पाल दोगी?" वह ठिनकने लगी। मैंने हामी भर ली।

---

18. प्रकट, 19. दुख,

"तो फिर तार लिखो न!"

"क्या लिखूँ?"

"लिखो...सन बॉर्न...कम सून?"

"गधी हो तुम...अभी कहाँ से सन बॉर्न?"

"अच्छा, तो सन बॉर्न होनेवाला लिख दो!"

"चलो सिड़न...उसके आने का इन्तिज़ार करो और क्या मालूम...शायद लड़की हो!"

"वाह! लड़की छिनाल काहे को होगी। मेरी तरह सड़ने को...मेरा जी कहता है, लड़का ही होगा!" फिर थोड़ी देर सोचकर एकदम बोली, "मर जाए, अल्लाह करे!"

"कौन?" मैंने चौंककर पूछा।

"सुन्दर की माँ...उल्लू की पट्ठी...बीमार-बीमार कुछ नहीं...ससुरी ने अपने यार को बुलाने के लिए ढोंग रचाया है।" उसने निहायत पुर-मग़्ज़ क़िस्म की फूलदार गालियाँ निकालीं।

"अहमक़ हो तुम! कैसे मालूम?"

"अरे, मैं ख़ूब जानती हूँ इन मय्यत-पीटियों को।" जब से मदन की ज़िन्दगी में सुन्दर आया था, उसने गालियाँ बकनी बन्द कर दी थीं। सुन्दर के प्यार ने रिसते ज़ख़्मों पर फाहे रखकर ग़िलाज़त[20] का मुँह बन्द कर दिया था। उसके आँख ओझल होते ही कच्चे ज़ख़्मों के मुँह खुल गए, पीप बहने लगी। उसके मुँह से फिर वही गालियाँ सुनकर मेरा जी बैठ गया। मारे ग़ुस्से के मदन पटाख़ों की लड़ी बन गई।

"उसका तअल्लुक़ है?"

"किसका?"

"उसकी अम्माँ बहनिया का...सच्ची आपा, बहुत-सी औरतें ऐसी होती हैं, बचपन ही..."

"लानत हो तुम्हारी ज़बान पर!"

"अल्लाह क़सम, आपा...हमारे पड़ोस में एक बीवी रहती थीं, अपने सगे भाई से..."

मैंने उसे रोक दिया, "अल्लाह तफ़्सीलों[21] में न जाओ। मेरा क़लम पेट का बड़ा हल्का है। कल-कलाँ को मुँह से बात निकाल बैठा, तो लोग मुझे उलाहना देंगे।"

दूसरे दिन मातम-कनाँ[22] फिर टूट पड़ी। कल जैसे डॉक्टर का कहना ही ठीक निकला। दिन चढ़ गए थे। सो गए। साथ-साथ मदन की कमान भी उतर गई। ऐसी बिलक-बिलककर रोईं, जैसे जवान बेटा जाता रहा हो। यह औरत है या लतीफ़ा! कल जिस बला के ख़ौफ़ से बौखलाई फिर रही थी, आज उसकी बलाए-आरज़ू में जान दिए जाती हैं। लगी मुझसे तरक़ीबें पूछने। भला मेरे पास कोई जादू की छड़ी

20. गन्दगी, 21. विस्तार, 22. शोक करती हुई,

है, जो चूहे को घोड़ा बना दूँ। डॉक्टर ने कुछ इशारा तो किया था कि आइंदा ऐसी मुसीबत से पाला नहीं पड़ेगा। मैं उसे बावुजूद कोशिश के न बता सकी कि सुन्दर को फाँसनेवाली चाल के पैर मफ़्लूज[23] हो चुके हैं।

सुबह-शाम मदन ने तारों की डाक बिठा दी। काम पर उसने लात मार दी। एक प्रोड्यूसर ने कोर्ट में ले जाने की धमकी दी, तो वह नाक पर ढेर-सा मरहम थोपकर पड़ गई। मैं भी मरहम की मिक़्दार देखकर दहल गई...गई नाक...मैंने सोचा, मगर जब प्रोड्यूसर चला गया, तो मज़े से नाक पोंछकर हँसने लगी।

"मगर मुझे बेवक़ूफ़ क्यों बनाया तुमने?" मैंने चिढ़कर कहा और चली आई।

अख़बारों में इस्क़ात[24] की ख़बरें छपने लगीं। मदन ने ज़रा शरमाकर तस्दीक़ कर दी। मैंने पूछा, "यह क्यों?"

"सूअर को पता चलेगा, तो बहुत कुढ़ेगा! मैं कह दूँगी, मैं समझी, तुम छोड़कर चले गए। बदनामी के डर से गोलियाँ खा लीं। मर्द बच्चा है, कुछ तो दिल को ठेस लगेगी!"

एक दिन हवासबाख़्ता[25] रोती हुई आई।

"तुमने मुझे नहीं जाने दिया। यह देखो," वह अख़बार, जिसमें सुन्दर की मँगनी की ख़बर थी, दिखाकर लड़ने लगी।

"चह ख़ुश! मैंने कब मना किया?" मैंने जलकर कहा, "जाओ मेरी बला से जहन्नुम में!" और वह शाम के हवाई जहाज़ से जहन्नुम की तरफ़ उड़ गईं।

ग्यारह बजे रात को जब वह सुन्दर के घर पहुँची, तो घर में सिवाय बूढ़े दादा और तोते के कोई न था। सबके सब सुन्दर की कोई फ़िल्म देखने गए थे। सुन्दर के दादा फ़िल्म-लाइन के वैसे ही ख़िलाफ़ थे। उन्हें मालूम था कि इन फ़िल्म वालों के चाल-चलन कुछ यों ही वर्क़-से होते हैं, फूँक मारी और ग़ायब! आँखें फाड़कर वह मदन को घूरने लगे। मदन बम्बई से गर्म कपड़े भी लेकर नहीं गई थी। भूख अलग लग रही थी।

बारह बजे के बाद सुन्दर बहन-भाइयों की टोली में हँसता, क़हक़हे लगाता आया, तो मदन रो पड़ी। क्या वह भी कभी यों ख़ानदान में घुल-मिलकर उनकी अपनी बन सकेगी? उसके भी देवर-जेठ होंगे। ननदें और देवरानियाँ होंगी!

"बहू, लड़का रो रहा है, भूखा है।" सास कहेगी। उसने पक्का इरादा कर लिया, वह अपनी सास से कभी नहीं लड़ेगी। ननदों की ख़ूब ख़ातिर करेगी। दादा का हुक़्क़ा भरेगी और तोते को भीगे चने खिलाएगी। सुन्दर को देखकर उसका जी चाहा कि दौड़कर उसके चौड़े-चकले सीने से लिपट जाए और उसे मुट्ठियों से कूट डाले। उसके भूरे घने बालों में उँगलियाँ डालकर नोच डाले, मगर सास ननदों की शर्म ने उसके पैर थाम लिए।

---

23. पक्षाघातग्रस्त, 24. गर्भपात, 25. घबराई हुई,

उसे देखकर सुन्दर के हल्क़ में क़हक़हा लोहे का गोला बनकर अटक गया। माँ-बहनों के सामने अपनी दाश्ता[26] के वुजूद से शर्म के मारे पानी-पानी हो गया। मसनूई[27] ख़ुश-मिज़ाजी से बोला, "अरे आप!"

"आप के बच्चे!" मदन ने दाँत पीसे, मगर सुन्दर की घबराहट पर तरस खा गई। "जौहरी से कुछ ज़ेवर बनवाए थे। चाँदी कुन्दन का काम दिल्ली जैसा बम्बई में नहीं होता। सोचा, दिल्ली की सैर भी हो जाएगी, और ज़ेवर भी देख लूँगी।" सुन्दर मदन की आला एक्टिंग का क़ाइल था। आज तो लोहा मान गया।

जब उसको सुन्दर की बहनों के कमरे में सुलाया गया, तो वह बमुश्किल गालियों की ज़ंजीर को निगल सकी, जो उसके हल्क़ में उलझने लगी। ख़ैर, जब सब सो जाएँगे, तो सुन्दर उसके पास आएगा...सब सो गए और वह सुन्दर के पैरों की चाप के इन्तिज़ार में पड़ी रही। उसका जिस्म सुन्दर में जज़्ब होने के लिए तरस रहा था। रास्ते भर कैसे-कैसे ख़्वाबों के जाल बुनती आई थी। सुन्दर सो रहा होगा, वह चुपके से पहलू में रेंग जाएगी। उसे महसूस करके सुन्दर झूम उठेगा। पहले वह ख़ूब तरसाएगी, ख़ूब रूठेगी, फिर दोनों मन जाएँगे। सारी कसक, सारी दूरी मिट जाएगी। सारे रास्ते वह इसी हादसे को दिल में दुहराकर चटख़ारे लेती आई थी, इसीलिए तो वह अपनी झाग-सी नाइटी लेती आई थी, जो हाथ के लम्स[28] से धुएँ की तरह पिघलकर ग़ायब हो जाती थी।

मदन सुन्दर के पैरों की चाप सुनने के लिए बेक़रार हमा-तन-गोश[29] बन गई। दबे पैरों से वह पलंग से उठा होगा। उसने मंज़रनामा तामीर करना शुरू कर दिया। उसकी तरफ़ खिंचा चला आ रहा होगा एक, दो, तीन, चार, पाँच...उसने अन्दाज़े से वह सारे क़दम गिन डाले, जो उसके और सुन्दर के दरम्यान हाइल[30] थे। गिनते-गिनते वह थक गई। अगर वह हज़ार मील पर होता, तो भी अब तक पहुँच चुका होता। वह रुआँसी हो गई। एहसास के तनाव से कनपटियाँ भीगे चमड़े की तरह कसने लगीं। शायद सुन्दर के भाई जाग रहे होंगे और वह उनकी मौत की दुआएँ माँगने लगी।

सुन्दर की गुलगोथना-सी भोली-भाली बहनें क्या मीठी नींद सो रही थीं। इनके ख़्वाब कितने सुहाने थे, इनके दिलों में किसी बेवफ़ा के प्यार के ज़ख़्म नहीं पड़े थे। उसे ग़ुस्सा आने लगा। ऐ काश! कोई इनका जहाँ भी लूट ले। इनके पेटों में साँप छोड़ दे कि यह भी घोर अँधियारे में किसी के पैरों के निशान टटोलती फिरें, फिर सुन्दर को आटे-दाल का भाव मालूम हो।

आख़िर किस जुर्म की सज़ा में उसका बचपन इतना वीरान और जवानी ज़ख़्म-ज़ख़्म होकर रह गई थी। उससे ज़्यादा न ज़ब्त हो सका, और वह सुन्दर के कमरे की तरफ़ चलने लगी, जहाँ वह अपने भाइयों के साथ सो रहा था।

---

26. रखैल, 27. बनावटी, 28. स्पर्श, 29. बात सुनने के लिए उत्कंठित, 30. बाधक,

वह जैसे ही बाहर निकली, तोता अजनबी सूरत देखकर आँखों के लट्टू घुमाने लगा।

"कौन?" दादा ने हाँक लगाई। वह चोरों की तरह खम्बे के पीछे दुबक गई। दादा उठे और चबूतरे पर खड़े आध घंटे तक रफ़ए-हाजत[31] करते रहे। मर गया बुड्ढ़ा शायद, कि हिलता ही नहीं। वह साये-साये फिर चली। एक पीढ़ी से पैर उलझा और धड़ाम से गिरी। घर में जगार हो गई और वह फिर अपने पलंग पर जाकर दुबक गई।

सुबह मौक़ा पाते ही उसने सुन्दर से कहा, "सीधी तरह बम्बई चलो बेटा, वर्ना ख़ून-ख़राबे हो जाएँगे।"

"तुमने तार तो दिया होता। किसी होटल में इन्तिज़ाम करा देता!"

"क्यों? क्या जागीर में टोटा आया जा रहा है? मरे क्यों जाते हो, खाने के पैसे ले लेना!"

"दामों की बात नहीं मेरी जान! मेरे घर वाले बड़े नैरो-माइंडेड हैं, फ़िल्म वालों को पसन्द नहीं करते!"

"तुम भी तो फ़िल्म वाले हो!"

"मेरी और बात है। तुम शाम को गाड़ी से चलो। परसों मेरे बहनोई आ रहे हैं, उनसे मिलकर..."

"तो मैं भी नहीं जाऊँगी।" बड़ी झक-झक के बाद यह तय हुआ। मदन बज़ाहिर बम्बई के लिए रवाना हो जाए। एक स्टेशन बाद नई देहली उतरकर किसी होटल में ठहर जाए, सुन्दर वहीं आ जाएगा। बड़ी धूम-धाम से सारा घर मदन को स्टेशन पहुँचाने गया। वह एकदम फ़िल्मस्टार बन गई। छोटे भाइयों ने तो हार भी पहनाए।

नई देहली उतरकर वह होटल में ठहर गई।

दो प्यासे इनसान एक-दूसरे में ग़र्क़ हो गए। मदन के सारे दुख-दर्द दूर हो गए। वह इन्तिज़ार की घड़ियाँ, वह लामुतनाही[32] फ़ासला सब सुन्दर के प्यार ने पाट दिया, मगर बावुजूद ख़ुशामद के सुन्दर रात गुज़ारने पर राज़ी न हुआ... "मेरी माँ मेरे बग़ैर रात भर बिना खाए बैठी रहेगी!"

"तुम्हारी अम्माँ की..." वह मोटी-सी गाली चबा गई। सुन्दर की जान को आ गई। उसके कपड़े छुपा दिए, उसके जूते गोद में दबाकर बैठ गई। दस मर्तबा दरवाज़े से बारहा[33] ख़ुदा हाफिज़ कहने को बुलाया, मगर जानेवाले को न रोक सकी। वह उसे सूने अजनबी बिस्तर पर सिसकियाँ भरता छोड़कर चला गया।

दूसरे दिन सुन्दर हस्बे-वादा आ गया। मदन ने पूरा बक्स बियर की बोतलों का बर्फ़ में लगा के रखा था। आतशदान में धीमी-धीमी आँच उठ रही थी। मदन की

---

31. शौचादि, 32. असीम, 33. बारम्बार,

नाइटी पिघल रही थी। सुन्दर बियर पीता रहा और वह उसकी आग़ोश में बिखरती रही। काश, कोई वक़्त की लगामें पकड़ के रोक देता।

यह लम्हे यों ही फ़िज़ा में मुअल्लक़[34] हो जाते। वह उसी तरह सुन्दर में तहलील[35] हो जाती। दूरी का सवाल मिट जाता। वे पीते रहे, सोते रहे, फिर जाग उठे और फिर सो गए।

शाम को दोनों नन्हे बच्चों की तरह टब में चुहलें करते रहे। बाहर की दुनिया उनके लिए ख़त्म हो चुकी थी। गीले बदन आतशदान के पास दो-ज़ानू होकर उन्होंने अपनी दुनिया पा ली थी।

दिन भर की बियर का नशा फीका पड़ने से पहले व्हिस्की का रंग चढ़ने लगा। मदन किसी न किसी बहाने से सुन्दर को लगाए रखना चाहती थी। अगर उसका बस चलता, तो उसकी मम्मी बनाकर तकिये पर सुला देती और फिर उसके मुँह पर मुँह रखकर अबदी[36] नींद सो जाती। बस न था, जो उसे सारी दुनिया से छीनकर अपने दिल के किसी कोने में क़ैद कर दे और ऐसा ज़बरदस्त ताला डाले कि लाख सिर पटके, न खुले।

मगर बियर, न व्हिस्की, सुन्दर के जाते क़दम डगमगा न सके। मदन पर भूत सवार हो गया। सुन्दर ने हस्बे-मामूल[37] उसकी ठुकाई शुरू की। इतनी ज़ोर से उसकी पसली में लात मारी कि आँखें निकल पड़ीं। घबराकर उसने फिर से उसे बाँहों में समेट लिया। बस यही अदा तो मदन के मन को भा गई थी। उसे यों बिखेरने और समेटने में ही लुत्फ़ आने लगा था। उस चार चोट की मार ही में लज़्ज़त[38] मिलने लगी थी। मदन तो चाहती ही थी कि वह उसे इतना मारे, इतना मारे कि हड्डियाँ चकनाचूर हो जाएँ। तब वह उसे छोड़कर न जा सकेगा।

गगर ख़ानदान वालों की दहशत मदन के प्यार से ज़्यादा महीब[39] साबित हुई और वह चला गया, और मदन सुबह तक आहें भरती रही, तड़पती रही।

काश, वह लँगड़ा, लूला और अपाहिज होता। उसके सब जाननेवाले उसे भूल जाते और वह सिर्फ़ उसका होकर रह जाता। बम्बई में सुन्दर को एक मर्तबा बुख़ार आया था, दुनिया को लात मारकर वह उसकी पट्टी से लगकर बैठी रही। न उसके घर ख़बर की, न मिलने-जुलनेवालों को आने दिया। बैठी मुसलसल[40] उसके जलते हुए होंठ चूमती रही। फिर भी चैन न पड़ा, तो बुख़ार में झुलसते हुए जिस्म से लगकर सो रही। ख़्वाब में उसने देखा, गर्म-गर्म सुनहरी आँच में वह पिघलती जा रही है और वह सुन्दर के जिस्म पर ख़ोल बनकर मंढ गई है। उसके रिश्तेदार किसी जतन से भी मदन का पलस्तर न खुरच सकेंगे। डॉक्टर ने उसे डराया कि अगर वह घंटे में हज़ार बार उसे टटोलेगी, तो वह अच्छा न हो सकेगा।

34. अधर में, 35. विलीन, 36. स्थायी, 37. पूर्ववत, 38. आनन्द, 39. ताक़तवर, 40. निरन्तर,

ख़ुदा-ख़ुदा करके रात बीती और दिन हुआ। सुन्दर कह गया था कि शायद वह देर से आए। लम्हे पहाड़ हो गए। दीवानी बिल्ली की तरह वह होटल में चक्कर काटती रही, फिर ताँगा लेकर शहर की ख़ाक छान डाली। दो जोड़े लाई थी, जो चीकट हो गए थे। उसकी उजाड़ सूरत पर किसी को फ़िल्मस्टार होने का गुमान भी न था। एक सिनेमाहॉल पर ठठ लगे हुए थे, वहाँ मदन की हिट फ़िल्म चल रही थी। उसका जी चाहा, ताँगे पर खड़ी होकर दुपट्टा हवा में लहराकर वही गीत गाने लगे, जिसे लोग सुनने के लिए दस-दस मर्तबा जाते थे, मगर उसने टाल दिया। गाने की आवाज़ तो लता की थी। उसकी अपनी आवाज़ तो रात भर की जगार से फटा बाँस हो रही थी।

करोड़ों के दिल की मलिका, ख़्वाबों की रानी के भरे शहर में सुनसान दिल लिए, तन्हा वहशियों की तरह जब चक्कर काटते-काटते पैर शल[41] हो गए, तो वह कूए-जानाँ[42] की तरफ़ चली गई, मगर वहाँ जाकर मालूम हुआ, सारा ख़ानदान अमृतसर गया हुआ है। मँगनी की ख़बर सच ही निकली।

सिर झाड़-मुँह पहाड़, वह सीधी स्टेशन से मेरे यहाँ चढ़ दौड़ी। जाने के दिन से न नहाई, न दाँत माँजे। इतनी बदसूरत फ़िल्मी हूर मैंने इससे पहले कभी न देखी थी। मैंने मदन से बहुत कहा, ''नहा डालो...कुछ खा लो!''

''अब तो उस सुन्दर हरामज़ादे की भट्ठी ही लगाऊँगी। बताओ आपा, क्या करूँ? उस कमीने ने मुझे ख़राब किया और अब ब्याह रचा रहा है।''

''अब बनो मत! तुम पहले ही से ख़राब थीं।'' मैंने जलकर कह दिया।

''आपा, तुम भी अब कह रही हो। तुम तो बड़ी रौशन-ख़याल हो।''

जी चाहा, उसी के लहजे में कह दूँ, ''रौशन ख़याल की दुम! भला इससे ज़्यादा रौशन ख़याली और क्या हो सकती है कि तुम्हारी इस नामुराद ज़िन्दगी का इल्ज़ाम, तुम्हारी महरूमियों और अमिट तन्हाई के सिर थोप दूँ। क्या अब तुम्हारी बीती हुई ज़िन्दगी के क़दम पलटकर नई राह पर डाल सकती हूँ। क्या यह ज़बरदस्ती हल्क़ में उतारा हुआ ज़हर, जो तुम्हारी रगों में जज़्ब हो गया है, निचोड़कर निथार सकती हूँ कि तुम अलग और ज़हर अलग? नहीं, यह ज़हर तो अब गिरफ़्त से बाहर हो चुका है।''

''तुम नहीं जानतीं आपा।'' उसने ठंडी साँस भरकर कहा, और मैंने सोचा, बेशक मैं नहीं जान सकती। तुम जानती हो कि वह ज़िन्दगी इनसान को क्या बना देती है, जहाँ न माँ का प्यार, न बाप की शफ़क़त[43], न भाइयों के प्यार भरे घूँसे, न बहनों की मीठी-मीठी चुटकियाँ। तुम थूहर का पौधा हो, न फूल, न फल!

सुन्दर से मिलने की हर कोशिश नाकाम साबित हुई। जिन फ़िल्मों में वो काम कर रहे थे, वो एक दूसरे की ग़ैर-मौजूदगी में बनने लगीं।

---

41. शिथिल, 42. प्रेमी के घर, 43. स्नेह,

एक दिन न जाने कैसे सुन्दर के फ़्लैट में घुस गई। वह पिछले दरवाज़े से निकल भागा। मारे ग़ुस्से के मदन दीवानी हो गई, उसने फाटक पर उसे गिरेबान से जा पकड़ा।

"ख़ून कर दूँगी हरामज़ादे!" वह टर्राई। वह भीगी बिल्ली बना उसके साथ कमरे में चला आया।

"क्या चाहती हो?" उसने बजाय मारने-पीटने के नर्मी से कहा। काश, वह मारता-पीटता, तो यह ग़ैरियत[44] की दीवार टूट जाती। वह उसे मारकर समेट तो लेता, मगर नहीं, वह मारना भी अपनी हत्क[45] समझ रहा था।

"मुझे नौकर समझकर रख लो। तुम्हारी माँ के पैर धोकर पियूँगी। सुन्दर, उन्हें पलंग पर बिठाकर राज कराऊँगी। तुम्हारे नौकर कितना पैसा चुराते हैं, मैं तुम्हारी नौकर बनकर रहूँगी।"

"मगर..." वह हकलाया, "सच्ची बात तो यह है भई, मैं शादी के चक्कर में नहीं पड़ना चाहता।" मगर मदन समझ गई कि ऊँचे घराने का पूत एक वेश्या से बदतर औरत को कैसे ब्याह सकता है! वह ख़ुद हज़ार औरतों के साथ रहकर भी कुँआरा है। उस कुँआरी से भी ज़्यादा पाक और मुक़द्दस[46], जिसका कुँआरापन किसी हादसे का शिकार हो गया हो!

मर्द सदा कुँआरा ही रहता है, सोने के कटोरे की तरह, जिसमें कोढ़ी भी पानी पी ले, तो गन्दा नहीं होता। और मदन कच्चा सकोरा थी, जो साये से भी नापाक हो जाता है।

मदन का ख़ून खौल-सा गया। सारे ज़ख़्म ताज़ा होकर खिल गए। पहले तो उसने निहायत फूलदार क़िस्म की मुग़ल्लज़ात[47] सुन्दर के जन्म-जन्म को सुनाईं, फिर सारे घर की चीज़ें तोड़ डालीं। तेल की बोतल से आईने के परख़चे उड़ा दिए। अलमारी से गिलास और बर्तन निकालकर छनाछन बजा दिए। नए सूट निकालकर ब्लेड से धज्जियाँ उड़ा दीं। स्वेटर, मफ़लर, मोज़े, बनियान दाँतों से खसोट डाले। सारे शीशे टैनिस के रेकट से फोड़ डाले। नए क़ीमती जूतों की क़तार की चाक़ुओं से बोटियाँ उड़ा दीं। दीवारों से फ्रेम उतारकर जूतों से कूटे, फिर सुन्दर की मैली क़मीज़ में मुँह डालकर रोने लगी।

सुन्दर ख़ामोश सब कुछ देखता रहा। जब मदन ने मुँह से मैली क़मीज़ हटाई, तो वह जा चुका था।

मदन ने फिर मेरे घर पर चढ़ाई की। घंटों मुझ से सुन्दर को क़त्ल करने की तरक़ीबें पूछती रही। वह उसे चट से नहीं मारना चाहती थी, रंझा कर मारना चाहती थी कि सारी उम्र सिसके उसकी तरह।

"नामर्द कर दूँ सूअर के बच्चे को!"

---

44. अजनबीपन, 45. अपमान, 46. पवित्र, 47. गालियाँ,

“मुझे ऐसी कोई तरक़ीब नहीं मालूम!” मैंने चिढ़कर कहा।

“उसकी आँखों में तेज़ाब डाल दूँ। सारी उम्र को अंधा हो जाए।”

मगर न सुन्दर नामर्द हुआ, न अंधा। महीने भर के अन्दर वह कोमल-सी बहू ब्याह लाया, अछूती, कुँआरी, जिसे फ़रिश्तों ने भी हाथ न लगाया था। महीनों दुल्हन-दूल्हा की फ़िल्म इंडस्ट्री में दावतें होती रहीं।

अगर सदमे से मदन ख़ुदकुशी कर लेती, या घुल-घुलकर मर जाती, तो मेरी कहानी का कितने सलीक़े से ख़ातिमा होता और फिर मैं लिखते वक़्त ज़िल्लत महसूस न करती, मगर वह पेंदे में सीसा लगे हुए खिलौने की तरह लोट-पोटकर खड़ी हो गई। ऐसी ही एक दावत में वह एक पस्ता-क़द[48] नए लड़के के साथ वही अपने अज़ली खुरदरे क़हक़हे लगा रही थी। वह लतीफ़े छोड़ रहा था। मदन को उच्छू लग रहे थे और मुँह के निवाले वह पास खड़े होनेवालों पर छिड़क रही थी। सुन्दर भी उसी मेज़ पर अपनी शर्मीली दुल्हन को ख़स्ता समोसे खिला रहा था। मुझे देखते ही मदन मेरे कान में फुसफुसाई, “आपा, क्या राय है, शादी कर लूँ?”

“किस से?” मैंने उकताकर पूछा।

“दर्शन से। मरता है। हरामज़ादा कहता है, ज़हर खा लूँगा। तुम्हारे लिए!” वह नई दुल्हन की तरह शरमाई।

“ज़रूर कर लो। नेक काम में देर कैसी?”

इस बात को कितने साल गुज़र गए, मगर इस वक़्त तक जबकि मैं यह आख़िरी सतरें लिख रही हूँ, मदन कुँआरी है। उसके सेहरे की कलियाँ मुँहबन्द हैं। चेम्बूर में बँगला लेने का ख़्वाब शर्मिंदए-ताबीर[49] नहीं हुआ। वह ख़ूबसूरत-सा बंगला, जहाँ मदन बेगम बैठी है, बच्चे चारों तरफ़ से घेरे हुए हैं।

“अम्माँ खाना दो...अम्माँ, खाना दो...” और वह उन्हें कफ़गीर से मार रही है। बच्चों का बाप मुस्करा रहा है।

“मारती क्यों हो बेगम। बच्चे हैं।”

---

48. ठिगना, 49. साकार।

चट्टान

भाभी ब्याह कर आई थी, तो मुश्किल से पन्द्रह बरस की होगी, बढ़ार भी तो पूरी नहीं हुई थी। भैया की सूरत से ऐसी लरज़ती थी, जैसे क़साई से गाय, मगर साल भर के अन्दर ही वह तो जैसे मुँहबन्द कली से खिलकर फूल बन गई। जिस्म भर गया, बाल घनेरे हो गए। आँखों में हिरनों जैसी वहशत दूर होकर ग़ुरूर और शरारत भर गई।

भाभी ज़रा आज़ाद क़िस्म के ख़ानदान से थी। कॉन्वेंट में तालीम पाई थी। पिछले साल उसकी बड़ी बहन एक ईसाई के साथ भाग गई थी, इसलिए उसके माँ-बाप ने डर के मारे जल्दी से उसे कॉन्वेंट से उठाया और चटपट शादी कर दी।

भाभी आज़ाद फ़िज़ा में पली थी। हिरनियों की तरह कुलाँचें भरने की आदी थी, मगर ससुराल और मायका दोनों तरफ़ से उस पर कड़ी निगरानी थी, और भैया की भी यही कोशिश थी कि अगर जल्दी से उसे पक्की गृहस्थिन न बना दिया गया, तो वह भी अपनी बड़ी बहन की तरह कोई गुल खिलाएगी, हालाँकि वह शादीशुदा थी, लिहाज़ा वह उसे गृहस्थिन बनाने पर जुट गए।

चार-पाँच साल के अन्दर भाभी को घिस-घिस के वाक़ई सबने गृहस्थिन बना दिया। वह तीन बच्चों की माँ बनकर भद्दी और ठस्स हो गई। अम्माँ उसे ख़ूब मुर्ग़ी का शोरबा, गोंद-सोंठौरे खिलातीं। भैया टॉनिक पिलाते और हर बच्चे के बाद वह दस-पन्द्रह पौंड बढ़ जाती।

आहिस्ता-आहिस्ता उसने बनना-सँवरना छोड़ ही दिया था। भैया को लिपस्टिक से नफ़रत थी, आँखों में मनों काजल और मस्कारा देखकर वह चिढ़ जाते। भैया को बस गुलाबी रंग पसन्द था या सुर्ख़...भाभी ज़्यादातर गुलाबी या सुर्ख़ ही कपड़े पहना करती थी। गुलाबी साड़ी पर सुर्ख़ ब्लाउज़ या कभी गुलाबी के साथ हल्का गहरा गुलाबी।

शादी के वक़्त उसके बाल कटे हुए थे, मगर दुल्हन बनाते वक़्त ऐसे तेल चुपड़कर बाँधे थे कि पता नहीं चलता था कि पर-कटी मेम है। अब उसके बाल तो बढ़ गए थे, लेकिन पै-दर-पै बच्चे होने की वजह से वह ज़रा गंजी-सी हो गई थी। वैसे भी वह बाल कसकर मैली धज्जी ही बाँध लिया करती थी। उसके मियाँ को

वह मैली-कुचैली ऐसी ही बड़ी प्यारी लगती थी और मायके ससुराल वाले भी उसकी सादगी को देखकर उसकी तारीफ़ों के गुण गाते थे। भाभी थी बड़ी प्यारी-सी। सजल-नक़्शा, मक्खन जैसी रंगत! सुडौल हाथ-पाँव, मगर उसने इस बुरी तरह अपने आपको ढीला छोड़ दिया था कि ख़मीरे आटे की तरह बह गई थी।

भैया उससे नौ बरस बड़े थे, मगर उसके सामने लौंडे-से लगते थे। वैसे ही सुडौल कसरती बदन वाले। रोज़ वर्ज़िश करते। बड़ी एहतियात से खाना खाते। बड़े हिसाब से सिगरेट पीते। यूँ ही कभी व्हिस्की-बियर चक्ख लेते। उनके चेहरे पर अब भी लड़कपन था। थे भी तीस-इकत्तीस बरस के, मगर चौबीस-पच्चीस बरस के ही लगते थे।

उफ़! भैया को जीन और स्कर्ट से कैसी नफ़रत थी। उन्हें यह नए फ़ैशन की बे-आस्तीनों की बदन पर चिपकी हुई क़मीज़ से भी बड़ी घिन आती थी। तंग मोरी की शलवारों से तो वह ऐसे जलते थे कि तौबा ख़ैर! भाभी बेचारी तो शलवार-क़मीज़ के क़ाबिल रह ही नहीं गई थी। वह तो बस ज़्यादातर ब्लाउज़ और पेटीकोट पर ड्रेसिंग-गाउन चढ़ाए घूमा करती। कोई जान-पहचान वाला आ जाता, तो भी बेतकल्लुफ़ी से वही अपना नैशनल ड्रेस पहने रहती। कोई पुरतकल्लुफ़ मेहमान आता, तो उमूमन वह अन्दर ही बच्चों से सिर मारा करती। जो कभी बाहर आना पड़ता, तो मलगजी[1]-सी साड़ी लपेट लेती। वह गृहस्थिन थी, बहू थी और चहेती थी। उसे रंडियों की तरह बन-सँवरकर किसी को लुभाने की क्या ज़रूरत थी।

और शायद भाभी यूँ ही गूदड़ बनी अधेड़ और फिर बूढ़ी हो जाती। बहुएँ ब्याह कर लाती, जो सुबह उठकर उसे झुककर सलाम करतीं। गोद में पोता खिलाने को देतीं, मगर ख़ुदा को कुछ और ही मंज़ूर था।

शाम का वक़्त था। हम सब लॉन पर बैठे चाय पी रहे थे। भाभी पापड़ तलने बावर्चीख़ाने में गई थी। बावर्ची ने पापड़ लाल कर दिए। भैया को बादामी पापड़ भाते हैं।

उन्होंने प्यार से भाभी की तरफ़ देखा और वह झट से उठकर पापड़ तलने चली गई। हम लोग मज़े से चाय पीते रहे। हाय, भाभी थी कि फ़रिश्ता! मैं तो कॉलेज से आकर बावर्चीख़ाने में जाने पर किसी तरह मजबूर ही नहीं की जा सकती थी, और न ही मेरा शाम का पुरतकल्लुफ़ लिबास बावर्चीख़ाने के लिए मौज़ूँ[2] था, इसके अलावा मुझे पापड़ तलना ही कब आते थे। दूसरी बहनें भी मेरी क़तार में खड़ी थीं। फ़रीदा का मंगेतर आया था, वह उसकी तरफ़ जुटी हुई थी। रज़िया और शमीम अपने दोस्तों के साथ गप्पें लड़ाने में मसरूफ़ थीं, वो क्या पापड़ तलतीं। और हम सब तो बाबुल के आँगन की चिड़ियाँ थीं और उड़ने के लिए पर तोल रही थीं।

धायँ से फ़ुटबाल आकर ऐन भैया की प्याली पर पड़ी। हम सब उछल पड़े। भैया मारे ग़ुस्से के भिन्ना उठे।

---

1. मटियाली, 2. उपयुक्त,

"कौन पाजी है?" उन्होंने जिधर से गेंद आई थी, उधर देखकर डाँटा।

बिखरे हुए बालों का गोल-मोल सिर और बड़ी-बड़ी आँखें ऊपर से झाँकीं। एक ज़क़न्द[3] में भैया मुँडेर पर थे और मुजरिम के बाल उनकी गिरिफ़्त में।

"ओह!" एक चीख़ गूँजी और दूसरे लम्हे भैया ऐसे उछलकर अलग हो गए, जैसे उन्होंने बिच्छू के डंक पर हाथ डाल दिया हो या अंगारा पकड़ लिया हो।

"सॉरी...आई एम वैरी सॉरी..." वह हकला रहे थे। हम सब दौड़कर गए। देखा, तो मुँडेर के उस तरफ़ एक दुबली-पतली नागिन-सी लड़की ड्रेन-पाइप और नीबू के रंग का स्लीवलेस ब्लाउज़ पहने अपने मैरलिन मुनरो की तरह कटे हुए बालों में पतली-पतली उँगलियाँ फेरकर खिसियानी हँसी हँस रही थी, और फिर हम सब हँसने लगे।

भाभी पापड़ों की प्लेट लिये अन्दर से निकली और बग़ैर पूछे-गछे यह समझकर हँसने लगी कि ज़रूर कोई हँसी की बात हुई होगी। उसका ढीला-ढाला पेट हँसते में फुदकने लगा, और जब उसे मालूम हुआ कि भैया ने शबनम को लौंडा समझकर उसके बाल पकड़ लिए, तो वह और भी ज़ोर-ज़ोर से क़हक़हे लगाने लगी, कि कई पापड़ के टुकड़े घास पर बिखर गए। शबनम ने बताया कि वह उसी दिन अपने चचा ख़ालिद जमील के यहाँ आई है। अकेले जी घबराया, तो फ़ुटबाल ही लुढ़काने लगी, जो क़िस्मत से भैया जी की प्याली पर आन कूदी।

शबनम भैया को अपनी तीखी मस्कारा लगी आँखों से घूर रही थी। भैया मस्हूर[4] सन्नाटे में उसे तक रहे थे। एक करंट उन दोनों के दरम्यान दौड़ रहा था। भाभी इस करंट से कटी हुई जैसे कोसों दूर खड़ी थी। उसका फुदकता हुआ पेट सहमकर रुक गया। हँसी ने उसके होंठों पर लड़खड़ाकर दम तोड़ दिया। उसके हाथ ढीले हो गए। प्लेट टेढ़ी होकर पापड़ घास पर गिरने लगे। फिर एकदम वो दोनों जाग पड़े और ख़्वाबों की दुनिया से लौट आए।

शबनम फुदककर मुँडेर पर चढ़ गई।

"आइए, चाय पी लीजिए।" मैंने ठहरी हुई फ़िज़ा को धक्का देकर आगे खिसकाया। एक लचक के साथ शबनम ने अपने पैर मुँडेर के उस पार से इस पार झुलाए। सफ़ेद छोटे-छोटे मोकासन हरी घास पर फ़ाख़्ता के जोड़े की तरह ठुमकने लगे। शबनम का रंग पिघले हुए सोने की तरह लौ दे रहा था। उसके बाल स्याह भँवरा थे, मगर आँखें जैसे स्याह कटोरियों में किसी ने शहद भर दिया हो। नीबू के रंग के ब्लाउज़ का गला बहुत गहरा था। होंठ तरबूज़ी रंग के और उसी रंग की नेल-पॉलिश लगाए वह बिल्कुल किसी अमेरिकी इश्तिहार का मॉडेल मालूम हो रही थी। भाभी से कोई फ़ीट भर लम्बी लग रही थी, हालाँकि मुश्किल से दो इंच ऊँची होगी। उसकी हड्डी बड़ी नाज़ुक थी, इसलिए कमर तो ऐसी कि छल्ले में पिरो लो।

---

3. छलाँग, 4. मंत्रमुग्ध,

भैया कुछ गुमसुम से बैठे थे। भाभी उन्हें ऐसे ताक रही थी, जैसे बिल्ली पर तोलते हुए परिन्दे को घूरती है कि जैसे ही पर फड़फड़ाए, बढ़कर दबोच ले। उसका चेहरा तमतमा रहा था। होंठ भिंचे हुए थे। नथने फड़फड़ा रहे थे।

इतने में मुन्ना आकर उसकी पीठ पर धम से कूदा। वह हमेशा उसकी पीठ पर ऐसे कूदा करता था, जैसे वह कोई गुदगुदा-सा तकिया हो। भाभी हमेशा ही हँस दिया करती थी, मगर आज उसने चटाख़-पटाख़ दो-चार चाँटे जड़ दिए।

शबनम परेशान हो गई।

"अरे...अरे...रुकिए न..." उसने भैया का हाथ छूकर कहा।

"बड़ी ग़ुस्सावर हैं आपकी मम्मी।" उसने मेरी तरफ़ मुँह फेरकर कहा। इंट्रोडक्शन हमारी सोसाइटी में बहुत कम हुआ करता है और फिर भाभी का किसी से इंट्रोडक्शन कराना अजीब-सा लगता था। वह तो सूरत से ही घर की बहू लगती थी। शबनम की बात पर हम सब क़हक़हा मारकर हँस पड़े। भाभी मुन्ने का हाथ पकड़कर घसीटती हुई अन्दर चल दी।

"अरे, यह तो हमारी भाभी है।" मैंने भाभी को धम-धम जाते हुए देखकर कहा।

"भाभी ?" शबनम हैरतज़दा होकर बोली।

"इनके भैया की बीवी..."

"ओह!..." उसने संजीदगी से अपनी नज़रें झुका लीं। "मैं...मैं समझी... !" उसने बात अधूरी छोड़ दी।

"भाभी की उम्र तेईस साल है।" मैंने वज़ाहत की।

"मगर...डोंट बी सिल्ली..." शबनम हँसी। भैया भी उठकर चल दिए।

"ख़ुदा की क़सम!"

"ओह...जहालत..."

"नहीं...भाभी ने मार्टीनर से पन्द्रह साल की उम्र में सीनियर कैम्ब्रिज किया था।"

"तुम्हारा मतलब है, यह मुझ से तीन साल छोटी हैं। मैं छब्बीस साल की हूँ।"

"तब तो क़तई छोटी है।"

"उफ़! मैं समझी, वह तुम्हारी अम्मी हैं। दरअस्ल मेरी आँखें ज़रा कमज़ोर हैं, मगर मुझे ऐनक से नफ़रत है, बुरा लगा होगा उन्हें।"

"नहीं...भाभी को कुछ बुरा नहीं लगता!"

"चा...बीमारी!"

"कौन...भाभी!" न जाने मैंने क्यों कहा।

"भैया अपनी बीवी पर जान देते हैं।" सफ़िया ने बतौर वकील कहा।

"बेचारे की बहुत बचपन में शादी कर दी गई होगी।"

"पच्चीस-छब्बीस साल के थे।"

"मगर मुझे तो मालूम भी न था कि बीसवीं सदी में भी बग़ैर देखे शादियाँ होती हैं।" शबनम ने हिक़ारत से मुस्कराकर कहा।

"तुम्हारा हर अन्दाज़ा ग़लत निकल रहा है...भैया ने भाभी को देखकर बेहद पसन्द कर लिया था, तब शादी हुई थी, मगर जब वह कँवल के फूल जैसी नाज़ुक और हसीन थी।"

"फिर यह क्या हो गया शादी के बाद?"

"होता क्या...भाभी अपने घर की मलिका हैं। बच्चों की मलिका हैं। कोई फ़िल्म-एक्ट्रेस तो हैं नहीं। दूसरे भैया को सूखी-मारी लड़कियों से घिन आती है।" मैंने जानकर शबनम पर चोट की। वह बेवक़ूफ़ नहीं थी।

"भई चाहे मुझसे कोई प्यार करे या न करे, मैं तो किसी को ख़ुश करने के लिए हाथी का बच्चा कभी न बनूँ...ओह! मुआफ़ करना, तुम्हारी भाभी कभी बहुत ख़ूबसूरत होंगी, मगर अब तो..."

"ऊँह! आपका नुक़्ता-ए-नज़र[5] भैया से बिल्कुल मुख़्तलिफ़[6] है।" मैंने बात टाल दी, और जब वह बल खाती सीधी सुडौल टाँगों को आगे-पीछे झुलाती, नन्हे-नन्हे क़दम रखती मुँडेर की तरफ़ जा रही थी, भैया बरामदे में खड़े थे। उनका चेहरा सफ़ेद पड़ गया था और बार-बार अपनी गुद्दी सहला रहे थे, जैसे किसी ने वहाँ जलती-जलती आग रख दी हो। चिड़िया की तरह फुदककर वह मुँडेर फलाँग गई। पल-भर को पलटकर उसने अपनी शर्बती आँखों से भैया को तोला और छलावे की तरह कोठी में ग़ायब हो गई।

भाभी लॉन पर झुकी हुई प्यालियाँ समेट रही थी, मगर उसने एक नज़र न आनेवाला तार देख लिया, जो भैया और शबनम की निगाहों के दरम्यान दौड़ रहा था।

एक दिन मैंने खिड़की में से देखा। शबनम फूला हुआ लाल स्कर्ट और सफ़ेद खुले गले का ब्लाउज़ पहने पप्पू के साथ सम्बा नाच रही थी। उसका नन्हा-सा पकनीज़ कुत्ता टाँगों में उलझ रहा था। वह ऊँचे-ऊँचे क़हक़हे लगा रही थी। उसकी सुडौल-साँवली टाँगें हरी-हरी घास पर थिरक रही थीं। स्याह रेशमी बाल हवा में छलक रहे थे। पाँच साल का पप्पू बन्दर की तरह फुदक रहा था, मगर वह नशीली नागिन की तरह लहरा रही थी। उसने नाचते-नाचते नाक पर अँगूठा रखकर मुझे चिढ़ाया। मैंने जवाब में घूँसा दिखा दिया, मगर फ़ौरन ही मुझे उसकी निगाहों का पीछा करके मालूम हुआ, यह इशारा वह मेरी तरफ़ नहीं कर रही थी। भैया बरामदे में अहमक़ों की तरह खड़े गुद्दी सहला रहे थे, और वह उन्हें मुँह चिढ़ाकर जला रही थी। उसकी कमर में बल पड़ रहे थे, कूल्हे मटक रहे थे, बाँहें थरथरा रही थीं, होंठ एक दूसरे से जुदा लरज़ रहे थे। उसने साँप की तरह लप से ज़बान निकालकर अपने होंठ को चाटा। भैया की आँखें चमक रही थीं और वह खड़े दाँत निकाल रहे थे। मेरा दिल धक से रह गया...भाभी गोदाम में अनाज तुलवाकर बावर्ची को दे रही थी।

---

5. दृष्टिकोण, 6. भिन्न,

'शबनम की बच्ची!' मैंने दिल में सोचा, मगर ग़ुस्सा मुझे भैया पर भी आया। उन्हें दाँत निकालने की क्या ज़रूरत थी। उन्हें तो शबनम जैसी लड़कियों से नफ़रत थी। उन्हें तो अंग्रेज़ी नाचों से घिन आती थी। फिर वह क्यों खड़े उसे तक रहे थे और ऐसी क्या बेसुधी कि उनका जिस्म सम्बा की ताल पर लरज़ रहा था और उन्हें ख़बर न थी।

इतने में ब्वाय चाय की ट्रे लेकर लॉन पर आ गया...भैया ने हम सबको आवाज़ दी, और ब्वाय से कहा, "भाभी को भेज दे!"

रस्मन[7] शबनम को बुलावा देना पड़ा। मेरा तो जी चाह रहा था कि क़तई उसकी तरफ़ से मुँह फेरकर बैठ जाऊँ, मगर जब वह मुन्ने को बड़ही पर चढ़ाए मुँडेर फलाँगकर आई, तो न जाने क्यों मुझे वह क़तई मासूम लगी। मुन्ना उसका स्कार्फ़ लगामों की तरह थामे हुए था, और वह घोड़े की चाल उछलती हुई लॉन पर दौड़ रही थी। भैया ने मुन्ने को उसकी पीठ से उतारना चाहा, मगर वह और चिमट गया।

"अभी और घोड़ा चले आंटी!"

"नहीं बाबा...आंटी में दम नहीं..." शबनम चिल्लाई। बड़ी मुश्किल से मुन्ने को भैया ने उतारा, मुँह पर एक चाँटा लगाया। एकदम तड़पकर शबनम ने उसे गोद में उठा लिया और भैया के हाथ पर ज़ोर से थप्पड़ लगाया।

"शर्म नहीं आती...इतने बड़े ऊँट के ऊँट, ज़रा-से बच्चे पर हाथ उठाते हैं।" भाभी को आता देखकर उसने मुन्ने को उनकी गोद में दे दिया। उसका चाँटा खाकर भैया मुस्करा रहे थे।

"देखिए तो कितनी ज़ोर से थप्पड़ मारा है। मेरे बच्चे को कोई मारता, तो हाथ तोड़कर रख देती।" उसने शर्बत की कटोरियों में ज़हर घोलकर भैया को देखा, "और फिर हँस रहे हैं बेहया!"

"हूँ! दम भी है...जो हाथ तोड़ोगी।" भैया ने उसकी कलाई मरोड़ी। वह बल खाकर इतनी ज़ोर से चीख़ी कि भैया ने लरज़कर उसे छोड़ दिया, और वह हँसते-हँसते ज़मीन पर लोट गई। चाय के दरम्यान भी शबनम की शरारतें चलती रहीं। वह बिल्कुल कमसिन छोकरियों की तरह चुहलें कर रही थी। भाभी गुमसुम बैठी थीं। आप समझे होंगे...शबनम के वुजूद से डरकर उन्होंने कुछ अपनी तरफ़ तवज्जुह देनी शुरू कर दी होगी। जी, क़तई नहीं, वह तो पहले से भी ज़्यादा मैली रहने लगीं, पहले से भी ज़्यादा खातीं। हम सब तो हँस ज़्यादा रहे थे, मगर वह सिर झुकाए निहायत इन्हिमाक[8] से केक उड़ाने में मसरूफ़ थी। चटनी लगा-लगाकर भजिये निगल रही थी। सिंके हुए तोसों पर ढेर-सा मक्खन और जैली थोपकर खाए जा रही थी। भैया और शबनम को देखकर हम सब ही परेशान थे और शायद भाभी भी फ़िक्रमन्द होंगी, मगर वह अपनी परेशानी को मुरग़्ग़न ख़ानों में दफ़्न कर रही थी। उन्हें हर वक़्त खट्टी

7. रस्मी तौर पर, 8. तन्मयता,

डकारें आया करतीं, मगर वह चूर्ण खा-खाकर पुलाव-क़ोरमा हज़्म करती। वह सहमी-सहमी नज़रों से भैया जी और शबनम को हँसता-बोलता देखतीं। भैया तो कुछ और भी लौंडे-से लगने लगे थे। शबनम के साथ वह सुबहो-शाम समन्दर में तैरते। भाभी अच्छा-भला तैरना जानती, मगर भैया को स्वमिंग-सूट पहनी औरतों से बहुत नफ़रत थी। एक दिन हम सब समन्दर में नहा रहे थे। शबनम नन्ही-नन्ही दो धज्जियाँ पहने नागिन की तरह पानी में बल खा रही थी। इतने में भाभी, जो देर से मुन्ने को पुकार रही थी, आ गई। भैया शरारत के मूड में थे ही, दौड़कर उन्हें पकड़ लिया और हम सबने मिलकर उन्हें पानी में घसीट लिया। जब से शबनम आई थी, भैया बहुत शरीर[9] हो गए थे। एकदम से वह दाँत किचकिचाकर भाभी को हम सबके सामने भींच लेते, उन्हें गोद में उठाने की कोशिश करते, मगर वह उनके हाथों से बोमबल मछली की तरह फिसल जाती। फिर वह खिसियाकर रह जाते, जैसे तख़य्युल[10] में वह शबनम ही को उठा रहे थे और भाभी किसी गाय की तरह नादिम[11] होकर फ़ौरन पुडिंग या कोई और मज़ेदार डिश तैयार करने चली जाती। उस वक़्त जो उन्हें पानी में ढकेला गया, तो वह गठड़ी की तरह लुढ़क गई। उनके कपड़े जिस्म पर चिपक गए और उनके जिस्म का सारा भोंडापन भयानक तरीक़े से उभर आया। कमर पर जैसे किसी ने तोशक लपेट दी थी। कपड़ों में वह इतनी भयानक नहीं मालूम होती थीं।

"उफ़्फ़ोह! कितनी मोटी हो गई हो!" भैया ने उनके कूल्हे का बोटा पकड़कर कहा, "उफ़! तोंद तो देखो...बिल्कुल ही पहलवान गागूल हो रही हो!"

"हुँह! चार बच्चे होने के बाद कमर..."

"मेरे तो चार बच्चे हैं...मेरी कमर तो डनलोप पिलो का गद्दा नहीं बनी।" उन्होंने अपने सुडौल जिस्म को ठोक-बजाकर कहा, और भाभी मुँह थुथाए भीगी मुर्ग़ी की तरह पैर मारती, झुरझुरियाँ लेती रेत में गहरे-गहरे गड्ढे बनाती मुन्ने को घसीटती चली गई। भैया बिल्कुल बेतवज्जुह होकर शबनम को पानी में डुबकियाँ देने लगे, मगर वह कहाँ हाथ आनेवाली थी। ऐसा अड़ंगा लगाती कि गड़ाप से औंधे मुँह गिर पड़ते।

जब नहाकर आए, तो भाभी सिर झुकाए ख़ूबानियों के मुरब्बे पर क्रीम की तह जमा रही थीं। उनके होंठ सफ़ेद हो रहे थे और आँखें सुर्ख़ थीं। गटारचा की गुड़िया जैसे मोटे-मोटे गाल कुछ और सूजे हुए मालूम हो रहे थे।

लंच पर भाभी बेइन्तहा ग़मगीन थीं, लिहाज़ा बड़ी तेज़ी से ख़ूबानियों का मुरब्बा और क्रीम खाने पर जुटी हुई थीं। शबनम ने डिश की तरफ़ देखकर ऐसे फुरैरी ली, जैसे ख़ूबानियों न हो, साँप-बिच्छू हों।

"ज़हर है ज़हर!" उसने नफ़ासत से ककड़ी का टुकड़ा कुतरते हुए कहा, और भैया भाभी को घूरने लगे, मगर वह शपाशप मुरब्बा उड़ाती रहीं।

---

9. चंचल, 10. कल्पना, 11. लज्जित,

"हद है!" उन्होंने नथने फड़काकर कहा।

भाभी ने कोई ध्यान न दिया, और क़रीब-क़रीब पूरी डिश पेट में उँडेल ली। उन्हें मुरब्बा सपोड़ते देखकर ऐसा मालूम होता था, जैसे वह रश्को-हसद[12] के तूफ़ान को रोकने के लिए बाँध बाँध रही हों। यह क्रीम चर्बी की चट्टानों की सूरत में उनके जिस्म के क़िले को नाक़ाबिले-तस्ख़ीर[13] बना देगी। फिर शायद दिल में यों टीसें न उठेंगी। भैया जी और शबनम की मुस्कराती हुई आँखों के टकराव से भड़कनेवाले शोले इन पथरीली दीवारों को न पिघला सकेंगे।

"ख़ुदा के लिए बस करो...डॉक्टर भी मना कर चुका है। ऐसा भी क्या चटोरपन!" भैया ने कह ही दिया। मोम की दीवार की तरह भाभी पिघल गई। भैया का नश्तर चर्बी की तहों को चीरता हुआ ठीक दिल में उतर गया। मोटे-मोटे आँसू भाभी के फूले हुए गालों पर फिसलने लगे। सुबकियों ने जिस्म के ढेर में ज़लज़ला पैदा कर दिया। दुबली-पतली नाज़ुक लड़कियाँ किस लतीफ़ और सुहाने अन्दाज़ में रोती हैं, मगर भाभी को रोते देखकर बजाय दुख के हँसी आती थी, जैसे कोई रुई के भीगे हुए ढेर को डंडों से पीट रहा हो।

वह नाक पोंछती हुई उठने लगी, मगर हम लोगों ने रोक लिया, और भैया को डाँटा। ख़ुशामद करके वापस उन्हें बिठा लिया। बेचारी नाक सुड़काती बैठ गई, मगर जब उन्होंने कॉफ़ी में तीन चमचे शक्कर डालकर क्रीम की तरफ़ हाथ बढ़ाया, तो एकदम ठिठक गई। सहमी हुई नज़रों से शबनम और भैया की तरफ़ देखा। शबनम बमुश्किल अपनी हँसी रोके हुए थी। भैया मारे ग़ुस्से के रुआँसे-से हो रहे थे। वह एकदम भिन्नाकर उठे और जाकर बरामदे में बैठ गए। उसके बाद हालात और बिगड़े। भाभी ने खुल्लम-खुल्ला एलाने-जंग कर दिया। किसी ज़माने में भाभी का पठानी ख़ून बहुत गर्म था। ज़रा-सी बात पर हाथापाई पर उतर आया करती थी और बारहा[14] भैया से ग़ुस्सा होकर बजाय मुँह फुलाने के वह ख़ूँख़्वार बिल्ली की तरह उन पर टूट पड़ती। उनका मुँह खसोट डालती। दाँतों से गिरेबान की धज्जियाँ उड़ा देती। फिर भैया उन्हें अपनी ही बाँहों में जकड़कर बेबस कर देते और वह उनके सीने से लगकर प्यासी-डरी हुई चिड़िया की तरह फूट-फूटकर रोने लगती। फिर मिलाप हो जाता और झेंपी खिसियानी वह भैया के मुँह पर लगे हुए खरोंचों पर प्यार से टिंक्चर लगा देती। उनके गिरेबान को रफ़ू कर देती और मीठी-मीठी शुक्रगुज़ार[15] आँखों से उन्हें तकती रहती।

यह तब की बात है, जब भाभी हलकी-फुलकी तितली की तरह तर्रार थी। लड़ती हुई छोटी-सी पशमी बिल्ली मालूम होती थी। भैया को उन पर ग़ुस्सा आने के बजाय और शिद्दत से प्यार आता, मगर जब से उन पर गोश्त ने जहाद बोल दिया था, वह बहुत ठंडी पड़ गई थी। उन्हें अव्वल तो ग़ुस्सा ही न आता, और अगर आता भी, तो फ़ौरन इधर-उधर काम में लगकर भूल जाती।

---

12. ईर्ष्या, 13. अपराजेय, 14. प्रायः, 15. आभारी,

उस दिन उन्होंने अपने भारी-भरकम डील को भूलकर भैया पर हमला कर दिया। भैया सिर्फ़ उनके बोझ से धक्का खाकर दीवार से जा चिपके। रूई के गट्ठड़ को यों लुढ़कते देखकर उन्हें सख़्त घिन आई। न ग़ुस्सा हुए, न बिगड़े। शर्मिन्दा, उदास, सिर झुकाए कमरे से निकल भागे। भाभी वहीं पसरकर रोने लगी।

बात और बढ़ी और एक दिन भैया के साले आकर भाभी को ले गए। तुफ़ैल भाभी के चचाज़ाद भाई थे। उन्हें देखकर वह बच्चों की तरह उनसे लिपटकर रोने लगी। उन्होंने भाभी को पाँच साल बाद देखा था। वह गोल गुम्बद को देखकर थोड़ी देर के लिए सटपटाए, फिर उन्होंने भाभी को नन्ही बच्ची की तरह सीने से लगा लिया। भैया उस वक़्त शबनम के साथ क्रिकेट का मैच देखने गए हुए थे। तुफ़ैल ने शाम तक उनका इन्तिज़ार किया। वह न आए, तो मजबूरन भाभी और बच्चों का सामान तैयार किया गया।

जाने से पहले भैया घड़ी भर को खड़े-खड़े आए।

''देहली के मकान मैंने इनके मेहर में दिए।'' उन्होंने रुख़ाई से तुफ़ैल से कहा।

''मेहर ?'' भाभी थर-थर काँपने लगी।

''हाँ...तलाक़ के काग़ज़ात वकील के ज़रिए पहुँच जाएँगे।''

''मगर तलाक़...तलाक़ का क्या ज़िक्र है ?''

''इसी में बेहतरी है!''

''गगर...बच्चे ?''

''यह चाहें, तो इन्हें ले जाएँ...वर्ना मैंने बोर्डिंग में इन्तिज़ाम कर लिया है।''

एक चीख़ मारकर भाभी भैया पर झपटी, मगर उन्हें खसोटने की हिम्मत न पड़ी। सहमकर ठिठक गई।

और फिर भाभी ने अपनी निस्वानियत[16] की पूरी तरह बे-आबरुई कर डाली। वह भैया के पैरों पर लोट गई। नाक रगड़ डाली, ''तुम उससे शादी कर लो...मैं कुछ न कहूँगी, मगर ख़ुदा के लिए मुझे तलाक़ न दो। मैं यों ही ज़िन्दगी गुज़ार दूँगी। मुझे कोई शिकायत न होगी।''

मगर भैया ने नफ़रत से भाभी के थुल-थुल करते हुए जिस्म को देखा और मुँह मोड़ लिया।

''मैं तलाक़ दे चुका। अब...क्या हो सकता है।''

मगर भाभी को कौन समझाता। वह बिलबिलाए चली गई।

''बेवक़ूफ़...'' तुफ़ैल ने एक ही झटके में भाभी को ज़मीन से उठा लिया, ''गधी कहीं की। चल उठ!'' और वह घसीटते हुए ले गए।

क्या दर्दनाक समाँ था। बच्चे फूट-फूटकर रोने में भाभी का साथ दे रहे थे। अम्माँ ख़ामोश एक-एक का मुँह तक रही थीं। अब्बा की मौत के बाद उनकी घर

16. स्त्रीत्व,

में कोई हैसियत नहीं रह गई थी। भैया ख़ुदमुख़्तार थे, बल्कि हम सबके सरपरस्त थे। अम्माँ उन्हें बहुत समझाकर हार चुकी थीं। उन्हें इस दिन की अच्छी तरह ख़बर थी, मगर क्या कर सकती थीं।

भाभी चली गई। फ़िज़ा ऐसी ख़राब हो गई थी कि भैया और शबनम भी शादी के बाद हिल-स्टेशन पर चले गए।

सात-आठ साल गुज़र गए, कुछ कमोबेश ठीक अन्दाज़ा नहीं। हम सब अपने-अपने घरों की हो गईं। अम्माँ का इन्तिकाल हो गया। अब्बा की मौत के बाद वह बिल्कुल गुमसुम होकर रह गई थीं। उन्होंने भाभी के तलाक़ पर बहुत रोना-पीटना मचाया, मगर भैया के मिज़ाज से वह वाक़िफ़ थीं। वह कभी अब्बा की भी नहीं सुनते थे। कमाऊ पूत अपना आप मालिक होता है।

आशियाना उजड़ गया। भरा-पूरा घर सुनसान हो गया। सब इधर-उधर उड़ गए। सात-आठ साल आँख झपकते न जाने कहाँ गुम हो गए। कभी साल दो साल में भैया की कोई ख़ैर-ख़बर मिल जाती। वह ज़्यादातर हिन्दोस्तान से बाहर मुल्कों की चक-फेरियों में उलझे रहे, मगर जब उनका ख़त आया कि वह बम्बई आ रहे हैं, तो भूला-बिसरा बचपन फिर से जाग उठा। भैया जी ट्रेन से उतरे, तो हम दोनों बच्चों की तरह लिपट गए। शबनम मुझे कहीं नज़र न आई। उनका सामान उतर रहा था। जैसे ही भैया से उसकी ख़ैरियत पूछने को मुड़ी, धप से एक वज़नी हाथ मेरी पीठ पर पड़ा और कई मन का गर्म-गर्म गोश्त का पहाड़ मुझसे लिपट गया।

''भाभी!'' मैंने प्लेटफ़ार्म से नीचे गिरने से बचने के लिए खिड़की में झूलकर कहा। ज़िन्दगी में मैंने शबनम को कभी भाभी न कहा था। वह लगती भी तो शबनम ही थी, मगर आज मेरे मुँह से बेइख़्तियार भाभी निकल गया। शबनम की फुहार...इन चन्द सालों में गोश्त-पोस्त का तोदा कैसे बन गई? मैंने भैया की तरफ़ देखा। वह वैसे ही दराज़ क़द और छरहरे थे। एक तोला गोश्त इधर, न उधर। वही कमसिन लड़कों जैसे घने बाल। बस दो-चार सफ़ेद चाँदी के तार कनपटियों पर झाँकने लगे थे, जिनसे वह और भी हसीन और बा-वक़ार[17] मालूम होने लगे थे। वैसे के वैसे चट्टान की तरह जमे हुए थे। लहरें तड़प-तड़पकर चट्टान की ओर लपकती हैं, अपना सिर उसके क़दमों में दे मारती हैं, पाश-पाश होकर बिखर जाती हैं, मादूम[18] हो जाती हैं, हार-थककर वापस लौट जाती हैं, कुछ वहीं उसके क़दमों में दम तोड़ देती हैं और नई लहरें फिर सरफ़रोशी के इरादे समेटे चट्टान की तरफ़ खिंचती आती हैं।

और चट्टान...? इन सज्दों[19] से दूर...तन्ज़[20] से मुस्कराता रहता है। अटल, बेपरवाह और बेरहम। जब भैया ने शबनम से शादी की, तो सब ही ने कहा था, ''शबनम आज़ाद लड़की है। पक्की उम्र की है।...भाभी...तो यह मैंने शहनाज़ को

17. प्रतिष्ठित, 18. ग़ायब, 19. नतमस्तक, 20. व्यंग्य,

हमेशा भाभी ही कहा। हाँ, तो शहनाज़ भोली और कमसिन थी, भैया के क़ाबू में आ गई। यह नागिन उन्हें डसकर बेसुध कर देगी। उन्हें मज़ा चखाएगी।

मगर मज़ा तो लहरों को सिर्फ़ चट्टान ही चखा सकता है।

"बच्चे बोर्डिंग में हैं। छुट्टी नहीं थी उनकी..." शबनम ने खट्टी डकारों भरी साँस मेरी गर्दन पर छोड़कर कहा।

और मैं हैरत से उस गोश्त के ढेर में उस शबनम की फुहार को ढूँढ़ रही थी, जिसने शहनाज़ के प्यार की आग को बुझाकर भैया के कलेजे में नई आग भड़का दी थी, मगर यह क्या ? बजाय इस आग में भस्म हो जाने के भैया तो और भी सोने की तरह तपकर निखर आए थे। आग ख़ुद अपनी तपिश में भस्म होकर राख का ढेर बन गई थी। भाभी तो मक्खन का ढेर थी, मगर शबनम तो झुलसी हुई मटियाली राख थी। उसका साँवला, कुन्दनी रंग मरी हुई छिपकली के पेट की तरह और ज़र्द हो चुका था। वह शर्बत घुली हुई आँखें गदली और बेरौनक़ हो गई थीं। पतली नागिन जैसी लचकती हुई कमर का कहीं दूर-दूर तक पता न था। वह मुस्तक़िल[21] तौर पर हामिला[22] मालूम होती थी। वह नाजुक-नाज़ुक चमकीली शाख़ों जैसी बाँहें मुगदर की तरह गावदुम हो गई थीं। उसके चेहरे पर पहले से ज़्यादा पाउडर थुपा हुआ था। आँखें मस्कारा से लुथड़ी हुई थीं। भौंहें शायद ग़लती से ज़्यादा पख गई थीं, तभी इतनी गहरी पेंसिल घिसना पड़ी थी।

भैया रिट्ज़ में ठहरे। रात को डिनर पर हम वहीं पहुँच गए।

कैबरे अपने पूरे उरुज[23] पर था। मिस्त्री हसीना अपने छाती जैसे पेट को मरोड़ियाँ दे रही थीं। उसके कूल्हे दायरों में लचक रहे थे। सुडौल मर्मरी बाज़ू हवा में थथरा रहे थे। बारीक शिफ़ॉन में से उसकी रुपहली टाँगें हाथी-दाँत के तराशे हुए सतूनों की तरह फड़क रही थीं...भैया की भूखी आँखें उसके जिस्म पर बिच्छुओं की तरह रेंग रही थीं...वह बार-बार अपनी गुद्दी पर अनजानी चोट सहला रहे थे।

भाभी...जो कभी शबनम थी...मिस्त्री रक़्क़ासा[24] की तरह लहराती हुई बिजली थी, जो एक दिन भैया के हवास पर गिरी थी, आज रेत के तोदे की तरह भस्की बैठी थी। उसके मोटे-मोटे गाल ख़ून की कमी और मुस्तक़िल बदहज़्मी की वजह से ममी की तरह ज़र्दी-माइल सब्ज़ हो रहे थे। निऑन-लाइट्स की रौशनी में उसका रंग देखकर ऐसा मालूम हो रहा था, जैसे किसी अनजाने नाग ने उसे डस लिया हो। मिस्त्री रक़्क़ासा के कूल्हे तूफ़ान बरपा कर रहे थे, और भैया जी के दिल की नाव उस भँवर में चक-फेरियाँ खा रही थी। पाँच बच्चों की माँ शबनम...जो अब भाभी बन चुकी थी, सहमी-सहमी नज़रों से उन्हें तक रही थी। ध्यान बँटाने के लिए वह तेज़ी से भुना हुआ मुर्ग़ हड़प कर रही थी।

---

21. स्थायी, 22. गर्भवती, 23. जोबन, 24. नर्तकी,

आर्केस्ट्रा ने एक भरपूर साँस खींची, साज़ कराहे, ड्रम का दिल गूँज उठा। मिस्री रक़्क़ासा की कमर ने आख़िरी झकोले लिये और निढाल होकर मर्मरी फ़र्श पर फैल गई।

हाल तालियों से गूँज रहा था, शबनम की आँखें भैया जी को ढूँढ़ रही थीं...बैरा तरो-ताज़ा रासबरी और क्रीम का जग ले आया। बेख़याली में शबनम ने प्याला रासबरियों से भर लिया...उसके हाथ लरज़ रहे थे। आँखें चोट खाई हुईं हिरनियों की तरह परेशान चौकड़ियाँ भर रही थीं।

भीड़-भाड़ से दूर...नीम-शब[25] बाल्कनी में भैया खड़े मिस्री रक़्क़ासा का सिगरेट सुलगा रहे थे। उनकी पुर-शौक़ निगाहें रक़्क़ासा की नशीली आँखों से उलझ रही थीं। शबनम का रंग उड़ा हुआ था और वह एक बेख़बर पहाड़ की तरह गुमसुम बैठी थी। शबनम को अपनी तरफ़ तकता देखकर भैया रक़्क़ासा का बाज़ू थामे अपनी मेज़ की तरफ़ लौट आए और हमारा तआरुफ़[26] कराया।

"मेरी बहन!" उन्होंने मेरी तरफ़ इशारा किया। रक़्क़ासा ने लचककर मेरे वुजूद को मान लिया।

"मेरी बेगम!" उन्होंने ड्रामाई अन्दाज़ से...जैसे कोई मैदाने-जंग में खाया हुआ ज़ख़्म किसी को दिखा रहा हो। रक़्क़ासा दम-बख़ुद[27] रह गई, जैसे उसने उनकी रफ़ीक़े-हयात[28] को नहीं, ख़ुद उनकी लाश को ख़ून में ग़लताँ देख लिया हो। वह हैबतज़दा[29] होकर शबनम को घूरने लगी, फिर उसने अपने कलेजे की सारी ममता अपनी आँखों में समोकर भैया की तरफ़ देखा। उस एक नज़र में लाखों अफ़्साने पोशीदा थे। उफ़! यह हिन्दोस्तान, जहाँ जहालत से कैसी-कैसी प्यारी हस्तियाँ रस्मो-रिवाज पर क़ुर्बान की जाती हैं, क़ाबिले-परस्तिश[30] हैं वह लोग और क़ाबिले-रहम भी, जो ऐसी-ऐसी 'सज़ाएँ' भुगतते हैं।

शबनम, मेरी भाभी ने रक़्क़ासा की निगाहों में यह सब कुछ पढ़ लिया। उसके हाथ लरज़ने लगे। परेशानी छुपाने के लिए उसने क्रीम का जग उठाकर रासबरियों में उँडेल दिया और जुट गई।

बेचारे भैया जी! हैंडसम और मज़लूम...! सूरज देवता की तरह हसीन और रोमांटिक, शहद भरी आँखों वाले भैया जी चट्टान की तरह अटल...एक अमर शहीद का रूप सजाए बैठे मुस्करा रहे थे।

एक लहर चूर-चूर उनके क़दमों में पड़ी दम तोड़ रही थी।

दूसरी नई नवेली, लचकती हुई लहर उनकी पथरीली बाँहों में समाने के लिए बेचैन और बेक़रार थी?

---

25. अर्द्ध रात्रि, 26. परिचय, 27. स्तम्भित, 28. जीवन-साथी, 29. भयभीत, 30. पूजनीय।

कारसाज़

दोपहर तंदूर की तरह तप रही थी। हवा दम घोंटे न जाने किस ग़ार[1] में दुबकी बैठी थी। नंगे पैर सूखे हाथ फैलाए भिखमंगों की तरह चुपचाप खड़े थे। एक सूखा मारा हुआ कुत्ता दीवार के साये में बैठा अपने ज़ख़्म चाट रहा था।

"क़यामत के दिन सूरज सवा नेज़े पर उतर आएगा और ज़मीन सीना फाड़कर पिघलती हुई आग उगलने लगेगी, तब गुनाहगार मुँह के बल गिर पड़ेंगे।"

मगर मौलवी रफ़ाक़त अली क्यों मस्जिद की सीढ़ियों पर चढ़ते हुए औंधे मुँह गिर पड़े। वह तो बड़े मुत्तक़ी[2] और परहेज़गार थे। उन्हें तो कभी कोई गुनाह करने की तौफ़ीक़ नहीं हुई थी। छाजों मेंह बरसता हो कि आँधी अपना तोहा[3] दिखा रही हो, उनकी नमाज़ कभी क़ज़ा नहीं हुई। मरगि

दम भर में लोग कीड़े-मकोड़ों की तरह बिलों में से निकलकर जमा हो गए। मौलवी साहब ज़िब्ह की हुई मुर्ग़ी की तरह तड़प रहे थे। पसीना परनालों की तरह बह रहा था। लोग नई-नई क़ियास-आराइयाँ[4] कर रहे थे। कोई कहता, दर्दे-क़ूलिंज[5] है। किसी की राय थी कि दिल का दौरा पड़ा है या शायद यों ही फिसल गए हैं। धान-पान से तो थे बेचारे!

और उसी वक़्त फ़रिश्ताए-रहमत की तरह बच्चन बाबू आ गए। फ़ौरन मोटर रोकी और 'हटो-हटो' कहते उतर पड़े। बच्चन बाबू म्यूनिस्पैलटी के इलेक्शन में खड़े हुए थे। मुहल्ले-मुहल्ले ख़ाक छानते फिरते थे। मौलवी साहब के मुहल्ले में तो लोग उन्हें देखते ही निहायत ज़रूरी कामों में मशग़ूल[6] हो जाते। दुकानों में ताले पड़ जाते और मस्जिद में जमाव होने लगता। ठेठ मुसलमानों का मुहल्ला था। जितनी-जितनी मुल्क में रौशन-ख़याली बढ़ती जा रही थी, लोग शिद्दत से फ़िक्रापरस्त[7] होते जा रहे थे। लोगों को मनाने में बड़े हल-बैल लगाने पड़ते थे।

बच्चन बाबू ने मौक़े की नज़ाकत को भाँप लिया। उन्होंने मौलवी साहब को उठाकर घर पहुँचाया। पोस्ट-ऑफ़िस से फ़ोन करके डॉक्टर को बुलवाया। बेगम आड़ में खड़ी मैले आँचल से आँसू पोंछ रही थीं। बच्चे एक दूसरे का मुँह ताक रहे

1. गुफा, 2. संयमी, 3. ज़ोर, 4. अनुमान, 5. आँतों का दर्द, 6. मग्न, 7. साम्प्रदायवादी,

थे। मौलवी रफ़ाक़त बड़े मरजांमरंज[8] इनसान थे। लाला जी की टाल पर बावन रुपए महीने पर हिसाब-किताब लिख देते थे, बच्चों को क़ुरान पढ़ा देते थे। छह बच्चों और बीवी से लदी-फँदी गाड़ी न जाने किन तिलिस्मी घोड़ों के बल पर घसीट रहे थे।

डॉक्टर ने आकर इस अम्र[9] की तस्दीक़ कर दी कि मौलवी साहब को दिल का दौड़ा पड़ा है। हालत नाज़ुक है। हिलाने-जुलाने से दम तोड़ देंगे, मगर बच्चन बाबू ने लगामें सँभाल लीं और फ़ौरन हस्पताल का बैड मँगवाया, हैंडल चलाने से ऊपर नीचे उठता था। एक ऑक्सीजन-सिलंडर भी एहतियातन मँगवा लिया, जिसे देखकर बेगम हवास-बाख़्ता[10] हो गईं। बोलीं, "है-है, यह मुआ बम काहे को आया है?"

सारा मुहल्ला टूट पड़ा, जैसे कोई सर्कस का तमाशा देख रहा हो। नीली कन्नी की सफ़ेद साड़ी पहने नर्स ने आकर तो ठाठ जमा दिए। न जाने कहाँ से एक फ़ोटोग्राफ़र टपक पड़ा और खटाखट तस्वीरें उतारने लगा। दूसरे दिन अख़बारों में तस्वीरें निकल गईं, जिनमें बच्चन बाबू हीरो का रोल अदा कर रहे हैं। ज़रूरत तो नहीं थी, लेकिन एक ऐसी भी तस्वीर ले ली गई, जिसमें डॉक्टर मौलवी साहब को ऑक्सीजन दे रहे थे और बच्चन बाबू नलकी सँभाले हुए थे।

शायद यह कहने की ज़रूरत नहीं, कि बच्चन बाबू ज़बरदस्त अक्सरियत[11] से चुनाव जीत गए। मुहल्ले का एक वोट भी इधर से उधर नहीं हुआ।

मौलवी साहब अच्छे हो गए, मगर बच्चन बाबू की मेहरबानियों में फ़र्क़ न आया। अख़बारों में मौलवी साहब पर मज़्मून निकलने लगे। उनके इंटरव्यू छपे। "अरबी और फ़ारसी का आलिम[12] फ़ाक़ों मर रहा है। कैसी नाक़द्री है।" वैसे मौलवी साहब मैट्रिक फ़ेल भी थे। बच्चन बाबू ने उनकी बीमारी का मुक़ाबला करने के लिए एक फ़ंड खोल दिया। अपनी जेब से पाँच हज़ार दिया, पंडित जवाहरलाल नेहरू फ़ंड से दस हज़ार का अतीया[13] भी दिया और उनके सैक्रेटरी का ख़त भी आया। बड़े-बड़े धन वालों ने दिल खोलकर दिया। चालीस हज़ार का पर्स गवर्नर साहब के हाथों मौलवी रफ़ाक़त को एक शानदार जलसे में पेश किया गया।

बच्चन बाबू ने फ़ंड जमा करने के लिए बड़े जोशो-खरोश से जलसे किए। दलीप कुमार को सदारत करने के लिए आमादा[14] कर लिया और शकीला बानो भोपाली की क़व्वाली कराई। हर जलसा बहुत कामयाब रहा। बच्चन बाबू का एक फ़्लैट ख़ाली पड़ा था। उसमें उन्होंने यों ही ऑफ़िस बना रखा था। मौलवी साहब उसमें उठ आए। चन्द बरस में उनकी काया पलट हो गई। बच्चे अंग्रेज़ी स्कूलों में दाख़िल हो गए। बेगम ने तंग पाजामा छोड़कर साड़ी पहनना शुरू कर दी और उन्हें

8. वह व्यक्ति जो ख़ुद भी दुखी न हो और दूसरों को भी दुखी न करे, 9. विषय, 10. घबरा गईं, 11. बहुमत, 12. विद्वान, 13. अनुदान, 14. तैयार,

पर्दा भी छोड़ना पड़ा, क्योंकि अब छोटे-बड़े जलसे उनकी सदारत में होने लगे थे और सोशल-वर्क वग़ैरा के सिलसिले में बहुत घूमना पड़ता था।

मौलवी साहब की तक़रीरें बड़ी पाबन्दी से छपतीं और रेडियो से नश्र[15] की जातीं, जिनका लुब्बे-लुबाब[16] यह होता कि हम एक हैं और एक रहेंगे। कोई ऊँच-नीच का सवाल नहीं। सबकी बराबर की देखभाल होती है, अक़ल्लियतों[17] के नुमाइंदे भी आवाज़ रखते हैं।

बच्चन बाबू ने बाक़ायदा एक 'रफ़ाक़त फ़ंड' का दफ़्तर खोल रखा था। एक रिसाला भी मौलवी साहब की सरपरस्ती में निकलने लगा था, जिसका एक वाहिद मक़्सद 'उर्दू बचाओ' था। यह रिसाला उर्दू की बक़ा[18] के लिए बड़े ज़ोर-शोर की जद्दोजहद कर रहा था। बच्चन बाबू 'उर्दू बचाओ सोसाइटी' के रूहे-रवाँ[19] थे।

रफ़ाक़त फ़ंड से उर्दू अदीबों को इनामात दिए जाते थे। लोग तो इल्ज़ाम-तराशी में मज़ा लेते हैं, बकवास करते थे कि सारे इनामात बच्चन बाबू के चमचों को ही अता[20] किए जाते हैं। इन जलसों में बड़े-बड़े फ़िल्मी-सितारे मौजूद होते थे, फ़िल्मी परियाँ ब्रोशर बेचती थीं और झोली फैलाकर चन्दे जमा करती थीं।

मौलवी रफ़ाक़त की सेहत बन गई थी। जिस्म भारी हो गया था। थोड़ी-सी तोंद भी निकल आई थी, जो उनकी पोज़ीशन पर बहुत जँचती थी। हाँ, बेगम कुछ ज़्यादा ही भर गई थीं, वर्ज़िश के लिए उन्हें क्लीनिक जाना पड़ा था।

मस्जिद जाना तो बीमारी की वजह से छूट ही गया था, मगर कभी-कभी जुमा की नमाज़ पढ़ने और ईद-बक़र ईद पर पाबन्दी से मौलवी साहब ज़रूर तशरीफ़ ले जाते थे। कभी मुहल्ले में चले जाते, तो बाक़ायदा जुलूस निकल जाता। वहाँ के रहनेवाले फ़ख़्र करते थे कि मौलवी साहब कभी उनके मुहल्ले में रहा करते थे, मगर हैरत की बात थी कि इतना मर्तबा[21] पाकर भी ग़रीबों से इतने ख़ुलूस[22] से मिलते थे।

इस अरसे में मिसेज़ इन्दिरा गांधी तख़्त पर बैठ चुकी थीं और दिन-ब-दिन उनकी साख बढ़ती जा रही थी। मौलवी साहब उनसे कई बार अक़ल्लियतों के नुमाइंदे की हैसियत से 'उर्दू बचाओ' के सिलसिले में बड़ी उम्मीद-अफ़ज़ा मुलाक़ातें कर चुके थे। उनके साथ खिंची हुई तस्वीरें बड़े नुमाया ढंग से उनके फ़्लैट के कोने-कोने में सजी हुई थीं। उनके अख़बार में मैडम की सियासी नुक्तादानियों, उनकी मौरुसी ज़हानत[23] और दूरअंदेशी पर मुदल्लल तब्सिरे[24] छपते रहते थे। भारत का कल्याण करने के लिए क़ुदरत ने एक नारी के रूप में दुर्गा को भेजा। उन्होंने एक तवील[25] नज़्म उनकी कारगुज़ारियों पर लिखी थी, जो कई ज़बानों में तर्जुमा करके देस के कोने-कोने तक पहुँचाई गई। जब वह नज़्म मिसेज़ इन्दिरा गांधी की ख़िदमत में पेश करने के लिए देहली गए, तो टेलीविज़न और आकाशवाणी ने बड़ी

---

15. प्रसारित, 16. निचोड़, 17. अल्पसंख्यक, 18. अस्तित्व, 19. कर्ता-कर्ता, 20. प्रदान, 21. पद, प्रतिष्ठा, 22. सहृदयता, 23. पुश्तैनी बुद्धिमानी, 24. तर्कसंगत टिप्पणियाँ, 25. लम्बी,

ख़ूबसूरती से इस तारीख़ी वाक़िए[26] को अवाम[27] के मफ़ाद[28] के लिए पेश किया। बेगम भी इस मौक़े पर मौजूद थीं, और पूरे वक़्त कैमरे के लैन्स को घूरती रहीं।

बेगम पर तो इस मुलाक़ात का नशा चढ़ गया। उनके साथ खिंची हुई प्रधानमंत्री की तस्वीर सुनहरी फ्रेम में जड़कर ड्राइंग-रूम में ऐसी जगह टाँग दी कि हर आने-जानेवाले की नज़र सबसे पहले उसी पर पड़े। फिर वह बड़ी तफ़्सील से हर मेहमान को उस सुहानी मुलाक़ात का ज़िक्र सुनातीं। ऐसा शानदार नक़्शा खींचतीं कि सुननेवाला भौंचक्का रह जाता। कुछ बद-मिज़ाज लोग इस अज़ीम[29] वाक़िए की रूदाद सुन-सुनकर बोर हो चुके थे और बेगम के पास जाते हुए काँपते थे, मगर जब वह अपनी नीम-बाज़ आँखों में तक़द्दुस[30] भरकर कहतीं, "हमारी वज़ीरे-आज़म एक औरत नहीं, एक मोजिज़ा[31] हैं", तो सब झूम उठते। मौलवी साहब की तो बात ही और थी। ख़ुद बेगम की इतनी दूर-दूर पहुँच हो गई थी कि सिफ़ारिश माँगनेवालों के ठठ लगे रहते थे। सुना था, वह बड़े-बड़े एवार्ड और पद्मश्री वग़ैरा तक दिलवाने लगी थीं।

उसी वक़्त मौलवी रफ़ाक़त साहब को दिल का दौरा पड़ा। कुछ कूढ़मग़ज़ लोगों का ख़याल था कि दिल का दौरा मौलवी रफ़ाक़त साहब पर बच्चन बाबू ने मस्लहतन[32] पड़वाया था। चन्दा जमा करने के लिए नए मवाक़े[33] पैदा करने के लिए एक अदद दौरे की अशद[34] ज़रूरत लाहिक़ हो गई थी। कैसे कम-ज़ौक होते हैं लोग! किसी की बेहतरी होते देखकर जलकर मूंडा हो जाते हैं। अगर किसी सरमायेदार का कारोबार तरक़्क़ी करता है, तो क्या मुल्क की तरक़्क़ी नहीं होती? बम्बई की शान बढ़ी कि नहीं? इसमें उन इमारतों का क्या क़ुसूर! लाखों इनसान फ़ुटपाथ पर या झोंपड़े ही में रहते हैं, और भई यह भी क़िस्मत की बात है कि मुल्क का ज़्यादातर मुनाफ़ा चन्द मुट्ठियों तक रह जाता है।

ख़ुदा जिसे चाहे दौलत दे, जिसे चाहे इज़्ज़त दे, एक चुना हुआ तब्क़ा अल्लाह को प्यारा है, तो इसमें जल मरने की कौन-सी बात है?

बच्चन बाबू ने मौलवी रफ़ाक़त को कहाँ से कहाँ पहुँचा दिया। क्या यह मुस्लिम तब्क़े की ख़ुशहाली का सुबूत नहीं? अगर इसी तरह लोग हरिजनों और आदिवासियों की देखरेख करें, तो मुल्क का सबसे अहम सवाल चुटकी बजाने में हल हो सकता है, मगर बच्चन बाबू जैसे देशसेवक हों तब न! आज मौलवी साहब के दिन फिरे, कल पूरे तब्क़े के दलिद्दर दूर हो जाएँगे।

इस दौरे में मौलवी साहब शहर के बेहतरीन नर्सिंग-होम में रहे। अख़बारों में उनकी बीमारी की ख़बर पढ़कर लोग टूट पड़े। बड़े-बड़े उहदेदार और मिनिस्टर तक अयादत[35] को आए। कुछ लोगों का कहना है कि गवर्नर साहब भी लेडी

---

26. ऐतिहासिक घटना, 27. जनता, 28. लाभ, 29. महान, 30. पवित्रता, 31. चमत्कार, 32. जानबूझकर, 33. अवसर, 34. बेहद, 35. रोगी का हाल पूछना,

गवर्नर के हमराह[36] तशरीफ़ लाए। जलनेवालों ने कहा, "सिर्फ़ गवर्नर साहब ही तशरीफ़ लाए, लेडी साहब न आ सकीं।" कुछ सिरफिरों ने कहा, "न गवर्नर साहब तशरीफ़ लाए, न लेडी गवर्नर। सब प्रोपेगंडा है। बे-पर की उड़ाई गई है।"

बड़े ज़ोर-शोर से जलसे हुए। चन्दा जमा हुआ। फ़िल्मी-शो हुए। दो-दो सौ के टिकट बिके। सोविनियर में इश्तिहार जमा हुए। फ़िल्मी सितारों ने ख़ूब हल्ला-गुल्ला किया। पता चला, इस सौदे में घाटा रहा, क्योंकि बड़े सितारे हस्बे-आदत ग़ोता दे गए और छोटे फ़नकारों[37] पर पब्लिक ने चप्पलें बरसाईं। एक गुमनाम-सी फ़िल्मी परी ने ऐसा तूफ़ानी रक़्स[38] पेश किया कि मौलवी साहब अगर अपने पुराने मुहल्ले में होते, तो ज़रूर कहते, "लाहौल वला क़ुव्वत! मगर उन्होंने आँसू भरी आवाज़ में सबका शुक्रिया अदा किया। पब्लिक के गुल-ग़पाड़े में कोई न सुन सका। वज़ीरेआज़म ने अपने फ़ंड से बीस हज़ार दिए और इयादतनामा भी इरसाल किया, जिसे बेगम रफ़ाक़त साहब आने-जानेवालों को किसी बहाने से दिखा देतीं।

फिर वही हुआ, जिसका डर था। फ़िर्क़ापरस्ती हमारे ख़ून में रच-बस चुकी है। लोगों को बच्चन बाबू और मौलवी रफ़ाक़त का भाईचारा फूटी आँख न भाया। उन्होंने उनके कान भरने शुरू किए। सबसे ज़्यादा उन्होंने बेगम को भड़काया। वह ग़रीब फ़ौरन भड़क गईं। औरत ज़ात कानों की कच्ची होती है। उन्होंने कहा कि 'रफ़ाक़त फ़ंड' में माल गोल हो रहा है। फ़्लैट ख़रीद रहे हैं। मौलवी साहब के नाम पर लूट मचा रखी है। कई सिनेमाहॉल ख़रीदे हैं, जिनमें मौलवी साहब का कहीं ज़िक्र नहीं। वह तो निरे उल्लू हैं, जिन्हें तो कुछ ख़बर ही नहीं। मौलवी साहब ने बेगम के तक़ाज़ों से तंग आकर बच्चन बाबू से हिसाब पूछ लिया। कुछ दिन तक वह आएँ-बाएँ-शाएँ करके टालते रहे, फिर एकदम बुरा मान गए। बड़ी तू तू मैं मैं हुई। बच्चन बाबू बुरी तरह रूठ गए। मौलवी साहब के छक्के छूट गए।

'रफ़ाक़त फ़ंड' घाटे में जाने लगा। सारा ग़ुस्सा बेगम पर उतरा।

"अरी नेकबख़्त, ख़्वाहमख़्वाह अड़चन डलवा दी।" उन्होंने बेगम की टाँग ली, "बच्चन बाबू ख़फ़ा हो गया। अब क्या होगा?"

"हो जाने दो ख़फ़ा! क्या मुर्ग़ न होगा, तो सुबह न होगी," वह बोलीं, "इफ़्तिख़ार भाई कहते हैं, गाड़ी चल निकली है। अब रोके न रुकेगी जैसे अल्लाह ने हमारे दिन फेरे, वैसे सबके फेरे और फिर इफ़्तिख़ार भाई अपने हैं।"

बड़ी बेटी की शादी की तारीख़ मुक़र्रर हो गई थी। बेगम के दिल में हौल उठ रहे थे। दूल्हा को सत्तर हजार घोड़े-जोड़े का देना तय पाया था। रातों की नींद हराम हो गई थी। बस बच्ची की शादी पर उन्होंने जाकर बच्चन बाबू के पाँव पकड़ लिए। जो नाचाक़ी[39] इधर-उधर के लोगों ने करा दी थी, वह ख़लीज[40] बनती जा रही थी।

36. साथ, 37. कलाकारों, 38. नृत्य, 39. मनमुटाव, 40. खाड़ी,

बेगम ने अल्टीमेटम दे दिया कि अगर बच्चन भैया शादी में नहीं बैठे, तो बारात उठवा देंगे, और बच्ची को ज़हर दे देंगे। आख़िर नूरजहाँ उनकी मुँहबोली बेटी थी। बच्चन बाबू रो पड़े।

ऐसा जी खोलकर इन्तिज़ाम किया कि लोग अश-अश करने लगे। क्या हंगामा रहा। हफ़्ता भर तक विदेसी शराब पानी की तरह लुंढाई गई। बावुजूद इस क़हत-मारी[41] के, सैकड़ों आदमी सुबह-शाम तर-माल उड़ाते रहे। ऐन शादी के दिन तो मुआमला बिल्कुल शहंशाही रहा। अपनी पोज़ीशन का कुछ तो फ़ायदा यार-दोस्तों को भी मिलना चाहिए। दया राम जी जो सेल-टैक्स के अफ़्सर थे, उन्होंने केटरिंग का इन्तिज़ाम अपने ज़िम्मे में ले लिया। शहर के चन्द बड़े-बड़े होटलों से दुनिया भर की नेमतें हाज़िर हो गईं। इतना लज़ीज़ और ब-इफ़्रात[42] खाना तो दूसरी जंगे-अज़ीम से पहले भी शायद ही किसी एक दस्तरख़्वान पर नज़र आया हो। सारा घर बिजली के क़ुमक़ुमों[43] से जगमगा रहा था।

चन्द फ़सादियों ने रंग में भंग डालने का फ़ैसला कर लिया। शादी में क़ानूनन मुक़र्रर की हुई तादाद से दस गुना मेहमान थे। बदतमीज़ों ने मोटरें गिन डालीं और पुलिस तक पहुँच गए। बड़ी बेइज़्ज़ती हो गई। मौलवी साहब ने क़समें खा-खाकर अख़बारों में तरदीद[44] की, मगर काफ़ी हुल्लड़ मचा। फिर जैसे सारे हंगामे उठते हैं और ख़ुद-ब-ख़ुद बैठ जाते हैं, यह हंगामा भी बुलबुले की तरह बैठ गया। अगर मौलवी साहब के साथ उस वक़्त बच्चन बाबू और उसके बारुसूख़[45] दोस्त न होते, तो ग़रीब उलटे टँग जाते। अल्लाह रहीमो-करीम है, वह सबके ऐब ढकता है। अख़बार थोड़े दिन चीख़-चिल्लाकर दम तोड़ गए, वर्ना सुना था, वज़ीरेआज़म नंगी तलवार है, किसी को नहीं बख़्शतीं, लेकिन बच्चन बाबू ने बड़े-बड़े ज़हरीले नाग खिलाए थे और यार-दोस्तों को भी साफ़ बचा लाते थे। दरअस्ल उन्हीं दिनों इमरजेंसी लगी थी, अख़बारों के गले घुट रहे थे। सिर्फ़ वह अख़बार रंग जमा रहे थे, जो एमरजेंसी के गुन गाने को तैयार थे। न जाने कैसे बच्चन बाबू ने मौलवी साहब पर किए जानेवाले एतिराज़ात को अक़ल्लीयत के ख़िलाफ़ प्रोपेगेंडे का रूप देकर सारी मुख़ालिफ़तें[46] दबा दीं।

उसी रात मौलवी साहब ने इमरजेंसी पर एक शानदार नज़्म लिखी, जिसमें उन्होंने उस नए क़ानून को मुल्क की क़िस्मत की रौशनतरीन खिड़की से ताबीर दी, जिसके ज़रिये आसेबी लानतें दूर हुईं और जन्नती नेमतें अन्दर आईं। मुल्क के दुश्मन और इनसानों का ख़ून चूसनेवाले स्मगलरों, ज़ख़ीरा-अंदोज़ों और मुनाफ़ा-ख़ोरों को कैफ़रे-करदार[47] को पहुँचा दिया गया, और पिछड़े हुए तब्क़े नुमाइंदों और अक़ल्लियतों के हुक़ूक़ के साथ इन्साफ़ हुआ। उनके हक़ उनको मिल रहे हैं। ग़रीबी तेज़ी से ग़ायब हो रही है और आम इनसान ख़ूब फल-फूल रहा है।

---

41. अकाल, 42. बहुतात से, 43. बल्बों, 44. खंडन, 45. पहुँचवाले, 46. विरोध, 47. कर्म-दंड,

उसी शाम उन्होंने अपने नौकर छोटू को छड़ी से इतना मारा कि वह अधमरा हो गया। उसने बेगम के कानों की बालियाँ चुराई थीं। छोटू को तो पुलिस ले गई, और माल उगलवाने लगी।

रात को जब उनकी बेटी सुग़रा अपनी सहेली की पार्टी से लौटी, तो उसके कान में अपनी बालियाँ जगमगाती देखकर बेगम को पसीना आ गया।

''मगर अब क्या हो सकता है बेगम? केस पुलिस के हाथ में चला गया। बड़ी बदनामी होगी।'' मौलवी ने समझाया।

बेटी की शादी तो धूम-धाम से हो गई, मगर बेगम कुछ उखड़ गईं। उन पर ख़ुदा जाने क्यों एकदम जहालत का भूत सवार हो गया। शादी में बड़े ही फूहड़पन और कोताह-अंदेशी[48] का सुबूत दिया। अव्वल तो बाहर ही नहीं निकलीं, होस्टेस की ग़ैर-मौजूदगी में ज़ाहिर है, महफ़िल सूनी और बेरंग रही।

बच्चन बाबू की गर्ल-फ्रेंड निर्मला खन्ना ने अगर मोर्चा न सँभाल लिया होता, तो भद उड़ जाती। मिसेज़ बच्चन मुँह थूथाए मिसेज़ रफ़ाक़त की पार्टी में शामिल रहीं। निर्मला खन्ना ने हर कमी को पूरा कर दिया।

शादी के बाद और हंगामे ठंडे पड़ गए, मगर मौलवी साहब बच्चन बाबू की बात के क़ाइल हो गए कि बग़ैर एक हसीन और जवान होस्टेस के उनकी प्रसनेलटी नहीं चमक सकती। यह बेगम के बस का रोग नहीं, काफ़ी सेट-बैक का अंदेशा है। बेगम का सलीक़ा घर के दायरे तक महदूद[49] रहा है। हाई सोसाइटी में वह उलट जाती है और मौलवी साहब पर शुब्हा करने लगती है। कहीं न कहीं ऐसा झोल डाल देती है कि अपर-क्लास के लोग खटक जाते हैं। मलगजा[50] पतली गोट का पुराना पाजामा पहने बादलों की तरह दौड़ती फिरें, अगर निर्मला की तरह कासनी शरारे वाला जोड़ा पहन लेतीं, तो ख़ासी जम जातीं!

कितनी तालीम-याफ़्ता और हसीन लड़कियाँ शादी की मार्किट में ताक़ पर रखी सड़ जाती हैं। कोई नौकरी के साथ भारी-भरकम दूल्हे का इन्तिज़ार करने लगती हैं। स्कूलों और दफ़्तरों की नौकरियाँ बोर कर देती हैं, लेकिन प्राइवेट सैक्रेटरी टाइप की नौकरियाँ काफ़ी दिलचस्प और बाइज़्ज़त समझी जाती हैं। बहुत-से समझदार लोग एकाध फ़्लैट घर के अलावा बीवी से पोशीदा[51] रखते हैं, जहाँ यार-दोस्तों की ख़ातिर वग़ैरा में बड़ी सहूलत रहती है। उस फ़्लैट को जो अक्सर ख़ाली पड़ा रहता है, किसी जाज़िब[52] होस्टेस के वुजूद से सँवार दिया जाए, तो कुछ मुज़ाइक़ा[53] नहीं। बिज़नेस की बहुत-सी बातें ऐसी होती हैं, जो घर में नहीं की जातीं। पीने-पिलाने की दावतों में जब कुछ यार-दोस्त तरंग में आ जाते हैं, तो बीवी-बच्चों की मौजूदगी में बात करना मुनासिब नहीं रहता।

---

48. अदूरदर्शिकता, 49. सीमित, 50. मैला-सा, 51. गोपनीय, 52. आकर्षक, 53. हानि,

बच्चन बाबू की राय से मौलवी साहब ने एक फ़्लैट निर्मला की जिगरी दोस्त सरोज भाटिया के नाम से लिया और फ़र्निश भी सरोज के ज़ौक[54] के मुताबिक़ करा दिया। बेगम उमूमन पीने-पिलाने की महफ़िलों में बाधा डाल देती थीं।

"क्यों जी, यह मुआ और किन्नी चढ़ाएगा। मरखने हाथी की तरह झूम रहा था।" वह कहतीं और मौलवी साहब बड़ी मुश्किल से उन्हें टाल देते, "अरे, काग़ज़ का कोटा मिलता था, उसका बड़ा हिस्सा ब्लैक में बेच दिया जाता था। उसी से तो अख़बार का ख़र्च निकलता था जो ज़्यादातर मुफ़्त बाँटा जाता था।"

सरोज जिस स्कूल में पहले काम करती थी, वह एक तो पार्ट-टाइम जॉब था, और घर से बहुत दूर पड़ता था।

सरोज भाटिया कमाल की होस्टेस साबित हुईं। मौलवी साहब के दोस्त-अहबाब का दायरा काफ़ी फैल चुका था। बड़ी-बड़ी कमेटियों पर पहुँच गए थे। उनकी गर्ल-फ्रेंड बराबर की हक़दार मान ली गई, बेगम को लोग भूल बैठे। मिस सरोज भाटिया बिल्कुल मिनिस्टरों की बेगमों की तरह सदारत करने लगी। स्कूलों-कॉलेजों में इनामात बाँटने और लैक्चर देने लगी।

बेगम बहुत बिदकीं, मगर मौलवी साहब ने सख़्ती से समझाया कि सरोज भाटिया का वुजूद उनकी पोज़ीशन क़ायम रखने के लिए निहायत ज़रूरी है। बेचारी बेगम रो-पीटकर बैठ रहीं। बेटियाँ ब्याह दी थीं, लड़के उमूमन विलायत के चक्करों पर रहते। ढंढार फ़्लैट पर पड़ी मक्खियाँ मारा करती थीं। सारी रौनक़ सरोज भाटिया के फ़्लैट में होती। ख़ुद उनकी बेटियाँ उनसे कतराने लगीं। वो जब भी मायके आतीं, बेगम मिस सरोज का दुखड़ा रोने लगतीं, जबकि दूसरे फ़्लैट में रंगा-रंग के हंगामे होते रहते थे। बड़े कार वाले आदमी जमा होते थे, वहाँ बेटियों को अपने शौहरों के मुस्तक़्बिल[55] सँवारने की उम्मीदें थीं, इसलिए वे पापा की गर्ल-फ्रेंड के इर्द-गिर्द मँडराया करतीं।

मौलवी साहब का एक पाँव देहली में रहता था। बीस नुकाती प्रोगाम कामयाब बनाने में वह सिर-पैर से जुड़े हुए थे। यूथ-कांग्रेस के बड़े ज़बरदस्त हिमायतियों में गिने जाते थे। वही यूथ-कांग्रेस, जो मुस्तक़्बिल की तक़दीर सँवारे दे रही थी, जो देश की कायापलट करने का फ़ैसला कर चुकी थी, वही संजय गांधी, जिन्हें विरसे में क़ौम की ख़िदमत का जज़्बा मिला था। मौलवी साहब से संजय जी बड़े बेतकल्लुफ़ थे। जब मिलते, पीठ पर धप मारकर निहायत प्यार से कहते, "हैलो ईडियट, क्या हाल-चाल है मौलवी।"

"आपकी दुआ है!" मौलवी साहब घिघियाते।

नसबन्दी पर उनकी नज़्में बाक़ायदगी से छपा करती थीं। उनमें यूथ-कांग्रेस की कारगुज़ारियों का नुमायाँ तौर पर ज़िक्र होता, जिनके नाख़ुदा[56] संजय गांधी थे,

---

54. सुरुचि, 55. भविष्य, 56. कर्णधार, नाविक,

जो देखते-देखते देश पर ख़ुदा की रहमत बनकर तारी[57] हो गए थे। सरोज भाटिया ने रुख़्साना सुल्ताना से बहनापा जोड़ लिया था। दोनों मिलकर देश सुधारने के प्रोग्राम बनाया करतीं।

बड़े ज़ोरो-शोर की महफ़िल जमी थी। मिस सरोज भाटिया का जन्मदिन था। काग पर काग उड़ रहे थे। दौर चल रहे थे। जब से डॉक्टरों ने राय दी थी, मौलवी साहब मुँह झुठलाने लगे थे, और दो-चार पैग ले लिया करते थे।

"क्या राय है?" बच्चन बाबू ने पूछा।

"किस बारे में?"

"यह जो मार्च में इलेक्शन हो रहे हैं!"

"मैडम अपनी कामयाबी के पूरे यक़ीन के बग़ैर कोई क़दम नहीं उठातीं।"

"मगर इलेक्शन की इस वक़्त क्या ज़रूरत है।"

"इस इलेक्शन से वह सिर्फ़ यह ज़ाहिर करना चाहती हैं कि उनकी पोज़ीशन कितनी महफ़ूज़[58] है।"

"और जो कांग्रेस हार गई तो।"

"कल आप कहेंगे, सूरज मग़्रिब[59] में निकला तो?"

"मगर दुश्मनों को आज़ाद कर दिया है। यह कहाँ की अक़्लमन्दी है?"

"अरे, इन दुश्मनों में दम नहीं, काठ के उल्लू हैं। पहले भी साथ मिलकर हार चुके हैं..."

सबने मिस सरोज से गाना सुनाने की फ़रमाइश शुरू कर दी...और बात टल गई।

मौलवी साहब बैठे अगले शुमारे का एडिटोरियल लिख रहे थे। क़ुरान और हदीस के हवालों से उन्होंने साबित कर दिया था कि इस्लाम नसबन्दी का हामी है। बड़े मारिके का मज़्मून बँध रहा था कि बच्चन बाबू बौखलाए हुए आए। बाल बिखरे हुए, गर्द-आलूद[60], हवास गुम!

"कुछ मौसम की भी ख़बर है!"

"क्या हुआ?"

"वह जिसका ख़्वाब में भी गुमान न था। राय बरेली से सीधा चला आ रहा हूँ..."

"अच्छा?"

"मियाँ जी, कांग्रेस का तख़्ता उलट गया।"

"अमाँ, घास खा गए हो? बरेली तो मैडम का गढ़ है!"

"अरे भाई, लोग तो देवी जी का नाम सुनने को भी तैयार नहीं। देखिए न, मेरी क्या मिट्टी पलीद की है। मोटर के शीशे तोड़ डाले। बड़ी मुश्किल से जान बचाकर भागा हूँ।"

---

57. छा, 58. सुरक्षित, 59. पश्चिम, 60. धूल में अँटे,

"तो तुम ख़्वाहमख़्वाह हवास-बाख़्ता[61] हुए जा रहे हो, अरे, दो-चार गुंडे ऊधम मचा रहे होंगे।"

"सारा मुल्क गुंडागर्दी पर तुला हुआ है। ख़ाक डालिए इस एडिटोरियल पर, यह अब नहीं चलेगा।"

"मगर पहली क़िस्त तो प्रेस में गई, और छप भी गई थी। तुम ख़्वाहमख़्वाह ज़रा-सी बात पर हौल खाने लगते हो।"

"देखिए मौलवी साहब, मैं ज़िम्मेदार नहीं।" बच्चन बाबू एकदम उठकर चल दिए, और ईविंग-न्यूज़ में आ गया कि बच्चन बाबू ने जनता पार्टी ज्वाइन कर ली। मौलवी साहब के पैरों तले से ज़मीन खिसक गई। लश्तम-पश्तम बच्चन बाबू के यहाँ दौड़े गए।

"आप का क्या है, मौलवी साहब," वह बोले, "आप अक़ल्लियत के नुमाइंदे हैं, आपकी तो हर हुकूमत में खपत हो जाएगी। ज़रा-से उलट-फेर से काम बन जाएगा। मुसीबत तो मेरी है, क्योंकि मैं तो देवी जी की नाक का बाल था। मुझे क्या पता था कि यों मेरी सारी दौड़-भाग ख़ाक में मिल जाएगी।"

और मौलवी साहब ने बड़ी तेज़ी से उलटफेर शुरू कर दी। एडिटोरियल फाड़ दिया गया। मशीन पर चढ़ा हुआ शुमारा रातोरात जला दिया गया। सारी नुक़्सानदेह तस्वीरें घर के कोने-कोने से उतारी गईं। उनकी घर में मौजूदगी भी ख़तरे से ख़ाली न थी। बेगम ने सुनहरे फ्रेम में जड़ी मैडम की और अपनी तस्वीर खसोटकर मदीना शरीफ़ का रंगीन फ़ोटो लगा दिया।

दूसरे दिन एक बहुत बड़े जलसे में मौलवी साहब ने इमरजेंसी की दरिन्दगी[62] पर मुदल्लल[63] तक़रीर की और जनता पार्टी को डैमोक्रेसी का मुहाफ़िज़[64] अवाम का हमदर्द और इनसानियत का अलमबर्दार साबित कर दिया।

और जनता पार्टी ने उन्हें लपककर फ़ौरन गले से लगा लिया।

अल्लाह-तआला बड़ा कारसाज़[65] है। वह सबकी नाव पार लगा देता है।

---

61. घबराए हुए, 62. पाशविकता, 63. तर्कसंगत, 64. रक्षक, 65. बिगड़े हुए कामों को बनानेवाला।

अमरबेल

बड़ी मुमानी का कफ़न भी मैला नहीं हुआ था कि सारे ख़ानदान को शुजाअत मामूँ की दूसरी शादी की फ़िक्र डसने लगी। उठते-बैठते दुल्हन की तलाश की जाने लगी। जब कभी खाने-पीने से निपटकर बीवियाँ बेटों की बरी या बेटियों का जहेज़ टाँकने बैठतीं, तो मामूँ के लिए दुल्हन तज्वीज़ की जाने लगती।

''अरे, अपनी कनीज़ फ़ातिमा कैसी रहेंगी?''

''ऐ बीबी, घास तो नहीं खा गई हो! कनीज़ फ़ातिमा की सास ने सुन लिया, तो नाक-चोटी काटकर हथेली पर रख देंगी। जवान बेटे की मय्यत उठते ही वह बहू के गिर्द कुंडल डालकर बैठ गईं। वह दिन और आज का दिन, दहलीज़ से क़दम न उतारने दिया। निगोड़ी का मायके में कोई मरा-जीता होता, तो शायद कभी आना-जाना हो जाता।''

''और भई, शज्जन भैया को क्या कुँआरी नहीं मिलेगी, जो जूठा पत्तल चाटेंगे। लोग बेटियाँ थाल में सजा के देने को तैयार हैं। चालीस के तो लगते भी नहीं...'' सुग़रा ख़ानम बोलीं।

''ऊई! ख़ुदा ख़ैर करे! बुआ पूरे दस साल निगल रही हो। अल्लाह रक्खे, ख़ाली के महीने में पूरे पचास भर के...''

अल्लाह! बेचारी इम्तियाज़ी फुप्पो बोल के पछताईं। शुजाअत की पाँच बहनें एक तरफ़ और वह निगोड़ी एक तरफ़...और माशाअल्लाह से पाँचों बहनों की ज़बानें बस कन्धों पर पड़ी थीं, यह गज़-गज़ भर की। कोई मुचैटा हो जाता, बस पाँचों एक दिन मोर्चा बाँध के डट जातीं। फिर मजाल है, जो कोई मुग़लानी, पठानी तक मैदान में टिक जाए। बेचारी शेख़ानियों, सैयदानियों की तो बात ही न पूछिए। बड़ी-बड़ी दिल-गुर्दे वालियों के छक्के छूट जाते।

मगर इम्तियाज़ी फुप्पो भी उन पाँच पांडवों पर सौ कौरवों से भी भारी पड़तीं। उनका सबसे ख़तरनाक हर्बा[1] उनकी चिनचिनाती हुई बरमे की नोक जैसी आवाज़ थी। बोलना जो शुरू करतीं, तो ऐसा लगता, जैसे मशीनगन की गोलियाँ एक कान

1. हथियार

से घुसती हैं और दूसरे कान से ज़न से निकल जाती हैं। जैसे ही उनकी किसी से तक़रार शुरू होती, सारे मुहल्ले में तुरन्त ख़बर दौड़ जाती कि भाई, इम्तियाज़ी बुआ की किसी से चल पड़ी, और बीवियाँ कोठे लाँघती छज्जे फलाँगती दंगल की जानिब[2] हल्ला बोल देतीं।

इम्तियाज़ी फुप्पो की पाँचों बहनों ने वह टाँग ली कि ग़रीब नक्कू बन गईं। उनकी मँझली बेटी, गोरी ख़ानम, अब तक कुँआरी धरी थीं। छत्तीसवाँ साल छाती पर सवार था, मगर कहीं नसीबा खुलने के आसार नज़र नहीं आ रहे थे। कुँआरे मिलते नहीं, ब्याहे रंडवे नहीं होते। पहले ज़माने में तो हर मर्द तीन-चार को ठिकाने लगा देता था, मगर जब से यह हस्पताल और डॉक्टर पैदा हुए हैं, बीवियों ने मरने की क़सम खा ली है। जिसे देखो, आक़िबत[3] के बोरिये समेटने पर तुली हुई। बड़ी मुमानी की बीमारी के दिनों में इम्तियाज़ी फुप्पो ने हिसाब लगा लिया था, लेकिन उनके फ़रिश्तों को भी पता न चला था कि दुहाजू के लिए भी कुएँ में बाँस डालने पड़ेंगे।

शुजाअत मामूँ की उम्र का मस्अला बड़ी नाजुक सूरत पकड़ गया। कमर आरा और नूर ख़ालिदा के लिए तो वह अभी लड़का ही थे, इसलिए वो तो भूल के बरसों की गिनती में बार-बार घपला डाल देतीं, क्योंकि उनकी उम्र का हिसाब लग जाने से ख़ुद ख़ालाओं की उम्र पर शह पड़ती थी, लिहाज़ा पाँचों बहनें बिल्कुल मुख़्तलिफ़ स्मितों[4] से हम्ला-आवर[5] हुईं। उन्होंने फ़ौरन इम्तियाज़ी फुप्पो के नवास-दामाद का ज़िक्र छेड़ दिया, जिसका तज़्किरा[6] फूफी की दुखती रग था, क्योंकि वह उनकी नवासी पर सौत ले आया था।

मगर हमारी फूफो भी खरी मुग़लानी थीं, जिनके वालिद शाही फ़ौज में बर्क़-अन्दाज़[7] थे। वह कहाँ मार खाने वालियों में से थीं, झट पैंतरा बदलकर वार ख़ाली कर दिया और शहज़ादी बेगम की पोती पर टूट पड़ीं, जो खुले बन्दों ख़ानदान की नाक कटवा रही थी, क्योंकि वह रज़ डोली में बैठकर धनकोट के स्कूल में पढ़ने जाया करती थी। उस ज़माने में स्कूल जाना उतना ही भयानक समझा जाता, जितना आजकल कोई फ़िल्मों में नाचने-गाने लगे।

शुजाअत मामूँ बड़े माक़ूल आदमी थे। निहायत सुथरा नक़्शा, छरैरा बदन, दरम्याना क़द। इम्तियाज़ी फुप्पो सारे में कहती फिरती थीं कि ख़िज़ाब लगाते हैं, मगर आज तक किसी ने कोई सफ़ेद बाल उनके सिर में नहीं देखा, इसलिए यह अन्दाज़ा लगाना मुश्किल था कि ख़िज़ाब लगाना कब शुरू किया। यों देखने में बिल्कुल जवान लगते थे। वाक़ई चालीस के नहीं जँचते थे। जब उन पर पैग़ामों की बहुत ज़ोर की बारिश हुई, तो बौखलाकर उन्होंने मुआमला बहनों के सुपुर्द कर दिया। इतना कह दिया, ''लौंडिया इतनी छिछोरी न हो कि उनकी बेटी लगे, और ऐसी खूसट भी न हो कि उनकी अम्माँ लगे।''

---

2. ओर, 3. परलोक, 4. विभिन्न दिशाओं, 5. आक्रमणकारी, 6. चर्चा, 7. तोपची,

बड़ी ढूँढ़ मची। आख़िर कुरआ[8] रुख़्साना बेगम के नाम पड़ा।

"ऊई, क्या ख़ूफ़ियाता[9] हुआ नाम है!" इम्तियाज़ी फुप्पो को कुछ न सूझा, तो नाम ही में कीड़े निकालने लगीं, मगर बहनों ने ऐसा मोर्चा कसा कि उनकी किसी ने न सुनी।

"लौंडिया सोलह से एक दिन ज़्यादा की हो, तो सौ जूते सुबह, सौ जूते शाम! ऊपर से हुक़्क़ा-पानी..." मगर उनकी किसी ने न सुनी। वह अपनी गोरी बेगम की नाव पार लगाने के लिए ख़्वाही न ख़्वाही[10] दुंद[11] मचाती थीं।

रुख़्साना बेगम को बस कोई देखे, तो देखता ही रह जाए, जैसे पहली का नाज़ुक शरमाया हुआ चाँद किसी ने उतार लिया हो। शक्ल देखे जाओ, पर जी न भरे। तोलो, तो पाँचवें फूल के बाद छटा फूल न चढ़े। रंगत ऐसी, जैसे दमकता कुन्दन। जिस्म में हड्डी का नाम नहीं, जैसे सख़्त मैदे की लोई पर गाय का मक्खन चुपड़ दिया हो। निस्वानियत[12] इस ग़ज़ब की, जैसे दर्जन भर औरतों का सत निचोड़कर भर दिया हो, गर्म-गर्म लपटें-सी निकलती थीं। शायद, बक़ौल फुप्पो, सोलह बरस की होंगी, मगर उन्नीस-बीस की उठान थी। बहनों ने मामूँ को पच्चीसवाँ साल बताया था। उन्हें ज़रा तकल्लुफ़ तो हुआ, मगर फिर टाल गए।

कमसिनी तो कोई बड़ा जुर्म नहीं।

सबसे बुरी बात तो यह थी कि बेइन्तहा मुफ़लिस, घर का बोझ थीं। दोनों तरफ़ का ख़र्चा मामूँ के सिर रहा। जब रुख़्साना मुमानी ब्याह कर आईं, तो उन्हें ग़ौर से देख के मामूँ के पसीने छूट गए।

"बाजी, यह तो बिल्कुल बच्ची है!" उन्होंने बौखलाकर कहा।

"ऊई! ख़ुदा ख़ैर करे! ऐ मियाँ, तेल देखो, तेल की धार देखो। मर्द साठा और पाठा, बीवी बीसी और खीसी। दो-चार बच्चे हुए नहीं, कि सारी क़लई उतर जाएगी। गू-मूत में न सोलह सिंगार रहेंगे, न यह रंग-रौग़न, न यह छल्ला-सी काया रहेगी, न बाज़ुओं का लोच। बराबर की न लगने लगे, तो चोर का हाल, सो मेरा! मैं तो कहूँ, दस साल में बड़ी भाभी जान की तरह हो जाएगी!"

"फिर हम अपने बैरन के लिए साढ़े बारह बरस की लाएँगे।" नूर ख़ाला चहकीं।

"हुश्त!" मामूँ शरमा गए।

"दूसरी बीवी नहीं जीती, इसलिए तीसरी!" शम्सा बेगम बोलीं।

"क्या बक रही हो ?"

"हाँ, मियाँ, बड़े बूढ़ों से सुनते आए हैं, दूसरी तो तीसरी का सदक़ा होती है, इसीलिए पुराने ज़माने में लोग दूसरी शादी गुड़िया से कर दिया करते थे, ताकि फिर जो दुल्हन आए, वह तीसरी हो।"

---

8. पाँसा, लॉटरी, 9. भयानक, 10. चाहे-अनचाहे, 11. द्वन्द्व, झगड़ा, 12. स्त्रीत्व,

बहनों ने समझाया और मामूँ समझ गए, फिर जल्द ही रुख़्साना बेगम ने भी समझा दिया। दो-तीन साल में अच्छे खाने, कपड़े और आशिक़े-ज़ार मियाँ ने वह जादू फेरा कि पहली का चाँद चौदहवीं का माहताब[13] हो गया। वह चाँदनी छिटकी कि देखनेवालों की आँखें झपक गईं। पोर-पोर से शुआएँ[14] फूट निकलीं। शुजाअत मामूँ पर ऐसा नशा सवार कि बिल्कुल धुत हो गए। शुक्र है, जल्द ही पैंशन होनेवाली थी, वर्ना आए दिन के दफ़्तर से ग़ोते ज़रूर रंग लाते।

बहनों के ले-दे के एक भैया थे। बड़ी मुमानी तो दुल्हनापे ही में जी से उतर गई थीं, उनकी कमान कभी चढ़ी ही नहीं। जब तक ज़िन्दा रहीं, सूरत को तरसती रहीं। आल[15] ख़ुदा ने दी ही नहीं कि उधर जी बहल जाता। मियाँ बहनों के चहेते भाई। सूरत न देखें, तो खाना न पचे। दफ़्तर से सीधे किसी बहन के यहाँ पहुँचते, रात का खाना वहीं से खाकर आते। फिर भी रोज़ाना ख़्वान[16] सजाए रात तक बैठी राह तका करतीं। किसी दिन इत्तिफ़ाक़ से खा लेते, तो उनकी ज़िन्दगी का मक़्सद पूरा हो जाता। आए दिन बहनों के यहाँ हंगामे रहते। झूठों को कभी भावज को भी बुला लेतीं, मगर यह बेचारी वहाँ ग़रीबुल-वतन[17]-सी लगतीं। सबने बुलाना छोड़ दिया। शुजाअत मामूँ को कभी यार-दोस्तों की दावत करनी होती, या क़व्वाली और मुजरे की महफ़िलें जमतीं, तो बीवी को पता भी न चलता, बहनें सब इन्तिज़ाम कर देतीं। यह उन ही के हाथ में रुपये दे देते।

किसी ने मुमानी को राय दी कि मियाँ को क़ाबू करने का बस एक गुर है। उसे ऐसे खाने खिलाओ कि किसी के घर का निवाला मुँह को न लगे। बस जी, मुमानी ने खाने पकाने की किताबें मँगाईं। लहसुन की खीर और बादाम के गुलगुले, दम का मुर्ग़ और मछली के कबाब पकाए, जिन्हें खाकर उन्होंने यह फ़ैसला किया कि वह उन्हें ज़हर देकर मारना चाहती हैं।

मुमानी ख़ून थूक-थूककर मर गईं।

मगर नई नवेली का जादू तो आते ही सिर चढ़कर बोलने लगा। न कहीं आने के रहे, न जाने के, न किसी का आना भाये, बस मियाँ हैं, और बीवी! क्या बाग़ो-बहार-सा भाई चुटकी बजाते में खुर्रे बान की तरह बेरहम और बेमुरव्वत हो गया। दुनिया उजाड़ हो गई। अपने पाँव पर आप कुल्हाड़ी मारी। गोरी बेगम से शादी करा दी होती, तो यों भैया साहब अल्क़त[18] न हो जाते। ऐ भाई, भैया को आँचल में कब तक बाँधे रखेगी? मर्द ज़ात है, कोई झंडूलना नहीं, कि हर दम कूल्हे से लगाए बैठी है।''

लाख ताने दिए जाते, दुल्हन बेगम हैं कि खी-खी हँस रही हैं और मियाँ, काठ के उल्लू घिघियाए जाते हैं। अपनी जोरू है, कोई पड़ोसी की नहीं कि बस तके जा रहे हैं बजर-बट्टू की तरह।

---

13. चन्द्रमा, 14. किरणें, 15. औलाद, 16. खाने से भरा हुआ थाल, 17. परदेसी, 18. समाप्त,

मामूँ वह मामूँ ही न रहे। अजी, कैसी क़व्वालियाँ और कैसे मुजरे! बस बीवी तिगनी का नाच नचा रही है। आप नाच रहे हैं।

"ऐ बस, और थोड़े दिन के चोंचले हैं। पैर भारी हुआ नहीं कि सारा दुल्हनापा ख़त्म...एक न एक दिन तो भाई का जी भरेगा।" दिलों को तसल्ली दी गई।

अल्लाह-अल्लाह करके रुख़्साना मुमानी का पैर भारी हुआ, तो अल्लाह तौबा! न उल्टियाँ, न तबीअत माँदी! चेहरे पे और चार चाँद खिल उठे। क्या मजाल, जो ज़रा-सी आँख आ जाए। वही शोखियाँ, वही अन्दाज़े-माशूक़ाना, जो नई दुल्हनों के हुआ करते हैं। और मामूँ का तो बस नहीं चलता, उन्हें उठाकर पलकों में छुपा लें। दिल निकालकर क़दमों में डाले देते हैं। जी से उतरने के बजाय वह तो दिमाग़ पर भी छा गईं।

पूरे दिनों में भी रुख़्साना मुमानी के हुस्न को ग्रहण न लगा। जिस्म फैल गया, मगर चाँद दमकता रहा। न पैरों पर सूजन, न आँखों के गिर्द हल्के[19] न चलने-फिरने में कोई तकल्लुफ़।

जापे के बाद चट से खड़ी हो गईं। क्या मजाल, जो बाल बराबर भी मोटी हुई हों। वही कुँआरियों जैसा लचकदार जिस्म। भली बीवी के जापे में बाल झड़ जाते हैं, उनके अदबदा के बढ़े कि ख़ुद सिर धोना दुश्वार हो गया।

हाँ, बीवी के बदले ज़रा मामूँ झटक गए, जैसे बच्चा उन्होंने पैदा किया हो। थोड़ी सी तोंद ढलक आई। गालों में लम्बी-लम्बी क़ाशें गहरी हो गईं। बाल पहले से ज़्यादा सफ़ेद हो गए। अगर दाढ़ी न बनी होती, तो गालों पर चिउंटी के सफ़ेद-सफ़ेद अंडे फूट आते।

जब दो साल बाद बेटी हुई, तो मामूँ की तोंद और आगे खिसक आई, आँखों के नीचे खाल लटकने लगी। निचली दाढ़ का दर्द क़ाबू से बाहर हो गया, तो मजबूरन निकलवानी पड़ी। एक ईंट खिसकी, तो इमारत की चूलें ढीली हो गईं।

उन दिनों मुमानी की अक़्ल-दाढ़ निकल रही थी।

शुजाअत मामूँ की बत्तीसी अस्ल दाँतों से ज़्यादा हसीन थी। उम्र का इल्ज़ाम नज़ले के सिर गया।

इम्तियाज़ी फुप्पो के हिसाब से रुख़्साना मुमानी छब्बीस बरस की थीं, गो अब भी वह कभी बच्चों के साथ धमाचौकड़ी मचाने के मूड में आ जातीं, तो सोलह बरस की लगने लगतीं। कई साल से उम्र का बढ़ना रुक गया था। ऐसा मालूम होता था, उनकी उम्र अड़ियल टट्टू की तरह एक जगह जम गई है और आगे खिसकने का नाम ही नहीं लेती। ननदों के दिल पर आरे चलते। वैसे भी जब अपने हाथ-पैर थकने लगें, तो नौजवानों की शोख़ियाँ, मुँहज़ोर घोड़े की दुलत्ती की तरह कलेजे में लगती है, और मुमानी तो साफ़ अमानत में ख़यानत कर रही थीं। शराफत और

19. घेरे,

भलमनसाहत का तो यह तक़ाज़ा था कि वह शौहर को अपना ख़ुदाए-मजाज़ी[20] समझतीं, अच्छे-बुरे में उनका साथ देतीं। यह नहीं कि वह थके-माँदे बैठे हैं और बेगम बेतहाशा मुर्ग़ियों के पीछे दौड़ रही हैं।

"अरे भाभी, तुम पर ख़ुदा की सँवार। न सिर की ख़बर है, न पैर की। हुड़दंगी बनी मुर्ग़ियाँ ख़ुदेड़ रही हो।"

"ऐ, तो क्या करूँ ख़ाला, मुई बिल्ली... !"

"ऊई, लो और सुनो! ए बी, मैं तुम्हारी ख़ाला कब से हो गई? शज्जन भाई मुझसे चार साल बड़े हैं। माशाल्लाह बड़ा भाई बाप बराबर! तुम भी मेरी बड़ी हो। ख़बरदार, जो तुमने फिर मुझे ख़ाला कहा।"

"जी, बहुत अच्छा!" शादी से पहले रुख़्साना मुमानी की अम्माँ उनकी दुपट्टा-बदल बहन कहलाती थीं।

वही हुस्न और कमसिनी, जिसने एक दिन शुजाअत मामूँ को ग़ुलाम बना लिया था, अब उनकी आँखों में खटकने लगी। लँगड़ा बच्चा जब दूसरे बच्चों के साथ नहीं दौड़ पाता, तो चिढ़कर मचल जाता है कि तुम बेईमानी कर रहे हो। मुमानी उनके साथ दग़ा कर रही थीं। कभी-कभी तो उन्हें लड़कियों-बालियों की तरह हँसता या दौड़ते-भागते देखकर उनके दिल में टीसें उठने लगतीं। वह जलकर कोयला हो जाते।

"लौंडों को लुभाने के लिए क्या तन-तनकर चलती हो," वह ज़हर उगलने लगे, "हाँ, अब कोई जवान पट्ठा ढूँढ़ लो।"

मुमानी पहले तो हँसकर टाल देतीं, फिर झेंपकर गुलनार हो जातीं। इस पर मामूँ और भी चिराग़-पा[21] होते और भारी-भारी इल्ज़ाम लगाते, "फ़लाँ से आँखें लड़ा रही थीं। ढिमाके से तुम्हारा तअल्लुक़ है।"

तब मुमानी सन्नाटे में रह जातीं। मोटे-मोटे आँसू छलक उठते। अलगनी से दुपट्टा घसीटकर वह अपना जिस्म ढककर सिर झुकाए कमरे में चली जातीं। मामूँ का कलेजा कट जाता, उनके पैरों तले से ज़मीन खिसक जाती। वह उनके तलवे चूमते, उनके क़दमों में सिर फोड़ते, उनके आगे नाक रगड़ते, रोने लगते, "मैं कमीना हूँ। हरामज़ादा हूँ। जूती लेकर जितना चाहो मारो मेरी जान, मेरी रूही, मेरी मलिका, शहज़ादी।"

और रुख़्साना मुमानी अपनी रुपहली बाँहें उनके गले में डालकर भों-भों रोतीं।

"तुम्हारा आशिक़े-ज़ार हूँ मेरी जान। रश्को-हसद[22] से जलकर ख़ाक हुआ जाता हूँ। तुम तो नन्हे को गोद में लेती हो, तो मेरा ख़ून खौलने लगता है। जी चाहता है, साले का गला घोंट दूँ। मुझे मुआफ़ कर दो जान..."

वह झट मुआफ़ कर देतीं। इतना मुआफ़ करतीं कि शुजाअत मामूँ की आँखों के हल्के और ऊदे हो जाते और वह बड़ी देर तक थके हुए ख़च्चर की तरह हाँफा करते।

---

20. पति-परमेश्वर, 21. ग़ुस्से से आपे से बाहर होना, 22. ईर्ष्या,

फिर ऐसे दिन भी आ गए कि वह मुआफ़ी भी न माँग सकते। कई-कई दिन वह रूठे पड़े रहते। बहनों की उम्मीदें बँध जातीं।

''भैया जान, भाभी को कुढ़ा-कुढ़ाकर मार रहे हैं। अब कोई दिन जाता है कि यह आए दिन की दाँता-किलकिल रंग लाएगी।''

मुमानी छुप-छुपकर घंटों रोतीं। आँसू भरी आँखों में लाल-लाल डोरे और भी सितम ढहाने लगते। सुता हुआ ज़र्द चेहरा, जैसे सोने में किसी बेईमान सुनार ने चाँदी की मिलावट बढ़ा दी हो। फीके-फीके होंठ, माथे पर उलझी-सी एक वारफ़्ता[23] लट। देखनेवाले कलेजा थाम के रह जाते। हुस्ने सोगवार[24] को देखकर मामूँ के कन्धे और झुक जाते, आँखों की वीरानी बढ़ जाती।

एक बेल होती है—अमरबेल! हरे-हरे संपोलिये जैसे डंठल, जड़ नहीं होती। यह हरे डंठल किसी भी सर सब्ज़ पेड़ पर डाल दिए जाएँ, तो बेल उसका रस-चूसकर फलती-फूलती है। जितनी यह बेल फैलती है, उतना ही वह पेड़ सूखता जाता है।

ज्यों-ज्यों रुख़्साना बेगम के चमन खिलते जाते थे, मामूँ सूखते जाते थे। बहनें सिर जोड़कर खुसर-फुसर करतीं। भाई की दिन-ब-दिन गिरती हुई सेहत को देखकर उनका कलेजा मुँह को आता था। बिल्कुल झरकट हो गए थे। गठिया की शिकायत तो थी ही, नज़ला अलग अज़ाबे-जान[25] हो गया। डॉक्टरों ने कहा, ख़िज़ाब क़तई मुवाफ़िक़ नहीं, मजबूरन मेहँदी लगाने लगे।

बेचारी रुख़्साना एक-एक से बाल सफ़ेद करने के नुस्ख़े पूछती फिरती थीं। किसी ने कहा, अगर ख़ुशबूदार तेल डालो, तो बाल जल्दी सफ़ेद हो जाएँगे। दुखिया ने इत्र सिर में झोंक लिया। मामूँ की नाक में जो शमामतुल-अंबर[26] की मदहोश-कुन[27] ख़ुशबू की लपटें पहुँचीं, तो वह ग़लीज़ ऐब[28] उन्होंने मुमानी पर लगाए कि अगर बच्चों का ख़याल न होता, तो मुमानी कुएँ में कूद जातीं। उनके बाल सफ़ेद होने के बजाय और मुलायम और चमकदार होकर डसने लगे।

मुमानी की जवानी के तोड़ के लिए मामूँ ने तिब्बे-यूनानी[29] की तमाम माजूनें, मुक़व्वियात[30], कुश्ते[31] और तेल इस्तेमाल कर डाले। थोड़े दिनों के लिए उनकी भागी हुई जवानी थम गई, बाँकपन लौट आया। मुमानी ने कुछ दुनियादारी के दाँव-पेच तो सीखे न थे, ख़ुद-रौ[32] पौधा थीं। कभी किसी ने बारीकियाँ न समझाईं। अट्ठाईस साल की थीं, मगर अठारह बरस जैसी नातजर्बाकारियाँ और अल्हड़पन था।

मोटर बहुत चलाओ, तो इंजन जल जाता है। दवाओं का रद्दे-अमल[33] जो शुरू हुआ, तो शुजाअत मामूँ ढह गए। एकदम बुढ़ापा टूट पड़ा। अगर वह जिस्म और

---

23. बेसुध, 24. उदास सौंदर्य, 25. प्राणों की यातना, 26. एक इत्र का नाम, 27. बेसुध करनेवाली, 28. गन्दे दोष, 29. यूनानी चिकित्सा, 30. काम-शक्ति बढ़ानेवाली, 31. भस्म, 32. अपने-आप उगा हुआ, 33. प्रतिक्रिया,

दिमाग़ को इतना न तकतकाते, तो बासठ बरस में यों लुटिया न डूब जाती। अब वह अपनी उम्र से ज़्यादा लगने लगे।

बहनें ज़ारो-क़तार रोतीं। हकीम-डॉक्टर जवाब दे चुके थे। लोगों ने जवान बनने के तो लाखों नुस्ख़े ईजाद किए, क़ब्ल-अज़-वक़्त[34] बूढ़ा होने की कोई दवा नहीं, जो मुमानी को खिला दी जाती। ज़रूर उन पर कोई सदा-बहार क़िस्म का जिन्न या पीर-मर्द आशिक़ था कि किसी तौर से उनकी जवानी ढलने का नाम ही न लेती थी। तावीज़-गंडे हार गए, टोने-टोटके चित हो गए।

अमरबेल फैलती रही।

बरगद का पेड़ सूखता रहा।

तस्वीर हो, तो कोई फाड़ दे। मुजस्समा[35] हो, तो पटककर चिकनाचूर कर दे। अल्लाह के हाथों का बनाया मिट्टी का पुतला अगर हसीन भी हो और ज़िन्दा भी, उसकी हर साँस में जवानी की गर्मी महक रही हो, तो फिर कुछ बस नहीं चलता। उसके चढ़ते हुए सूरज को उतारने की एक ही तरकीब हो सकती है, कि खाने की मार दी जाए। घी, गोश्त, अंडे, दूध क़तई बन्द! जब से शुजाअत मामूँ का हाज़िमा[36] जवाब दे गया था, मुमानी सिर्फ़ बच्चों के लिए गोश्त वग़ैरा मंगाती थीं। कभी-कभार एक निवाला ख़ुद चख लेती थीं, अब उससे भी परहेज़ कर लिया। सबको उम्मीद बँध गई कि अब माशाल्लाह ज़रूर बुढ़ापा तशरीफ़ ले आएगा।

"अए भाभी, यह क्या उछाल-छका लौंडियों की तरह मुई शलवार-क़मीज़ पहनती हो, और भी नन्ही बनी जाती हो।" ननद कहतीं, "भारी भरकम कपड़े पहनो कि अपनी उम्र की लगो।"

"किसी यार की बग़ल में जाने की तैयारी है।" मामूँ ने कचोके दिए। मुमानी कपड़ों से भी ख़ौफ़ खाने लगीं।

"ए बी, यह क्या एकाध वक़्त की नमाज़ पढ़ती हो, पंज-वक़्ता[37] की आदत डालो।"

मुमानी पंज-वक़्ता नमाज़ पढ़ने लगीं। जब से मामूँ की नींद बूढ़ी और नख़रीली हुई थी, तहज्जुद[38] के वक़्त से जागना पड़ता था।

"मेरे मरने के नफ़्ल[39] पढ़ रही हो।" मामूँ बिसूरते।

दुबली तो थीं, दिन-रात की दाँता-किलकिल से और भी धान-पान हो गईं। घी, गोश्त से परहेज़ हुआ, तो रंग और भी निथर आया। जिल्द[40] ऐसी शफ़्फ़ाफ़[41] हो गई कि जैसे कोई दम में बिल्लौर की तरह आर-पार नज़र आने लगेगा। चेहरे पर अजब-सा नूर उतर आया। पहले देखनेवालों की राल टपकती थी, अब उनके क़दमों में सिर पटकने की तमन्ना जागने लगी। जब सुबह-सवेरे नमाज़े-फ़ज्र के

---

34. समय से पूर्व, 35. मूर्ति, 36. पाचन-शक्ति, 37. पाँचों वक़्त की, 38. आधी रात के बाद की नमाज़, 39. वह नमाज़ जो पुण्य के लिए पढ़ी जाए, 40. त्वचा, 41. साफ़,

बाद क़ुरान की तिलावत करतीं, तो उनके चेहरे पर हज़रत मरियम का तक़द्दुस[42] और फ़ातिमा ज़ोहरा की पाकीज़गी तारी[43] हो जाती। वह और भी कमसिन और कुँआरी लगने लगतीं।

मामूँ की क़ब्र और पास खिसक आती और वह उन्हें मुँह भर-भर के कोसने और गालियाँ देते कि भांजों-भतीजों के बाद वह जिन्नों और फ़रिश्तों को बर्ग़ला रही हैं, चिल्ले खींच-खींचकर जिन्न क़ाबू में कर लिये हैं। उनसे जादू की बूटियाँ मँगाकर खाती हैं।

ख़िज़ाब के बाद अब मेहँदी भी मामूँ को आँखें दिखाने लगी थी। मेहँदी लगाते, तो छींकें आकर नज़ला हो जाता। वैसे भी उन्हें मेहँदी से घिन आने लगी थी। रुख़्साना मुमानी उनके बालों में मेहँदी लगातीं, तो बावुजूद एहतियात के उनके हाथों में भी शम्एँ लौ देने लगतीं। उनके हाथ देखकर शुजाअत मामूँ को ऐसा मालूम होता, जैसे मेहँदी में नहीं, मुमानी ने उनके ख़ूने-दिल में हाथ डुबो लिए हैं। वही हाथ, जिन्हें वह कभी चमेली की मुँहबन्द कलियाँ कहकर चूमा करते थे, आँखों से लगाते थे, अब शिकरे के ख़ूँख़्वार पंजों की तरह उनकी आँखों में घुसे जाते थे।

जितना-जितना वह उनकी मुँडिया ज़मीन पर घिसते, मुमानी सन्दल की तरह महकतीं।

बहनें घर से तर-माल तैयार करके भाई को खिलाने लातीं, कि कहीं भावज ज़हर न खिला रही हो। अपने हाथ से सामने खिलातीं, मगर इन खानों से मामूँ का हाल और पतला हो जाता। बवासीर की पुरानी शिकायत ने वह ज़ोर पकड़ा कि रहा-सहा ख़ून भी निचोड़ लिया। अभी उस नामुराद कुश्ते का असर बाक़ी था, जो उन्होंने पिछले जाड़ों में मुरादाबाद के एक नामी गिरामी हकीम साहब का नुस्ख़ा लेकर कई सौ की लागत से तैयार कराया था। नुस्ख़ा बेहद शाही क़िस्म का था, जिसे मुर्दा खा लेता, तो तनतनाकर खड़ा हो जाता, मगर मामूँ गोंदनी की तरह फोड़ों से लद गए।

दुखिया मुमानी घी को सैकड़ों बार पानी से धोतीं। उसमें गंधक और बहुत-सी दवाएँ कूट-छानकर मिलातीं। धड़ियों मरहम थोपा जाता। पतीलियों नीम के पत्तों का पानी ओंटातीं और सुबह-शाम पीप, ख़ून धोतीं। इनमें से चन्द फोड़े मुस्तक़िल नासूर बन गए थे और मामूँ को निगल रहे थे।

फिर एक दिन तो अँधेर ही हो गया। मामूँ बहुत कमज़ोर हो रहे थे। बहनें बैठी भावज का दुखड़ा रो रही थीं कि नज्जी बुढ़िया ख़ुदा जाने कहाँ से आन मरी। पहले तो शुजाअत मामूँ को नाना जान समझकर उनसे फ़्लर्ट करने लगी। किसी ज़माने में नानाजान उस पर बहुत मेहरबान रह चुके थे। बुढ़िया नामुराद की मत मारी गई

42. पवित्रता, 43. छा जाती,

थी। नानाजान को मरे बीस बरस हो चुके थे और वह अपनी चीपड़ भरी आँखों में पुराने ख़्वाब जगाने पर मुसिर थी। बड़ी ले-दे के बाद वह मामूँ का अस्ल मुक़ाम समझी, तो मर्हूमा मुमानी का मातम ले बैठी :

"हे हे, क्या बुढ़ापे में दग़ा दे गईं।" अचानक उसकी नज़र मुमानी पर जा पड़ी। मुमानी सहन में कबूतरों को दाना डाल रही थीं। अजब प्यारे अन्दाज़ में वह गर्दन झुकाए बैठी थीं, जैसे तस्वीर खिंचवा रही हों। कबूतर उनकी बिल्लौरी दमकती हुई हथेली को गुदगुदा रहे थे और वह बेइख़्तियार हँस रही थीं।

"हाय, मैं मर गई!" बुढ़िया ने अपना चपाती जैसा सीना कूटकर रुख़्साना मुमानी की तरफ़ हवा में बलाएँ लेकर कनपटियों पर दसों उँगलियाँ चटर-पटर चटखाईं, "अल्लाह पाक, नज़रे-बद से बचाए। बिटिया तो चाँद का टुकड़ा है। मैं जानूँ मीठा बरस लगा है। अए मियाँ," वह राज़दारी के अन्दाज़ में मामूँ के क़रीब खिसकी, "सौदागरों का मँझला बेटा विलायत पास करके आया है। अल्लाह क़सम, बस चाँद और सूरज की जोड़ी रहेगी।"

किसी ज़माने में बुढ़िया बड़े मारिके की मश्शाता[44] थी। अब उसका बाज़ार बन्द हो चुका था। चोंडा सफ़ेद हुआ, हाथ-पैर से माजूर[45] हुई, तो टुकड़े माँगकर गुज़र-औक़ात करने लगी थी।

थोड़ी देर तक तो किसी की समझ में ही न आया कि बुढ़िया मुर्दार क्या बक रही है! सौदागरों का मँझला बेटा, जो विलायत पास था, सबकी निगाहों में था। किसी को शुब्हा भी न हुआ कि नाशुदनी[46] क़त्तामा[47] रुख़्साना मुमानी का रिश्ता लगाने की ताक में है।

"इमाम हुसैन की क़सम, मियाँ, मैं तो कंगनों की जोड़ी लूँगी। बात छेड़ूँ?"

बात जो वाज़ेह[48] हुई और पानी मरा, तो भिड़ों का छत्ता छिड़ गया। चारों तरफ़ से तोपें दग़ने लगीं।

"है-है, मुझ जन्मपीटी को क्या ख़बर?" बुढ़िया स्लीपर पहनती भागी बाहर की तरफ़। चलते-चलते उसने मामूँ की पिटी हुई सूरत पर एक मुश्तबह[49] नज़र डाली, "मुँह पर तो साफ़ कुँआरपना बरस रहा है।"

उस दिन शुजाअत मामूँ ने क़ुरान उठाकर सबके सामने कह दिया कि ये दोनों बच्चे उनके नहीं, अड़ोस-पड़ोस की मेहरबानियों का फल हैं, जिनसे रुख़्साना बेगम ताक-झाँक किया करती हैं।

उस रात वह रोते रहे, कराहते रहे, अंगारों पर लोटते रहे। उस रात उन्हें बड़ी मुमानी बहुत याद आईं। उनके बाल तो क़ब्ल-अज़-वक़्त[50] पक गए थे। उनकी जवानी, उनका दुल्हनापा आँसू में बह गया। नेकी और पारसाई[51] का मुजस्समा,

---

44. प्रसाधिका, 45. असमर्थ, 46. अभागिन, 47. कुलटा, 48. स्पष्ट, 49. संदिग्ध, 50. समय से पूर्व, 51. संयम,

वफ़ा की पुतली। उनके हिस्से का बुढ़ापा भी उन्होंने अपने वुजूद में समेट लिया और शरीफ़ बीवियों की तरह जन्नत को सिधारीं। आज वह होतीं, तो यह दर्द, यह सोज़िश[52], सफ़ेद जड़ों वाले मेहँदी लगे बाल, यह रिसते नासूर, यह तन्हाई बँट जाती, फिर बुढ़ापा यों न दहलाता। दोनों साथ बूढ़े होते। एक दूसरे के दुख को समझते, सहारा देते।

अमरबेल दिन दूनी, रात चौगुनी फैलती गई। बड़ के पेड़ का तना खोखला हो गया, टहनियाँ झूल गईं, पत्ते झड़ गए। बेल पास के दूसरे हरे-भरे पेड़ पर रेंग गई।

कैसा जांसोज़[53] समाँ[54] था! शुजाअत मामूँ की मय्यत सहन में बनी-सँवरी रखी हुई थी। बहनें खड़ी पड़ी पछाड़ें खा रही थीं। मामूँ ने अपनी सारी जायदाद बहनों के नाम हिबा[55] कर दी थी।

रुख़्साना मुमानी सबसे अलग-थलग दर[56] से लगी बैठी थीं। कहनेवाले कहते हैं, कि इतनी हसीन सोगवार बेवा[57] ज़िन्दगी में कभी नहीं देखी। सफ़ेद कपड़ों में वह अजीब, पुर-असरार ख़्वाब[58] लग रही थीं। रो-रोकर आँखें मख़्मूर[59] और बोझल हो रही थीं। ज़र्द चेहरा पुखराज के नगीने की तरह दमक रहा था। पुरसे[60] को आनेवाले सब कुछ भूलकर बस उन्हें तकते रह जाते। उन्हें मर्हूम[61] की ख़ुशनसीबी पर रश्क आ रहा था।

मुमानी पर बेपनाह बेबसी और अफ़्सुर्दगी[62] छाई हुई थी। ख़ौफ़ और सरासीमगी[63] से उनका चेहरा और भी भोला लग रहा था। दोनों बच्चे उनके पहलू से लगे बैठे थे, वह उनकी बड़ी बहन लग रही थीं।

वह गुमसुम बैठी थीं, जैसे क़ुदरत के सबसे मश्शाक़ फ़नकार[64] ने अपनी बेमिसाल क़लम से कोई शाहकार[65] बनाकर सजा दिया हो।

---

52. तपन, 53. जान को जलानेवाला, 54. दृश्य, 55. अनुदान, 56. द्वार, 57. उदास विधवा, 58. रहस्यपूर्ण सपना, 59. उन्मादपूर्ण, 60. शोक प्रकट करने, 61. स्वर्गीय, 62. उदासी, 63. व्याकुलता, 64. कुशल कलाकार, 65. कृति।

नन्ही-सी जान

"तो आपा, अब क्या होगा?"

"अल्लाह जाने, क्या होगा! मुझे तो सुबह से डर लग रहा है," नुज़हत ने कंघी में से उलझे हुए बाल निकालकर उँगली पर लपेटना शुरू किए। ज़ेहनी इन्तिशार[1] से उसके हाथ कमज़ोर होकर लरज़[2] रहे थे, और बालों का गुच्छा फिसल जाता था।

"अब्बा सुनेंगे, तो बस अँधेर हो जाएगा। ख़ुदा करे, उन्हें मालूम न हो। मुझे उनके ग़ुस्से से तो डर ही लगता है।"

"तुम समझती हो, यह बात छुपी रहेगी। अम्मी को तो कल ही शुब्हा हुआ था कि कुछ दाल में काला है, मगर वह सौदे के काम देने में लग गईं और शायद फिर भूल गईं, और आज तो.."

"हाँ, आपा, छुपनेवाली तो बात नहीं, मैं तो कहती हूँ, जब रसूलन के अब्बा को ख़बर होगी, तब क्या होगा, ख़ुदा क़सम, भूत है वह तो...मार ही डालेगा उसको...हमेशा ऐसे ही मारता है कि..."

"और उसने किसी को बताया भी तो नहीं, कैसी पक्की है। पिछली दफ़ा जब दीन मुहम्मद का क़िस्सा हुआ, तो जब भी चुपके से ख़ाला के यहाँ भाग गई...भाईजान दोनों को निकालने को कहते हैं..." बाल जमाने के लिए वह ऊपर से महीन दाने की कंघी फेरने लगी।

"हाँ, और उस बेचारे की इतनी-सी तो तनख़्वाह है। भाईजान पुलिस में देने को कहते थे और देख लेना, अब के वह छोड़नेवाले नहीं। बहन, हद हो गई। मालूम है अब्बाजान का ग़ुस्सा।"

"तो अब वह पुलिस में उसे देंगे?"

"और नहीं तो फिर क्या?"

"फिर...फिर क्या होगा...बेचारी रसूलन...आपा...पुलिस के नाम से तो मेरा भी जी डरता है।"

---

1. मानसिक बिखराव, 2. काँप,

"डरने की बात ही क्या है...पुलिस किसी को नहीं छोड़ती...तुम्हें याद है, नन्नू की बहू ने हँसुली चुराई थी, तो दोनों गए थे जेलख़ाने..."

"हथिकड़ियाँ डालकर ले जाते हैं...क्यों आपा?"

"हथकड़ियाँ और बेड़ियाँ।"

"लोहे की होती हैं न?"

"हाँ, पक्के फ़ौलादी लोहे की।"

"फिर कैसे उतरी होंगी। मर जाते होंगे...तब ही उतरती होंगी। क्या करेगी बेचारी रसूलन?"

"और क्या बेचारी...भई मज़ाक़ थोड़ी है...और तुमने देखा, उसने गाड़ा किस सफ़ाई से बेचारे को...हिम्मत तो देखो...हमें भी न बताया। अरे, उसने तो किसी को बताया ही नहीं।"

"कैसी बेरहम है...हा...बेचारा बच्चा...उसका जी भी न दुखा...नन्ही-सी जान..."

"क्या मुश्किल से जान निकली होगी?"

"मुश्किल से क्या निकली होगी...एक उँगली के इशारे से बेचारा ख़त्म हो गया होगा।"

"ज़रा चलो, उससे पूछें, कैसे मारा उसने?"

दोनों डरी-सहमी, आँख बचाती, तलवों से जूतियाँ चिपकाए गोदाम की तरफ चलीं, जहाँ अनाज की गोल[3] के पास टाट पर रसूलन पड़ी हुई थी। पास ही दो-तीन नन्ही-नन्ही चुहियाँ गिरा-पड़ा अनाज और मिर्च के दाने लेने डरी-डरी घूम रही थीं। दोनों को देखकर ऐसे भागीं, जैसे वे मार ही तो देतीं, हालाँकि आने वालियों के दिल चुहियों से भी ज़्यादा बोदे थे। थोड़ी देर तक वह रसूलन के ज़र्द चेहरे और पपड़ाए हुए होंठों को देखती रहीं। रसूलन नौकरानी थी, पर वह बचपन से दोस्त ही रहीं, और वैसे थोड़ी बहुत रसूलन ही मज़े में थी। वह पर्दा नहीं करती थी और मज़े से दुपट्टा फेंककर आम के पेड़ तले कूदा करती। यह दोनों, जब से उनके मामूँ रामपुर से आए थे, पर्दे में रहती थीं, और गुलाब सागर वाली नानी ने आकर सबको मोटी कलफ़दार मलमल की ओढ़नियाँ बना दी थीं और बाहर क़दम रखना जुर्म था। यह रसूलन ही थी, जो उन पर रहम खाकर दो-चार कोयल-मारी अम्बियाँ उन्हें भी खिड़की से दे देती थी, जहाँ वो पर-कटे तोतों की तरह टुकुर-टुकुर देखा करती थीं, और मामूँ की मूँछ की नोक भी दिख जाए, तो वो गड़ाप से पीछे कूद पड़ती थीं और अब यह रसूलन पर बिपता पड़ी थी।

"रसूलन...ए रसूलन...कैसा है जी?"

"जी?" रसूलन ने जैसे आह खींचकर कहा, "अच्छी ही हूँ नुज़हत बी!"

"क्या बुख़ार तेज़ है? और दर्द अब भी है या गया?"

---

3. ढेर,

"हाँ, नुज़हत बी, सल्मा बी..."

"अरे भई, फिर कुछ करना। कह दे माँ से, हकीम साहब के यहाँ से लाए कोई दवा..."

"नहीं बीबी...मार डालेगी माँ तो...वैसे ही ग़ुस्सा रहती है।"

"...और अब तो और भी..."

"हाँ! ग़रीब लड़की!...मरती हो, तो कोई दवा लाकर न दे...हद है, ज़ुल्म की।" सल्मा की आँखें भर आईं।

"मगर कब तक छुपाएगी...मिट्टी भी तो ठीक से नहीं डाली तूने।"

"क्या ? तो क्या सबको मालूम हो गया था।" रसूलन और भी ज़र्द पड़ गई। उसके सुरमई गाल मिट्टी के रंग जैसे हो गए।

"अब बस हमसे मत बनो। हमें सब मालूम है। हमें क्या सबको ही मालूम है।"

"हैं ?...आपको...नुज़हत बी, आप ने क्या देखा ?" वह लरज़कर उठने लगी।

"और क्या, हमें कल ही मालूम हो गया था और हम पिछवाड़े जाकर देख आए। मैं और सल्मा गए थे..."

"हाँ...हमने देख लिया..." सल्मा जल्दी से बोली कि कहीं रह जाए और रसूलन सब कुछ बस आप ही देख सकती हैं।

"शी, इतनी ज़ोर से न बोलो..." दोनों ख़ुद ही डरकर सिमटने लगीं।

"हम और आप कल गए थे शाम को! फिर हमने ढूँढ़ा, तो मेहँदी के क़रीब हमें शुब्हा हुआ, फिर क़मीज़ का कोना दिखाई दिया जिसके चीथड़ों में लपेटा है तू ने।"

"हाँ, दीन मुहम्मद की फटी हुई क़मीज़...ओह, मेरे तो रोंगटे खड़े हो गए...बेचारे की गर्दन यों...टेढ़ी हो गई थी..." नुज़हत ने ज़िब्ह की हुई मुर्ग़ी की तरह गर्दन अकड़ाई।

"फिर...फिर सल्मा बी...फिर आप ने कह दिया होगा सबसे...हाय, मेरे मालिक! मेरी माँ!..."

"हम ऐसे छिछोरे नहीं हैं रसूलन...तेरी शिकायत कैसे कर देते...और फिर जबकि हमें मालूम है कि तू अकेली ही क़ुसूरवार नहीं...यह दीन मुहम्मद..."

"उस बदज़ात का मेरे सामने नाम न लीजिए...बीबी..."

"हम तो कितनी बार कह चुके थे उस कुत्ते से न बोला कर...हमेशा तुझे ज़लील कराता है...मगर..."

"अच्छी बीबी, अब मरदुए से बोलूँ तो रसूलन नहीं, भंगिन की जनी...बस...तो अब आप कह देंगी सबसे और जो सरकार को मालूम हो गया, तो ख़ैर नहीं...हाय मेरे अल्लाह...मैं तो मर ही जाऊँ..."

एक तो अँधेरा, ऊपर से निडर चुहिया...फिर रसूलन मरने की धमकी दे। नुज़हत की उँगलियों के पोरे ठंडे पड़ गए और सल्मा की आँखों में मिर्चें लगने लगीं।

"कैसी बातें करती हो रसूलन!"

सल्मा की नाक भी जल उठी।

"क्या करूँ बीबी...जी करता है, अपना गला घोंट लूँ," और वह जी छोड़कर सुबकियाँ लेने लगी।

"हैं-हैं, रसूलन! क्या बातें मुँह से निकालती हो। ख़ुदा सबका मददगार है। वह ही सबकी मुसीबत दूर करता है। मुझे तो उस नामुराद दीन मुहम्मद पर ग़ुस्सा आ रहा है, जैसे उसका तो कुछ क़ुसूर नहीं..." नुज़हत ने कहा।

"हाँ भई, लड़कों को कौन कुछ कहता है! दीन मुहम्मद कुछ भी कर दे, भाई-जान हिमायती। अब्बाजान तरफ़दार। और बेचारी रसूलन! ख़याल से ही मेरा कलेजा कटा जाता है। याद है आपा, पिछली दफ़ा कैसा शोर मचा था, और रसूलन की माँ भी ग़रीब क्या करे! सच कहती हैं अम्मी, लड़कियाँ जनम से खोटा नसीबा लेकर आती हैं।"

सल्मा के गालों पर सचमुच आँसुओं की लकीरें बहने लगीं। तीनों के गले भर आए और नुज़हत की नाक में चिउंटियाँ-सी रेंगने लगीं, जानो किसी ने पानी चढ़ा दिया हो। तीनों चुहियाँ भी शायद भूलकर मिर्च का दाना चबा गईं। आँसू भरी ग़मगीन आँखों से, दूर बैठी सुबकियाँ भरती रहीं। आँखें, भूरी मूँछें शिद्दते-इज़्तिराब[4] में भुट्टे के बालों की तरह काँप रही थीं।

"मेरी नुज़हत बी, बताइए, अब मैं क्या करूँ? मुझे तो दादी बी की पिटारी में से अफ़्यून ला दीजिए। सचमुच खाकर ही सो रहूँ।" रसूलन निचला होंठ काटने लगी।

"नहीं, रसूलन, ख़ुदकुशी हराम है। अब तो बात, मालूम होता है, दब गई और किसी को पता भी न चलेगा और तू अच्छी हो जाएगी।" सल्मा बोली।

"क्या करूँ अच्छी होकर! इस रात-दिन की जूतियों से तो मौत अच्छी!"

"मगर मैं पूछती हूँ...यह तूने कैसे मारा?...ऐ है, ज़रा-सा था..." नुज़हत का आख़िर को जी न माना।

"मैंने?...बीबी, आप...हो हो हो...हो..." रसूलन बीमार कुतिया की तरह रोने लगी।

"चुप रहो अब तुम! और ग़रीब का दिल दुखा रही हो...मत रो रसूलन।" सल्मा आगे खिसक आई।

"चलो, अम्मी आ रही हैं..." नुज़हत और सल्मा दरवाज़े के पीछे दुबक गईं। अम्मी लोटा लिये निकली चली गईं।

"ठहरो बीबी, कहोगी तो नहीं किसी से..." रसूलन ने गिड़गिड़ाकर सल्मा के पायँचे की गोट पकड़ी।

"नहीं...अरे छोड़ो...अरे..." दोनों सक्ते[5] में रह गईं। चुहियाँ पीपों के नीचे भाग गईं।

---

4. व्याकुलता की तीव्रता, 5. मूर्छा,

"हूँ...तो यह मुआमला है! अच्छा, कहूँगा अम्मी से..." भाईजान स्टिक में कड़वा तेल लगाने गोदाम आए थे।"

"भाईजान! इन्होंने सारी बातें सुन लीं। चुप रसूलन, आपा चलो।" दोनों दुबककर निकलने लगीं। एक चुहिया भाईजान की हॉकी स्टिक को घूरती पुराने पलंग के बानों में भाग गई।

"क्या आप...अच्छा, तौबा कीजिए...साज़िशें हो रही हैं...मगर मैंने सब सुन लिया है...वह दीन मुहम्मद की क़मीज़...मेहँदी के नीचे..." भाईजान तेल की तलाश में पीपे टटोलने लगे।

"तो...तो...आप...देर से खड़े थे... ?" सल्मा ने चाहा, उसके चेहरे की सफ़ेदी आँचल में जज़्ब हो सके, तो क्या कहने।

"और क्या...बरामदे में था मैं...अब तुम पकड़ी गईं...बताओ...क्या साज़िश थी?"

"कुछ नहीं।"

"सच बताओ, वर्ना अभी अम्मी से जा कहता हूँ...बोलो, क्या बात है?"

"अच्छे भाईजान!...देखिए ग़रीब रसूलन...हाय अल्लाह!" नुज़हत का जी चाहा, ज़ोर से चने की गोली से माथा फोड़ डाले।

"यह रसूलन...सूअरनी है। मेरे सारे जूते पलंग के नीचे भर देती है। इस चुड़ैल की तो खाल खिंचवा दूँगा...ठहर जा...क्या गाड़कर आई है...शर्तिया..."

"नहीं भाईजान...अच्छा, आप क़सम खाइए कि कहेंगे नहीं किसी से।" सल्मा ने बढ़कर प्यार से भाईजान के गले में बाँहें डाल दीं।

"हटो...नहीं खाते हम क़सम...मत बताओ हमें! हम ख़ुद जानते हैं। आज से नहीं, कई दिन से..."

"हाय...मेरे मौला..." रसूलन औंधी पड़कर फूट-फूटकर रोने लगी।

"अच्छा, आप हमारा ही मरा मुँह देखें, जो किसी से कहें...सुनिए, हम सब बता देंगे।" दूसरी तरफ़ से नुज़हत ने गला दाबा।

"बात यह है..." और कान में सल्मा ने खुसर-फुसर करके कुछ बताना शुरू किया।

बोले, "अरे...! कब..." भाईजान की नाक फड़की और भौंहें टेढ़ी-मेढ़ी लहरें लेने लगीं।

"कल शाम को..." नुज़हत ने हौले से बताया।

"अब्बाजान क्लब गए थे और अम्मी सो रही थीं..." सल्मा के गले में सूखा आटा फँसने लगा।

"हूँ...फिर...अब क्या पता नहीं चल जाएगा..." भाईजान दोनों को झटककर बोले।

"मगर आप...आप न कहिएगा...आपको रज़िया आपा की क़सम..." सल्मा ने कहा।

"रज़िया...रज़िया...हैं...हिश्त...हटो...हम किसी की क़समें नहीं खाया करते..." और वह हाथ झटकते चले..."हम ज़रूर कहेंगे...वाह, हटो, हम जा रहे हैं..."

"आपा, तुम भी क्या हो...इतनी ज़ोर-ज़ोर से बोलती हो कि सब उन्होंने सुन लिया..." भाईजान के जाने के बाद तो सल्मा की आँखें आँसुओं में गर्क़ हो गईं। यह भाई किसी के नहीं होते। स्वेटर बुनवाएँ, बटन टकवाएँ, वक़्त-बेवक़्त अंडे तलवाएँ, रुपया उधार ले जाएँ और कभी भूलकर भी वापस न करें। क्या मिस्कीन[6] सूरत बना लेते हैं, जानो बड़ी मुसीबत पड़ी है।

"नुज़हत गुड़िया, ज़रा एक रुपया उधार दे दो। सच कहता हूँ कल एक के बदले दो दे दूँगा..."

"हो दुगने तो दुगने, ज़रे-अस्ल[7] ही दे दें, तो बहुत जानूँ," नुज़हत बिल्कुल ही बग़ावत पर उतर आई।

रसूलन की माँ रोटियों के लिए ख़ुश्की लेने आई है। ग़रीब के सारे मुँह पर झुर्रियाँ पड़ी हुई थीं और चेहरे से नफ़रत और ग़ुस्सा बरस रहा था।

"अरे रसूलन की माँ, इसका बुख़ार नहीं उतरता!...तुम कुछ करती भी नहीं..." नुज़हत ने डाँटा।

"अरे बिटिया, क्या करूँ...हरामख़ोर ने मुझे तो कहीं का न रक्खा। जहाँ नौकरी की, इसी के गुनों से निकाली गई...घड़ी भर को चैन नहीं।"

"मगर रसूलन की माँ, क्या तुम चाहो कि वह मर जाए, तो देख लेना, तुम भी नहीं छूटोगी। हाँ, और क्या..."

"मर जाए तो पाप ही न कट जाए! कलमुँही ने मुझे मुँह दिखाने का न रखा...थानेदारनी तो अब भी मुझे रखने को कहती हैं, पर इस कमीनी के मारे कहीं नहीं जाती...जब देखो, मुझे तो नसीबों का रोना है...जवान बेटा चल दिया और यह रह गई मेरे कलेजे पर मूँग दलने को..."

"तो ज़हर दे दे न मुझे..हो...हो...हो..." रसूलन ने बेबसी से रोकर कहा।

"अरे, मैं क्या दूँगी ज़हर! इन करतूतों से देख लीजियो, जेल जाएगी और वहीं सड़-सड़ के मरेगी! लो, अँधेर ख़ुदा का। मुझसे कहा तक न इसने। हटो बी, मुझे आटा लेने दो।"

"यह क्या हो रहा है यहाँ...सल्मा...नुज़हत। हूँ, कितनी दफ़ा कहा कि शरीफ़ बेटियाँ रज़ीलों[8] के पास नहीं उठतीं-बैठतीं, मगर नहीं सुनतीं। जब देखो, सिर जोड़े बातें हो रही हैं। जब देखो, दुखड़े रोए जा रहे हैं...चलो, यहाँ से निकलो...ऊई, इसे हुआ क्या, जो लाश बनी पड़ी है बन्नो!"

6. भोली-भाली, 7. मूलधन, 8. कमीनों,

"जी...जी...बीबी जी, बुख़ार है कम्बख़्त को!" रसूलन की माँ जल्दी-जल्दी आटा छानने लगी।

"बुख़ार तो नहीं मालूम होता। ख़ासा तबाक़-सा[9] चेहरा रखा है। यह क्यों नहीं कहतीं कि बन्नो..."

"बीबी जी...यह देखिए यह..." दीन मुहम्मद बीच में चिल्लाया।

"आपा...वह...वह ले आया..." सल्मा ने जैसे क़ब्र से उखेड़ी लाश को देखकर बुज़दिली से घिघियाना शुरू कर दिया और नुज़हत से लिपट गई।

"अरे, क्या है?"

"यह...देखिए, पिछवाड़े मेहँदी के तले..."

"है-है...कम्बख़्त...ऊई..." अम्माँ जान के हाथ से लोटा छूट पड़ा। वह मरी हुई चुहिया तो देख न सकती थीं...

"यह, यह इसने रसूलन ने बीबी जी...मेहँदी के तले गाड़ा...यह देखिए..." रसूलन का जी चाहा, वह भी नन्ही-सी चुहिया होती और सट से मटकों के नीचे ख़ला[10] में जा छुपती।

"चल झूठे...कैसा बन रहा है...जैसे ख़ुद बड़ा मासूम है," नुज़हत चिल्लाई।

"तो क्या मैंने मारा है...वाह साहब वाह...वाह नुज़हत बी, और फिर अपनी क़मीज़ में लपेट देता कि झट पकड़ा जाऊँ...बीबी जी, यह रसूलन ने गाड़ा है।"

"चल, नामुराद! तुझे कैसे मालूम, मेरी बच्ची ने गाड़ा है। तेरी माँ-बहना ने गाड़ा होगा और मेरी लौंडिया के सिर थोप रहा है। उसका जी परसों से अच्छा नहीं है। अलग पड़ी है कोठड़ी में..." रसूलन की माँ दहाड़ी और ज़ोर-ज़ोर से छलनी से आटा उड़ाने लगी, ताकि सबके दम घुट जाएँ और भाग खड़े हों। वह अपनी पीठ से रसूलन को छुपाए रही। कहते हैं, दाई ने उसके गले में बाँस घंगोल दिया था, जभी तो ऐसे चीख़ती थी। मुहल्ले की ज़्यादातर लड़ाइयाँ वह सिर्फ़ अपने गले के ज़ोर से जीत जाया करती थी।

"सरकार, मैं शर्त बदता हूँ, इसी का काम है यह...यह देखिए, मेरी क़मीज़ भी चुराकर फाड़ डाली। जाने दूसरी आस्तीन कहाँ गई..." दीन मुहम्मद बोला।

"हरामख़ोर, इसी का नाम लिए जाता है। कह दिया परसों से तो वह पड़ी मर रही है। मुर्ग़ियाँ भी मैंने बन्द कीं और अपने हाथ से गोदाम की झाड़ू निकाली। मुआ काम है कि दम को लगा है..." रसूलन की माँ झूठ-सच उड़ाने लगी।

"इसीलिए तो मकर किए पड़ी है डर के मारे! वर्ना हमें क्या मालूम नहीं...इसका मरज़! चुपके से गाड़ आई कि सरकार को मालूम हो गया, तो जान की ख़ैर नहीं।"

बीबी जी जूतियों में से पानी टपकाने लगीं, "इस चुड़ैल से तो मैं तंग आ गई हूँ...रसूलन की माँ, यह कीड़ों भरा कबाब मैं घड़ी भर नहीं रखने की। लो, भला ग़ज़ब ख़ुदा का है कि नहीं!"

9. परात जैसा, 10. ख़ाली जगह,

"सुअर कहीं का...यह दीन मुहम्मद..." सल्मा बड़बड़ाई।

सल्मा न जाने क्या बड़बड़ाई कि अम्माँ जान ने डाँट बताई, "बस बी बस, तुम न बोलो। कह दिया, कुँआरियाँ हर बात में टाँग नहीं अड़ाया करतीं...चलो, यहाँ से...तुम्हारा कुछ काम नहीं...रसूलन की माँ, बस आज ही...इसकी ख़ाला के यहाँ पहुँचा दो। कितना कहा, हरामख़ोर का ब्याह कर दे कि पाप कटे," बीबी जी बुरी तरह ताने देने लगीं।

"कहाँ कर दूँ बीबी जी! आप ही तो कहती हैं कि छोटी है। सरकार कहते हैं, अभी न कर, जेल हो जाएगी...और मैं तो मुई की कर दूँ, कोई क़ुबूले भी। मुझे तो इसने कहीं मुँह दिखाने को नहीं रक्खा।" रसूलन की माँ रो-रोकर छलनी झाड़ने लगी।

"अरे, और यह मरा कैसे! रसूलन, ज़रा-सी जान को तूने मसल कर रख दिया, और तेरा कलेजा न दुखा!"

"ऊँह...ऊँह...ऊँह..." बेचारी रसूलन कुछ भी न बता सकी।

"बन रही है बीबी...बड़ी नन्ही-सी है न..." दीन मुहम्मद फिर टपका।

"ऊँ ऊँ अल्लाह क़सम बीबी जी...यह...यह दीन मुहम्मद..."

"लगा दे मेरे सिर...अल्लाह क़सम बीबी जी, यह इसी की हरकत है...झूठी..."

"ख़ुदा की मार तुझ पर? झाड़ू पीटे एक-साँस मेरी लौंडिया का नाम लिए जाता है, बड़ा साहूकार का जना आया वहाँ से। हर वक़्त मेरी लौंडिया के पीछे पड़ा रहता है।" रसूलन की माँ अपनी मख़सूस[11] चिंघाड़ में फट पड़ी।

"बस, बस, जब तक बोलती नहीं, बढ़ती ही चली जाती है...तुम्हारी लौंडिया है भी बड़ी सैयदानी..."

"देखो दीन मुहम्मद की माँ, तुम्हारा कोई बीच में नहीं...ज़माना भर का लुच्चा मुआ..."

"बीच कैसे नहीं और तुम्हारी लौंडिया...अभी जो घर के सारे पोल खोल दूँ, तो बग़लें झाँकती फिरो। कहो कि नौकर होकर नौकर को उगाड़ती हैं..." रसूलन की माँ चिंघाड़ सकती थी, तो दीन मुहम्मद की माँ की नहीफ़[12], मगर एक लय की आवाज़ कानों में मुसलसल[13] पानी की धार की तरह गिरकर पत्थर तक को घिस डालती थी। चीं चीं चीं...जब शुरू होती थी, तो मालूम होता था, दुनिया एक पुराना चरख़ा बन गई है, जिसमें कभी तेल नहीं दिया जाता।

"आया निगोड़ा मारा कहीं से..." रसूलन की माँ दब नहीं रही थी, ज़रा यूँ ही कुछ सोच रही थी। "और क्या नन्ही बनकर मेरे लौंडे का नाम ले रही है, जैसे हमसे कुछ छुपा है। पिछले जाड़ों में भी इसी ने ऐसे ही झटपट कर दिया और कानोकान ख़बर न हुई और तुम ख़ुद छुपा गईं। मेरा लड़का मुई पर थूकता भी नहीं।"

---

11. विशिष्ट, 12. क्षीण, 13. लगातार,

"देखिए बीबी जी, अब यह बढ़ती ही चली जा रही है। मुई क़साइन कहीं की। मारा, चलो। अच्छे चटपट किया। कोई तुम्हारे ख़सम का था..."

"मेरे तो नहीं, हाँ, तुम्हारे ख़सम का था, जो पोटली बाँध अंधे कुएँ में झोंक आईं और लौंडिया को झट से ख़ाला के पास भेज दिया। ज़रा-सी फ़ितनी[14] और गुण तो देखो..." दीन मुहम्मद की माँ की आवाज़ लहराई।

"बस जी बस, यह कंजरख़ाना नहीं...यह तुम्हारे ख़सम का न, इनके ख़सम का...चलो, अपना-अपना काम करो...भला बताओ, सरकार को पता चला तो...अल्लाह जानता है, क़यामत आई समझो...टाँग बराबर की छोकरी, क्या मज़े से मार-मूर ठिकाने लगा दिया और थोप भी आई...अँधेर है कि नहीं...ऐ है, चल, हट इधर से।" बीबी जल्दी से लपकीं।

"कुछ नहीं, अब्बा मियाँ, यह रसूलन..." भाईजान हॉकी स्टिक पर अब तक तेल मल रहे थे।

"ऐ, चुप भी रह लड़के! कचहरी से चले आते हैं। आते ही झल्ला जाएँगे।"

"यह देखिए सरकार...यह मारकर पिछवाड़े गाड़ आई...मैंने आज देखा..."

"अरे!!!...इधर लाना...उफ़्फ़ोह...यह किसने...मारा?"

"सरकार, रसूलन ने...वह अन्दर बनी हुई पड़ी है।"

"ओ, मुरदे, क्यों झूठे बुह्तान[15] जोड़ता है। बिजली गिरे तेरी जान पर..." रसूलन की माँ दाँत पीसती झपटी।

"मुरदी होगी तेरी चहेती, जिसके यह करतूत हैं...लाड़ो के गुण तो देखो..."

"चुप रहो। क्या भटियारों की तरह चीख़ रहे हो..."

सरकार रोब से ग़ुर्राए और सारे में सन्नाटा छा गया, "अभी पता चल जाता है...बुलाओ रसूलन को..."

"सरकार...हुजूर।..." रसूलन की माँ लरज़ने लगी।

"बुलाओ...बाहर निकालो। सब मालूम हो जाएगा।"

"सरकार, जी अच्छा नहीं निगोड़ी का..." बीबी जी उठीं हिमायत करने।

"जी, अम्मी...सब अच्छा है...बुलाओ उसे..."

"रसूलन...ओ रसूलन...चल बाहर, सरकार बुलाते हैं।" दीन मुहम्मद दरोग़ा की तरह चिल्लाया।

रसूलन घुटी-घुटी आहें भरने लगी। चीख़ें रोकने में उसके होंठ पड़-पड़ बोलने लगे, मगर हुक्मे-हाकिम, मर्गे मफ़ाजात[16]! कराहती, सिसकती, लड़खड़ाती, जैसे अब गिरकर जान दी। नुज़हत ने लपककर सहारा दिया...बुख़ार से बदन तप रहा था और मुँह पर नाम को ख़ून नहीं।

"बन रही है सरकार..." दीन मुहम्मद भी न पसीजा।

---

14. उपद्रवी, 15. मिथ्यारोप, 16. राजा का आदेश, अचानक मौत,

"अरे इधर आ...इधर! हाँ बता...साफ़-साफ़ बता दे, वर्ना बस..."

"पुलिस में दे देंगे सरकार..." दीन मुहम्मद टपका...और रसूलन की माँ ने एक दोहत्तड़ उसकी झुकी हुई कमर पर लगाया कि औंधे मुँह गिरा सरकार के पास।

"जवान मरे...तुझे हैज़ा समेटे..." रसूलन की टाँगें लरज़ रही थीं...और मुँह से बात नहीं निकलती थी।

"हाँ, साफ़ बता दे, वर्ना सच कहते हैं, हम पुलिस में दे देंगे।" सरकार बोले।

हिचकियों की वजह से रसूलन बोल भी न सकी, ...रसूलन की हिचकी बँध गई।

"बेगम, इसे पानी दो...हाँ, अब बता...कैसे मारा..."

पानी पीकर जी थमा ज़रा। बड़ी देर तक पानी चढ़ाती रही कि जवाब से बची रहे।

"हाँ, बता...जल्दी बता..." सबने कहा।

"सरकार..."

"हाँ बता..."

"सरकार ऊँह...ऊँह...हो हो...मैं...मैं, मेरे सरकार मैं डरबा...फ़र...डरबा...बन्द कर रही थी...तो काली मुर्ग़ी भागी। मैंने जल्दी से दरवाजा भेड़ा...तो...तो यह पिस गया...ओह...ओह..."

"सरकार, बिल्कुल झूठ...यह ऐसी बुरी तरह मुर्ग़ियों को हँकाती है कि क्या बताएँ।" दीन मुहम्मद कहाँ मानता था..."मना करता हूँ कि हौले...हौले..."

"च-च-चा...क्या ख़ूबसूरत बच्चा था। मुनारका का था। अभी आप ने कानपुर से मँगवाया था...हाक...आज इस रसूलन को खाना मत देना...यही सज़ा है इस चुड़ैल की...और दीन मुहम्मद, आज से मुर्ग़ियाँ तू बन्द किया कर...सुना..."

"वाह वाह वाह...निगोड़ी मेरी लौंडिया को हलकान[17] कर दिया।...सदक़े किया था निगोड़ा, बोटी का तिक्का...ज़रा-सा मुर्ग़ी का बच्चा और इतना शोर...चल री चल...आज ही मुर्दार को ख़ाला के घर पटकूँ। ऐसी जगह झोंकूँ...(धप! मैं...रसूलन की आवाज़) कि याद ही करे, अजीरन[18] कर दी है मेरी ज़िन्दगी...मुँह काला करवा दिया..."

रसूलन की सिसकियाँ, और माँ के कोसने असरए-दराज़ तक हवा में रक़्साँ[19] रहे।

---

17. परेशान, 18. तबाह, 19. नाचते रहे।

सॉरी मम्मी

आज फिर उसके बँगले में हुल्लड़ मचा हुआ था। शो-केस की तरह सजा हुआ ड्राइंग-रूम रौशनियों से झिलमिला रहा था। ज़िन्दगी की उमंगों से सरशार, नौजवान जिस्म रॉक एंड रोल की हेजानअंगेज़[1] धुन पर एक दूसरे में गड्डमड्ड हो रहे थे। भारी-भरकम क़हक़हों से लिपटी हुई नाज़ुक, महकी हुई किलकारियाँ आस-पास के बँगलों में रहनेवालों को हलकान किए दे रही थीं। पूरी कॉलोनी पर गम्भीर उदासी छाई हुई थी। सिर्फ़ मिसेज़ मिचल का बँगला जाग रहा था। बीवियाँ अपने शौहरों को ख़ूनी निगाहों से घूर रही थीं, जिनकी आँखों में हसरतें सिसकियाँ ले रही थीं। सब उसे मम्मी कहते थे, मगर इस अन्दाज़ से जैसे उसे यह मुक़द्दस[2] ख़िताब देते वक़्त ख़ुद की माँ को गाली दे रहे हो। लोग उससे नफ़रत भी करते थे और ख़ाइफ़[3] भी थे, क्योंकि उसका काफ़ी रुसूख़ था। उसकी पार्टियों में बड़े-बड़े बा-असर लोग फ़ख़्रिया आते थे। उस वक़्त पूना की फ़िल्म इंडस्टरी उरुज[4] पर थी। प्रभात का भ्रम क़ायम था, नवयुग चित्रपट ने लगातार कई कामयाब फ़िल्में दी थीं। शालीमार फ़िल्मज़ की धाक बँधी हुई थी। मम्मी ग्रुप-डांस के लिए लड़कियाँ सप्लाई करती थी। शहर भर की क़ुबूल-सूरत एंग्लो-इंडियन लड़कियों की वह लाड़ली मम्मी थी। फ़िल्म में काम करने के शौक़ीन नौजवान पूना आकर उसी के बँगले का रुख़ करते, क्योंकि वहाँ बड़े-बड़े बम्बई और पूना के प्रोड्यूसर शाम को जमा हुआ करते थे। रेस के रसिया, छोटे-मोटे राजा, जंग के ज़माने में कमाई हुई अंधाधुंध दौलत को चौगुणा करने के शौक़ीन नौदौलतिये और उनकी दौलत को ठिकाने लगानेवाले गिद्ध। सब ही को वहाँ से फ़ैज़[5] मिलता था।

और मम्मी की लड़कियाँ निहायत कल्चर्ड और हसीन थीं।

मम्मी की उम्र फूलों की सेज पर नहीं कटी थी। उसका शौहर जॉकी था, राजों, महारानियों का मर्ज़ीदाँ! वह बड़े फ़ख़्र से उन तमाम रजवाड़ों के नाम लिया करती थी, जहाँ मिस्टर मिचल पर हसीनाएँ क़ुर्बान हुआ करती थीं, मगर वह अपनी डोरा पे मरता था और अपनी चाहने वालियों के सारे तुह्फ़े उसे ला-लाकर दे दिया करता

1. उत्तेजक, 2. पवित्र, 3. भयभीत, 4. उत्कर्ष, 5. फ़ायदा,

था। एक दिन एक बदज़ात घोड़े ने उसे दे पटका और उसकी गर्दन टूट गई। एक बँगला, मेन बाज़ार में कुछ दुकानें, बन्दर गार्डन के क़रीब थोड़ी-सी ज़मीन और निहायत क़ाबिले-ज़िक्र बैंक-बैलेंस छोड़ के मर गया था।

मिसेज़ मिचल मियाँ के ग़म में दीवानी हो गई। दिल की वहशत कम करने के लिए उसने अनगिनत इश्क़ किए, पर मिस्टर मिचल का नेमलबदल[6] न पाया। जवानी के ज़माने में न जाने कितनों ने उसके लिए जानें दीं। बदक़िस्मती से मैं उसके किसी भी पुराने आशिक़ को न पहचान पाई।

जब उम्र ने बेवफ़ाई की और आशिक़ मुड़ गए, तो मिसेज़ मिचल का बँगला फिर सूना पड़ने लगा, मगर उसने हिम्मत न हारी। बजाय अपनी हमउम्र उतरी हुई बूढ़ियों के उसने कमउम्र लड़कियों से दोस्ताना बढ़ाया। आशिक़ और माशूक़ को मिलाने में बहुत फ़ायदे थे। एक तो उसका बँगला नौजवानों के प्यार की गर्मी से मुनव्वर[7] रहने लगा, दूसरे कभी रिश्वत में या मुरव्वत में उस पर भी कोई मेहरबान हो जाता। वह बड़े चाव से उस भीख को कलेजे से लगा लेती। कमसिन और नातजर्बेकार आशिक़ के बड़े चाव-चोंचले करती और जब उसे कोई नौजवान तितली उड़ा ले जाती, तो वह अज़-सरे-नौ[8] बेवा हो जाती। दरो-दीवार को ख़ुदकुशी की धमकियाँ देती, कई-कई दिन आँखें सुजाए, मुँह लटकाए फिरती, मगर सेहत अच्छी थी, लोट-पोट के फिर मुस्तैद डट जाती। सिर से पैर तक खंडहर की मरम्मत कर डालती। बालों का शेड बिल्कुल बदल डालती, क्योंकि मुफ़्त की शराब मिलती थी, नया महबूब मिलने में कुछ ज़्यादा हल-बैल नहीं लगाने पड़ते थे। नए कबूतर के फँसते ही वह धूम-धाम से अपना जन्मदिन मना डालती। कौन याद रखता कि वह साल में कितनी बार पैदा हुई थी। दिल का टूटना भी तो एक मौत है और उसका दिल रबड़ का बना हुआ तो था नहीं, जो टिप्पे खाकर रह जाता। ज्यों-ज्यों दिन गुज़रते जा रहे थे, उन टिप्पों की तादाद भी बढ़ रही थी। जब ज़िन्दगी बोझ बन जाती, वह शर्माई-शर्माई, मुस्कराती हुई घर-घर अपनी बर्थ-डे के बुलावे बाँटने लगती। लोग बम्बई से उसका जन्मदिन मनाने आते, क्योंकि मिसेज़ मिचल की पार्टियाँ बेहद पुर-लुत्फ़ होती थीं। दुखिया अधेड़ उम्र की थीं, मगर निहायत शोख़ बच्चियों की तरह इठलातीं। ठिठककर बात करतीं, निहायत बचकाने कपड़े पहनतीं, पहली नज़र में बिल्कुल लौंडिया-सी नज़र आतीं। ग़ौर से देखने पर उनके चेहरे का रूखापन क़ुदरत की कोई निहायत भौंडी हिमाक़त मालूम होती थी।

बेहद ख़ुशमिज़ाज थीं। बात-बात पर किलकारियाँ मारतीं और सोने के तारों में जकड़ी हुई बत्तीसी इस फ़राख़-दिली से निकोस देतीं कि तसन्नो[9] का शुब्हा भी न होता। निहायत ढीठ वाक़े हुई थीं। जिन बीवियों के शौहरों को गर्ल-फ्रेंड्ज़ मुहैया करतीं, उनसे बहनापा जोड़ने पर मुसिर[10] रहतीं। कोई कितनी भी सर्द-

---

6. उसी जैसा, 7. प्रकाशमान, 8. नए सिरे से, 9. बनावटीपन, 10. आग्रहशील,

मेह्री[11] और बेमेह्री[12] बरतता, निहायत बेरहमी से धुत्कार देता, मगर वह बग़ैर पलक झपकाए सदक़े-वारी हुए जातीं। एक मैं उनसे बड़े तपाक से मिलती थी, तो वह मुझे निहायत अहमक़ और नीच ज़ात समझती थीं, क्योंकि तमाम शरीफ़ज़ादियाँ उन्हें कमतर समझती थीं।

''हाँ बाबा, हम तो पक्का सिन्नर है। एकदम 'हैल' में जाएगा।'' वह बड़े वुसूक़[13] से दावा करतीं। उन्हें अपने गुनाहगार होने पर रस्मी तौर पर भी नदामत[14] नहीं थी, बल्कि कुछ फ़ख़्र ही था। गुनाह और जवानी का पुराना रिश्ता है। अगर जवानी से राबिता[15] क़ायम रखना हो, तो गुनाह की इल्लत[16] मजबूरन झेलनी पड़ेगी।

मिसेज़ मिचल को लड़कों ने कन्धों पर उठा रखा था और एक हल्के[17] में लेफ़्ट-राइट कर रहे थे। वह उन जवान कन्धों पर सुर्ख़ अंगारा फिसलवाँ फ्रॉक में शोला-अफ़्शाँ थीं। उसके सुर्ख़ बाल गाढ़े-गाढ़े खून के लोथड़ों की तरह बरह्ना[18] कन्धों पर बह रहे थे। सुनहरे रुपहले दाँत यहाँ से वहाँ तक चेहरे पर बिखरे जगमगा रहे थे। यकसाँ उसके हल्क़[19] से मसर्रत[20] की चीख़ें उछल-उछलकर सोई हुई कॉलोनी को चौंका रही थीं।

मम्मी को आज़ादी से उस शरीफ़ों की बस्ती में धन्धा करने की इजाज़त सिर्फ़ इसलिए मिली हुई थी कि उसकी क्लाइंट्स सब एंग्लो-इंडियंस थीं, जो देश की लाज नहीं समझी जातीं। शायद इसलिए कि वे क़ाबिले-नफ़रत सफ़ेद क़ौम की घिनौनी हिमाक़तें थीं। साड़ी या ग़रारे में उसके यहाँ किसी हसीना को कभी नहीं देखा गया। इस मुआमले में वह बड़ी सख़्त थी। उसकी पार्टियों में शिरकत करने के लिए लाज़िमी था कि फ्रॉक, स्कर्ट या जीन पहनी जाए। घरेलू झाड़-झंकाड़ बीवियों से उकताए हुए अहबाब[21] को मसाला भी चटपटा और मुख़्तलिफ़ ज़ाइक़े का मिलता।

मिसेज़ मिचल मुझे थर्ड रेट समझती थीं, फिर भी अपने दुखड़े सुनाने मेरी ही जान पर नाज़िल[22] होतीं। उन्हें आम बीवियों से बड़ी शिकायत थी कि वह उनसे तपाक से नहीं मिलतीं, ख़ास तौर पर मिसेज़ वर्मा को तो वह किसी तरह नहीं समझ पाती थीं।

वर्मा जी नवयुग चित्रपट में अपनी अठारहवीं या बीसवीं फ़िल्म डायरेक्ट कर रहे थे। नौख़ेज़[23] अदाकारों में वह बहुत पापुलर थे। उन्होंने कितनी हीरोइनें बनाकर फेंक दी थीं। पत्थरों को भी छू देते, तो वह तारा बनकर आस्मान पर जगमगाने लगते—दूर...उनकी पहुँच से बहुत दूर। जितनी हीरोइनें वह बनाते गए, उनकी क़िस्मत बिगड़ती गई। कोई लड़की उनकी नज़रों में जँच जाती, तो पहले तो वह ख़ुद उस पर बे-तरह टूटकर आशिक़ हो जाते। फिर उसे घिस-घिसाकर हीरोइन से भी आगे बढ़ा देते। इस मरहले[24] में वह आगे-पीछे कुछ न देखते। प्रोड्यूसर से लड़ बैठते, कैमरामैन से जूतम-पैज़ार की नौबत आ जाती, हीरोइन बरगश्ता[25] हो जाती,

---

11. रूखापन, 12. बेपरवाही, 13. विश्वास, 14. शर्मिन्दगी, 15. सम्पर्क, 16. बुरी आदत, 17. घेरे, 18. नंगे, 19. कंठ, 20. ख़ुशी, 21. व्यक्तियों, 22. प्रकट, 23. युवा, 24. कठिन काम, 25. उद्दंड,

हीरो उनके ख़ून का प्यासा हो जाता, सारा स्टाफ़ उन्हें गालियाँ देता, मगर वह उसे चोटी पर पहुँचाकर ही दम लेते।

और चोटी पर पहुँचने के बाद वह उनके ऐसी लात जड़ती कि यह लुढ़कते हुए नीचे आन गिरते। वह उनकी दाश्ता[26] बनकर रह चुकी हो, फिर भी निहायत पारसा[27] और कुँआरी बन जाती। उनकी ख़रमस्तियों की तफ़्सीलें बयान करके क़हक़हे लगाती। उसकी मासूमियत का क़ाइल होना पड़ता, क्योंकि उसकी मार्किट बन चुकी होती, और फ़िल्म-इंडस्ट्री में, जिसकी मार्किट बन जाए, वह माई-बाप बन जाता है।

मिसेज़ वर्मा अधेड़ मियाँ की उधड़ी हुई बीवी और चार बच्चों की निहायत कड़वी-कसैली माँ थीं। वह अनगिनत हीरोइनें झेल चुकी थीं। उनकी ख़ुद्दारी[28] घिस-पिटकर कभी की ख़ाक में मिल चुकी थी। वर्मा जी उरुज[29] के ज़माने में, यानी जब उनकी फ़िल्म सेट पर होती, बड़े ठाठ से होटल में रहते। बदनामी से बचने के लिए नौख़ेज़ हीरोइन को एक अलग कमरे में रखते। उसके शाहाना अख़राजात[30] प्रोड्यूसर के सिर थोपे जाते। अपनी सारी तनख़्वाह मिसेज़ वर्मा को थमा देते और वह ज़रूरत से ज़्यादा सुघड़ापे से एक उजाड़-से घर में सब पैसे दबाकर बैठ जातीं। इतनी एहतियात रखतीं कि घर स्टूडियो के क़रीब ही हो ताकि अगर तनख़्वाह आने में ज़रा भी देर हो, तो वह अपनी मलगजी, मसनूई रेशम की भद्दी-सी साड़ी और लतीड़ा कोल्हापुरी चप्पल फटकारती मज्बूर और मज़्लूम बीबी का रूप धारण करके वहाँ पैदल पहुँच सकें। अच्छा है, अगर साथ में एक अदद नाक बहता मरगिल्ला-सा बच्चा भी हो। वर्मा जो इस ड्रामे से बहुत लरज़ते थे और हत्तलइम्कान[31] पगार पहुँचाने में कोताही नहीं करते थे।

मिसेज़ मिचल से उनके पुराने तअल्लुक़ात[32] थे। जब वह अपनी पहली फ़िल्म बना रहे थे, तो उन्हें निस्फ़[33] हीरोइन तो बना ही डाला था। गो अब वह प्यार में मम्मी कहते थे, मगर उन्हें जब किसी नई छोकरी की ज़रूरत होती, तो अब भी फ़्लर्ट करने से नहीं चूकते थे। वह भी उन्हें देखकर तुतलाने लगती थीं। हिसाब से मिसेज़ वर्मा की अस्ली सौतन मिसेज़ मिचल थीं। बाक़ी आफ़तें उन्हीं के वसीले से मिली थीं।

मगर यह नई आफ़त, जो मिसेज़ मिचल ने साल भर हुआ, वर्मा जी के सिर थोपी थी, उनके लिए वबाले-जान साबित हो रही थी। वह होटल में रहने पर क़ाने[34] नहीं थी, बाक़ायदा शादी पर मुसिर थी। मिसेज़ मिचल को उन लड़कियों से सख़्त नफ़रत थी, जो होम-फ्रंट पर हमला करती हैं। सिविलियन आबादी पर बमबारी करना क़ानून-शिकनी है। पैसा लो, प्यार लो, मगर किसी के घर का खूँटा न

26. रखैल, 27. पवित्र, 28. स्वाभिमान, 29. उत्कर्ष, 30. ख़र्च, 31. यथासम्भव, 32. सम्बन्ध, 33. आधी, 34. संतुष्ट,

उखाड़ो, क्योंकि यह खूँटा इतना गहरा गड़ा होता है कि ज़्यादा ज़ोर मारो, तो बीच से टूटकर आधा हाथ में आ जाता है, आधा उधर ही गड़ा रह जाता है, और यह अधूरा खूँटा बीच सड़क पर थके-हारे बैल की तरह बैठ जाता है और यह रेज़ा-रेज़ा बैल इश्क़ो-मुहब्बत की गाड़ी भला क्या खींच सकेगा, जब लोग इश्क़ न कर पाएँगे, तो मिसेज़ मिचल की पार्टियों का नूर कहाँ से आएगा।

इसलिए वह जी जान से यही कोशिश करती थी कि खूँटा अपने स्थान पर मुस्तहकम[35] गड़ा रहे। प्यार का लेन-देन चले, एक से एक नम्बर वन हीरोइन की तामीर हो, इसीलिए उसे मामूली शक्लोसूरत की लड़कियों से नफ़रत थी। फ़िल्म में ही हीरोइन नहीं बन पातीं, तो किसी के गले में लटकना चाहती हैं, ताकि उस पर ज़ोर डालकर हीरोइन बनी रहें। लोग उसके बँगले में दुल्हनें ढूँढ़ने नहीं आते, बल्कि जानलेवा दुल्हनों से पिंड छुड़ा के दो घड़ी हँसने-बोलने आते हैं। मिसेज़ वर्मा की नई आफ़त मिस रूपा सिर्फ़ शादी ही पर मुसिर न थी, उसने वर्मा जी का मिसेज़ मिचल से मेलजोल भी ख़त्म करा दिया। वह उन्हें ऐसी जगह क्यों जाने देतीं, जहाँ से ख़ुद उसने उन्हें बटोरा था।

अगर मिस रूपा जीत गई, तो दूसरी छोकरियों को और शह मिलेगी, इसलिए मिसेज़ मिचल उसकी काट करने पर तुली हुई थीं। यह वह जानती थीं कि मिसेज़ वर्मा इतनी ढीली न होतीं, तो नौबत यहाँ तक न पहुँचती, लिहाज़ा उसने उन्हें कसने का तहैया[36] कर लिया, मगर मिसेज़ वर्मा ने उसे बुरी तरह धुत्कार दिया।

"तुम भी हद करती हो। ख़ुद ही आग लगाई और आप ही बुझाने दौड़ीं।" उन्होंने मुझसे मिसेज़ वर्मा के बर्ताव की शिकायत की, तो मैंने जलकर कह दिया।

"ओ.के. हम कंडम बात किया। पन बाबा, अब हम बोलता न, हम सॉरी है। हमारे को क्या पता था, वह साली एडना एकदम हलकट है।" रूपा का अस्ली नाम एडना डी सिल्वा था। निहायत संजीदगी से मिसेज़ मिचल ने एक निहायत शानदार प्रोजेक्ट का प्लान बनाया। फ़ॉरेन वर्किंग कमेटी के सद्र, एज़ाज़ी[37] सैक्रेटरी और ख़ज़ांची मुझे चुन लिया, क्योंकि मिसेज़ वर्मा मुझे नहीं धुत्कार सकेंगी। उन एज़ाज़ी उहदों को हासिल करने के बाद यह मेरा फ़र्ज़ हो जाता है कि मैं मिसेज़ वर्मा की ओवरहॉलिंग करवाऊँ।

"देखिए न मेरे सोफ़े-सेट का क्या हाल हो रहा है। मरम्मत करवाने की तौफ़ीक़ नहीं होती। भला मिसेज़ वर्मा की मरम्मत क्या करवा सकूँगी।"

"चा...अरे बाबा, इसमें क्या वांदा है।" उन्होंने मुझे समझाया कि यह मेरा अख़्लाक़ी[38] फ़र्ज़ है कि मैं उन्हें मैनिक्यूरिंग, पैडीक्यूरिंग के लिए राज़ी कराऊँ। उनकी झुलसी हुई लटूरियों को प्रमानेंट व्यू में जकड़वाऊँ और उनके थैला जैसे जिस्म को क़ाबू में लाने के लिए उस दर्ज़ी से ब्लाउज़ सिलवाने पर आमादा करूँ,

35. दृढ़ता से, 36. निश्चय, 37. अवैतनिक, 38. नैतिक,

जो एक ब्लाउज़ बाईस रुपए में सीता है। तमाम चोटी की फ़िल्म-हीरोइनें उसी दर्ज़ी से होश उड़ा देनेवाले ब्लाउज़ सिलवाती हैं कि क्लोज़अप देखते ही सेंसर की क़ैंची फड़क उठती है।

ऐसे क़ैंची चलाऊ ब्लाउज़ से मिसेज़ वर्मा के जिस्म का झोल तो निकल जाएगा, मगर उनकी रूह पर पड़ी तह-ब-तह शिकनें कौन मिटा सकता है। वर्मा जी की पुरानी हीरोइन-साज़ी[39] की लत ने उनकी ख़ुद्दारी को इतनी ठोकरें मारी हैं कि वह सिर्फ़ मलबे का ढेर बनकर रह गई हैं। उसका इन्तिक़ाम बस वह एक तरीक़े से लेती हैं कि उन्हें बजाय इनसान के रुपया कमाने की मशीन का मर्तबा दे रखा है। मशीन को रिझाने के लिए सोलह-सिंगार कौन करे। दो-चार पेच हैं, जिन्हें कसते रहें, तो खटाखट चलती रहती है।

जैसे बहुत-से मर्दों को औरत को क़ाबू में लाने के गुर मालूम होते हैं, उसी तरह मिसेज़ मिचल अपने आपको मर्दों को फाँसने के फ़न में माहिर समझती थीं और हर वक़्त अपने आज़मूदा[40] नुस्ख़े हल्क़ से उतारने पर लगी रहती थीं। आस-पास जितने भी फ़िल्म-लाइन में काम करनेवाले थे, वह उनकी बीवियों को जा के बेहद दहलातीं कि यह फ़िल्म-लाइन है, यहाँ किसी का मियाँ महफ़ूज़ नहीं। माल की तरफ़ से चौकस रहो। क़दम-क़दम पर फिसलन है, शरीफ़ से शरीफ़ शौहर का पैर रपट जाता है। शौहर लोग को क़ायम और दाइम रखने के लिए बड़े जोड़-तोड़ की ज़रूरत है। जिस अस्लहे के बल पर ग़नीम[41] ने मैदान जीता है, वही जदीदतरीन[42] हथियार इस्तेमाल करना चाहिए। जहाँ हम और बातों में पिछड़े हुए हैं, शौहरों की रक्षा का प्रोग्राम भी निहायत फुसफुसा है।

विलायत में किस क़दर तीर-बहदफ़ सिंगार के सामान, तेल-फुलेल, शानदार कपड़े तैयार किए जाते हैं। दिलरुबा पाउडर, बोसाकश लिपस्टिकें और शौहर-फांस क्रीमें। जब ही तो विलायती लड़कियाँ हमारे मर्दों को ले उड़ती हैं, मगर यहाँ की लड़की विलायती को नहीं घेर पाती।

भली बीवियाँ लरज़ उठतीं और फ़ौरन मिसेज़ मिचल की राय से हथियारबन्दी शुरू कर देतीं। कहनेवाले कहा करते थे कि दुकानदार उन्हें कमीशन देते हैं।

और मैं निहायत मरऊब[43] होकर यह सोचा करती थीं कि इतनी दिक़्क़तें औरत की सारी सलाहियतें[44] एक क़हबाख़ाने[45] का चलाने में ज़ाया हो रही हैं। लोगो! इसे किसी मुल्क का वज़ीर-दिफ़ा[46] क्यों नहीं बना देते।

जब मिसेज़ वर्मा ने उनकी बातें एक कान से सुनकर दूसरे कान से उड़ा दीं, तो उन्होंने पेशीनगोई[47] की कि बहुत जल्द मिस रूपा वर्मा जी को समूचा निगल जाएगी और डकार लेने की भी ज़हमत[48] गवारा नहीं करेगी।

---

39. हीरोइन बनाना, 40. परखे हुए, 41. दुश्मन, 42. आधुनिकतम, 43. प्रभावित, 44. विशेषताएँ, 45. वेश्यालय, 46. रक्षामंत्री, 47. भविष्यवाणी, 48. कष्ट,

मगर हालात ने एकदम से पलटा खाया। मिस रूपा ने ऐन वक़्त पर गेयर बदल दिया, वर्ना मिसेज़ वर्मा की दुनिया सुरमा होकर रह जाती। हीरो की गर्ल-फ्रेंड औरतों की अज़ली बीमारी के सिलसिले में अस्पताल गई। यह ग़ैर-हाज़िरी कुछ पेचीदगियाँ पैदा हो जाने की वजह से ज़रा तवील[49] हो गई। उकताकर वह मिस रूपा पर मुस्कराहटें बिखेरने लगा।

फ़िल्म की रिपोर्ट कुछ ठंडी थी। मिस रूपा को अब तक कोई अच्छा ऑफ़र नहीं मिला था। वर्मा जी अपनी क़ब्र काफ़ी गहरी खोद चुके थे। उनके साथ दफ़्न होने का उसे क़तई कोई शौक़ नहीं था, इसलिए वह भी हीरो पर टूट पड़ी, जिसकी मार्किट अच्छी थी।

वर्मा जी फ़ौरन अलफ़ हो गए और धड़ा-धड़ उसके क्लोज़अप काटने लगे। पिक्चर उड़ गई और वर्मा जी होटलों के बिलों से न जूझ सके और बौखलाकर मिसेज़ वर्मा के आँचल की ओट ले ली। उन्हीं दिनों फ़िल्म इंडस्ट्री ने भी गेयर बदल डाला। मद्रास की एक फ़िल्म 'चन्द्रलेखा' ने बाक्स ऑफ़िस की खिड़कियाँ तोड़ डालीं और मद्रास की फ़िल्म इंडस्ट्री एक धमाके से मैदान में और पंजे गाड़ने लगी। अशरफ़ी ने दव्वनी-चव्वनी का तख़्ता उलट दिया और पूना की फ़िल्म-इंडस्ट्री की चूलें ढीली होने लगीं। सारी कम्पनियाँ एक-एक करके दम तोड़ने लगीं। प्रभात का ट्रेडमार्क ग़ायब हो गया। नवयुग चित्रपट में ताला पड़ गया। शालीमार ने बिस्तर-बोरिया समेटकर हिज्रत कर ली। पिक्चर के साथ-साथ मिस रूपा के मुस्तक़्बिल[50] पर भी ताला पड़ गया। हीरो की गर्ल फ्रेंड की बीमारी की पेचीदगियाँ एक मोटे-ताज़े बेटे की सूरत इख़्तियार कर गईं और वह मजबूरन एक फ़रमाबरदार बाप बन गया। ग़रीब न घर की रही, न घाट की। मुल्क छोड़कर रुख़्सत होते हुए टॉमियों की इनायत से उसने बम्बई में एक दो-कमरे का ओनरशिप वाला फ़्लैट ख़रीद लिया और सैकेंड हीरोइन के रोल करने पर तैयार हो गई।

फ़िल्म-इंडस्ट्री की भगदड़ के सिलसिले में वर्मा जी भी अपना टाट-प्लान बटोरकर दादर आ गए। मेरा भी पूना से नाता टूट गया। मम्मी एक चहकती हुई दिलचस्प याद बन गई। कभी इधर-उधर से ख़बर मिल जाती कि बड़ी डेस्प्रेट हो गई हैं।

फिर सुना, मम्मी एक निहायत संगीन लफ़ड़े में फँस गईं। उसका बँगला सूना रहने लगा था। बस रेस के शौक़ीन लोगों का आसरा रह गया था। कभी महाबलेश्वर या पंचगनी आउटडोर की शूटिंग पर जाते-आते उसके पुराने मद्दाह[51] व्हिस्की और सोडे की पेटियाँ लेकर उसके यहाँ दम लेने को रुक जाते। मम्मी फ़ौरन अपना जन्मदिन मना डालती। एक-दो रातें जगमगा उठतीं। फिर रंग के ग़ुब्बारे फटते। मम्मी बदमस्त कन्धों पर चढ़कर किलकारियाँ मारतीं।

---

49. दीर्घ, 50. भविष्य, 51. प्रशंसक,

फिर राहगीर अपनी राह लग जाते। ग़ुब्बारे पिचक जाते। निऑन की बत्तियाँ दम तोड़ देतीं और वह ख़ाली बोतलें और टीन बेचकर अंडों और डबलरोटी वाले के तक़ाज़ों का बोझ कम करतीं।

उसके कपड़े के रंग धुलकर फीके पड़ने लगे। हद तो यह है कि सुर्ख़ बालों में चावल चमकने लगे और हेयर-ड्रेसर का दिल न पिघलता। कमबख़्त को मम्मी ने कितने गाहक दिलवाए थे। अपने उरूज[52] के ज़माने में पंचगनी जाते हुए एक बार मेरी उससे दो घड़ी को मुलाक़ात हुई। बड़ी घिसी हुई लग रही थी कि उसे मम्मी कहते हुए माँ की गाली का एहसास नहीं हुआ।

इसीलिए जब सुना कि वह लफ़ड़े में फँस गई है, तो कुछ ज़्यादा तअज्जुब नहीं हुआ। लड़कियाँ पहले सीखले बन्दों की सप्लाई करने लगी थीं। गो अब अच्छा माल बम्बई की तरफ़ रूल आया था, और उसके पास ख़ुश-शक्ल आयाओं का स्टाक रह गया था। उन्हें भी वह बड़े सलीक़े से काट-छाँटकर तरहदार बनाने में कामयाब हो गई थी। मम्मी की गर्ल्ज़ अब छोकरियाँ कहलाने लगी थीं। उनमें से कई ग्रुप डांस या अव्वल दर्जे की एक्सट्रा में चांस देने के क़ाबिल हो गई थीं।

एक रियासत के सर-निगूँ[53] राजा का दिल एक कॉन्वेंट की लड़की पर आ गया। मुसाहिबों ने मम्मी से रुजूअ[54] होने की सलाह दी कि वह किसी ज़माने में दिलबस्तगी[55] की ठेकेदार रह चुकी थी। अपने फ़न को अब भी नहीं भूली थी। ऑफ़र सुनकर मम्मी लरज़ उठी। लड़की किसी बा-रुसूख़ ऑफ़ीसर की थी। नाबालिग़ और बला की हसीन, मगर मुआवज़ा मालूम करके उसकी राल टपक पड़ी।

बड़ी रद्दो-क़द[56] के बाद तय हुआ कि लड़की मिल सकती है, सिर्फ़ देखने के लिए, बरतने के लिए नहीं। आशिक़ ने हामी भर ली और एक बार फिर मम्मी का बँगला जी उठा। ट्विस्ट नया-नया निकला था और वह नौख़ेज़[57] कली जब अपने कच्चे जिस्म को ट्विस्ट करती हो, तो अच्छे-अच्छों के दिल मरोड़कर रख देती।

वह राजा का बच्चा उल्लू का पट्ठा शराफ़त और इनसानियत के सारे उसूल तोड़कर उसे ले भागा।

"हम को लिली बोला, मिसेज़ मिचल एकदम थर्ड क्लास ब्राथेल वाला नाम लगता है। फिर हम जब तेहरान गया, तो हमको शहनाज़ बहुत अच्छा लगा। साउंड भी अच्छा करता है।"

"तेहरान भी हो आईं?"

"अरे, हम वहाँ साढ़े तीन साल रहा। हमने फ़ारसी बोलना भी सीखा। मन नमी दानी, शुमा नमी दानी," वह मेरे ऊपर फ़ारसी का रोब झाड़ने लगी।

"ठीक कहती हो। वाक़ई मनहेच नमी दानम, लेकिन शुमा हमा दानी।"

"यस, यस...." वह हस्बे-आदत किलकारियाँ छोड़ने लगी।

---

52. उत्कर्ष, 53. अधोमुख, 54. सम्पर्क, 55. दिल बहलाने, 56. हील-हुज्जत, 57. किशोर,

मेरे दिल में भी ख़ुद-बुद हो रही थी और वह भी अपने खिलौने दिखाने के लिए बेक़रार थी। ड्रेसिंग-रूम में चारों तरफ़ अल्मारियाँ जड़ी हुई थीं, जो क़िस्म-क़िस्म के लिबासों से अटा-अट भरी थीं। वह उनकी ख़ूबियाँ और क़ीमतें बताती रही। दराज़ें कॉस्ट्यूम ज्यूलरी से भरी पड़ी थीं। सैंडलों की क़तारें परा जमाए खड़ी थीं। इतने बड़े-बड़े फ़ेस-क्रीम के जार और सेंट के क़राबे तो शायद 'साहब सिंह' में भी न होंगे। तीन आईनों वाली ड्रेसिंग-टेबल ऐसी लबालब भरी हुई थी कि तिल धरने की भी जगह न थी।

"यह अलादीन का लैम्प कहाँ से मिल गया—मैडम शहनाज़?"

मैंने जलकर पूछा। वह बेतहाशा कोयल की तरह कूकने लगी, फिर एकदम संजीदा हो गई और माथे पर उँगली मार के बोलीं, "हैड...और कुछ नहीं। हैड, माई डार्लिंग।"

मुझे ऐसा मालूम हुआ, मेरे सिर की जगह एक बटन टँगा हुआ है। चार छेदों वाला नन्हा-सा काँच का बटन...और उस सस्ते काँच के छलनी बटन पर वह सारी किताबें टूट पड़ीं, जो मैंने पढ़ी थीं। मैंने चाहा, काँच के बिखरे हुए ज़र्रों को चुन लूँ, मगर मेरी उँगलियाँ लहूलुहान हुईं और किरचियाँ पपोटों में खटकने लगीं।

बैड-रूम से मुल्हिक़ा[58] बिल्कुल फ़ैक्टरी बना हुआ था। एक तरफ़ एक बैज़वी आस्मानी रंग का टब था। बीचोबीच डॉक्टरों के मुआयने जैसा मेज़-नुमा बिस्तर लगा हुआ था, जिस पर रैक्सीन का कवर पड़ा था। दाईं तरफ़ कमर और कूल्हों पर से ज़ाइद[59] गोश्त छीलने की मशीन ईस्तादा[60] थी।

"इस कमर-पट्टे से एकदम स्लिम बाडी हो जाता है।" उसने एक पट्टा कूल्हों पर अड़ाया और बटन दबा दिया। ख़मीरी आटा थरथरा उठा।

"इससे रग-पट्ठे टाइट होते हैं। एकदम जवान का माफ़िक और चर्बी भी कटती है। यह फ़ेस-मसाजर है। रिंकल मिट जाते हैं।" एक पूरा शैल्फ़ हारमोन क्रीमों और रंग निखारने के उबटनों से भरा हुआ था। तरह-तरह के ख़िज़ाब, लोशन वग़ैरा, जिनके आड़े-तिरछे फ्रेंच नाम मुझसे पढ़े भी नहीं गए।

मुख़्तसरन[61] उसने बताया कि लिली डार्लिंग की सरपरस्ती और सरमाये से उसने यह ब्यूटी-पार्लर खोल रखा था। बिल्कुल जैसे मोटर के कारख़ानों में टूटी फटीचर मोटरों की मरम्मत की जाती है, वैसे ही यहाँ घिसी-पिटी, अंजर-पंजर ढीले, चर्बी से लदी-फदी ख़्वातीन की मरम्मत की जाती है। ठोंक-पीट और रोग़न-मालिश के बाद बिल्कुल नई मालूम होने लगती हैं। "छोकरियों के धन्धे में सिर्फ़ माथा-फोड़ी है। मर्द लोग पेट के बड़े हल्के होते हैं। जब तक चार यारों के सामने डींगें न मारें, दाम वुसूल नहीं होते। फिर क़ानून के हाथों में चुल होने लगती है और तड़ी-मार होना पड़ता है। छोकरियों से तो छोकरा लोग अच्छे होते हैं।"

---

58. मिला हुआ, 59. फ़ालतू, 60. खड़ी हुई, 61. संक्षिप्त में,

"क्या वह मर्द नहीं होते?" मैंने पूछा।

"होते तो हैं, मगर मर्द में और छोकरे में बहुत बड़ा डिफ्रेंस होता है।" उसने फिर हँसी की पिचकारी छोड़ी और आँखों में ख़्वाब तैरने लगे, "और फिर कितने नॉटी होते हैं, मगर किसी के सामने अपनी आमदनी के मुतअल्लिक़ डींगें नहीं मार सकते, क्योंकि जब औरत जिस्म-फ़रोशी करती है, तो उसे लाचार, मजबूर और समाज की सताई कहा जाता है। सब उस पर तरस खाते हैं, मगर मर्द ज़ात ऐसा करे, तो लोग उससे घिन खाते हैं। जभी तो बेचारे खुले बन्दों क़ानून की सरपरस्ती में कोठे नहीं सजा पाते।"

फिर वह एकदम अपने प्यारे 'ब्वाएज़' की फ़ेहरिस्त गिनाने लगी, हालाँकि इन मन्हूस 'ब्वाएज़' ने हमेशा निगोड़ी की लुटिया ही डुबोई। सारी जायदाद उन ही के पीछे ग़ारत हुई। जो कुछ छोकरियों के ज़रिये कमाया, उन हरामज़ादों पर फूँक दिया।

यह एक और क़बाहत[62] है कि लड़कियाँ तो शादी की ताक में रहती हैं और यह शादी के नाम से बिदकते हैं। शादी जा के शरीफ़ज़ादियों ही से करते हैं।

"पर विक्की बहुत शोर करके रोया।" वह उदास थी, मगर विक्की के रोने पर मुस्करा पड़ी।

"लो भई, निगोड़ा काहे को रोया?" मैंने अहमक़ों की तरह पूछा।

"बोला, हम को सादी नहीं मंगता। हम तुम से लव करता। सूसाइड करेगा।"

"फिर तुमने क्या किया?"

"हम क्या करता? हम भी रोया।"

फिर एकदम चहककर बोलीं कि विक्की की औरत प्रेगनेंट है। मार्च में बेबी आएगा।

"तुम को बिल्कुल जैलस नहीं होती?"

"क्या बात करता? हम काहे को जैलस होवे? वह हर साल हमको क्रिसमस कार्ड भेजता। डसहरा हॉलिडेज़ में आया...ओह! कितना नॉटी है।" वह बदन चुराकर अपनी अज़ली किलकारियाँ छोड़ने लगी, फिर निहायत उदासी के सुरों में एक ठंडी-मीठी आह भरी और अंगड़ाइयाँ लीं। मुझे ऐसा लगा, जैसे उनका तख़्लिया[63] भंग कर रही हूँ। सटपटाकर रह गई। इतने में टेलीफ़ोन की घंटी कुनमुनाई और वह मसनूई[64] पलकें पटपटाकर तोतली आवाज़ में इठलाने लगीं, जैसे उनका चहेता फ़ोन के चोंगे में बैठा था। मेरा जी काफ़ी झुलस चुका था।

"अच्छा, अब चलती हूँ।" मैंने उठना चाहा।

"ओह, प्लीज़, ठहर जाओ। सुन्दर आ रहा है।" उन्होंने ऐसे चहककर कहा, गोया मैं सुन्दर के लिए बिलक रही थी। फिर अँगूठे और क़लमे की उँगली का छल्ला बना हवा में लहराते हुए एक आँख दबाकर बोलीं, "उफ़! क्या मस्त छोकरा है।"

---

62. बुराई, 63. एकांत, 64. बनावटी,

जब वह मुझे बस में बिठाने चलीं, तो गुंडे उन्हें देखकर सीटियाँ उड़ाने लगे। गो वह उम्र में मुझ से दस-पन्द्रह बरस बड़ी थीं, मगर वह सड़क की यरक़ान-ज़दा[65] रौशनियाँ और उनके निहायत नुकीले और धारदार कपड़े, ठुमका-सा क़द, रुपहली ज़ुल्फ़ें! लोग ज़रूर मुझे उनकी बेटी समझ रहे थे या शायद सोच रहे थे कि कोई ख़ुशक़िस्मत नाईका अपनी रोटी का सहारा नौख़ेज़ और तरहदार नोची को ठिकाने लगाने जा रही है।

एकदम घड़ों एहसासे-कमतरी[66] मेरे कन्धों पर रखे हुए सस्ते काँच के बटन पर टूट पड़ा। जी चाहा, कि अपनी बरतरी और उसकी नीचता का एलान करूँ। उन अहमक़ों को बताऊँ कि मैं एक मुक़द्दस अदीबा[67] हूँ और यह एक बूढ़ी क़ह्बा[68] है। देख लेना, हश्र के रोज़ मैं जन्नत में जाऊँगी और यह दोज़ख़ का कुंदा[69] बनेगी।

लेकिन फिर यह सोचकर दिल बैठने लगा कि अगर वहाँ भी यही हिस्से-बख़रे बाँटनेवाले हुए, जो दुनिया में हैं, जिन्होंने मुझे बसों के धक्के बख़्शे हैं और उसे इम्पाला, तो मेरी छुट्टी हो जाएगी।

"ज़रा हटना तो डार्लिंग," कहती हुई वह फटाफट जन्नत में दाख़िल हो जाएगी और मैं अपना क़लम झटकती धरी रह जाऊँगी।

"वह देखो, इधर इंदू रहती है। नैपल्ज़ में मिली थी।"

कटे पर नमक छिड़कने को वह ऊँची-ऊँची इमारतों में रहनेवाले ऊँचे-ऊँचे दोस्तों के नाम गिनाने लगीं, जिनसे उनकी दाँत-काटी रोटी थी। वह उन्हें उनके प्यार के नामों से याद कर रही थीं। वे सब उन पर सदके-क़ुर्बान थीं।

जल के मैंने चाहा, फ़ौरन 'सोशलिज़्म' की टट्टी के पीछे दुबक जाऊँ। एक ज़ोरदार भाषण झाड़ने लगूँ कि उसके होश ठिकाने कर दूँ। यह ऊँचे महलों में रहनेवाले सरमायेदार ग़रीबों का ख़ून चूसते हैं। इनके किरदार पस्त, ज़मीर काले और दिल गुनाह से लबरेज़ हैं और फ़ुटपाथ पर एड़ियाँ रगड़नेवाले कोढ़ी और मदक़ूक़[70] इनसान बुलन्द किरदार वाले हैं। उनके ज़मीर रौशन और दिल नूर से लबरेज़ हैं। यही इनसानियत के अलमबरदार हैं कि कँवल हमेशा कीचड़ ही में खिलते हैं।

मगर यह सोचकर जी बैठ गया कि यह अंधाधुंध क़िस्म की औरत ठहरी। कहीं यह न कह दे कि डियर! तब तो यह ख़ून चूसकर बड़ी क़ुर्बानी कर रहे हैं कि ख़ुद रांदा-ए-दरगाह[71] बनकर करोड़ों को इनसानियत का अलमबर्दार बना रहे हैं। दूसरे वह इतनी सरपट बोल रही है कि मेरी काहे को सुनेगी।

अभी कुछ दिन हुए मिसेज़ कपूर का फ़ोन आया था। बातों-बातों में उन्होंने बताया कि मैडम शहनाज़ को गुंडों ने पकड़ लिया। बड़ी दुर्गति बनाई ग़रीब की। रेत पर बेहोश पाई गई।

---

65. पीली, 66. हीन-भावना, 67. पवित्र लेखिका, 68. व्यभिचारिणी, 69. मोटी लकड़ी, 70. क्षय-रोगी, 71. समाज से बहिष्कृत,

"ऐ हे निगोड़ी, मेरा जी कट गया। ख़ुदा ग़ारत करे उन दरिन्दों को। मैंने फ़ोन किया, उसकी आया ने बताया, "मेम साहब बहुत बीमार हैं।"

मैं जब इयादत[72] को पहुँची, तो उसकी इबरतनाक हालत देखकर सन्न से रह गई। वह अपने डबल बेड पर रेज़ा-रेज़ा बिखरी हुई थी। मुँह ख़ाली बटुए की तरह सिकुड़ा हुआ था। ठोड़ी नाक की फुनंग से लगी हुई थी। रंगत जैसे मुर्दा छिपकली। उस दिन पहली बार उसके ज़ाती बाल दिखाई दिए। प्यारी चंदिया पर मैला-मैला उलझा हुआ कच्चा सूत चिपका हुआ था। पहले तो जी चाहा, ताने दे के कलेजा छलनी कर दूँ कि कम्बख़्त और फिरो छम्मक-छल्लो बन के। बम्बई शहर में औरत की इज़्ज़त वैसे ही सूई की नोक पर टिकी रहती है।

मगर जब वह मुझे देखकर बिलक पड़ी, तो मेरा भी जी भर आया।

"हरामी लोग, साला एकदम मवाली।" वह सिसकियाँ भरने लगी।

समझ में नहीं आ रहा था कि कैसे पुरसा[73] दूँ। जो औरत मुसीबतों के पहाड़ टूटे, तब भी मुस्कराती रही। कमीने गुंडों ने उस निगोड़ी का कचूमर निकाल दिया। मेरे दिमाग़ में भयानक सीन चक्कर लगाने लगे।

"हुआ क्या?" मैंने कुछ कहने की ग़रज़ से अहमक़ों की तरह पूछा।

"हम डॉली का कवर-सेट उसको देने गया," उसने थकी हुई बूढ़ी आवाज़ में तफ़्सील[74] बताई, "डॉली अक्खा दिन रमी खेलता। हम बोला, "तुम पीछे रमी खेलो। पहले यह ट्राई कर लो। बाद को बोलेगा, छोटा है, बड़ा है। फिर हम क्या करेगा? हम फ़ॉरेन से माल मँगाता है..."

"मगर...वह गुंडों ने जो..."

"ओह...ह..." एकदम से उसका चेहरा मुतग़ैय्यिर[75] हो गया, "साला बास्टर्ड मवाली लोग!" शर्म और ग़ैरत से उसका चेहरा लाल हो गया।

"तुम चीख़ीं-चिल्लाईं नहीं?"

"नहीं, बाबा, हम कभी बूम मारा। हम तो इस्माइल किया, तुमको क्या मालूम।"

उफ़! कम्बख़्त मरी को मुस्कराने की क्या ज़रूरत थी?

"साला, एकदम पिये ला था।" वह तुतलाई, तब मालूम पड़ा, मुँह में एक दाँत नहीं।

"फिर?" मैंने इश्तियाक़[76] से पूछा।

"हम बोला, तुम कैसा आदमी है। हमारा हाथ-पैर तोड़ेगा? इतना रफ़ काहे को होता। ओ कुछ सुनता ही नहीं। बन्दर का माफ़िक बात करता। बाबा, हमारा तो मस्तक फिर गया। हमारा नवा एपरन फट गया। हमारा डेढ़ सौ पाउंड का बत्तीसी गिर पड़ा। ऐसा धक्का मारा, फट दो टुकड़े। हम इटली में पूरा डेढ़ सौ का बनवाया

72. रोगी का हाल पूछने, 73. दिलासा, 74. ब्यौरा, 75. बिगड़ा हुआ, 76. उत्सुकता,

था। अबी याँ इंडिया में काँ मिलेगा। बोलो।'' ग़ुस्से से वह लाल-पीली होने लगी, ''हमारा फ़िफ़्टी पौंड का विग एकदम कचरा कर दिया।''

''फिर ?'' मैंने सोचा, नेकबख़्त बत्तीसी और विग का मातम किए जा रही है, आगे नहीं बढ़ती।

''भाग गया साला बास्टर्ड...अपनी माँ का ख़सम...।'' वह निहायत अछूती गालियाँ तराशने लगी।

''भाग गए...मगर मैंने तो सुना...वह मिसेज़ कपूर कह रही थीं कि तुमने पुलिस को बयान दिया कि तुमको गुंडों ने बेइज़्ज़त किया।''

''हमारा कितना इंसल्ट किया।'' वह मुश्तइल[77] होकर उठ बैठी। मैंने कभी उसको रोते हुए नहीं देखा था। उस वक़्त उसकी बे-पलकों वाली मरघिल्ली आँखें लगातार आँसू बहा रही थीं।

''मालूम हम को क्या बोला।''

''क्या बोला ?''

''सॉरी मम्मी।''

''ओह।''

''तभी हम फ़ेंट हो गया।''

मगर मैं फ़ेंट न हो सकी। नमक का थम्बा बनी बैठी रही।

---

77. उत्तेजित।

ज़हर

कितनी अजीब मौत है। जिन लोगों ने गुज़श्ता[1] शाम को मिसेज़ नोमान के साथ चाय पी थी, जलसे में उनकी तक़रीर सुनी थी, उन्हें तो उनकी मौत का यक़ीन ही नहीं आता था। बेख़्वाबी की तो उन्हें बरसों से शिकायत थी और नींद की गोलियाँ वह कोई आज से नहीं खा रही थीं, जो भूल-चूक का शुब्हा होता।

हस्बे-मामूल[2] रात को बारह बजे लौटीं। मिस्टर नोमान दस ही बजे सो जाने के आदी थे। उनके कमरे का दरवाज़ा हस्बे-दस्तूर बन्द था। आया ने खाने को पूछा, मगर मिसेज़ नोमान ने इनकार कर दिया। दूध को पूछा, तो कह दिया, ले आओ, मगर दूध को उन्होंने हाथ भी न लगाया। रातों को जागने के बाद आम तौर पर वह सुबह देर तक सोने की आदी थीं। मिस्टर नोमान दफ़्तर चले गए। जब ग्यारह बज गए, और मिसेज़ नोमान ने चाय तलब नहीं की, तो आया को फ़िक्र हुई। ज्यों ही उसने जगाने के लिए उनके पैरों को हाथ लगाया, ऐसे चीख़ मारकर रह गई, जैसे उसे बिजली का झटका लग गया हो। डॉक्टर ने बताया, मौत दो-तीन बजे के दरम्यान हुई और नींद की गोलियाँ ज़्यादा मिक़्दार[3] में मेदे में पहुँच जाने से यह वाक़िआ अमल में आया।

मिसेज़ नोमान की मौत से सारे शहर में खलबली मच गई। उनके मिलने-जुलनेवालों का हल्क़ा[4] बड़ा वसीअ[5] था। इसके अलावा वह मज़दूर तब्क़े में सोशल वर्क के सिलसिले में आया-जाया करती थीं। तालीमे-निस्वाँ[6] की ज़बरदस्त हामी, औरतों के हुक़ूक़ की अलमबर्दार! उनकी अचानक और बेवक़्त मौत से कितने ही स्कूल बन्द हो गए। महीनों ताज़ियत[7] के जलसे होते रहे।

अल्लाह ने मिसेज़ नोमान को क्या नहीं दिया था। लखपति बाप की इकलौती बेटी, हसीन, तालीमयाफ़्ता[8]। ज्यों ही कॉलेज से बी.ए. करके निकलीं, आशिक़ों के क्यू लग गए। मिसेज़ नोमान लड़कपन ही से बला की ज़हीन थीं। टैनिस की पक्की खिलाड़ी, अव्वल दर्जे की शहसवार[9], तैराक़ी में कितने कप जीत चुकी थीं। सितार तो ऐसा बजाती थीं कि उस्ताद विलायत हुसैन का शुब्हा होता था। बला की ख़ुश-

---

1. पिछली, 2. रोज़ की तरह, 3. संख्या, 4. मंडली, 5. विशाल, 6. स्त्री-शिक्षा, 7. शोक प्रकट करने, 8. शिक्षित, 9. घुड़सवार,

गुफ़्तार। जिस महफ़िल में चली जातीं, लोग मरऊब[10] हो जाते। जो उनसे मिलता, उसका दिल मुट्ठी में ले लेतीं।

जिस ज़माने में मुस्लिम लीग ने ज़ोर पकड़ा, वह कांग्रेस से अलग होकर धुआँधार तक़रीरों से लीग की हिमायत करने लगीं। दिन-रात इस जाँ-फ़िशानी से उन्होंने तहरीक में हिस्सा लिया कि लोग अश-अश करने लगे। किसी ज़माने में पर्दे की मुख़ालिफ़त[11] में जो औरतों ने एहतिजाज[12] किया था, मिसेज़ नोमान पेश-पेश थीं। वह उन चन्द ख़वातीन[13] में से थीं, जो पर्दे की लानत को दूर फेंककर मैदाने-अमल में आई थीं।

जिस सूबे में डिप्टी नोमान तैनात होकर जाते, उसकी क़िस्मत जाग पड़ती। जाते ही मिसेज़ नोमान क्लब और मुख़्तलिफ़ कमेटियों की बागडोर अपने हाथों में सँभाल लेतीं। अवाम की आक़िबत[14] सुधारने का तो उन्हें जुनून था। मिस्टर नोमान का दस्ते-रास्त सही मा'नों में वही थीं। मेहमानदार इस ग़ज़ब की कि बड़ी से बड़ी पार्टियों का इन्तिज़ाम करना उनके बाएँ हाथ का खेल था। मिस्टर नोमान दब्बू क़िस्म के इनसान थे। अगर उनकी शरीके-हयात[15] इस क़दर लाइक़-फ़ाइक[16] न होतीं, तो वह कभी यों तरक़्क़ी न कर सकते और सोसाइटी में उनकी वह पोज़ीशन न होती, जिसे लोग रश्क की निगाहों से देखा करते थे। आला उह्दा भी मिसेज़ नोमान के तुफ़ैल या उनके बाप के रुसूख़ की बदौलत ही मिला था, वर्ना वह अपनी बचपन की मंगेतर आइशा बेगम को न छोड़ बैठते।

आइशा बेगम ने मिस्टर नोमान की शादी के बाद कुँआरेपन की क़सम खा ली थी। वह एक स्कूल में मुअल्लिमा[17] थीं। माँ-बाप के इन्तिक़ाल के बाद उन्होंने स्कूल के अहाते ही को अपना घर बना लिया था, जहाँ वह एक ख़ुश्क और नीम-मुर्दा ज़िन्दगी गुज़ारती थीं।

दिल के मुआमले में भी मिसेज़ नोमान बड़ा नसीबा लेकर आई थीं। उनके दोस्तों के हल्के[18] में उनके आशिक़ों का भी एक वसीअ हल्क़ा था। किसी ज़माने में मिसेज़ नोमान हुस्न का बेहतरीन नमूना समझी जाती थीं। कॉलेज के ज़माने में कई नौजवानों ने उनके इश्क़ में घुटकर ख़ुदकुशी कर ली थी। उनके ज़माने के तरक़्क़ी पसन्द शुअरा[19] उन्हीं के हुस्न से मुतअस्सिर[20] होकर अदब की बुलंदियों को पहुँचे। कितने ही अफ़्सानानिगारों के यहाँ उनकी शख़्सियत के अक्स ने जान डाल रखी थी। कितने ही गुमनाम आशिक़ाना ख़त उनके नाम आया करते थे, जो एक मज्मूए[21] की सूरत में शाए[22] होकर काफ़ी मक़्बूल हो चुके थे। बाज़ छिछोरे हासिदों[23] का कहना था कि यह ख़त ख़ुद मिसेज़ नोमान ने लिखे थे। ख़ैर, इस बेबुनियाद इल्ज़ाम को मान भी लिया जाता, तो भी यह ख़त अदबी जवाहर-पारो का दर्जा

10. प्रभावित, 11. विरोध, 12. प्रतिरोध, 13. महिलाओं, 14. परलोक, 15. जीवन-साथिन, 16. योग्य और श्रेष्ठ 17. अध्यापिका, 18. मंडली, 19. शायर, 20. प्रभावित, 21. संकलन, 22. प्रकट, 23. ईर्ष्यालु,

रखते थे और सिर्फ़ यह ज़ाहिर करते थे कि जुमला और ख़ूबियों के मिसेज़ नोमान एक आला पैमाने की अदीबा भी हैं।

मुख़्तलिफ़ क़िस्म के सोशल कामों में वह तालीमे-निस्वाँ पर ज़ोर देने के अलावा कम बच्चे पैदा करने का प्रचार भी किया करती थीं। उनका ख़याल था कि हमारे मुल्क की अब्तरी[24] के सबसे बड़े ज़िम्मेदार यह दर्जनों बच्चे ही हैं। यह ग़ुर्बत[25] की पैदावार हैं और ग़ुर्बत इनसे परवान चढ़ती है। सिर्फ़ जाहिल और गँवार औरतें इस शिद्दत से पिल्ले जनती हैं, इसलिए बच्चे जहालत और गँवारपन का जीता-जागता सुबूत हैं। मुहज़्ज़ब[26] औरतों के यों लश्तम-पश्तम बच्चे नहीं होते।

मुझे याद है, मेरी दस बच्चों वाली अम्माँ मिसेज़ नोमान से बहुत डरा करती थीं। उनकी जहालत का जीता-सुबूत यानी हम दस मोटे-ताज़े बच्चे मिसेज़ नोमान से कन्नी काटा करते थे। हमारे मैले घुटने और फोड़ों से लदे पैर देखकर वह काँप जाया करती थीं। हमारी चीख़-पुकार से उनके सिर में धमक पहुँचती थी और हमारे नदीदेपन[27] से दस्तरख़्वान पर उबकाई आने लगती थी, मगर उनकी आदत थी कि बिना इत्तिला[28] के नाज़िल[29] हो जाया करती थीं। अम्माँ का जी चाहता, शर्म से डूब मरें। हम अहमक़ों की तरह उन्हें चारों तरफ़ से घेरकर तकते। कुछ मुँहजले कहा करते थे, मिसेज़ नोमान बाँझ हैं।

उनके जाने के बाद कई दिन तक अम्माँ पर हम लोगों की सफ़ाई की धुन सवार रहती। हमारी सुड़सुड़ाती नाकों को चिमटे से दाग़ने की धमकियाँ दी जातीं। जूते अज़ाबे-दोज़ख़ की तरह पैरों में जकड़ दिए जाते। मार-पिटाई की सख़्ती से मुमानिअत[30] हो जाती। आख़िर अम्माँ का फूहड़पन हमारी हिमायत को उभर आता और हम फिर आज़ाद हिरनों की तरह कुलाँचें भरने लगते।

लाख मिसेज़ नोमान ने अम्माँ को हम लोगों के नुज़ूल[31] को रोकने की तरकीबें बताईं, मगर हमारे अब्बा न जाने किस क़िस्म के इनसान थे, उनकी मदद के बग़ैर भला कामयाबी कैसे हो सकती थी। उनका बस चलता, तो वह हम लोगों को जुड़वाँ मँगवाते। हम लोगों को यह जंगलियों जैसी आज़ादी भी उन्हीं ने दे रखी थी।

बड़े लोगों के दुश्मन भी बहुत होते हैं। मिसेज़ नोमान की इस हरदिल-अज़ीज़ी से बहुत से हासिद लोग जलकर तरह-तरह की बातें किया करते थे। मुँह पे कहने का किसी में दम न था।

"सुना आपने, लोग कितने छिछोरे हैं," वह हँसकर ख़ुद कहा करतीं, "नोमान साहब को तो आप जानती हैं, सच बताइए, क्या वह इतने ज़लील हो सकते हैं?"

"नहीं बहन, लोग उड़ाते हैं बे-पैर की।" अम्माँ हाँ में हाँ मिलातीं, "बहन, वह तो आपके दीवाने हैं। और क्यों न हों? कौन-सी वह ख़ूबी है, जो आप में

---

24. दरिद्रता, 25. ग़रीबी, 26. सभ्य, 27. भुक्खड़पन, 28. सूचना, 29. प्रकट, 30. मनाही, 31. प्रकटन, उतरना,

नहीं ? लाइक़-फ़ाइक़ ! अगर आप जैसी बीवियाँ हो जाएँ, तो अल्लाह क़सम, हमारा मुल्क इतना पिछड़ा हुआ न रहे।'' अम्माँ रटा हुआ सबक़ दुहरातीं।

''नहीं बहन, मैं कुंदए-नातराश[32], मैं किस क़ाबिल हूँ।'' वह बड़े इन्किसार से कहतीं।

''आप तक्लीफ़ करती हैं, वर्ना बहन, शहर की सूरत आपके आने से बदल गई। किस क़दर जहालत थी अवाम में।'' अम्माँ उस नए मज्मून से इक़्तिबास[33] करतीं, जो लोकल अख़बार में हाल ही में निकला होता, ''तालीमे-निस्वाँ तो आपके आने से पहले बिल्कुल ही रद्दी हालत में थी,'' अम्माँ मसका लगातीं, ताकि मिसेज़ नोमान का ध्यान बँटा रहे और वह मुर्ग़ियों के पीछे दौड़ते हुए बदज़ात बच्चों को न देखें, जिन्हें वह इशारे से ग़ारत हो जाने को कहती जाती थीं। अगर हम लोगों को देख लेतीं, तो सारे सुधार छोड़कर वह हमारे सुधार पर कमर कस लेतीं और हमारी नाकों पर सितम टूटता।

''अल्लाह क़सम, कभी-कभी तो आपके भाई की मुहब्बत से जी उकताने लगता है। यह भी कोई बात है, जिस दिन डिनर पर मैं न मौजूद हूँ, भूखे सो रहते हैं।'' अम्माँ जानती थीं, यह गप है, मगर वह ख़्वाब में भी मिसेज़ नोमान की मुख़ालिफ़त[34] न कर सकती थीं। उन्हें कोई अपनी आक़िबत[35] मिट्टी में मिलानी थी, पर न जाने कैसे मुँह से निकल गया, ''कहीं और खा आते होंगे!'' कह तो दिया, फिर जल्दी से सहमकर कहने लगीं, ''लोग उड़ाते हैं बहन...''

''लोगों को तो सफ़ेद कपड़ों पर कीचड़ उछालने में मज़ा आता है। यही ज़लील ज़ेहनियत तो है, जिसने हमारी क़ौम को इतना जाहिल कुंदए-नातराश बना रखा है। मिस्टर नोमान जिस आला किरदार के इनसान हैं, दुनिया जानती है। भला बीवी से कोई दिल की बात छुपा सकता है। अगर ख़ुदानख़्वास्ता[36] कोई बात होती, तो मुझसे न छुपती।'' उन्होंने अम्माँ की तरफ़ देखा, ''बहन, आप तो बड़ी भोली हैं।'' उनके कहने का मक़्सद था, आप तो कूढ़-मग़ज़ हैं, निरी गावदी। ''मगर नोमान साहब मुझ से कोई बात नहीं छुपा सकते।''

''हाँ बहन, भला आप से कोई क्या खा के बात छुपाएगा।'' अम्माँ मान गईं।

''और लोग कहते ही हैं तो किसके लिए। आइशा बेगम के लिए। देखा है आप ने आइशा बेगम को ?''

''हाँ, सूखी खटाई...तौबा!''

''नहीं, बहन, आदमी का बच्चा है। कान पकड़कर कहती हूँ, ख़ुदा बड़ा बोल न बुलवाए। मैं ख़ुद सूरत न शक्ल, भिड़ में से निकल...मगर...तौबा...उनके चेहरे पर तो बस...''

''मुहर्रम सवार रहते हैं।''

---

32. बुद्धू, 33. उद्धरण, 34. विरोध, 35. परलोक, 36. ख़ुदा न करे,

"क्या नामुरादी टपकती है।"

"मर्द का प्यार न मिले, तो औरत की सूरत पर फिटकार बरसने लगती है।"

"है-है, भई, यह उम्र भर का कुँआरपन भी सूरत को मस्ख़[37] कर देता है।"

देर तक अम्माँ और मिसेज़ नोमान बैठकर तिब्बी[38] और मुआशरती[39] उसूलों का हवाला देकर आइशा बेगम के चेहरे की अज़ली नामुरादी पर तब्सिरा करतीं। तौबा-तौबा करती जातीं और मिसेज़ नोमान की गुलअफ़्शानी उरुज[40] पे पहुँच जाती।

"ख़ैर, अब तो बेचारी गई-गुज़री हुईं। वैसे वह आपकी पासंग भी तो कभी न थीं। होतीं, तो बचपन की मंगेतर को छोड़कर आपका क्यों दम भरने लगते। लोग कहते हैं, डिप्टी कलक्टरी के लालच में नोमान साहब ने उन्हें छोड़ दिया।" अम्माँ बाज़ औक़ात भोलेपन में ऐसी भोंडी बातें कह जाया करती थीं।

"यह सरासर बुहतान है बहन," मिसेज़ नोमान बिगड़तीं, "नोमान साहब, आख़िर इतने बड़े लश्कर को कैसे पाल सकते थे। उनके रिश्तेदारों ने यह बातें उड़ाई हैं। आप ही सोचिए, आधी दर्जन बहन-भाइयों का भार कोई मज़ाक़ है। आइशा बेगम ख़ानदान की लड़की थीं। बस ख़ानदानवालों ने हमेशा उन्हीं की तरफ़दारी की, मगर सच तो यह है बहन, औरत में ख़ुद ही दम न हो, तो उसके हक़ूक़ की कौन हिफ़ाज़त कर सकता है। अगर इतनी कशिश उनमें होती, तो नोमान साहब क्यों उन्हें ठुकरा देते।"

"अल्लाह की दी हुई सूरत है बेचारी बी।" अम्माँ कहतीं।

"अल्लाह ने सूरत दी है, पर साथ अक़्ल भी तो दी है। रख-रखाव, ओढ़ना-पहनना भी तो कोई चीज़ है। सलीक़े से आराइश[41] की जाए, तो मामूली शक्ल भी हसीन मालूम होने लगती है। वैसे बातचीत का भी तो सलीक़ा नहीं उनमें। भई, किस क़दर बोर हैं आइशा बी। सच बताइए, उनकी बातों में कुछ भी जान है। कुछ भी दिलचस्पी है।"

"नहीं, बहन, मेरा तो दम बौला जाता है उनके पास। जैसे चुप का रोज़ा रखा है।"

"यूरोप वग़ैरा में तो बाक़ायदा इस क़िस्म के स्कूल हैं, जहाँ औरत को मर्द के लिए जाज़िबे-नज़र[42] बनना सिखाया जाता है। जभी तो हम सारी दुनिया से पीछे हैं।" मिसेज़ नोमान का लैक्चर शुरू हो जाता।

एक दिन मिसेज़ नोमान अम्माँ के कान कुछ औरत की ख़ुद्दारी और औरत के हक़ूक़ के लिए ऐसे भर गईं कि वह अब्बा से कहने लगीं, "यह आप अंग्रेज़ औरतों से ऐसे हँस-हँसकर बात क्यों करते हैं?"

"चलो, तुम भी मेरे साथ। तुम उनके मर्दों से हँस-हँस के बात करो।" अब्बा मुस्कराकर बोले।

---

37. विकृत, 38. डॉक्टरी, 39. सामाजिक, 40. उत्कर्ष, 41. सजावट, 42. आकर्षक,

"है-है...तौबा..." अम्माँ ने सिर पीट लिया और उस दिन से हक़ूक़े-ज़ौजियत[43] जताने की हिम्मत न पड़ी।

मिसेज़ नोमान कभी ख़ुद भी नोमान साहब को छेड़ा करतीं, "आपने बेचारी की ज़िन्दगी तबाह कर दी।" मगर वह हँसकर टाल देते।

"बेचारी मुझे पानी पी-पीकर कोसती होंगी।" नोमान साहब के चेहरे पर नदामत[44] की झलक आ जाती।

"सच बताइए, क्या आइशा बेगम आपको बचपन ही से नापसन्द थीं?"

"कुछ ऐसी ही बात थी।" वह फिर टालना चाहते।

"तो क्या ख़ानदान वालों ने ज़बरदस्ती से मँगनी कर दी थी?"

"मजबूरी इनसान से सब कुछ करा लेती है।" वह ठंडी साँस भर के मिसेज़ नोमान के बालों से खेलने लगते।

"मर्द कितने धोखेबाज़ होते हैं।" वह मिस्टर नोमान की मुहब्बत में झूम उठतीं। मिस्टर नोमान सहमकर जल्दी-जल्दी सिगार के कश लेते हुए मुड़ जाते।

मिसेज़ नोमान का दिल एक बहता दरिया था, जिसमें सारे जहान का दर्द था। आइशा बेगम पर तो उन्हें बेपनाह तरस आता था। बेचारी! डिप्टी कलक्टर से शादी होती, किस ठाठ से रहतीं। डिनर, पार्टियाँ, ऐट-होम। मगर बेचारी ख़ाक कंट्रोल न कर पातीं, घर बच्चों से पाट देतीं। मिसेज़ नोमान ने कम-अज़-कम इस इल्लत[45] से तो घर को पाक[46] रखा था।

"हिन्दोस्तान में इतने बच्चे हैं कि वह औरत, जो बच्चे नहीं पैदा करती, मुल्क और क़ौम की सबसे बड़ी ख़िदमत करती है।" उनका कौल[47] था।

मगर यह सोचते वक़्त वह यह भूल जाती थीं कि अगर आइशा बेगम की शादी नोमान साहब से होती, तो आज भी वह किसी स्कूल में मास्टरी कर रहे होते। स्कूल के मुआयने के सिलसिले में कभी-कभी आइशा बेगम से मुलाक़ात होती रहती थी। ज़ाहिर है, कि आइशा बेगम उनसे जलती होंगी, हालाँकि उसमें न उनका क़ुसूर था, न नोमान साहब का। एक झमझमाते चाँद को छोड़कर आख़िर वह कैसे सूखी-मरियल खटाई की फाँक पर रीझ जाते।

लोगों का कहना है कि जलसे की सदारत करने के बाद वह स्कूल के अहाते में आइशा बेगम के क्वार्टर की तरफ़ चली गईं।

"चाय नहीं पिलाएँगी?" उन्होंने हस्बे-मामूल[48] ख़ंदा-पेशानी[49] से कहा, तो आइशा बेगम सबको बिठाकर ख़ुद चाय बना के ले आईं। मिसेज़ नोमान उन्हें छेड़ा तो हमेशा करती थीं, उस दिन भी कहने लगीं, "बहन, हमने आपका मंगेतर छीन लिया, मगर इसमें हमारा क्या क़ुसूर था।" आइशा बीबी खिसियाकर मुस्करा दीं।

"नहीं बेगम, आपका क़ुसूर क्यों होता।"

---

43. पत्नी के अधिकार, 44. शर्मिन्दगी, 45. बुराई, 46. पवित्र, 47. कथन, 48. पूर्ववत, 49. सुशीलता,

"आपको हमारे ऊपर ग़ुस्सा तो बहुत आता होगा।" मिसेज़ नोमान और हँसीं। आइशा बेगम का रंग उड़ गया, तो बड़े ज़ब्त से बोलीं, "ग़ुस्से की क्या बात थी बेगम। सब क़िस्मत के खेल हैं।"

"क़िस्मत। हुँह! वही जाहिलाना बातें। इन्हीं बातों से तो हमारे यहाँ की नादान औरतें अपनी दुनिया दोज़ख़ बना लेती हैं। मर्द औरत को नामुराद सिसकता छोड़ जाता है और वह ज़बान पर ताला डालकर बैठ रहती है।" मिसेज़ नोमान ने लैक्चरबाज़ी शुरू कर दी। उस दिन सैयदा आइशा बेगम किसी ख़राब मूड में थीं। न जाने मिसेज़ नोमान के मज़ाक़ पर क्यों चिराग़-पा[50] हो गईं। सिर से पैर तक थर-थर काँपने लगीं। कटे हुए लहजे में बोलीं, "छीनने की भी ख़ूब कही। बेगम, क्या इनसान भी मिट्टी का खिलौना है, जो उसे कोई छीन ले जाए। जिस्म छीना जा सकता है, मगर दिल नहीं छीना जा सकता।"

"अरे वाह! आप तो ख़ासी फ़ल्सफ़ी मालूम होती हैं, आइशा बेगम! यह ख़ाली-ख़ूली मुहब्बत..."

"मुहब्बत ख़ाली-ख़ूली नहीं होती बेगम! मुहब्बत ज़िन्दगी का सबसे बड़ा सौदा है।" मारे ग़ुस्से के आइशा बी के हाथ-पैर बेक़ाबू हो गए, "आप बड़ी नादान हैं बेगम!"

मिसेज़ नोमान और उसके हवाली-मवाली हँसते-हँसते लोट गए। "मिसेज़ नोमान और नादान! चह ख़ुश।"

"इरफ़ान...अरे बेटा इरफ़ान!" आइशा बी ने चिक से झाँककर पुकारा और एक सोलह-सत्रह बरस का लड़का हाथ में रैकट लिये आन खड़ा हुआ।

"इधर आओ बेटे! ख़ाला को आदाब करो।"

मिसेज़ नोमान के हाथ से चाय की प्याली छूट पड़ी। उनके सामने बीस बरस पहले के नोमान साहब खड़े थे और आइशा बेगम उसके घने बालों को बिखेरकर कह रही थीं, "मेरी मरहूमा[51] बहन की निशानी है। आदाब करो बेटा!"

लोग चह-मीगोइयाँ[52] करते हैं कि आइशा बेगम ने मिसेज़ नोमान को ज़हर दे दिया।

---

50. क्रोधित, 51. स्वर्गीय, 52. खुसर-फुसर।

मुट्ठी मालिश

पोलिंग-बूथ पर बड़ी भीड़ थी, जैसे किसी फ़िल्म का प्रीमियर हो। यह लम्बा क्यू लगा था। पाँच साल पहले भी इस तरह हमने लम्बे-लम्बे क्यू लगाए थे, जैसे वोट देने नहीं, सस्ता अनाज लेने जा रहे हों। चेहरों पर उसकी परछाईं थी। क्यू लम्बा सही, पर कभी तो अपनी बारी आएगी। फिर क्या है, वारे-न्यारे समझो। अपने भरोसे के आदमी हैं। क़िस्मत की बागडोर अपनों के हाथ में होगी, सारे दलिद्दर दूर हो जाएँगे।

''बाई, ए बाई, अच्छे तो हो ?'' मैली-सी साड़ी बाँधे एक औरत ने पीले-पीले दाँत निकाल मेरा हाथ पकड़ लिया।

''ओहो, गंगा बाई...''

''रती बाई, ओ गंगा बाई दूसरी थी। मर गई बेचारी!''

''अरे...रे बेचारी...'' ज़न से मेरा ज़ेह्न[1] पाँच साल पीछे क़लाबाज़ी खा गया।

''मालिश कि मुट्ठी ?'' मैंने पूछा।

''मालिश।'' रती बाई ने आँख मारी, ''साली को बहुत मना बोला, पर नई सुना। तुम किसको देंगा वोट बाई ?''

''तुम किसको दोगी ?'' हमने एक दूसरे से रस्मन[2] पूछा।

''हमारा जात वाला को। अपन के गाँव का है।''

''पाँच साल हुए, तब भी तो तुमने अपनी जात वाला को दिया था वोट!''

''हाँ, बाई, पन वह साला कंडम निकला। कुछ नहीं किया।'' रती बाई ने मुँह बिसूरकर कहा।

''और यह भी तुम्हारा जात वाला है।''

''हाँ, पन यह एकदम फ़र्स्ट क्लास। हाँ, बाई देखना, अपन का खेत छूट जाएगा।''

''फिर तुम गाँव जाकर धान कूटा करोगी।''

''हाँ बाई।'' रती बाई ने अपनी चुँधी आँखें पटपटाईं।

---

1. मस्तिष्क, 2. रस्मी तौर पर,

पाँच साल हुए, हस्पताल में जब मेरी मुन्नी पैदा हुई, तो रती बाई ने कहा था, वह अपनी जात वाले को वोट देने जा रही है। चौपाटी पे उसने उनसे हज़ारों आदमियों की मौजूदगी में वादा किया था कि उसके हाथों में ताक़त आते ही काया पलट जाएगी। दूध की नहरें बहने लगेंगी। ज़िन्दगी में शहद टपकने लगेगा। आज, पाँच साल बाद, रती बाई की साड़ी पहले से बोसीदा[3] थी। बालों पर सफ़ेदी बढ़ गई थी। आँखों में वहशत दोचन्द हो गई थी। आज फिर चौपाटी पर किए हुए वादों का सहारा लेकर वह अपना वोट देने आई थी।

"बाई, तुम उस छिनाल से काईको इतना बात करता।" रती बाई ने बैड-पैन सरकाते हुए अपनी नसीहतों का दफ़्तर खोल दिया।

"क्यों? क्या बुराई है?" मैंने बनकर पूछा।

"हम तुम्हारे को बोला न, ओ छोकरी एकदम ख़राब है। साली पक्की बदमास!" रती बाई की ड्यूटी लगने से पहले गंगा बाई ने भी अपनी ड्यूटी के दरम्यान मुझे यही राय दी थी कि रती बाई एकदम लोफ़र है। अस्पताल की यह दोनों आयाएँ हर वक़्त कचर-कचर लड़ा करती थीं। कभी-कभी झोटम-झाटा तक नौबत पहुँच जाती थी। मुझे उनसे बातें करने में बड़ा मज़ा आता था।

"क्या यह साला शंकर भाई थोड़ी है। इसका यार है, संग सोती है।" गंगा बाई ने बताया था। रती बाई का मियाँ शोलापुर के पास एक गाँव में रहता है। थोड़ी-सी ज़मीन है। बस उसी से चिमटा हुआ है। सारी फ़स्ल ब्याज में उठ जाती है। थोड़े-से रुपए और रह गए हैं, जो चन्द सालों में चुक जाएँगे। फिर वह अपने बाल-बच्चों के पास चली जाएगी और वहाँ मज़े से धान कूटा करेगी। घर में मज़े से धान कूटने के ख़्वाब दोनों ऐसे देखा करती थीं, जैसे कोई पैरिस के ख़्वाब देखता हो।

"मगर रती बाई, तुम बम्बई में पैसा कमाने क्यों आ गईं? तुम्हारा मियाँ आ जाता, तो एक बात भी थी।"

"अरे, बाई, वह कैसे आता? खेत जो चला जाता। मेरे से खेती-बाड़ी न सँभलती।"

"और बच्चों की देखभाल कौन करता है।"

"है एक रांड मरी।" रती बाई ने दो-चार गालियाँ टिकाईं।

"दूसरी शादी कर ली है तुम्हारे मियाँ ने?"

"ईंह। साला दूसरी क्या करेगा। रखैल है।"

"और जो तुम्हारे पीछे मालकिन बन बैठी तो?"

"कैसे बनेगी? मार-मार भूसा न भर देंगे। ब्याज निमट जाए। पीछे चले जाएँगे हम।"

मालूम हुआ, रती बाई ख़ुद अपनी पसन्द की एक लावारिस औरत, मियाँ और बच्चों की ख़बरगीरी पर छोड़ आई है। जब खेत छूट जाएगा, तो फिर घर-गृहस्थिन

---

3. फटी-पुरानी,

बनकर धान कूटने चली जाएगी। रखैली का क्या होगा? उसे कोई मियाँ मिल जाएगा, जिसकी बीवी बम्बई में पैसा कमाने आई हुई है और बाल-बच्चे देखनेवाला कोई नहीं।

"उस औरत का मियाँ नहीं?" मैंने पूछा।

"है नहीं तो।"

"तो वह उसके पास नहीं रहती।"

"उसके खेत ख़ुर्द-बुर्द हो गए। उसका मियाँ किसान-मज़दूर है, मगर साल में आठ महीने चोरी-चकारी करता है या बड़े शहरों की तरफ़ निकल जाता है। भीख माँगकर दिन बिता देती है।"

"और बच्चे?"

"हैं नहीं तो! चार बच्चे हैं या थे! एक तो बम्बई में ही खेल रुल गया। कुछ पता नहीं, कहाँ गया। छोकरियाँ भाग गईं। छोटा बच्चा साथ रहता है।"

"तुम कितना रुपया गाँव भेजती हो रती बाई?"

"अक्खा चालीस।"

"तुम्हारी गुज़र कैसे होती है फिर?"

"हमारा भाई सँभालता है।" वही भाई, जिसके बारे में गंगा बाई कह रही थीं, कि उनका फ्रेंड है।

"तुम्हारे भाई के बाल-बच्चे।"

"है नहीं तो।"

"हाँ? गाँव में?"

"हाँ, पूना के पास एक जगह है। उसका बड़ा भाई खेती सँभालता है।"

"यानी तुम्हारा बड़ा भाई!" मैंने चिढ़ाने को पूछा।

"धत! ओ हमारा 'भाई' काहे को होता। क्या बाई, तुम हमारे को साला छिनाल समझता। हम गंगा बाई जैसी नहीं है। मालूम, महीने में चार से जासती किसी के साथ नहीं बनी। हाँ, कोई फटा-पुराना कपड़ा हो, तो उस बदमास को मत देना। मेरे को देना। हाँ।"

"रती बाई।"

"हाँ, बाई!"

"तुम्हारा भाई तुमको मारता है?"

"साला गंगा बाई बोला होईंगा। नहीं बाई जासती नईं मारता। कभी-कभी पिये-ला होता, तो मारता...सो, बाई लाड़ भी करता न।"

"लाड़ भी करता है?"

"करता नहीं तो।"

"मगर रती बाई, तुम उसे भाई क्यों कहती हो कम्बख़्त को?"

रती बाई हँसने लगीं, "बाई हमारे में ऐसाइच बोलते!"

"मगर रती बाई, चालीस रुपया पगार मिलती है, तो फिर धन्धा काहे को करती हो?"

"पन कैसे पूरा पड़े...पाँच रुपया खोली का भाड़ा ले। तीन रुपया लाला के।"

"यह लाला को काहे के देती है?"

"अक्खा चाली का औरत लोग देता है। नहीं तो निकाल देवे!"

"धन्धा जो करती हो, इसलिए?"

"हाँ, बाई!" रती बाई कुछ झेंप गई।

"और तुम्हारा भाई क्या करता है?"

"बाई, बोलने का बात नईं। हाँ, दारू का धन्धा बड़ा खोटा धन्धा है। जो पुलिस को पैसा नईं भरे, सो तड़ी पार!"

"यानी बम्बई से शहर-बदर!"

"हाँ, बाई।"

इतने में नर्स ने आकर रती बाई को डाँटा, "क्या बैठी बातें मठार रही है। चल जा, नम्बर दस में बैड-पैन पड़ा है।" रती बाई अपने मैले दाँत निकोसती भागी।

"आप क्या इन लोफ़र औरतों से घंटों बातें किया करती हैं। आपको आराम की ज़रूरत है, वर्ना फिर ब्लीडिंग शुरू हो जाएगी।" नर्स ने बच्ची को पंगूड़े से निकाल लिया और चली गई।

शाम को गंगा बाई की ड्यूटी थी। बग़ैर घंटी बजाए ख़ुद ही आन धमकी।

"बैड-पैन माँगता बाई!"

"नहीं, गंगा बाई। बैठो!"

"राँड शिशटर बूम मारेगी। क्या बोलती थी तुम्हारे को?"

"कौन सिस्टर? बोलती थी, आराम करो!"

"शिशटर नईं, ओ रती बाई?"

"कहती थी, पोपट लाल गंगा बाई को ख़ूब मारता है," मैंने छेड़ा।

"अरे, ओ साला हमारे को क्या मारेगा!" गंगा बाई मेरे पाँव पर हौले-हौले मुक्कियाँ मारने लगीं।

"बाई, मेरे को जूना चपल देना को बोला था। देयो न?"

"ले जाओ, मगर यह तो बताओ, तुम्हारे मियाँ की चिट्ठी आई?"

"आई नहीं तो..." गंगा बाई ने फ़ौरन चप्पल पर हाथ मारा, "साला शिशटर ने देख लिया, तो बूम-बूम करेगा। बोत खट-खट करती है।"

"गंगा बाई!"

"हाँ, बाई!"

"तुम अपने गाँव कब वापस जाओगी?"

गंगा की चमकीली स्याह आँखें दूर खेतों की हरियाली में खो गईं। उसने ठंडी साँस भरी और बड़ी धीमी आवाज़ में बोली, ''राम करे, अब के फसल धड़ल्ले की हो जावे। बस, बाई फिर अपना घर चला जाएगा। गए साल बाढ़ आ गई, सारा धान कचरा हो गया।''

''गंगा बाई, तुम्हारे मियाँ को तुम्हारे दोस्तों के बारे में पता है?'' मैंने कुरेदा।

''क्या बात करता तुम बाई।'' गंगा बाई गुमसुम-सी हो गई। उसे कुछ झेंप-सी मालूम हो रही थी। उसने फ़ौरन बात पलटी।

''बाई, तुमारे को दो छोकरी हो गया। सेठ ग़ुस्सा करेगा न?''

''कौन सेठ?'' मैंने चकराकर पूछा।

''तुम्हारा पति! दूसरा सादी बना लेगा तो?''

''वह दूसरा शादी बनाएगा, तो हम भी दूसरा शादी बना लेगा।''

''तुमारे लोग में ऐसा होता? ए बाई, हम समझा, तुम कोई ऊँचा जात का है!'' मुझे ऐसा मालूम हुआ, गंगा बाई ऊँचा जात वाला का मज़ाक़ उड़ा रही है। मैंने बहुत समझाने की कोशिश की, कि गंगा बाई समझ जाए, मगर उसका ख़याल था कि दूसरी लड़की की पैदाइश पर ज़रूर मेरी शामत आएगी। अगर सेठ मेरी ठुकाई न करे, तो सख़्त थर्ड क्लास सेठ है।

अस्पताल में पड़े रहना तन्हाई से कुछ कम नहीं। दो घंटे शाम को मिलने-जुलनेवाले आ जाते। अगर अस्पताल में ये दोनों न होतीं, तो शायद दम टूट जाता। दोनों मामूली-सी रिश्वत लेकर एक दूसरे के बारे में उलटी-सीधी बातें बताया करतीं। एक दिन मैंने रती बाई से पूछा, ''रती बाई, तुम मिल में काम करती थीं। क्यों छोड़ दिया?''

''अरे बाई, साला मिल में बड़ा लफ़ड़ा था।''

''काहे का लफ़ड़ा?''

''ए बाई, एक तो काम एकदम भारी! यह भी चलता, पर बाई, दो महीना के बाद छुट्टी कर देते!''

''क्यों?''

''दूसरा बाई लोग को रखते!''

''भई, वह क्यों?''

''कारण यह कि अगर पक्का छह महीना हो जाए, तो फ़ैक्टरी लॉ जो लागू हो जावे!''

''ओहो, समझी...यानी हर दूसरे-तीसरे महीने नया स्टाफ़ बदलता रहता है। अगर मुस्तक़िल[4] हो जाए एक कारीगर तो फ़ैक्टरी-लॉ के मुताबिक़ उसे बीमारी की छुट्टी, ज़च्चगी की छुट्टी लेने का हक़ मिल जाता है, इसलिए हर दो महीने के

4. स्थायी,

बाद अदल-बदल कर दी जाती है। साल में एक मज़दूर की मुश्किल से चार महीने आमदनी होती, बाक़ी के दिन गाँव वापस लौट जाती हैं। जिनकी इतनी हैसियत नहीं, वे दूसरी मिलों के चक्कर काटती हैं। बाज़ सड़ी-गली भाजी-तरकारी की ढेरियाँ लगाकर फ़ुटपाथ पर बैठ जाती हैं। फ़ुटपाथ पे अपनी-अपनी जगह के लिए ख़ूब गाली-गलौच होती है। बग़ैर लाइसेंस के बेचती हैं, इसलिए कुछ नुक्कड़ के सिपाही को खिलाना पड़ता है। इस पर भी कभी कोई अनजाना अफ़्सर आ जाता है, तो भगदड़ मच जाती है। कुछ दुकान झोलियों में समेट किसी गली में सटक जाती हैं, कुछ पकड़ी जाती हैं और बावेला करती हैं। पुलिस-थाना ले जाई जाती हैं। मत्ला[5] साफ़ होते ही फिर चिथड़ा बिछाकर दुकान सजा लेती हैं। कुछ और भी चालाक होती हैं। झोली में चार-छह नीबू, दो-चार भुट्टे पकड़े बाज़ार में ऐसे घूमती हैं, जैसे ख़ुद ख़रीदार हैं, मगर पास गुज़रनेवाले से चुपके से कहती हैं, ''लो भाई भुट्टा लियो...एक-एक आना!...'' और बिक्री हो जाती है।

उनसे तरकारी ख़रीदना गोया हैज़े की पुड़ियाँ ख़रीदना है।

जो ज़रा कम ख़ुशनसीब होती हैं, वो भीख माँगने लगती हैं। दौड़ते-भागते धन्धा भी करती जाती हैं। अपनी दानिस्त[6] में सोलह सिंगार किए, मुँह में बीड़ा दबाए, यह लोग नीम-तारीक[7] रेलवे-स्टेशन के आस-पास टहला करती हैं। गाहक आता है, कुछ इशारे-किनाए होते हैं, सौदा पट जाता है। यह गाहक उमूमन[8] उत्तर प्रदेश के घर छोड़कर आए हुए दूध वाले या बेघर-बेदर मज़दूर होते हैं, जिनकी बीवियाँ गाँव में होती हैं, या अज़ली कुँआरे, जिनका घर-बार यही गन्दी गलियाँ और फ़ुटपाथ हैं।

सुबह गंगा बाई और रती बाई में बाक़ायदा बरामदे में फ़्री-स्टाइल कुश्ती ठन गई। रती बाई ने गंगा बाई का जूड़ा खसोट डाला और उसके जवाब में गंगा बाई ने रती बाई का मंगल-सूत्र तोड़ डाला। मंगल सूत्र, काली पोथ का बारीक-सा कंठा, रती बाई के सुहाग की निशानी। रती बाई ऐसे भों-भों करके रोई, जैसे उन्हें बेवा कर दिया हो। लड़ाई की बुनियाद रुई के वह टुकड़े थे, जो मरीज़ों के ज़ख़्मों की रुतूबत[9] पोंछकर फेंके जाते हैं, या ज़च्चाओं के इस्तेमाल की रुई! म्यूनिस्पैलटी का हुक्म है कि यह रुई एहतियात से जला दी जाए, मगर मालूम हुआ, रती बाई और गंगा बाई चुपके से यह रुई निकालकर, धोकर, पोटली बाँधकर ले जाया करती थीं। चूँकि आजकल तअल्लुक़ात कुछ ज़्यादा कशीदा[10] थे, गंगा बाई ने हैड से शिकायत कर दी। रती बाई ने गालियाँ दीं, जो हाथापाई में तब्दील हो गईं। दोनों निकाल दी जातीं, मगर हाथ-पाँव जोड़े, तो हैड ने बात दबा दी।

रती बाई ज़रा उम्र वाली और फप्पस-सी थीं। गंगा बाई ने उनकी ख़ूब ठुकाई की। दोपहर को सूजी हुई नाक लिए बैड-पैन रखने आई, तो मैंने पूछा, ''रती बाई, इस गन्दी रुई का क्या करती हो?''

---

5. आकाश, 6. झगड़ा, 7. अध-अँधेरे, 8. आम तौर पर, 9. लसीका, लेस, 10. ख़राब,

"धो के सुखा लेते हैं, एकदम साफ़ हो जाती है।"

"फिर?"

"फिर रुई वाले के हाथ बेच देते हैं।"

"कौन लेता है यह जरासीम भरी रुई?"

"मैट्रेस वाला। जो साहब लोग का फर्नीचर का गद्दा बनाता है।"

उफ़! मेरे जिस्म पर सूइयाँ खड़ी हो गईं। एक दफ़ा मैंने बैत के सोफ़े की रुई धुनकवाने को निकलवाई, तो काली स्याह...तो वह यही ज़ख़्मों की रुई थी। अल्लाह! मेरी बच्ची का गद्दा भी ऐसी रुई का है। मेरी फूल-सी बच्ची और यह जरासीम के ढेर। हाय, गंगा बाई, रती बाई, तुम्हें ख़ुदा समझे!

आज चूँकि जूता चला था, रती बाई भरी बैठी थी। गंगा बाई चूँकि ज़रा निस्बतन[11] जवान थी। रती बाई उन्हें अपने से ज़्यादा गुनाहगार समझती थीं। कुछ दिन पहले उन्होंने रती बाई का ख़ासा मुस्तक़िल[12] गाहक भी तोड़ लिया था। वह तमाम पेट जो गंगा बाई वक़्तन-फ़वक़्तन ज़ाए कराती रहती थीं, नाले में जो जीता-जागता बच्चा छोड़ आई थी, जो आँवल-नाल मुँह पर डाल देने के बाद भी सिसकता रहा। सुबह नाले के पास एक ख़िल्क़त जमा थी। अगर रती बाई चाहती, तो साफ़ पकड़वा देती गंगा को, मगर उसने राज़ को अपने सीने में छुपाए रखा, और गंगा बाई का दीदा देखो, फ़ुटपाथ पर बैठी कच्चे बेर और अमरूद की ढेरियाँ बेचती रही।

"रती बाई कोई गड़बड़-सड़बड़ हो जाती है, इस दोस्ती में, तो तुम हस्पताल क्यों नहीं चली जातीं?"

"काहे को जावे हस्पताल? हमारे में बहुत बाई लोग है। डॉक्टर का माफ़िक़ एकदम फ़र्स्ट क्लास!"

"दवाई देती हैं कोई?"

"और क्या! फ़स्ट क्लास दवाई देती। मुट्ठी भी चलती है, अपन मालिश एकदम अच्छी!"

"यह 'मुट्ठी' और 'मालिश' क्या बला होती है?"

"बाई, तुम नहीं समझेगा।" रती बाई ज़रा शर्माकर हँसने लगीं। मेरे डस्टिंग पाउडर के डिब्बे पर वह कई दिन से मंडला रही थी। जब मेरे लगाती, तो ज़रा-सा हथेली पर डालकर अपने कल्लों पर रगड़ लेतीं। मैंने सोचा, उनका मुँह खुलवाने के लिए यह डिब्बा काफ़ी होगा। मैंने डिब्बा पेश किया, तो बौखला गई।

"नहीं बाई, शिशटर मार डालेगा।"

"नहीं मारेगी, मैं उससे कह दूँगी। मुझे इसकी बू पसन्द नहीं!"

"चह...अरे, क्या एकदम फ़र्स्ट क्लास बास मारता है। अरे बाई, तुम्हारा तो मसतक फिरैला है।"

---

11. अपेक्षाकृत, 12. स्थायी,

बड़े, इसरार के बाद रती बाई ने मुझे मालिश और मुट्ठी की तफ़्सील[13] बताई। इब्तिदाई[14] दिनों में तो मालिश कारगर होती है। फ़र्स्ट क्लास डॉक्टर का माफ़िक़ 'बाई' मरीज़ा को ज़मीन पर लिटाकर छत से लटकती हुई रस्सी या किसी लाठी के सहारे उसके पेट पर खड़ी होकर ख़ूब खोंदती है। यहाँ तक कि ऑपरेशन हो जाता है, या उसे दीवार के सहारे खड़ा करके बाई पहले अपने सिर में ख़ूब कंघी करके कस के जूड़ा बाँध लेती है। फिर चुल्लू भर कड़वा तेल सिर पे डालकर मरीज़ा के पैरों में मेंढ़े की तरह टकराती है। सख़्त जान, मज़दूरी करनेवाली बाज़ नौजवान औरतों पर उसका भी कभी-कभी कुछ असर नहीं होता, तब मुट्ठी की नौबत आती है। बे-धुले गन्दे मैल भरे नाख़ून वाले हाथ को तेल में डुबोकर जिस्म में से धड़कती हुई जान को तोड़कर निकाल लिया जाता है।

उमूमन ऑपरेशन पहले वार में कामयाब हो जाता है। बाई अनाड़ी हो, तो कभी सिर्फ़ एक हाथ टूटकर आ जाता है, कभी गर्दन नुच जाती है और कभी जिस्म का वह हिस्सा भी घिसटता चला आता है, जिसे अन्दर ही रहना था।

मालिश से बहुत ज़्यादा मौतें नहीं होतीं। हाँ, उमूमन मरीज़ा मुख़्तलिफ़ अमराज़[15] का शिकार हो जाती है। जिस्म जगह-बेजगह से सूज जाता है, मुस्तकिल घाव बन जाते हैं, जो रिसते रहते हैं। बुख़ार रहने लगता है और फिर अल्लाह की दी मौत भी आनेवाले को आ ही जाती है। मुट्ठी सख़्त नाजुक मौक़ों पर इस्तेमाल की जाती है। जान पर खेलकर, और उमूमन बाई लोग जान पर खेल जाती हैं। जो बच रहती हैं, कुछ चलने-फिरने के क़ाबिल नहीं रहतीं। कुछ चन्द साल घिसटकर ख़त्म हो जाती हैं।

और रती बाई ने कहा, ''यही सज़ा है उन बदमाश औरतों की। मरना तो चाहिए उनको।''

मुझे बड़े ज़ोर की क़ै हुई और रती बाई, जो चटख़ारे ले-लेकर सुना रही थी, बौखलाकर भागी। सुनसान ख़ामोश हस्पताल में वहशत होने लगी। या ख़ुदा, इनसान को जन्म देने की इतनी भयानक सज़ा! मैंने ग़ुनूदगी[16] में डूबते हुए सोचा।

ख़ौफ़ से मेरे हल्क़ में काँटे पड़ गए। रती बाई की खींची हुई तस्वीरों में तख़य्युल[17] ने रंग भरा, फिर जान डाल दी। खिड़की के पर्दे का साया दीवार पर हिल रहा था। देखते-देखते साया गंगा बाई की मालिश-ज़दा, ख़ून में नहाई हुई लाश की तरह तड़पने लगा। एक भयानक मैले नाख़ूनों वाला आहनी[18] शिकंजा दिमाग़ में मुट्ठी बनकर उतर गया। एक वार में नन्ही-नन्ही उँगलियाँ, ढलकी हुई गर्दन, ख़ून में ग़लताँ-ओ-पेचाँ[19]। मेरा दिलो-दिमाग़। मैंने चीख़ना चाहा, किसी को पुकारना चाहा, मगर हल्क़ से आवाज़ न निकली। मैंने घंटी का स्विच दबाने के लिए हाथ बढ़ाया, मगर जुम्बिश[20] न हुई। ख़ामोश चीख़ें मेरे सीने में घुटती रहीं।

---

13. ब्यौरा, 14. आरम्भिक, 15. विभिन्न रोगों, 16. ऊँघ, 17. कल्पना, 18. लोहे का, 19. लुढ़कता और बल खाता हुआ, 20. हरकत,

अस्पताल की ख़ामोश फ़िज़ा में जैसे किसी मक़्तूल[21] की चीख़ें यकायक गूँज उठीं। यह चीख़ें मेरे कमरे से आती थीं, जिन्हें मैंने नहीं सुना। मैंने वह भी नहीं सुना, जो मेरी ज़बान से अनजाने में निकल रहा था।

"कोई बुरा ख़्वाब देखा होगा।" नर्स ने मुझे मार्फ़िया का इंजेक्शन दे दिया। मैंने बहुत कहना चाहा, "नर्स मुझे मार्फ़िया न दो। वह देखो, गंगा बाई की मालिशज़दा, ख़ून में नहाई लाश सलीब पर चढ़ी तड़प रही है। उसकी चीख़ें मेरे दिमाग़ में पेंचकश की तरह धँसती चली जा रही हैं। दूर कहीं नाले में दम तोड़ते हुए बच्चे की सिसकियाँ हथौड़े की ज़र्बों[22] की तरह मेरे दिल पर पड़ रही हैं। मेरे आसाब[23] पर मार्फ़िया का पर्दा न डालो। रती बाई को पोलिंग-बूथ जाना है। नए मिनिस्टर उसके जात वाले हैं। अब ब्याज चुक जाएगा और गंगा बाई मज़े से धान कूटेगी। यह नींद की चादर मेरे दिमाग़ पर से सरका दो। मुझे जागने दो। गंगा बाई के जीते-जीते ख़ून के धब्बे सफ़ेद चादर पर फैलते जा रहे हैं। मुझे जागने दो!

मेज़ के सामने बैठे हुए क्लर्क-नुमा शख़्स ने मेरे बाएँ हाथ की उँगली पर नीली रौशनाई का टीका लगाया, तो मैं जाग पड़ी।

"हमारा जात वाले के डिब्बे में डालना, हाँ!" रती बाई ने मुझे हिदायत की।

रती बाई के जात वाले का डिब्बा एक लहीम-शहीम मुट्ठी बनकर मेरे दिलो-दिमाग़ से टकराया और मैंने अपनी परची उस डिब्बे में नहीं डाली।

---

21. जिसका क़त्ल किया गया हो, 22. चोटों, 23. स्नायु-समूह।

नफ़रत

उसे तो उसी दिन से उससे नफ़रत हो गई थी, जिस दिन मुमानी रात भर चीख़ी थीं और सुबह चार बजे वह पैदा हुई थी। लोगों ने उससे कहा कि बच्ची हस्पताल की मेम साहब दे गई थीं, मगर वह इन बहलावों में ज़रा कम आता था और हस्पताल की मेम साहब जले कुंडे की शक्ल की चमगादड़ मालूम होती थी। वह इतनी लाल-सुर्ख़ बच्ची ला ही नहीं सकती थी।

मगर यह बच्ची उसे बहुत ही बुरी लगी—गन्दी और नर्म! उसने कुर्ता उठाकर उसका नाल देखा और उसका जी मतलाने लगा।

''आख़ थू!'' वह मुँह बनाता मुमानी के पलंग से उतर आया और जब उस बच्ची का सिर मुँडा, तो वह बिल्कुल गंजे क़साई की शक्ल की लगने लगी। झुर्रियोंदार मुँह पगली ख़ाला जैसा और ज़रा-सा पेट छू दो, तो मकोड़े की तरह हाथ फैलाकर हवा को नोचने लगती।

और फिर वह मोटी होनी शुरू हुई और मुमानी सूखने लगीं। सुबह-शाम वह गला फाड़-फाड़कर दुहाई देती रहती और जब तक मुमानी उसे दुपट्टे में छुपाए दूध निगलाया करतीं, वह चुप रहती या तार के बने हुए पंगूड़े में टाँगें चौखूँटी किए सोती रहती। उसके यही गुण देखकर शायद उसकी माँ उसे अपनी बहू बनाने पर तैयार हो गई थी।

''मेरे मुन्नू की दुल्हन! मेरी लाड़ो!'' अम्माँ उसे मुमानी से लेकर घुटनों पर हिलातीं और वह अपनी घूमती हुई आँखों को ठहराकर काठ के उल्लू की तरह तकती और मुन्नू पर बग़ावत तारी[1] हो जाती। उसका जी चाहता, कोई उस गोश्त के लोथड़े को चील-चलोर कर दे। कौओं को खिला दे। उसने एक नहीं, हज़ार दुल्हनें देखी थीं, पर इतनी ज़लील दुल्हन काहे को देखी होगी। राल थी कि उसके मुँह से नाली की तरह बहे जाती, और सारे दालान में पोतड़े तिकोनियाँ फैली महका करतीं। घंटों भंगिन उसके आमाल धोती और मुन्नू को भंगिन के लिए नल खोलना पड़ता। वह मुँह बनाता, बिसूरता, नाक मोड़े जाकर नल खोलकर वापस लौट आता।

---

1. छा,

उस बच्ची के ख़िलाफ़ उसके दिल में बग़ावत बढ़ती ही गई। कम्बख़्त बीमार भी तो न हुई। मुन्नू का जी चाहता, उसे नमूनिया हो या चेचक निकले और वह मरे या कम-अज़-कम अपाहिज हो जाए। उसका जी चाहता, उसका मोटा-सा दूध भरा पेट फाड़ डाले। कई मर्तबा उसने इरादा किया कि बड़ा-सा पत्थर उठा, चुपके-चुपके जाए और धम से उस पर पटक मारे, मगर ऐन वक़्त पर या तो कोई इधर आ जाता, या वह ख़ुद ही जागकर चिल्लाने लगती या पत्थर भारी होता। एक दिन उसने उस पर बरामदे में खड़ा हुआ पलंग गिराने की ठानी। वह चुपके से पलंग के पीछे गया और बड़े ताक के सोचा, एक ही धक्के में उसके पंगूड़े पर उलट दूँ, मगर फिर ऐन वक़्त पर बच्ची की नाक में मक्खियों ने पर डालकर जगा दिया और वह ज़ोर से छींकी और मुन्नू लरज़कर पलंग के पीछे से भागा। ''अरे, बड़ी चालाक थी वह!''

और फिर वह ज़रा बड़ी हुई, तो उसने वबा[2] की तरह हर वक़्त घर में रेंगना शुरू किया। कभी वह ज़मीन पर औंधी लेटकर मिट्टी चाटती, कभी जूतियाँ उठाकर चचोड़ती और कभी कुत्ते की कूंडीली में मुँह लगाकर पानी पीने लगती। बरसात में तो बस ज़रा-सा पानी पड़ा और वह चहककर रेंगी। हर पानी के नन्हे-से गढ़े में छपाछप अपना मोटा हाथ फैलाकर मारती और सारी कीचड़ मुँह पर मल लेती और ही-ही हँसती।

''अरे मुन्नू भैया, ज़रा इसे हटा तो दे वहाँ से!''

हुँह! मुन्नू और उस कुतिया को छुए। वह ख़ामोश ग़ुरुर[3] से अपनी किताब पर नज़र जमाए अकड़ा बैठा रहता।

''मेरा भैया कैसा! सर्दी लग जाएगी मोटी को।...ज़रा उठा ला!'' मुमानी गिड़गिड़ाती।

''ऐ, उठता है काहिल ठस्स कि नहीं!'' उसकी अम्माँ चिल्लाईं और जल-भुनकर उसके कबाब बन जाते। वह किताब पटककर उठता। जी चाहता, उसे उठाकर उसी गड्ढे में गाड़ दे, मगर ख़ैर, वह उसे गन्दी मेंढकी की तरह उठाता।

''इसे तू यहाँ कहाँ मेरी सूरत पर लिए आता है। भैया, ज़रा नल के पास ले जाकर नहला दे!''

नल के पास ले जाने के बजाय वह चाहता, उसे किसी गहरे तालाब में डाल दे, मगर मजबूरन वह ख़ामोशी से उसे नल के पास ले जाता। अब वह मचल जाती। नल की धार पकड़ती, कभी छींटें उड़ाती, कभी कुछ करती और उसे उठाने के बाद मुन्नू ख़ुद कीचड़ में लुथड़ जाता।

''ऐ है, कपड़े तो देख अपने...क्या नास लगाया है उजले कुर्ते का!'' उलटा उसी पर इल्ज़ाम थोप दिया जाता। वह कमसुख़न[4] था, इसलिए सिर्फ़ पैर पटकता चल देता।

---

2. व्याधि, रोग, 3. अभिमान, 4. मित-भाषी,

फिर और बढ़ी, और बढ़ी और ख़ासी बलाए-जान हो गई। लोगों ने उसका नाम फ़ख़रुन्निसा रखा! मगर वह अपनी जिन्स के लिए उसी तरह बाइसे-शर्म रही। ज़लील, सुस्त, कामचोर, या तो झूला झूल रही है या हमजोलियों के साथ ओढ़नी का बुर्क़ा बनाए औरतों के पक्के-पक्के खेल खेल रही है। अगर कभी वह उधर से गुज़र रहा होता, तो वह शर्माकर लड़ने लगती। दुनिया जहान की लड़कियाँ सिर झुकाया करती हैं, पर वह जबड़ा फैलाकर कुड़क मुर्ग़ी की-सी आवाज़ निकालती और भूतनी की तरह मिनमिनाती।

"एं...जाओ, मुन्नू भैया, हम अम्माँ से कह देंगे..." जैसे वह उसे और उसकी चुड़ैल दोस्तों को ताकने आया था। वह ग़ुरूर से एक तरफ़ गर्दन अकड़ाकर चला जाता।

"हमारी गुड़िया का ब्याह है। हमें धनक ला दो!" वह हुक्म चलाती।

"कैसी धनक?...कैसी धनक?..." वह बेवक़ूफ़ों की तरह ग़ुस्सा होता।

"ऐ लो, मुन्नू भैया, धनक नहीं जानते...ही ही ही..." वह कमीनी सहेलियों के साथ हँसती, "ऐ, वही दो पैसे की धनक!"

"भाग जाओ यहाँ से!" वह मुँह फिरा लेता।

"ऊँ...भैया कैसे...ला दो न...!" और मुन्नू को ग़ुस्सा चढ़ता। वह कमज़ोरी-सी महसूस करता।

"अरे, तो कैसी धनक...बता भी कुछ..."

"लो...तुम बस यह दुपट्टा दिखा देना दुकानदार को और कहना, दो पैसे की दे दे..."

हुँह! तो वह यह लाल टोल का दुपट्टा जेब में रखकर ले जाए। वह दुपट्टा जिसे वह जूतों के पोंछने के लिए भी मैला समझता हो। वह नफ़रत से दुपट्टा झटक देता।

"मर ही जाओ अल्लाह करे...आं ले के फेंक भी दिया!"

वह मोटे-मोटे गाल और फुला लेती, मगर वह दो पैसे की धनक ला देता। क्या करता और? और निहायत बेरुख़ी से माथे पर शिकनें डाले वह उसे धनक दे देता।

"देखो जी, फ़ख़रुन को कोसा-पीटा न करो जुलाहियों की तरह...लो...बस..." और वह धनक लेकर निहायत ख़ुदग़र्ज़ी से ठट्ठे लगाती चल देती। किसी का एहसान मानना तो उसकी घुट्टी में ही न पड़ा था। ख़ुदग़र्ज़ कहीं की। हमेशा की ख़ुदग़र्ज़ थी। उसकी ख़ुदगर्ज़ी ही से मुन्नू जलता था।

लेकिन जब उसके भाई उसको ठीक करने पर उतर आते, तो मुन्नू को मज़ा आ जाता। रफ़ीक़ उसका घरौंदा बिगाड़ देता और साजिद उसकी मिट्टी की कुल्हिया फोड़ देता।

"आओ, मुन्नू, फ़ख़रुन की गुड़िया जलाएँ..." मुन्नू का जी खिल उठता और दोनों मिलकर टीन की सन्दूक़ची में से मैले-कुचैले चिथड़े निकालकर मिट्टी का तेल छिड़कते और आग लगा देते। जब फ़ख़रुन को मालूम होता, तो वह ऐसे चीख़ती, गोया वह राँड हो गई हो या उसके जवान बेटे मर गए हों।

"अल्लाह करे, कीड़े पड़े...हैज़ा हो जाए...ताऊन ले जाए..." मगर वह मुँडेरों पर चढ़े फ़तहमन्दी से मुस्कराया करते। ज़रा जो परवाह कर जाएँ।

"अल्लाह करे, खड़े-खड़े दम निकल जाए...आधी रात को जनाज़ा जाए... कुत्ते लाश नोचें!" अब यह हद थी कि चुड़ैल को कोसने कितने भयानक आते थे।

"कफ़न नसीब न हो। क़ब्र में बिज्जू खाएँ..." मुन्नू को और उससे नफ़रत हो जाती और साजिद हिक़ारत से मुस्कराने की कोशिश करता।

"कोढ़ फूटे... !" मुन्नू को फुरैरियाँ आने लगतीं और साजिद की भौंहें तन जातीं।

"आँखें पटम हो जाएँ..." फ़ख़रुन की लुग़त[5] बढ़ती ही जाती और मुन्नू और साजिद की तबीअत ज़्यादा मुकद्दर[6] होती जाती। वह ख़ुद पर तरस खाने लगते और कुछ शिकस्त-सी खाने लगते।

"अरी ओ फ़ख़रुन की बच्ची, चुप होगी कि लगाऊँ आ के जूतियाँ! लो, कोसे ही चली जाती हैं लाड़ो। सदक़े करो ऐसी लौंडिया को..." और वह दाँत पीसती बराबर चुपके-चुपके कोसती रहती। यहाँ तक कि मुमानी उसे मारने उठतीं। ऐसे मौक़ों पर मुन्नू की अम्माँ ज़रूर दख़्ल देती। "ए दुल्हन, खाए लेती हो लौंडिया को। मुए लड़कों को नहीं देखती। ले के उसकी गुड़ियाँ जला दीं-मर गयों ने...तो मेरी बन्नो! मैं तुझे और बना दूँगी।" और फ़ौरन बुक़चिया निकालकर उलटे-सीधे चिथड़े निकालने लगतीं। फ़ख़रुन आँसू पोंछकर पास जा बैठती।

ज्यों-ज्यों गुड़िया बनती जाती, फ़ख़रुन में जान पड़ती जाती और मुन्नू का ख़ून खौलने लगता। अम्माँ ने तो बस लाड़ में उसे पैदा होते ही ख़राब करना शुरू कर दिया था। ख़ैर देखना है कि वह कहाँ तक जाती हैं। मुन्नू ने सोच रखा था कि अगर अब के उन्होंने उसे बहू बनाने की धमकी दी, तो सारी गुड़ियाँ तो अलग रहीं, उसकी सुर्ख़ मख़मल की जूतियों और गुलाबी क्रेप की ओढ़नी की ख़ैर न समझो। बस पिछवाड़े गन्दी नाली के कीचड़ में कोई तार मिले तो मिले।

फिर फ़ख़रुन कहीं जा रही थी, टीका लगाए, बुक़चा दबाए। चलते-चलते ज़बान निकालकर 'ई-ई' करती फुदककर डोली में बैठ गई।

"अम्माँ, इसने मुँह कैसे चिढ़ाया...मार के रहूँगा सूअरनी को..." वह डोली का पर्दा पकड़कर अड़ गया।

---

5. शब्दकोष, 6. मैली,

"लड़के, होश में! कब चिढ़ाया उसने तेरा मुँह! वाह...चुपकी मेरे साथ आई है..." अम्माँ ने हिमायत की और वह फूले-फूले गालों पर भोलापन लाने की कोशिश करने लगी।

"अभी चिढ़ाया था इसने...मारूँगा मैं इसे!"

"ऐ, चल उधर! आया बड़ा मारनेवाला...उठाओ जी कहारो डोली! और फिर एक दफ़ा नाक सुकेड़कर उसने डोली उठते-उठते मुँह चिढ़ा दिया। अम्माँ ने देखा, मगर प्यार से उसकी थूथनी पकड़कर हँस दीं। डोली चली गई, मगर मुन्नू शाम तक जलता रहा।

फिर उससे हर वक़्त लड़ाई रहती। सारे घर की लड़ाई होती। साजिद से ज़बान चलाती। रफ़ीक़ को कोसती। महमूद को खसोटती, और मुन्नू का मुँह चिढ़ाती। मुन्नू का बस चलता, तो ईंट लेकर उसका मुँह इतना कुचलता कि होंठ आटा हो जाते, दाँत झड़ जाते और फूले हुए गाल ख़ूनम-ख़ून हो जाते, मगर अम्माँ कहती थीं, "ख़बरदार, जो लड़की पे हाथ उठाया। क्या समझा है! हाथ तोड़ के रख दूँगी!" ख़ैर हाथ तो वह क्या तोड़ सकती थीं, किसी की चुहिया का पंजा भी न मरोड़ सकें। सूखी मारी ख़ाँसती हुई अम्माँ, मगर ग़ुरुर पहलवानों जैसा! और इस ग़ुरुर के साये में फ़ख़रुन कौड़ी काम की नहीं रही।

"मैं मुन्नू भैया से ब्याह भी नहीं करूँगी। इतने सूखे मारे पौदने जैसे हैं..." वह मुँह इतराकर कहती।

"चुप चुड़ैल, लड़कियाँ नहीं बोला करतीं," मुमानी हँसकर डाँटतीं।

"वाह, तो क्यों करूँ इनसे! फूफी अम्माँ, मैं तो सज्जो भैया से भी नहीं करूँगी। वह काले हैं। दूसरे मेरी गुड़िया का दुपट्टा चुराते हैं। न मैं रफ़ीक़ भाईजान से करूँ...न भैया, मैं तो किसी से भी न करूँ! सब बुरे! रफ़ीक़ भाईजान की इतनी लम्बी नाक...ही ही...ही," और सब हँसते, मगर मुन्नू का जी चाहता कि लकड़ी हो मज़बूत-सी और यह लड़की! गोया वह सब तो उस कुतिया से शादी करने को मर रहे थे न!

"अरी, तो फिर किस से करेगी... ?" अम्माँ उसे चिढ़ातीं।

"मैं तो सूफ़ी से करूँगी...हाँ, भैया!" वह अपने छह महीने के भाई से नाजाइज़ रिश्ता करने को तैयार हो जाती और मुन्नू के दिल में नफ़रत का एक तूफ़ान उठता।

"मुन्नू की दुल्हन...ए मुन्नू भैया, तुम्हारी दुल्हन कहाँ है?" जब से वह एक शादी में गई थी, हर वक़्त दुल्हनों का ज़िक्र करती।

"भागो यहाँ से!" मुन्नू नफ़रत से बोला।

"ऊँ तो बताते क्यों नहीं...क्या कुँआरे ही बैठे रहोगे सदा... ?" वह बुढ़ियों की तरह हथेली पर गाल रखकर कहती।

"जाती हो कि नहीं...अम्माँ देखो, यह फ़ख़रुन नहीं मानती, फिर मैं मार दूँगा इसे!"

"बस हाथ ही चलता रहता है, कर क्या रही है तेरा! वह चुपकी तो बैठी है..."

"मैं पूछ रही हूँ फूफी अम्माँ कि तुम्हारी दुल्हन कहाँ है?" और सारी औरतें हँसने लगीं।

"अरी, आईने में जाकर देख मुन्नू की दुल्हन को..." और मुन्नू के चिंगारियाँ लगीं।

"अरे! इसमें तो मैं ही हूँ...आँ मैं क्यों होती इनकी दुल्हन...?" वह इतराती हुई आईना देखने लगी। इतने में मुन्नू का पैमाना लबरेज़[7] हो जाता और वह चलता उठकर।

"मैं क्यों होती! भंगिन होगी इनकी दुल्हन! काली कलूटी भंगिन!" मुन्नू का दिल चाहता लौटकर उसका हाथ मरोड़कर आईना छीन ले और लगाए दो घूँसे कस-कस कर, मगर वह निहायत इस्तिक़लाल[8] से सीना फुलाए लम्बे-लम्बे डग भरता बाहर चला गया।

उसका जी चाहता था कि दुनिया में कोई ग़म ऐसा इस लड़की को लग जाए कि बस रोते ही कटे! कोई फ़िक्र, कोई ग़म, जो इसकी जान को चिमट जाए, मगर बस उसका दिल नाहक़ उदास होता और उलटी उसी की जान को फ़िक्रें लग जातीं। उसे कितनी ख़ुशी हुई, जब उसने देखा कि आहिस्ता-आहिस्ता अब और लोगों को भी फ़ख़रुन की यह बहार जैसी ज़िन्दगी शाक़[9] गुज़रने लगी थी। उसे भी अब अरबी का क़ायदा शुरू कराया गया। और कमरबन्द और झाड़-नोन के किनारे बखिया करने को दिए गए। कैसा मज़ा आता, जब उसे वह दो-हर्फ़ी लफ़्ज़ हज़ार बार रटने पर भी याद न होता, और मुल्लानी जी उसकी कमर में धमोके लगातीं, और उसकी ओढ़नी आँसुओं और नाक के पानी से लुथड़ जाती। कमरबन्द सीने में उसका टकवा न लगता, तब नानी अम्माँ उसकी मोटी रानों में सूई चुभो देतीं, "देख तो कैसा सिया है अपना कफ़न!"

और मुन्नू के दिल में मसर्रत[10] की लहरें उठने लगतीं। कमरबन्द कफ़न! उसका जी तरस खाने को चाहता, मगर वह दिल की फैलती हुई मसर्रत के आगे उस पाक जज़्बे को कमज़ोर पाता। जानबूझकर उसके जूतियाँ लगवाने को वह अपने ज़ीन के नेकर, खद्दर की शेरवानी और ऐसे ही सख़्त कपड़ों में रफ़ू करने के लिए उसे देता, "चलो फ़ख़रुन, यह बटन टाँको," वह जानकर ऐसे कहता कि वह चिढ़ जाए।

"नहीं टाँकते। कोई तुम्हारे बाप के नौकर हैं।"

"देखो मुमानी बी, यह नहीं करती मेरा ज़रा-सा काम भी। कहती है, बाप की नौकर नहीं..."

"ओ, फ़ख़रुन की बच्ची, चल इधर...टाँकेगी कैसे नहीं..." और वह थूथना फुलाकर बैठ जाती।

---

7. प्याला भर जाता, 8. दृढ़ता, 9. असहनीय 10. ख़ुशी,

''कहती थी, बाप की नौकर नहीं...'' वह मुमानी को याद दिलाता। ''हूँ। अब बाप-दादा भी पुनने लगीं बेगम साहिबा...'' मुमानी दाँत पीसतीं और एक घूँसा धम से पड़ता। घूँसों से मुन्नू का दिल कब भरता था। काश, कोई उसकी सलाह मानता और एक लोहे की मज़बूत-सी मोगरी बनवा ली जाती, ताकि कुछ मालूम भी होता कि हाँ, कुछ मार पड़ी है, वर्ना उसकी पुर-गोश्त पीठ पर ऐसा-वैसा घूँसा तो बस जैसे मक्खी ने लात मार दी।

और अगर ज़रा भी कोई काम बिगाड़ देती, तो सबके सब पीछे पड़ जाते।

''ज़रा चाय सूँघो। सारी लहसुन की बू है।'' साजिद अपनी पकौड़ा जैसी नाक सुकेड़ता।

''ऊँहूँ...यह अंडों में नमक किस गधे ने डाला है?'' रफ़ीक़ बोलते।

''और भिंडी भी नहीं गली!'' और कोई कहता।

''आख़िर यह फिर है किस काम की...बस खाने को दे दो दस सेर...''

भिन-भिन करती वह काम करती रहती और चुपके-चुपके सबके तानों के जवाब देती, ''आख़िर हम क्यों करें वाह...ले के जो काम है हमारी जान पर...''

''हाँ, बस तू तो तख़्त पर चढ़ी बैठी रहे...'' मुमानी चिल्लाईं और फिर ख़ाला और नानी, ग़रज़ चारों तरफ़ से ले-दे होने लगती और मुन्नू का जी ख़ुश हो जाता।

जब वह स्कूल जाने लगी, तो और ऐंठी, ''जब देखो, मिस टॉमस, मिस जरी, जब देखो सड़ी-सड़ी कोर्स की किताबें। मोज़े टेढ़े-टेढ़े बुने जा रहे हैं। सारे घर को और भी चाय में लहसुन की बू और अंडों में तेज़ नमक और कच्ची भिंडियाँ सताने लगीं, मगर अब वह स्कूल के काम की धमकियाँ देती।

''कुछ काम-वाम नहीं...कुछ नहीं होता तुम्हारे स्कूल में।'' वह साजिद के साथ मिलकर कहता।

''और तुम्हारे कॉलेज में भी कुछ नहीं होता बस... !'' ज़बान से उसकी सब आजिज़[11] थे। हैरत तो उसे जब हुई, जब अम्माँ एक दिन बोलीं, ''ख़ैर से अब तुमने इम्तिहान पास कर लिया। अब तुम्हारी मँगनी हो जाए। हाँ और क्या...''

मँगनी के नाम से उसका दिल बल्लियों उछलने लगा और सैकड़ों गोरे-गोरे नाज़ुक पतली उँगलियों वाले हाथ अँगूठियाँ पहने उसके सामने नाचने लगे। उसका मुँह सिल गया और वह कुछ खो-सी गई।

''दुल्हन से मैंने कहा था कि रजब[12] में कर देंगे मँगनी?''

''यानी?...यह उसकी मँगनी और उसमें यह कुछ दुल्हन का ज़िक्र भला मालूम न हुआ कहीं कहीं?...मगर तौबा कीजिए, भला क्या हो सकता है। अम्माँ अंधी थोड़ा ही थीं।

---

11. तंग, 12. इस्लामी सातवाँ महीना,

"माशाअल्लाह, अब जवान हो गई है। कब तक बिठाए रखेंगे वह!"

"अरे, तो फिर...तो फिर...मगर आख़िर क्यों?" यह जानबूझकर क्या उसकी अम्माँ वाक़ई उसे क़त्ल ही करने पर तुली हुई थीं।

"मगर...मगर...अम्माँ..." वह हकलाया, सारा मुँह सूखकर हल्क़ में काँटे पड़ने लगे।

"फ़ख़रुन का भी इम्तिहान हो लेगा जब तक..."

"बस, अब ठीक है।"

"अम्माँ...मगर फ़ख़रुन..." वह बोलना चाहता था। कहना चाहता था कि क्या..."तुम घास खा गई हो। दिमाग़ चल गया है। मेरा उसका निबाह भला होगा!" मगर उसकी अम्माँ भला सुनती थीं। उन्हें तो बजाय बेटे के वह गेहूँ ज़्यादा प्यारे थे, जिन्हें फटकने के लिए वह चल भी दीं।

मुन्नू बेचारा सिर पकड़कर सोचने लगा।

आह! वह सारे हसीन नाज़ुक उँगलियों वाले हाथ हवा में मक़्तूल इनसान के हाथों की तरह काँपते हुए नज़र आए, जिनमें एक पर भी उसकी पसन्दीदा वज़्अ की एक भी अँगूठी न थी।

ओह, भला कैसे गुज़र हो सकती थी। इतनी मोटी, कुंद-ज़ेह्न लड़ाका, बद-मज़ाक़, हँसोड़ और वह इतना दुबला, नाज़ुक-मिज़ाज, कमसुख़न और शरीफ़। भला यह भी कोई जोड़ था और फिर वह बचपन से उसके चाल-चलन, तौर-तरीक़ा देखता आया था। किस तरह मुम्किन था, कि वह यों ख़ुद को इस तरह दफ़्न होते देखे और चुप रहे। बग़ावत की लहरें उठीं और दिलो-दिमाग़ को झकोल डाला। उसने एक निहायत मुदल्लल[13] और मुअस्सिर[14] तक़रीर अम्माँ के लिए और एक निहायत दिलशिकन और पुर-अज़तानो-तशनीअ[15] मक़ाला मुमानी के लिए तैयार किया, जिसमें उसने निहायत ही चुभते हुए जुमलों में उस अंधी बेजोड़ शादी के नुक़्सानात और फ़ख़रुन्निसा की ख़ूबियाँ ज़ाहिर की थीं।

उसने इस मर्तबा मश्क़ की और चाक़ो-चौबंद[16], हसीनो-लतीफ़ जुमलों से आरास्ता[17] होकर घर में क़दम रखा। टाट के पर्दे के पास उसके पैर ज़मीन ने पकड़ लिए और वह थम्बा बनकर खड़ा हो गया।

"अल्लाह करे बे-गोरो-कफ़न लाश सड़े..." फ़ख़रुन ने बिल्कुल ही नए अन्दाज़ में कोसना हाल ही में ईजाद किया था, जिसे वह रफ़ीक़ के ऊपर आज़मा रही थी। मुन्नू के दिल में उसकी तरफ़ से ताज़ा-ताज़ा गर्म नफ़रत का उबाल उठा। शायद उसे कुछ रहम आ जाता कि बेचारी की कहाँ होगी शादी। नाक कट जाएगी, डूब मरना पड़ेगा, अगर उसने ठुकरा दिया, मगर अब तो उसका दिल और दिमाग़ दोनों ठोकर मारने पर तुले हुए थे। जब वह अन्दर गया, तो फ़ख़रुन ज़ीने की

---

13. तर्कसंगत, 14. प्रभावशाली, 15. कटाक्षपूर्ण लेख, 16. तेज़-तर्रार, 17. लैस,

आख़िरी सीढ़ी पर बैठी दुपट्टे में मुँह छुपाए भों-भों रो रही थी, काजल फैला हुआ, लाल चुक़ंदर मुँह। मुन्नू का और भी जी जला।

"तो यह कौन होते हैं, हम किसी को बुलाएँ। बड़े आए रुक़्आ[18] फाड़नेवाले!" वह कह रही थी। बात यह हुई थी कि फ़ख़रुन अपनी सहेलियों को झूला-पार्टी में बुला रही थी, और इन झूला-पार्टियों से घर के लड़कों का दम निकलता था। सारे दिन के लिए घर में पर्दा हो जाता था, मगर घर की हर खिड़की और दरवाज़े से वह मुहज़्ज़ब ख़वातीन[19] झाँक-झाँककर लड़कों का मज़ाक़ उड़ाती थीं।

"सज्जो कह रही थी, रफ़ीक़ भाईजान की सूरत अशोक कुमार से मिलती हुई है और रफ़ीक़ बेचारे के कान सुर्ख़ हो जाते। फ़ख़रुन को शह मिलती, "अजमल आपा कहती थी, मुन्नू भैया नेवले से मिलते-जुलते हैं, चुपके और घुन्ने!"

"साजिद का पतलून कैसे लटकता है? फ़हमीदा कहती थी, जैसे भीगा हुआ तम्बू...ही...ही..."

और मुन्नू, रफ़ीक़, साजिद, महमूद सबके सब मग़मूम[20] हो जाते। उन लड़कियों की राय सुनकर उनके दिलों में बग़ावत का जोश उठता था, और जी चाहता था, सबको क़त्ल कर दें, मगर फिर भी जिस दिन लड़कियाँ जमा होती थीं, रफ़ीक़ भाईजान सुबह ही से शेव करना शुरू कर देते और साजिद अपनी पतलून की शिकनें मिटाने के लिए उसे तकिये के नीचे दबा देता। फिर भी जब वह बरामदे में से गुज़रता, तो उसे यही मालूम होता कि मन भर का बोझ पतलून में बँधा है और नीचे ढलकी जा रही है। लड़कियों के खिलखिलाने की आवाज़ सुनकर मुन्नू की नाक आप ही आप हिलने लगती, जबड़ा ढीला होकर बजने लगता और गाल पर के अज़लात[21] फुदकने लगते। रफ़ीक़ के तो ठाठ थे कि भाई, अशोक कुमार लगता था। यह आजकल लड़कियाँ लोगों का सिनेमा वालों से क्यों मुक़ाबला किया करती हैं। फ़ख़रुन की सारी ख़ूबियाँ लीला चिटनिस, कानन देवी, रमोला, और जमना से मिलती-जुलती बताई जाती हैं और ऐसे ही उनके भाई-बन्द पृथ्वीराज, सहगल और शाहनवाज़ से मिलते हैं, मगर घर के सारे लड़के नेवलों और चूहों से मिलते-जुलते हैं। इन बातों पर सब का ख़ून खौल उठता।

मुन्नू ने खँखारकर गला साफ़ किया और पहले मुमानी के पास बैठा। मुमानी की नई बच्ची ने जल्दी ही उसे वहाँ से भागने पर मजबूर कर दिया। अम्माँ बैठी लोबिये की फलियाँ नाख़ूनों से तोड़ रही थीं। वह उनके पास पलंग पर बैठ गया। दूर मुमानी बच्ची को औंधा किए लोटे की धार डाल रही थीं।

"अम्माँ...!" उसने गला साफ़ किया।

"ऊँहूँ...ऐ, यह क्या जल रहा है...ख़ी...थू..." उन्होंने बावर्चीख़ाने की तरफ़ थूककर कहा। जब कभी मुन्नू उनसे कोई संजीदा, निहायत ज़रूरी बात

---

18. परचा, 19. शिष्ट महिलाएँ, 20. उदास, 21. स्नायु-समूह,

कहना चाहता, वह इसी तरह उपलों और लहसुन का ज़िक्र करने लगतीं, मगर वह न माना।

"अम्माँ...वह आप ने..."

"क्या बेटे ?...ऐ, तुमने आज लस्सी नहीं पी...बेटी फ़ख़रुन, मेरे हाथ प्याज़ के हैं। ज़रा मुन्नू को लस्सी तो बनाकर दो!" फ़ख़रुन के रोंगटे-रोंगटे ने सदा-ए-एहतिजाज[22] बुलन्द किया और वह ख़ूनी नज़रों से मुन्नू को घूरने लगी।

"जी...मैं आज..."

"उठती है कि अब दूँ एक जूती..." मुमानी ने स्लीपर उठाकर फेंकी, जो फ़ख़रुन से दस गज़ के फ़ासले पर गिरी। इन औरतों के निशाने कितने ख़राब होते हैं।

फ़ख़रुन धमा-धम पैर मारती नेमत-ख़ाने के किवाड़ झँझोड़ने लगी। लस्सी बनने लगी, मगर मुन्नू को मालूम हो रहा था कि बजाय दूध-शक्कर के उसमें शायद चमचे, रकाबियाँ, डिब्बे और नेमतख़ाने के किवाड़ कूटकर डाले जा रहे हैं। ख़ैर, लस्सी बनकर आई और मुन्नू समझा, अब मुँह पर गिलास लगा, मगर ख़ैर वह गिलास चौकी पर पटक दिया गया। अम्माँ जाती हुई फ़ख़रुन को देखने लगीं। एकदम से उन्हें कुछ ख़याल आया।

"ऐ बेटी फ़ख़रुन...इधर आइयो...ज़रा यह छल्ला देना...नहीं, यह अँगूठी दे दो!"

"तंग है फूफी अम्माँ..उतरेगी नहीं..." रूठे हुए गाल फुलाकर कहा।

"लाओ, मैं उतारूँ...ऊँह...ऊँह...देखो, ज़रा अड़ के रह गई...लीजियो ज़रा..." उन्होंने मुन्नू की तरफ़ उसका मोटा-सा हाथ बढ़ाया। मुन्नू के हाथ से लस्सी का गिलास फिसलकर भागने लगा। वह तो शुक्र करो कि ख़ुद फ़ख़रुन ने गाल फुलाकर नाक सुकेड़कर जो ज़ोर लगाया, तो अँगूठी उतर आई।

"मियाँ...यह लो," फ़ख़रुन को जाता देखकर बड़े राज़ से बोलीं, "इससे ज़रा ढीली रखना। माशाल्लाह बढ़ता जिस्म है।" और मुन्नू को मालूम हुआ कि जैसे अँगूठी नहीं, बल्कि बड़ा-सा घेरा है, जैसे सर्कस में होता है और जिसमें से बन्दरों को कुदाया जाता है।

"और यह तीन नग...कहना, जुमेरात तक दे दे..."

"मगर अम्माँ, यह..."

"ख़ुदा की मार दुल्हन...ए लौंडिया...ए लौंडिया...लीजियो मुन्नू...ए मुन्नू...ए लौंडिया...ए लौंडिया...!" मुमानी की छोटी बच्ची अदवाइन में से आधी लटकी हुई नटबाज़ी कर रही थी। हिक़ारत से मुन्नू ने उसे एक तरफ़ डाला।

यह साहबज़ादी हवा में उछलने में बड़ी ख़ुश होती थीं। उनके एक बद-मज़ाक़ चचा आते ही इसे हवा में उछाला करते थे और इसकी वह इस क़दर आदी हो गई थी कि बस जहाँ चचा से मिलता-जुलता आदमी देखा और हाथ फैलाकर दौड़ी।

---

22. प्रतिरोध ध्वनि,

"ऐ ले ले मुन्नू, देख तो कैसे मुड़-मुड़कर देख रही है।" मुन्नू चिढ़ गया, "लाहौल वला क़ुव्वत!"

"अपने दूल्हा भाई को देख रही है..." मुमानी आकर बोलीं, और मुन्नू का जिस्म बैठे-बैठे दौड़ने लगा। भागा वह वहाँ से...

पस्त होकर वह कमरे में पड़ गया और शाम तक न निकला। वैसे ही फ़ख़रुन की सहेलियाँ आज छाई हुई थीं। सुबह ही जो वह बरामदे में से गुज़रा, तो उसकी सहेलियाँ चिल्लाईं, "फ़ख़रुन, तुम्हारे दूल्हा..." और फ़ख़रुन ने शर्माकर घूँसे मारने शुरू कर दिए। यह औरत जब कभी शर्माती थी, तो बजाय झुकने-रुकने के हमेशा पहलवानी पर उतर आती थी। और बादिले-नाख़्वास्ता[23] जब अँगूठी बनकर आ गई, तो फिर उसने घर में ही जाना बन्द कर दिया। फ़ख़रुन भी अब पर्दा करने लगी थी, मगर यह उसका ही कलेजा जानता था कि वह कैसा कुछ पर्दा करती थी। वैसे तो ख़ूब सहेलियों के साथ मिलकर ख़ूब शोरोग़ुल करती, मगर जहाँ कोई काम करती होती, और वह गया, तो सब कुछ छोड़-छाड़कर कोठड़ी में भाग जाती।

"हट जाओ बरामदे में से, हम पाली ख़ाला के यहाँ जा रहे हैं!" एक दिन हुक्म देने लगीं। मुन्नू खड़ा बरामदे में सिर खुजा रहा था। उसका जी जल गया और चाहा, चिक़ उठाकर एक चपत लगाए। वह बेरुख़ी से खड़ा रहा..."क्या हुक्म चलाती हैं?"

"हट जाओ न..." ज़रा लजाजत[24] से कहा गया, "अच्छा, ज़रा देर को..."

"खा जाऊँगा क्या मैं तुम्हें...चली क्यों नहीं जातीं!"

"ऊँ!" चिक़ में से काजल लगी दो आँखें मचलीं। मुन्नू के घुटने कमज़ोर पड़ गए और उसे ग़ुस्सा आने लगा। जब कभी वह उसकी आवाज़ सुनता, तो इसी तरह उसे कमज़ोरी महसूस होती थी, और इस कमज़ोरी पर आता था ग़ुस्सा! वह बरामदे से हट गया और वह दौड़ती हुई पाली ख़ाला के मकान में घुस गई। मालूम होता था, जैसे मेलगाड़ी मुन्नू के नाज़ुक से सीने को दलती हुई गुज़र गई। लड़की थी कि क्रिकेट की गेंद। खटाक से माथे में कोई चीज़ लगती थी।

और फिर वह नौकर हुआ, तो उसकी और भी हिम्मत टूट गई। जब भी उसने गुफ़्तगू करना चाही, अम्माँ को लोबिये की फलियाँ, मूँग की दाल, और बेसनी रोटी में ग़र्क़ पाया। काश, सिर्फ़ एक दफ़ा वह मुमानी की छोटी बच्ची, कुत्ते की कुंडीली और जलती हुई हांडी को भूलकर अपने इकलौते होनहार बेटे की तरफ़ देखतीं। क्या वह मैथी के साग से भी गया-गुज़रा था। क्या उसकी हैसियत आलू के एक क़त्ले से भी ज़्यादा गिरी हुई थी। क्या वह उड़द की दाल से भी ज़्यादा नीचा था कि उसे दो लफ़्ज़ नहीं कहने दिए जाते थे।

और फिर उसकी शादी होने लगी। आए दिन अजीबो-ग़रीब वज़्अ के कपड़े, तागे और सूइयाँ लानी पड़तीं।

---

23. इच्छा के विरुद्ध, 24. विनय,

"ऐ, वह गिरेबान पर गुजाई कम हो गई...मियाँ, ज़रा सवा माशा लेते आना...इत्रदानी पर धनक कम पड़ गई है, ज़रा गज़ भर ले आना...पल्लू सुच्चे कितने तक के होंगे? वह ज़रदोज़[25] मुए ने गोट पूरी की कि नहीं...मियाँ, यह मूंडी काटे ने मोटा सल्मा लगा दिया और तुमने कुछ कहा भी कि नहीं..." अब बताइए, वह क्या तो गुजाई को जाने और क्या मुए सलमे को। हाँ, धनक बेशक वह कई मर्तबा फ़ख़रुन की गुड़ियों के लिए ला चुका था, मगर धनक के नाम से उसके जिस्म में शोले भड़कने लगते थे। यह औरतें धनक क्यों मँगाती हैं?

मगर वह लाता, सब कुछ लाता...वह भी देख रहा था कि कहाँ तक उसकी अम्माँ ज़ुल्म तोड़ती हैं उसकी जान पर, कभी तो पछतावा आएगा।

और उसकी हालत ग़ैर तो उस दिन हुई, जब एक दिन उसे कीचड़ में भीगा हुआ एक जूता भेजा गया कि दुल्हन के लिए कामदार जूती लाओ। जूते को देखकर वह लरज़ गया। चौड़ा, टेढ़ा, बद-नुमा! ज़माना-ए-क़दीम[26] के शराब के क़राबे से मिलता हुआ जूता और इस क़दर बड़ा! क्या उसकी बीवी का इतना बड़ा कद्दन चचा के बराबर पैर था। उसके ख़ुद के जूते उसके सामने निहायत नहीफ़ो-लाग़र[27] मालूम हो रहे थे। ख़ुद उसके यह जूता ढीला होता। ख़ौफ़ से उसने अपने पैर के अँगूठे अकड़ा लिए। अब भला वह यह जूता नाप के लिए लेकर दुकानदार को क्या मुँह दिखाए कि साहब, हमारी दुल्हन के लिए जूता दे दो...और डूब मरने का मुक़ाम है।

और फिर शादी में हर एक ने उसका दिल दुखाया। फ़ख़रुन उर्फ़े-आम[28] में दुल्हन पुकारी जाने लगी, इससे भी उसका जी जलता। इतनी जंगली, बदमज़ाक़ औरत को दुल्हन बनाना कहाँ की इनसानियत थी। दुल्हन बनी देखकर उसे फिर कमज़ोरी-सी आने लगी और ख़ुद से उसे नफ़रत हो गई। जी चाहा, बैट से उसे ख़ूब पीटे और हुक्म दे कि चलो सीधी तरह, यह पुड़िया बनकर क्यों बैठी हो, मगर वहाँ तो बादिले-नाख्वास्ता शक्कर की डलियाँ खिलानी पड़ीं, खीरें-चिटानी पड़ीं और सदक़े-वारी होना पड़ा।

आरसी-मुस्हफ़ के वक़्त उसका क़तई दिल न लगा। हज़ार दफ़ा देखकर जिस सूरत से जी मतला गया हो, उसे कोई क्या देखे, मगर वह पैदा ही मजबूर बनने के लिए हुआ था। मुँह देखकर वह कुछ घबरा-सा गया। फ़ख़रुन! कितनी अजीब शक्ल थी उसकी! कि बेइख़्तियार वह खिसियाना होकर रुमाल से ऐनक पोंछने लगा और घंटों उसके हाथ लरज़ते रहे, जिनमें देर तक इत्र और मेहँदी की बू सताती रही।

थोड़े दिन तक तो वह कुछ मब्हूत-सा[29] रहा। हैरान और शश्दर[30]! बेशक वह बदक़िस्मत तो अज़ल से था ही और अब तो बिल्कुल ही बदतर हालत हो गई थी।

---

25. ज़री का काम करनेवाला, 26. प्राचीनकाल, 27. कमजोर, 28. सामान्य रूप, 29. चकित, 30. विस्मित,

यह बात नहीं कि फ़ख़रुन उसे कुछ अच्छी लगने लगी थी। वह अब भी वैसी ही फूले हुए गालों की ज़िद्दी, लापरवाही करनेवाली लड़की थी। जब शादी हुई, तो ऐसे रोई, गोया मर ही तो जाएगी। एक ही घर में माँ से गले मिलकर ऐसे रोई गोया सात समन्दर पार ब्याह कर जा रही है और दूसरे ही दिन से ऐसी ख़ुश नज़र आने लगी, जैसे कोई मुल्क जीत लिया हो। माँ की तरफ़ भूलकर ही जाती। यह नहीं कि वह कुछ मुन्नू पर आशिक़ हो गई हो, बल्कि मुन्नू से ज़्यादा तो वह अपने चाँदी के पानदान, सिले हुए जोड़ों और दस्तबन्द और झुमकों पर ज़्यादा फरेफ़्ता[31] थी। मुन्नू चाहता, शुरू से उसका ज़्यादा लाड़ न करे और बेरुख़ी से उसका दिल दुखाकर कलेजा छलनी कर दे, मगर उसे बेरुख़ी का मौक़ा ही कब मिलता? इससे क़ब्ल[32] कि वह बेरुख़ी दिखाए, वह पड़कर सो जाती और ज़रा भी जगाता, तो ज़ोर-ज़ोर से ऊँ-ऊँ करके ग़ुल मचाती। ज़रा-सा घर, पास के कमरे में अम्माँ सोती थीं!

माँ के इन्तिक़ाल[33] के बाद वह घर पर ताऊन[34] की तरह छा गई। सारी तनख़्वाह कौड़ी-कौड़ी करके गिनवा लेती और फिर ख़र्च पर वकीलों जैसे सवालात करती और क़ाबिले-इत्मीनान हिसाब देने पर भी वह मश्कूक[35] नज़रों से देखती।

"ख़ूब जानती हूँ मैं!" वह होशियार बनकर कहती।

"मुझ से घर का ख़र्च नहीं चलता। हाँ, नहीं तो...ऐसे रुपए फूँकोगे, तो क्या बनेगा..."

"क्या फूँका है मैंने रुपया... ?" हालाँकि वह ख़ुद कमाता था।

"किसने कहा था कि तुम यह ब्लाउज़ का कपड़ा लाओ..." यह लीजिए, गोया यह ब्लाउज़ भी अब वह ख़ुद पहनेगा।

इसी मनहूस के लिए तो लाया और फिर ऊपर से टका-सा ताना सुनना पड़ा।

"साबुन की टिकियाँ तीन-तीन पड़ी हैं। और ले आए। किसने कहा था तुम से?"

"अरे, भई, हर चीज़ महँगी होती जा रही है। मैंने कहा, लाओ, थोड़ा ज़्यादा ख़रीद लो, काम ही आएगा।"

"हूँ! काम ही आएगा।" वह बड़बड़ाती। हद थी ज़्यादती की! ख़ुद तो न जाने क्या-क्या अल्ला-गल्ला ख़रीदती। कुछ नहीं, तो शीशे की प्यालियाँ ही ख़रीद लीं। यह भई क्यों?"

"ए भई, हमें प्यारी लगती हैं!"

"और नहीं, तो काग़ज़ के फूल ख़रीद लिए। यह क्यों?"

"ऐ, बिल्कुल असली लगते हैं। तुम्हारी मेज़ पर सजाएँगे!"

"यह मिट्टी की गाय क्यों ख़रीदी?"

"ए लो, यह इतनी अच्छी लगती है, जैसे संगमरमर की हो!"

---

31. मोहित, 32. पूर्व, 33. निधन, 34. प्लेग, 35. सन्देहपूर्ण,

"और यह दीवे क्यों मँगाए गए हैं?"

"ही ही ही ही...तुम्हें क्या...हम दीवाली पर जलाएँगे...ही ही..."

"बहुत रुपया नास करती हो...सुनो जी! तुम नहीं थीं, तो सौ रुपए बचते थे...और..."

"सौ नहीं, हज़ार बचते थे। फूफी अम्माँ थीं, तो मेरे कितने जोड़े बना करते थे, और अब..."

"अजी, अब कौन-से कम बनवाती हो..." माँ की तारीफ़ हमेशा उसे कमज़ोर बना देती थी।

"ख़ाक बनाती हूँ अपना कफ़न!" कफ़न के ज़िक्र पर उसे हमेशा एक हौलनाक वाक़िआ[36] याद आ जाता। जब उसने बारीक उम्दा मलमल के कुर्ते बनाने का इरादा ज़ाहिर किया, तो पहले वह इस बात को ही टालती रही और फिर जो एक दिन कपड़ा देखा, तो टाल-मटोल के बाद कुत्ते के कफ़न जैसी मलमल पसन्द की।

"ऐ, धुलकर ऐसे निकलेगी कि क्या बताया जाए..." वह ख़ामोश मजरूह[37] बैठा रहा, तो शर्मिन्दा होकर आख़िर उसने सत्रह रुपए ग्यारह आने का थान ख़रीद लिया। यह थान वह जब कभी ख़र्च का ज़िक्र होता या रुपए की तंगी होती, वह ज़रूर हिसाब में लगा देती और इससे क़ब्ल[38] कि वह उसे ताने देने के लिए मवाद जमा करे, वह पड़ोसिन से बकवास करने, मामा से लड़ने या सन्दूक़ कुरेदने चल देती या बस 'ही ही' शुरू कर देती और उसके पैरों में गुदगुदियाँ शुरू कर देती।

"देखो जी, तुम बात टाल जाती हो!"

"तो क्या है? हाय अल्लाह, मैं तो मर जाऊँ, ले के खाते जाते हैं। दिन-रात का गोदना! यह क्यों किया, वह क्यों किया?...हाय, कमर में दर्द वैसे ही उठ रहा है।" वह फ़ौरन बीमार हो जाती।

"क़िस्मत फोड़ दी गई...और फिर कहूँ भी नहीं!"

"तो क्या करूँ मैं?...सदा ही से मुझसे तो जलते थे। तुम जल-कुकड़ कहीं के...वह तो मेरी फूफी अम्माँ ही मुझे चाहती थीं...अम्माँ से भी ज़्यादा प्यार करती थीं!"

माँ के ज़िक्र से मुन्नू का दिल हिचकोले खाने लगता और फिर अखाड़े जम-जमकर लड़ाई होती। एक दिन थोड़ी, सारी उम्र का मुआमला था। बात-बात पर लड़ना, रूठना, थूथनी सुजाना, खाना न खाना, यह नहीं कि उसके एक दिन के न खाने से कुछ दुबली हो जाती थी। वह तो दस-बरस न खाती, तो काफ़ी चर्बी और गोश्त मौजूद था। वह ख़ुदा से चाहता था कि ज़रा दुबली हो जाए कि कुछ तो उसकी बीवी जैसी मालूम हो। क्या जोड़ था। भला लोग क्या कहते होंगे कि भला यह भी मियाँ-बीवी हैं। दुनिया-जहान की बीवियाँ नाज़ुक-नाज़ुक फूल जैसी होती हैं। यह नहीं कि चलें तो मालूम हो, सड़क कूट रही हैं। पलंग पर करवट लें, तो पड़ोसिन

---

36. भयानक घटना, 37. क़ाइल, 38. पूर्व,

तक चरचराहट सुने और वह इतना नाज़ुक...बिल्कुल शायरों जैसी पतली गर्दन और दुबले-हल्के बाज़ू! कहीं दूर उसके दिल की गहराइयों में यह आरज़ू छुपी हुई थी कि...कि वह भी किसी फूल जैसी हलकी-फुलकी तितली को यों बाज़ुओं में उठा ले, जैसे...मगर वह इस आरज़ू को दिमाग़ से आगे नहीं बढ़ने देता था...

एक बात से उसे सख़्त हत्क[39] महसूस होती थी। वह फ़ख़रुन बी ने उसके चाल-चलन के मुतअल्लिक़ अजीबो-ग़रीब नज़रिया क़ायम कर लिया था। न जाने वह क्यों उसे बदमाशी, आवारगी के नाक़ाबिल समझती थी। गो वह कभी बद-राह तो न हुआ, लेकिन फिर भी अक्सर क्लब या लेक्चर वग़ैरा में बहुत रात हो जाती, मगर एक दिन जो उसने फूटे मुँह से दो हरूफ़ इल्ज़ाम के लगाए हों और कहती भी तो यही कहती :

"न जाने किन-किन लोगों में मारे-मारे फिरते हो..." गोया वह सिर्फ़ लोगों ही में फिरता था। औरतें तो उसने देखी ही न थीं। आख़िर उसमें रक़ाबत का ज़र्रा भर भी माद्दा नहीं था। यह उसकी हत्क थी। दुनिया भर की औरतें जला करती हैं और उमूमन हर एक मियाँ की जेब में एक रक़ीब मिस्ल पुलिसमैन के डंडे के छुपा रहता है, जिसे मौक़ा-ब-मौक़ा बीवी की चाँद पर मारकर मज़ा लिया जा सकता है। बहुत से मियाँ तो सिर्फ़ तख़य्युली[40] रक़ीब बीवी के लिए तैयार रखते हैं। बेवक़ूफ़ फ़ख़रुन नाक चढ़ाकर कह देती है, "ऐ चलो, बस मालूम है। ऐसे ही ख़ूबसूरत थे, तो शादी से पहले न कर लिया किसी से कुछ! ऐ, तुम हमेशा के 'सीधे' हो। किसी तवाइफ़ के यहाँ तो जाना भी मत! बड़ी चटाख़-पटाख़ होती हैं यह। बगलें झाँकने लगोगे।"

और जो ज़रा अक़्लमन्द होती हैं, वह आँखों में आँसू लाकर बिसूर देती हैं और मियाँ बाग़-बाग़!

दिन पहाड़ से गुज़रने लगे। उम्र चलती चली गई। फ़ख़रुन और मुन्नू के कभी दिल न मिले। अब भी बुढ़ापे में मुन्नू को सैकड़ों कीड़े उसमें नज़र आते। वह अब भी वैसे ही ताबड़तोड़ लड़ती। जवान-जवान बेटे, दामाद इस पर मुस्कराते। बहुएँ-बेटियाँ हँसतीं।

"कितना कहता हूँ कि मिर्चें न खाया करो। ख़ूनी पेचिश है!"

"तुम्हारी बला से, मरने दो..." वह उसी तनतने से जवाब देती।

"यह मसनूई दाँत हैं। हड्डी तोड़ने से चटख़ जाएँगे...ऐसी हड्डियाँ कुत्तों की तरह चबाने की बुढ़ापे में क्या ज़रूरत है!"

"तुम अपनी कहो। बुड्ढे हो गए, मगर जवान बच्चों के सामने लड़ना न गया...ऐ हाँ नहीं तो, जान को आ गए हैं मेरी!"

---

39. अपमान, 40. काल्पनिक,

"सठिया गए हैं बेटी तुम्हारे नाना अब्बा...सदा के झक्की हैं।" वह अपनी नवासी से कहती।

"यह तुम्हारी दादी अम्माँ बस हमेशा की ततैया मिर्च हैं। क्या बताऊँ बेटा, मुझे तो कभी फूटी आँख न भायीं...शुरू से नफ़रत थी।" वह अपने पोते से कहता।

"हाँ, मैं ही तो गई थी तुम्हारी दहलीज़ पर कि लो कर लो मुझसे शादी...सौ दफ़ा नाक रगड़ी थी। थे किस क़ाबिल! हमेशा के भिनकते रोगी..." वह बदमिज़ाजी से पानदान की चिटख़नी हिलाती और सरोता तलवार की तरह घुमाती। उसका दिल बैठने लगता। पोते-पोतियाँ हँसी दबाए कमरों में भाग जाते।

"मैं कहता हूँ, तुम्हें कुछ शर्म-हया भी है या नहीं, यह जाली का कुर्ता और साड़ी..."

"चलो, तुम तो बड़े शर्मीले हो...कल तहबन्द बाँधे धूप के रुख़ खड़े थे...सच कहना, रहमानी बुआ, मेरा वुज़ू टूट गया था कि नहीं... ?"

वह जल्दी से दुपट्टा सँभाल लेती।

"ए बी, क्यों मुँह खुलवाती हो...पीढ़ी खड़ी करके नहाने बैठ गईं। समझती हो कि माशाअल्लाह तुम्हारा-सा डील-डौल पीढ़ियों से छुपता है!"

"ऐ मरदुए का दिमाग़ ख़राब हुआ है कुछ...पीढ़ी थी कि यरोती बेगम की खटोली..." वह ग़ुस्से से आपे से बाहर हो जाती।

"वह खटोली ही सही, मगर ख़ुदा की बन्दी..." और घंटों चख़-चख़ होती। यहाँ तक कि वह अपना पुराना दाँव चलाती और फ़ौरन भैंस की सानी, ककड़ी के रायते और सिल की खटाई पर नौकरों-चाकरों से तू-तू मैं-मैं करने लगती। बीच में शगूफ़े छूटते।

"यह है मुहज़्ज़ब औरतों की ज़बान...कहो भला आफ़्ताब बेचारा नौकर हुआ तो क्या! है तो सैयद! और उसे यह हरामी पिल्ला कह रही हैं...शरीफ़ ख़ानदान की औरत और यह..."

मगर उसे मजबूर होकर बाहर चला जाना पड़ता। वह उदास होकर अख़बार में मुअम्मा[41] हल करने लगता। दस साल से वह इसी फ़िक्र में था कि एक मुअम्मे का हल ठीक हो जाए और बीस हज़ार का इनाम लेकर दूर कहीं ख़्वाबों की हसीन वादी में अपनी नई ज़िन्दगी का आग़ाज़[42] करे।

फिर वह नई ज़िन्दगी, जिसका आए दिन की बीमारियों और बदहज़्मी ने उसे और भी मुंतज़िर[43] बना दिया था, शुरू हो गई। आख़िरी मुअम्मा निकलने से पहले ही पुरानी दस्तों की बीमारी औद[44] कर आई। सारे ग़म सारे सदमे मैले कपड़ों की तरह उतर पड़े और हल्के-फुल्के चहे की तरह वह हवा की नसों पर फुदकने लगा। जन्नत! आख़िर तो उसकी रियाज़त[45] और सब्र का अजर[46] मिल गया। उसने अपने

41. पहेली, 42. आरम्भ, 43. प्रतीक्षारत, 44. पलटना, 45. तपस्या, 46. फल,

ग़ैर-मरई[47] हाथ हवा में उछाले और फिर उन्हें अपनी पसलियों पर रखकर फिसलाया...सब आसान, ज़रा भी तो खुरदरापन नहीं। उसका सिर ग़ुब्बारे की तरह हल्का हो गया और पैर साइकिल के पहियों की तरह तीर!

ओह! वह ठिठक गया। लाहौल वला क़ुव्वत! फ़ैशनेबल लड़कियों से उसे हमेशा चिढ़ थी। खुली बाँहों के जम्पर, साड़ी, बग़लें दिखाई दें और नीचा गला...वह अपनी नवासियों-पोतियों से इसीलिए तंग था कि वे आधी आस्तीन पहना करती थीं और यहाँ तो पानी की लहर जैसे साये के सिवा कोई चीज़ ही जिस्म पर न थी।

"लाहौल वला क़ुव्वत!" वह जंगी शक्ल बनाकर लानतो-फिटकार के पुलिंदे लिये बढ़ा...मगर...

"ऐ, मैं तो पहले ही जानती थी..." जानी-बूझी आवाज़ आई। वह ठिठक गया और कानों के सुराख़ों को हिलाकर झाड़ने लगा।...शायद दुनिया से कोई मक्रुह[48] आवाज़ पड़ी चली आती। एक क़दम बढ़ा।

"ख़ूब करो गुंडाइयाँ...ताका-झाँकी...!" शक यक़ीन में बदलना शुरू हुआ।

"उफ़्फ़ोह...तो तुम यहाँ भी...!" वह मजरूह होकर मुड़ा।

"क्यों? मेरा आना ऐसा खला और वह जो तुम्हारी लाड़ो खड़ी थीं, तो कुछ नहीं!"

"कौन? मेरी कौन?"

"वही खम्पारा, जिसे तका जा रहा था। मैं कहती हूँ, बूढ़े हो गए। आए दिन के रोगी! दस्त घड़ी भर को नहीं रुकते, मगर आवारगियाँ करवाए कोई तुमसे...ऐ शर्म भी नहीं आती तुम्हें। निगोड़ी पोती के बराबर...हरामज़ादियाँ...हर एक से दीदे लड़ाती फिरती हैं!" वह जाती हुई इठलाते हुए क़द को नफ़रत से घूरती हुई बोली।

"ऐ...है! मैं कहता हूँ, मैं इधर देख रहा था..और तुम..."

"ऐ मेरी जूती से! तुम जिधर चाहो, देखो...मगर मैं कहती हूँ, कौन-से तुमने सवाब[49] किए थे, तो तुम भी...क्या नाम यहाँ आ गए..."

"और तुमने कौन-से हज किए थे, जो मुझे कह रही हो। अल्लाह की बन्दी ने भूलकर भी सज्दा न किया कभी!"

"लो, तुमने मुझे कभी रोज़े-नमाज़ का रखा भी। आए दिन के चोंचले। आए दिन निगोड़े बच्चे..."

"तो अब अपने गुनाह भी मेरे आमाल[50] में लिखा दो..."

"हज को तो हज़ार बार कहा। तुमने कभी सुना...ईमान से कह दो!"

वह हस्बे मामूल लाजवाब, हकलाकर रह गया।

---

47. अदृश्य, 48. घृणित, 49. पुण्य, 50. कर्मों,

''मगर मैं कहती हूँ, क्या अब यों नंग-धड़ंग-मलंग फिरा जाएगा...ज़रा देखो तो। शर्म भी तो उड़ गई तुम्हारी! पत्ता सारा छन्नी हो रहा है।'' वह घबराया और कीड़े लगे अंजीर के पत्ते को टटोलने लगा।

''ऐ वह मोटी क्रेप की ओढ़नी मैंने तो मारी हरामी पिल्ले के मुँह पर...''

''इलाही! चह चह...अरे ख़ुदा के क़हर से तो डरो...यह जन्नत...''

''होश की ले मरदुए...दोज़ख़ होकर जन्नत! बन्दी से तो इन मुस्टंडों के सामने नंगा नहीं नाचा जाता...कान खोल के सुन लो...''

''उफ़्फ़ोह...या ख़ुदा...क्यों जी...ए...सफ़ेद अमामे वाले...ए मियाँ...''

वह एक मुक़द्दस शक्ल देखकर चिल्लाया...कोई जन्नत के स्टाफ़ में से था।

''अरे भई...वह यहाँ...मेरा मतलब है, कितनी देर ठहरना होगा?''

''यह आख़िरी मुक़ाम है...बिहिश्ते-बरीं[51]...''

निढाल होकर उसका जिस्म आगे-पीछे झुकने लगा...और...''यह मुए पत्ते क्या मजाल, जो घड़ी भर को रुक जाएँ...''

उसने जल्दी से कानों में अँगूठे ठूँस लिए!

---

51. सबसे ऊँचा स्वर्ग।

जाल

"अत्तन, सफ़िया...ए कहाँ मर गईं?"

"जी...ई...ई..." अत्तन की जी सुनाई दी।

"आई जी," सफ़िया चीख़ी और दोनों लड़कियाँ बरामदे के इन्तिहाई कोनेवाले अँधेरे कमरे से बैलों की तरह निकलीं। अत्तन का कुर्त्ता कीली में उलझकर झर से बोला और सफ़िया की जूती दहलीज़ में फँसी और वह घुटनों के बल उगालदान के पास गिरी। उगालदान कई दिन का भरा बैठा था, फैल पड़ा और सफ़िया के घुटने छालिया मिली गाढ़ी-गाढ़ी पीक में लिथड़ गए।

"मिटो न तुम! देख के थोड़ी चलें हैं। लाड़ो के दीदों में पानी उतर आया है...आज इतवार के दिन भी मरी पड़ी हैं।"

"यह दुपट्टा तो देखो...क्या मजाल, जो पल्लू डालें...जानो नन्हियाँ धरी हैं अब तक..."

सफ़िया फ़र्श पर पीक टपकाती ग़ुस्लख़ाने की तरफ़ चली और अत्तन ने दुपट्टा दोहरा डालकर कन्धे ज़रा ढलकाए और सीना अन्दर को धँसा लिया।

"मैं कहती हूँ, क़ुरान पढ़ा?"

"जी!" अत्तन कुलबुलाई।

"ऐ क़ुरान पढ़ा आज सुबह?"

"ओल...सफ़िया...आं..." अत्तन उँगलियाँ मरोड़ने लगी।

"सफ़िया का नहीं, मैं तो तुम्हारा पूछती हूँ...इशा[1] की नमाज़ भी हज़्म कर गईं। क्या मुल्लानी अम्माँ ने जगाया, मगर जानो साँप सूँघ गया।"

"उन्होंने तो..." और अत्तन का जी चाहा, चौकी के नीचे घुस जाए। ख़ाला बी ने उसे सिर से पैर तक घूरा...मानीख़ेज़[2] टहोका लगाया। कुछ बी के कान में खुस-फुसाईं, सिर हिलाए, सरौते घुमाए और दोनों किसी माक़ूल नतीजे पर पहुँचीं।

"चलो, दूर हो यहाँ से..." फिर ख़ाला बी से, "ऐ हाँ, तो मुझे क्या मालूम...ज़रा-ज़रा-सी बच्चियाँ...निगोड़ी..."

1. रात की नमाज़, 2. अर्थपूर्ण,

अत्तन कन्धे ढलकाए, तिरछे-तिरछे पैर मारती अस्बाब[3] वाले कमरे में चली गई। दोपहर को दोनों घंटा भर सिर जोड़े अधूरी-अधूरी बातें करती रहीं। फिर पुराने पाजामे के दो अजीबो-ग़रीब तराश के शलोके उसी चूहों की बू आते हुए अँधेरे कमरे में बैठकर तैयार किए, जिन्हें फँसाकर उनकी साँसें घुटने लगीं, मगर नतीजा इत्मीनानबख़्श[4] रहा, जैसे सड़क कूटने का इंजन चल गया। हाय, भैया के कितने मज़े थे। मज़े से कुर्ता उतारे, पायँचे चढ़ाए घूमा करते थे, और यहाँ उनकी पीठों में महीन-महीन गरमीदाने हो गए थे, जो सूइयों की तरह चुभा करते थे।

अत्तन का दिल चाहता, काश! वह मर जाए और यही बेचारी सफ़िया का दिल चाहता। दोनों अँधेरे कमरे में दर्दनाक कहानियाँ पढ़तीं, दोनों के दिल भर आते और एक दूसरे से चिमट जातीं।

"बज्जो, मेरा तो कलेजा फटा जाता है।"

"सूँ!" अत्तन सुबकी लेती, "आह, वह दर्दनाक कहानियों की ख़ुशनसीब हीरोइन जो मर गईं। काश, वो दोनों भी इसी तरह मर सकतीं। तब बी और ख़ाला और मुल्लानी चीख़ें मार-मारकर रोतीं, "हाय, मैं अपनी अत्तन का सेहरा भी न देखने पाई...हाय, मैं अपनी सफ़िया को दुल्हन भी तो न बना पाई..." और दुल्हन बनने से पहले ही अल्लाह को प्यारियाँ हो जाने के ख़याल ही से उनकी आँखें उमड़ आतीं, गले भर्रा जाते। मुहल्ले में भूरी की कुँआरी बेटी मर गई, तो उसका जनाज़ा क्या ख़ूबसूरत सजाया गया था। सिरहाने के पायों से लम्बा-सा महकता हुआ सेहरा बाँधा गया। सुर्ख़ गोटे की ओढ़नी, जिसे ज़िन्दगी में वह छूने को तरसती रही, उस पर डाली गई, और भूरी, जो उठते-बैठते उसे कोसा करती थी, उस पर जान देने लगी, बजाय 'मरने-जोगनी' 'पयारों पीटी' 'घाट कटी' के वह उसे 'मेरी लाड़ो', मेरी बन्नो', 'मेरी शहज़ादी' कहने लगी थीं कि अत्तन, सफ़िया मर जाएँ, तो बी इसी तरह चिंघाड़ेंगी, ख़ाला बी सिर फोड़ेंगी, मुल्लानी माँ बाल नोचेंगी और मुल्लानी माँ के बाल नोचने के ख़याल से उनकी बाँछें खिल जातीं। वह कैसे-कैसे उनके झोटे नोचा करती थीं। कितनी ख़ुश होतीं, जब तख़य्युल[5] की नज़रों से वो उन सबको अपने कफ़नों में लिपटने को तैयार क़ब्रों में कूदते, धमकियाँ देते महसूस करतीं। फिर ख़ुद उनका दिल भर आता, गले सूजने लगते, सीने फूल जाते और वो अजीबो-ग़रीब तराश के शलोके उनका दम घोंटने लगे।

और इतवार को ग़ुस्ल होता, जो ग़ुस्ले-मय्यत से कम न होता। फिर बादिये में खली कूटकर भिगो दी जाती, मिर्चोंदार अलसी की खली। उससे जुएँ मर जाती हैं। जब मुर्ग़ियों के जुएँ पड़ जाती हैं, तो मिट्टी का तेल लगाते हैं, जिससे उनकी खाल तो उधड़ जाती है, पर जुएँ मर जाती हैं। यह खली मिट्टी के तेल का काम देती थी। जब ख़ूब फूल जाती, तो खली के लोथड़े मुल्लानी अम्माँ उनकी खोपड़ियों पर

3. सामान, 4. संतोषजनक, 5. कल्पना,

थोपकर घिस्से मारतीं और इस ग़ज़ब के पहलवानी हाथ दिखातीं कि ग़रीब अत्तन–सफ़िया की गर्दनें ज़मीन से लग–लग जातीं, कूल्हे हवा में उठ जाते और पीढ़ियाँ उलटी हो जातीं...और...

"ऐ हे, बुआ ढई पड़ती हो..गर्दन में सत नहीं..." मुल्लानी अम्माँ ग़ुर्रातीं और उनके आँसू खली के झाग में मिलकर उनकी आँखें फोड़ने लगते, नाक जल उठती। कनपटियाँ फटने लगतीं। यह बाल पैदा करने में और वह भी मुल्लानी अम्माँ की पहलवानी को देखते हुए अल्लाह मियाँ ने क्या मस्लहत समझी। गंजों को न तेल की फ़िक्र, न कंघी का ग़म, न रोज़–रोज़ खली के घिस्से! एक दफ़ा अत्तन को जब मोतीझरा हुआ था, तो सारे बाल उतरवा दिए गए थे। किस मज़े से हलकी–हलकी घूमा करती थी, मगर एक और मुसीबत थी कि टीका–झूमर भी हाथ से जाता था। सफ़िया और आपा क्या मज़े से तबाक[6] जैसे मुँह पर टीके लगाकर जाएँ और वह सिर मुंडे बैठी रही।

"चार लोटे दाएँ शाने[7] पर और चार लोटे बाएँ पर..." मुल्लानी अम्माँ पाक होने के उसूल बतातीं। अब अगर जाड़े हुए, तो कैसे चार लोटे, चार चुल्लू डालना दुश्वार हो जाते और जो गरमियाँ होतीं, तो मज़े से नल के नीचे बैठ गईं और तड़ातड़ पानी पड़ रहा है। ठंडे–ठंडे पानी की सलाख़ें जिस्म की शिकनों पर फिसल रही हैं। पानी कल–कल करता रानों[8] पर कूदता, शानों पर फिसलता मोरी पर जा गिरता...जैसे कोई शराब उँडेल रहा हो...नींद–सी आने लगती, और वैसे भी ग़ुस्लख़ाने की फ़िज़ा में स्वराज मिल जाता। आज़ादी! पर–पुरज़ों से आज़ाद...मज़े से चौकी पर से नल की पटड़ी पर...वहाँ से मैले कपड़ों के पास, फिर साबुन लेने या बेसन उतारने, अलमारी के बालाई[9] हिस्से पर आज़ादी से फुदका करतीं। बेकार ही वे कुलाँचें भरतीं...हवा जिस्म से लिपट जाती, हाथ–पैर हल्के हो जाते। साबुन मलतीं, चिकने–चिकने हाथ ऐसे फिसलते, क्या बताएँ, जैसे किसी ने रेशमी कपड़ों में लपेट दिया। बेसन मलतीं, हलकी–हलकी, मीठी–मीठी सोज़िश[10], दाल के दाने, सोंधी ख़ुशबू। जी चाहता, हौले–हौल उँगलियाँ फेरे जाएँ...जी चाहता, कोई काँटेदार चीज़ की रगड़ इस मुसलसल[11] गुदगुदी को मिटा दे..."

"ऐ, अभी तक मय्यत नहा नहीं चुकी," की सदा उन्हें जगा देती और वह नल की धार को आख़िरी मर्तबा बाजुओं में भींचने की कोशिश करतीं और थकी हुई आँखों से उन अजीबो–ग़रीब तराश के शलोकों को देखतीं, जो सड़क कूटने के इंजन का काम करते थे, और तादाद में कम होने की वजह से पसीने से गल चुके थे, और उनमें मरघट जैसी चिराँद आने लगी थी। इतना सलीक़ा कहाँ था कि रात को चुपके से धोकर फैला देतीं और सुबह ही सुबह उठा लेतीं। एक दिन कम्बख़्त भैया के हाथ पड़ गया, तो न जाने क्यों उन्होंने सबके सामने जाकर दिखाना शुरू

6. थाल, 7. कन्धे, 8. जाँघों, 9. ऊपरी, 10. सूजन, 11. लगातार,

किया। कोई भी तो न पहचाना कि वह किस क़िस्म का हथियार है। आख़िर में भैया ने फ़ैसला किया कि ननवा का जाँघिया है, जिसे वह गन्दी दवाइयों के लिए इस्तेमाल करता है।

''साहब, अगर मेरा होए, तो बदन में कीड़े ही पड़ें, दीन मुहम्मद का होएगा!'' और दीन मुहम्मद साफ़ मुकर गया और उसके मालिक को मोटी-मोटी गालियों वाली बीमारियाँ लगाने लगा।

अत्तन, सफ़िया सिर झुकाए कलामे-अल्लाह की तिलावत[12] करती रहीं। कभी-कभी उनकी आँखें एक-दूसरे से टकरा जातीं और लब हिलने लगते, और उसके बाद से यह दस्तूर हो गया था कि जब वह भयानक शलोके गल जाते और पुराने काग़ज़ की तरह बिखरने लगते और मैल की पपड़ियाँ चुभने लगतीं और जिस मक़्सद के लिए वह बनाए जाते थे, वह पूरा हो जाता, तो वो उनकी गोली बनाकर संडास में डाल आतीं और फिर ऊपर करछा राख।

अत्तन-सफ़िया जुड़वाँ तो नहीं पैदा हुई थीं, मगर फ़िज़ा ने उन्हें तौअम[13] रहने पर मजबूर कर दिया था। दुनिया में वही एक दूसरे की हमदर्द, जीवन-साथी और सहारा थीं। जब अत्तन की कमर में दर्द होता, और वह कटी मुर्ग़ी की तरह लोटती, तो सफ़िया गर्म पानी की बोतल लाती। देर तक साथ बैठी, कमर मसला करती और जब सफ़िया की पिंडलियाँ फटतीं, तो अत्तन ही दुपट्टे की पट्टियाँ कसकर तशन्नुज[14] को रोकती और ज़िन्दगी की सड़क पर एक दूसरे का सहारा बनी चली जातीं।

मगर स्कूल में सहारे बँट जाते। चूँकि अलग-अलग क्लास में थीं, लिहाज़ा क़ानून के मुताबिक़ अत्तन को मिस चरण पर मरना पड़ता और सफ़िया को मिस हैदर पर, मगर फिर भी सफ़िया भूलकर मिस चरण की फटारा साँप जैसी स्याह रंगत और ऐंठी हुई नाक पर आवाज़ न कसती और न ही कभी अत्तन ने ही किसी को मिस हैदर के मसनूई[15] जूड़े और मटमैली साड़ी का ताना दिया। वे मिल-जुलकर एक दूसरे की दोस्त भी थीं और बहनें भी। भैया कभी-कभी उन भुगती हुई उस्तानियों को देखकर आते, तो बस अँधेर मचा देते। एक दफ़ा बड़ी मुश्किल से उन्होंने भैया से कैमरा लिया और फ़िल्म डलवाकर मिस चरण और मिस हैदर की आड़ी-तिरछी धुँधली तस्वीरें खींचीं। जब भैया फ़िल्म धुलवाकर लाए, तो उन्होंने सबके सामने उनकी शक्लों का मज़ाक़ उड़ाया कि अत्तन-सफ़िया का फिर से दर्दनाक कहानिजों की हीरोइन की तरह मर जाने को जी चाहा ताकि भैया को कुछ तो रंज[16] पहुँचे। वह सिर फोड़ें और इत्मीनान से उनकी लाशें मुस्कराती रहें।

यही नहीं, और लाखों दुख उनकी जान को लगे थे। ज़िन्दगी एक जाल की तरह बिछी हुई थी, जिसका ताना ख़ाला थी, और बाना मुल्लानी अम्माँ। क़दम-

---

12. पाठ, 13. एक साथ, 14. ऐंठन, 15. बनावटी, 16. दुःख,

क़दम पर फंदे, हर साँस पर गाँठें। अरे, और तो और, यह अनवर भाई, रशीद भाई, क़ुतुब भाई, और न जाने कितने 'भाई' आते, मगर सबके सब आपाओं और बाजियों को ताकने आते!

"अत्तन...बन्नो ज़रा यह सरवरी को तो दे आओ, लपक के..."

"सफ़िया बिटिया, फिर हम तुम्हें बड़ी अच्छी चीज़ ला देंगे...ज़रा यह कुबरा को दे आओ...हाँ, छुपाकर देना। ख़ाला बी न देखें, समझीं।"

"क्या चीज़ ला देंगे आप?" वह पूछतीं।

"अब जो कुछ भी तुम कहो, गुड़िया। तकिये के ग़िलाफ़ की जाली...लपक के जाओ!"

और वह लपककर जातीं। आए दिन बंडल और लिफ़ाफ़े ख़ाला बी वग़ैरा से छुपाकर दुश्मन के ख़ेमे तक ले जातीं और उनका जी जलता, जान सुलगती, जिसे देखो, गुड़िया दिए जाता है।

"नफ़रत है मुझे तो कलमुँहियों से...मैं तो सब निम्मो को दे दूँगी!" अत्तन नाक फड़काती, जैसे बस उन्हें गुड़िया ही की तो ज़रूरत थी। आख़िर यह भाई अपनी चहेतियों को गुड़िया क्यों नहीं देते, पर वह तो नाम को था। घंटों कोठों पर छुपकर बातें होती थीं। काश, कोई उनका भी होता। काश, ज़ीनों और गैलरियों में परेशान करता। उनके लिए भी बंडल और लिफ़ाफ़े आते, जिन्हें लेकर वह भी मुँह लाल, शर्माई हुई पलंगों पर औंधी पड़ जाया करतीं, मगर कहाँ। उनकी क़िस्मत में कोयलों की दलाली लिखी थी। इधर से उधर क़ासिद बने फिरना!

मगर बदहाल तो वह उस दिन हुईं, जिस दिन उन्होंने अमानत में ख़यानत की और एक बंडल खोल डाला। कुछ देर तो वह उलट-पलटकर देखती रहीं, ख़ाक न समझीं। रेशम और नाज़ुक नाक, फीतों का उलझा हुआ जाल-सा! महीन गुलाबी जालीदार मग़ज़ी, बारीक रबड़ की रेशमी डोरियाँ! ओह! जल्दी से उन्होंने शर्माकर पुराने कपड़ों की अलमारी में छुपा दिया और लपककर बाहर निकल आईं। दिल धक-धक करने लगे, साँसें फूल गईं और बाहर आकर वो गेहूँ चुनवाने लगीं, गोया बड़े काम की बेटियाँ हैं।

मगर दिलों में खुदबुद हंडिया पकती रही। सिर झुकाए गेहूँ उँगलियों के सिरों से बिखेरती रहीं, मगर आँखों के सामने गुलाबी रेशम के जाल बुनते-बिखरते रहे। वह मानीखेज़[17] नज़रों से एक दूसरे को देखतीं और मुस्करा पड़तीं। नन्हा-सा मासूम राज़ उनके सीनों में भट्ठी की तरह दहक रहा था, जिसकी साज़िश से चेहरे तमतमाए जाते थे, गोया वह जिन्नों या परियों की दुनिया से कुछ उड़ा लाई हैं, और किसी को भी नहीं मालूम कि उन पुराने गूदड़ के लच्छों में कैसा लाल छुपा हुआ है। खाने के बाद वे अलमारी के क़रीब से गुज़रीं और एकदम से अत्तन को बड़े ज़ोर

17. अर्थपूर्ण,

से हँसी आई, और सफ़िया को भी, और दोनों बेताब होकर अँधेरे कमरे की तरफ़ भागीं।

"ग़ज़ब ख़ुदा का, क्या ही-ही लगा रखी है। जवान-जहान लड़कियाँ पड़ी घोड़ियों की तरह उछल रही हैं।" मुल्लानी अम्माँ बड़बड़ाईं, क्योंकि भागते में अत्तन का घुटना उनके पलंग में निकले हुए ज़ाइद[18] पट्टी के सिरे से टकराया। हँसी को रोकती ख़ूँ-ख़ूँ करती, वो एक दूसरे पर लद गईं। टकराने से गुदगुदी उठी और फ़र्श पर लोटने लगीं।

"बज्जो...ख़ूँ...ख़ूँ...ख़ूँ..."

"खी...खी...खी..." अत्तन ने जवाब दिया।

अब वह जहाँ बैठतीं, बस वह गुलाबी जाल फैलना शुरू होता। फ़ीतों के पुलिन्दे के पुलिन्दे चारों तरफ़ बिखर जाते। बारीक रबड़दार रेशमी डोरियाँ चारों तरफ़ से जकड़ लेतीं और उनकी साँसें ऐसी फूलतीं कि बोसीदा गले हुए भयानक शलोके चर-चर फटने लगते।

और फिर फ़ुरसत के वक़्त जब सब सो जाते, तो वह चुपके से लूट का माल निकालकर अँधेरे कमरे की सुहानी तारीकी में देखा करतीं। ज़रा एक दूसरे के सामने खुलकर देखने से झिझक आती थी, लिहाज़ा एक दिन अत्तन ने अकेले में देखने की कोशिश की, मगर सफ़िया चील की तरह झपटकर पहुँची। यह बेईमानी थी—सरासर बेईमानी!

"आपा जी को दे आएँ..." उन्होंने फ़ैसला किया।

"और क्या दे ही आएँ...अनवर भाई..." दोनों के गले रुँध गए।

एक दूसरे पर एतिबार उठना शुरू हुआ। वो एक दूसरे को अकेला छोड़ते डरतीं। साँप की तरह एक दूसरे की हिफ़ाज़त करतीं। अगर अत्तन उठकर किसी तरफ़ जाती, तो सफ़िया फ़ौरन जूता पहनने लगतीं। वह मुहब्बत, वह लगाव टूट गया। अत्तन के दर्द उठा, तो सफ़िया मुँह मोड़े सोती बनी रही और दुपट्टे की पट्टियाँ न बाँधीं। जब सफ़िया की कमर में टीसें उठीं, तो अत्तन ने गर्म पानी की बोतल लाकर न दी और दुआएँ माँगती रही कि ऐसा दर्द उठे कि वह बेहोश हो जाए, फिर होश में न आए। लोग सिर फोड़ते, बैन करते, लाल गोटे की ओढ़नी डालकर उसे क़ब्रिस्तान ले जाएँ और इधर वह अलमारी के आख़िरी कोने से वह रेशम के लच्छे निकालकर...मगर कहाँ! वह दिन-ब-दिन मोटी होती नज़र आतीं। सफ़िया के रुख़्सार[19] की हड्डियों पर दो हल्के सुर्ख़ पटे फैलने लगे थे, और अत्तन का जूता काटने लगा था। वह हैबतज़दा[20] हो-होकर एक दूसरे की तन्दुरुस्ती से लरज़तीं। दोनों यह ज़ाहिर करतीं कि वो इस गुलाबी रेशम के फंदों से बिल्कुल आज़ाद थीं और ज़रा भी वह उनके गले में फाँसी नहीं लगाया करते।

---

18. फ़ालतू, 19. गाल, 20. भयभीत,

कहते हैं, ख़ुदा जब देता है, तो छप्पर फाड़कर देता है। कुबरा का जहेज़ सिल रहा था। आपा बी को बुलाया ख़ाला अबासी ने जम्पर कतरने के लिए।

"कोई चलता है मेरे साथ?" वह अत्तन-सफ़िया की तरफ़ देखकर बोलीं। उन दोनों ने जैसे सुना ही नहीं!

अत्तन तो अच्छी बेटी बनी बी के पायँचों में झोल डाल रही थी। क़िस्मत की मारी सफ़िया बैठी क़ैंची से कतरनों के फूँसड़े उड़ा रही थी।

"चल, सफ़िया की बच्ची, तू चल! बैठी क़ैंची का नास मार रही है। जल्दी उठ!"

"कहाँ?" सफ़िया चौंकी।

"अबासी ख़ाला के और कहाँ...जल्दी उठ..."

"आँ...और बज्जो..." उसने ख़ौफ़ से आँखें फैलाईं।

"बज्जो काम कर रही है..." बी ग़ुर्राईं। अत्तन सिर झुकाए सीती रही। डर के मारे टाँका भी तो न तोड़ा कि कहीं पकड़ी न जाए। सफ़िया ने एक क़हर-आलूद[21] नज़र डाली, मगर कुछ सुनवाई न हुई।

अत्तन के हाथ हिलने लगे, दिल ज़ोर-ज़ोर से पसलियों से टकराने लगा।

"ले बेटी, ज़रा यह दो टाँके बन्द में लगा दे..." मुल्लानी अम्माँ ने छींट और खाने की कतरनों की मदारी के थैले की शक्ल की चीज़ देकर कहा।

जैसे रेल छूटी जा रही हो, धायँ-धायँ इंजन कुटने लगे। अभी बड़ी बेपरवाही से गोया उसे ज़रा भी तो जल्दी नहीं!

"लीजियो बेटी...यह बटन..." ताया अब्बा बैलगाड़ी के पहियों की-सी आवाज़ अपनी चप्पलों में से निकालते हुए आन पहुँचे।

"ज़रा पान धोकर पिटारी में रख देना बेटी...ज़रा छींटा दे देना..." आज तो उनको भी उसे प्यारे-प्यारे तकले उतारने की सूझ रही थी। अल्लाह...यह ताया अब्बा...ऐसा क़ूलिंज[22] का दर्द उठे कि क़ब्र ही में बन्द हो।

अगर ज़रा देर और यह तनाव रहता, तो अत्तन की रगें फट जातीं और उस पर फ़ालिज गिर जाता। जैसे-तैसे करती वह पहुँची। पोले-पोले हाथों से जैसे चिड़िया का बच्चा उठाते हैं, उसने वह जाल और रेशम का गुच्छा उठाया। दबे पैर रखती जैसे नई दुल्हन पहली दफ़ा हज्लए-अरूसी[23] की जानिब जा रही हो कि पायल...चप्पल न चरमराए! आज उसे मालूम हुआ कि वह किस क़दर भद्दी थी। ख़ामोश, चाँदनी जैसी धुँधली रौशनी में वह अँधेरे अस्बाब के कमरे में होंठ भींचे खड़ी रही...चिटख़नी चढ़ाने में क्या ज़ोर से खड़की! वह आवाज़ दबाने को ज़ोर-ज़ोर से ख़ाँसने लगी, फिर क़दम जमाती वह बढ़ी और एक लम्हे में रेशम और फ़ीतों का मुख़्तसर-सा जाल उसकी उँगलियों में उलझने लगा, जैसे ठंडे पानी की धार खोल दी, जो उसकी

---

21. क्रोध भरी, , 22. आँतों की पीड़ा, 23. दुल्हन का कमरा,

रग-रग पर फिसलकर बहने लगी। उसने दोनों हाथों से भींचा और फिर छोड़ दिया। सिर से साँप की केंचुली की तरह मचलकर बिखर गया। दूसरे लम्हे वह पर-पुरज़ों से आज़ाद, ठंडे-ठंडे ओस में भीगे हुए फूलों के जाल में जकड़ गई। ऐसा मालूम हुआ, वह ऊपर उठने लगी—ऊपर—बहुत ऊँची...हलकी-फुलकी, महकती हुई तितलियों की तरह! साँस ज़ोर-ज़ोर से चलने लगी...आँसुओं की चिलमन ने गुलाबी फूलों के तख़्तों को झूमते देखा...मीठे-मीठे तशन्नुज[24] से उँगलियाँ ऐंठने लगीं...महीन-महीन सूइयाँ खटकने लगीं।

"धड़ धड़ धड़...फट!" दरवाज़े की ढीली चिटख़नी ढलक गई और सामने आया बी और उनके शाने[25] पर सफ़िया की शरीर[26] आँखें चमकीं।

बाँहें झूल गईं...! शाने ढलक गए...और सिर नीचे झुकता गया...और उसने ननवा के जाँघिये की चिराँद आते हुए महीब[27] शलोके में आँखें छुपा लीं।

---

24. ऐंठन, 25. कन्धे, 26. चंचल, 27. भयानक।

हीरो

सूखा ने चूल्हे के आख़िरी कोनों से राख घसीटी और चपटी रकाबी चोटी तक भर ली। हल्क़ में से कड़वी-कड़वी राख छींकता वह नल की तरफ़ लपका, जहाँ जूठे बर्तनों का ढेर किसी फूहड़ के बच्चे की तरह मचला पड़ा था। दख़्ल-दर-माक़ूलात[1] से चिढ़कर मक्खियाँ उलझे हुए दायरे खींचती ऊपर उठ गईं। रकाबी में से थोड़ी-सी जूठन पोंछकर उसने मोरी पर डाल दी। वह यह ग़िलाज़त[2] सिर्फ़ मक्खियों के मारे न फैलाता, मगर आज न जाने क्यों उसे हर चीज़ पर प्यार आ रहा था। आज हमीदा बी आ रही थीं न! अभी तो चार घंटे थे रेल के आने में। आज वह उठा भी सुबह तड़के था। सुबह ही सुबह चाय निपटाकर शाम का मसाला भी रगड़ दिया कि कहीं बावर्ची बहाने से रोक न ले।

आज लोगों ने जानबूझकर बर्तन ज़्यादा जूठे किए थे। छोटी-बड़ी बीस-बाईस रकाबियाँ, चार डोंगे, छह प्याले, दो क़ाबें, तीन डिशें और सीनियाँ, अच्छा-भला एक शरीफ़ बेटी का जहेज़ रोज़ के रोज़ उसे माँजना होता...पर आज तो उसे कोफ़्त होने लगी। इतना काम और ऊपर के काम पर बस एक छोकरा। उसका बस चलता, तो पैरों में फट्टे और बग़लों में पर लगवा लेता कि एक ही वक़्त में सारे घर की पुकार का जवाब दे देता।

"नन्हे मियाँ के जूते भी अभी लाया...कत्था...कत्थे की प्याली लाया दो मिनट में... क्या गुलाबी पेचक? बस मुन्ने मियाँ की फ़ुटबॉल में हवा भर लूँ, तो अभी लाया...अच्छा लहसुन...अदरक तो पीस दी और चने...अच्छा, वह अख़बार सबेरे वाला...बर्फ़...बर्फ़ का पानी? जी अभी लाया?..." लोगों का बस चलता, तो उसके छोटे-छोटे पुरज़े करके निगल जाते, मगर सूखा ही था, जो सीना-सिपर किए हुए डटा हुआ था।

अब तो वह इतना सूखा मारा भी न था। न जाने लोग सूखा क्यों कहते थे, हालाँकि उसे अच्छी तरह मालूम था कि उसका नाम नूरुद्दीन था, पर लोगों के मुँह दुखते थे, उसका पूरा नाम लेने से। था भी तो कोई मन भर का नाम...हुँह...बर्तन माँजने में उसके ख़यालात की डोर कितनी ढीली हो जाती, पुरानी बान का जूना

1. अनाधिकार हस्तक्षेप, 2. मलिनता,

बनाकर सुरमई राख से वह बर्तनों को बड़े इत्मीनान भरे अन्दाज़ से घिसा करता...छाएँ-माएँ...राख की कसकसाहट भरी झनझनाहट और भी उसके ख़यालों के रास्ते को चिकना और फिसलवाँ बना देती। इस तरह तो उसे थकन भी न मालूम होती, जानो कोई मज़ेदार साज़ पर किसी लतीफ़ नग़मे का अलाप करके उठा हो। बर्तनों को चौकी पर रखकर वह ज़रा अपने तन की ख़बर लेता। एक बार नज़र डालो, तो वह बिल्कुल चचोड़ी हुई हड्डी मालूम होता। जिस्म और कपड़ों पर इतने रंगों, ख़ुशबुओं और मसालों के दाग़ लग जाते, जैसे बरस-हा-बरस से उसे फ़र्श झाड़ने की झाड़ू की तरह इस्तेमाल किया जा रहा था। वह झटपट मैली बनियान बाँधकर नल पर नहाना शुरू कर देता। नहा-धोकर वह बिल्कुल उजली क़मीज़ पहन, सोलह-सिंगार कर उर्दू की चौथी किताब लेकर बैठ जाता। यह वह वक़्त होता, जब वह मोरियों और कीचड़ की दुनिया से बहुत ऊँचा होकर उलमा[3] की सोसाइटी में पहुँच जाता और आम तौर पर इस शानदार वक़्त को तबाह करने बावर्ची की छोटी, मगर मोटी लड़की अदिया इठलाती, झाँझन बजाती आन पहुँचती। आते ही वह कोई ज़क[4] पहुँचाने की तदबीर सोच निकालती। कुछ नहीं, तो नल पर खड़ी होकर ज़ोर-ज़ोर से छपके मारना शुरू कर देती, ''नहीं मानेगी कलूटी...!''

''चल गंजे...कोई तेरे बाप का नल है...'' अदिया काली थी, पर सूखा के सिर पर तो भर टोकरा बाल थे—ऐसे घने कि नन्हे मियाँ को उसके सिर पर चपत मारने के लिए गर्दन पर सपाटा भरना पड़ता और गोया सपाटा ज़्यादा तकलीफ़देह होता, मगर मार-पीट के उसूल से क़तई नीचे गिरा हुआ...और तहक़ीरकुन।[5]

''हे पट्ठी! ख़ुद तो गंजी है...चुटिया है कि चूहे की दुम...गँवारिन कहीं की!''

''और तू बड़ा लाट साहब है...हुँह...'' अदिया की ऐंठी हुई, गुद्दी से चार उँगल ऊँची लाल-पीला कलावा पड़ी चोटी वाक़ई उसकी दुखती हुई रग थी। कितना वह चिल्लाती, पछाड़ें खाती, पर ज़ालिम अम्माँ ऐसे ऐंठकर बाल गूँधती कि बालों की जड़ें तक हिल जातीं। उसका सिर दोनों घुटनों में दबोचकर चोटी ऐसी मज़बूती से गाँठती, गोया कोई गठड़ी कसकर बाँध रही हो। हर बल पर दाँत भींचकर कुहनियाँ हवा में मुअल्लक़[6] तानकर ठोंक-ठोंककर झटके मारती कि मजाल जो एक रोंगटा भी बाहर छूट जाए। आठवें दिन दो-चार मिस्कीन-सी लटें ज़रा साँस लेने को बाहर रेंग आतीं और डायन तेल की कुप्पी और कंघी लेकर पिल पड़ती।

अदिया की और सूखा की चार मिनट को न बनती। उसे यों ज्ञानियों की तरह बैठा देखकर अदिया के तन-बदन में चिंगारियाँ सुलगने लगतीं, ''आवे न जावे, बड़े पढ़ रहे हैं,'' वह अपनी लाल ओढ़निया फ़ैशनेबल अन्दाज़ से कन्धों पर फैलाए बालियाँ झुलाती आन पहुँचती।

---

3. विद्वानों, 4. कष्ट, 5. अपमान करनेवाला, 6. अधर,

"देख भई, हम तुझसे नहीं बोल रहे...सुना," वह संजीदगी से वरक़ उलट देता।

"और तुम से कौन बोल रहा है...वाह जी वाह..."

"अच्छा...नहीं मानेगी..."

"हुँह...कोई तुम्हारी कबूतर जैसी आँखों से डर ही तो जाऊँगी!"

"अच्छा, हम उधर जाते हैं...हिम्मत हो, तो आ जाइयो!" वह लम्बे-लम्बे डग मारता अस्तबल की तरफ़ चल देता और अस्तबल अदिया की हदूद[7] से बाहर था। बावर्ची के अहकामात[8] सादिर[9] हो चुके थे कि अस्तबल की तरफ़ गई और टाँगों के परख़चे उड़े। अदिया सूखा की बे-मेहरियों की वजह भी जानती थी। अम्माँ कम्बख़्त किसी तरह समझती ही नहीं। वैसे दिन-रात की टीस है कि कुँआरी लौंडिया सीने पर सिल पड़ी हुई है। कहाँ, भला यह ज़माना लाल ओढ़नियों का है...या बहुत हुई तो मुहर्रम पर हरी बन गई, जो मैली-कुचैली हो गई, तो ऊदी या नारंगी करवा ली... बस...हाँ, सूखा वैसे होशियार था, मगर अदिया कौन-सी बुरी थी। हाँ, ज़रा दिमाग़ कम्बख़्त कमज़ोर पैदा हुआ था। बड़ी बीवी जी ने अल्लाह मारी की कमर पर हज़ारों पंखियाँ तोड़ीं, मगर अम[10] के पारे से आगे न पढ़ के दिया।

काश, वह ज़िन्दगी में एक बार सिर्फ़ एक बार हमीदा बी जैसा बारीक मलमल का हवा जैसा गुलाबी या आबी रंग का दुपट्टा अपने शानों पर डाल सकती या वही कबूतर के परों के रंग का भूरा-भूरा हल्का-सा दुपट्टा या कामदानी का कपासी शिफॉन का ही सही, जिसकी चुन्नट दिन भर भी ओढ़ो, तो भी न खुले...पर हमीदा बी ओढ़ती भी तो पोले-पोले हैं। यह थोड़ी कि अम्माँ का हुक्म हर वक़्त "अरे नसीबों जली दुपट्टा आगे को ले..." बस हर वक़्त ख़ून सुर्ख़ लट्ठे की कोठड़ी में घुटे हुए सुबकियाँ भरा करो!

और आज हमीदा बी आ रही थीं। अदिया को हमीदा बी रत्ती बराबर पसन्द न थी। आते ही वह उसकी जूओं की ख़ैरियत पूछतीं और अम के पारे का दर्दनाक ज़िक्र छेड़ देतीं। बड़ी बीवी जी को अपनी हार पर नए सिरे से तास्सुफ़[11] होने लगता और वह नया अम का पारा मँगाकर उसकी कमर पर पंखियाँ तोड़ना शुरू कर देतीं और इस दफ़ा तो उन्होंने बड़े मशहूर मुक़ाम के बाँस के चर्ख़ीदार पंखे मँगाए थे, जिन्हें वह फिरकनी की तरह घुमाकर मारतीं, तो दुगनी चोट लगती थी। दूसरे हमीदा बी थीं भी नकचढ़ी। कल उनका कमरा साफ़ करने वह और सूखा गए, तो छिपकलियों से डरकर अदिया तो कोने में बैठ गई और सूखा मारा-मारा कमरा झाड़ने लगा। हमीदा बी का काम करते वक़्त वह ऐसी तनदिही[12] दिखाता, जैसे उक़्बा[13] के लिए तोशा समेट रहा हो। वह जलकर रह गई। अमलतास के ज़र्द फूल गुलदान में लगाते देखकर वह तहक़ीर[14] पर तुल गई।

"अमलतास से तो जुल्लाब लिया जावे है!"

---

7. सीमा, 8. आदेश, 9. जारी, 10. क़ुरान का एक पारा, 11. खेद, 12. लगन, 13. परलोक, 14. तिरस्कार,

"तो और कोई फूल है भी तो नहीं!"

"देख लीजिए, फेंक देंगी हमीदा बी!"

"हुँह...फेंक देंगी...जानती भी है, उन्हें ज़र्द रंग कितना पसन्द है?"

"हूँ...जभी पीली बनियान पहनी गई है..."

सूखा के कान ख़ून की शिद्दत से नीले पड़ गए। यह बात तो थी कि उसने बनियान सेंत कर रखी थी, मगर अदिया की बच्ची चुड़ैल कौन होती है। अदिया भी समझ गई कि चोट गहरी पड़ी है और खिसक जाने में ही सलामती है।

खुले मैदान में सूखा से निबट लेती, मगर यहाँ घर में तो सभी उसके दुश्मन थे। वह भी थी बड़ी बदनाम! जब कोई बुलाता, तो सूखा खाना खाता हो, जब भी कुलाँचें मारता पहुँच जाता, पर अदिया को ज़रा गुनगुनाने का शौक़ था, इसलिए लोगों की पुकार ज़रा कम सुनाई देती।

"मेरे आते होंगे चितचोर वह...र..." वह तीसरी आवाज़ पर चितचोर के तख़य्युल[15] से चौंककर सुनती। फिर दिल में शुब्हा होता कि जाने भाई किसी ने पुकारा भी था या यूँ ही उसके कान बजते थे। जब पुकार की हक़ीक़त वाज़ेह[16] हो जाती, तो फिर वह मुतहैयिर[17] होना शुरू करती कि आख़िर क्या काम आन पड़ा, जो पुकारी गई। सच तो यह है, पता तक न हो कि इनसान को किस काम के लिए बुलाया जा रहा है, तो फिर क्या दिल लगे जाने में...और बहुत मुम्किन है, कोई काम भी न हो और सिर्फ़ 'कुछ नहीं' कहने के लिए पुकारा जा रहा हो। बारहा[18] ऐसा हुआ कि वह अच्छा-भला पंज गिट्टों का मैच छोड़कर आई और जवाब मिला, "अच्छा, कुछ नहीं! रहने दो।" वह चिढ़कर रह जाती। ऐसे ग़ैर-मुस्तकिल[19] मिज़ाज आक़ाओं[20] की यही सज़ा है कि पुकारते-पुकारते कम्बख़्तों के नरख़रे[21] फट जाएँ, जवाब न दिया जाए। दूसरी पुकार के जवाब में जब वह पहुँचती, तो बदक़िस्मती से इतनी देर हो चुकी होती कि पुकारनेवाले की दिमाग़ी हालत का भरोसा न रहता। मार का अंदेशा यक़ीन की हद को पहुँच जाता।

पर शाम को ज़र्द रंग की रेशमी साड़ी पहने, जब हमीदा बी आईं, तो सूखा ने झपटकर उन्हें सलाम किया।

"ओहो, बड़े ठाठ हैं सूखा!" वह मुस्कराईं और सूखा का तेल में डूबा हुआ माथा बैंगन का छिलका बन गया। अगर उसके सामने आईना होता, तो देखता कि पहले बनियान में से निकला हुआ उसका लम्बोतरा चेहरा बिल्कुल अमलतास की फली मालूम हो रहा था। अदिया कोने में खड़ी नथनी की कूंज घुमाती रही।

दौड़-दौड़कर सूखा ने हमीदा बी का सारा सामान ऊपर पहुँचा दिया। चमड़े का भारी बक्स, हाथी के बराबर बिस्तर, अटैचीकेस, थर्मस, वाइलिन का बक्स, सफ़र का कोट, एक भी चीज़ उसने न छूने दी किसी को।

---

15. कल्पना, 16. स्पष्ट, 17. विस्मित, 18. कई बार, 19. अस्थिर, 20. मालिकों, 21. गले,

"कुछ नहीं होता मोटी भैंस से।" उसने अदिया को ऐड-ऐड कर फलों की टोकरी से उलझते देखा, तो दाँत पीसकर दौड़ा। अदिया ने अपनी नन्ही-सी नाक को एक ता'न-आमेज़[22] ठुमकी दी और टोकरी को जानकर दूर धकेल दिया। दो अमरूद दौड़ते हुए चबूतरे से नीचे जा गिरे। एक दम ही सूखा का जी चाहा कि अदिया को ऐसे धक्का दे कि अमरूदों से भी चार हाथ आगे जा पड़े, मगर इतने में हमीदा बी आ गईं और उसका ग़ुस्सा बुझ गया।

जब वह चाय लेकर ऊपर पहुँचा, तो चाय के बर्तन सीनी पर फुदकने लगे और उसे जल्दी से मेज़ का सहारा लेना पड़ा...सामने आईना थामे खड़ी हमीदा बी अपने बालों में ज़र्द अमलतास के फूल लगा रही थीं, "यह तुमने लगाए हैं सूखा!"

"जी!" उसने ब्लाटिंग की भीगी हुई गड्डियों को हल्क़ में भींचा।

लपककर वह बिस्तर खोलने लगा। खोलते-खोलते जैसे उसके किसी ने सूई चुभो दी और दोनों तकिये हाथ से छूट पड़े, क़मीज़...हमीदा बी की नहीं, मर्दाना क़मीज़...सिगरेट की बू में ग़र्क़ मलगजी[23] हुई...उसने क़मीज़ उठाई, फिर फेंक दी, फिर उठाई दो उँगलियों से, जैसे वह कोई सड़ा हुआ चूहा छू रहा हो।

"ओह यह क़मीज़!" हमीदा बी का सफ़र से थका हुआ चेहरा सुर्ख़ हो गया, "असग़ार भाई की है। भूले से आ गई।" उन्होंने बड़ी बीबी जी को बताया।

सूखा एकदम मुस्करा दिया।...असग़ार मियाँ की क़मीज़... !...तौबा और किसी की भी नहीं, असग़ार की, वही जिन की सूरत देखकर सारे दिन खाना न मिले। दस मर्तबा साल में अपनी हमीदा बी के आगे नाक घिसने आते और अपनी हमीदा बी उन्हें कभी गिनती ही में न लातीं। सूखा ही नहीं, सारा घर जानता था कि हमीदा बी को शादी के नाम से चिढ़ है। ख़ुसूसन असग़ार मियाँ के तो ज़िक्र ही से भागती थीं। क़मीज़ को टाँगने से पहले उसने उसे ख़ूब बेदर्दी से झटका, गोया उसमें से पहननेवाले का जिस्म ही झाड़ फेंकना था। दो बटन निकलकर दूर जा पड़े।

"इन्हें इसी में लगा दो!" लुढ़कते हुए बटन हमीदा बी ने जूते की नोक से ठुकराकर कहा। सूखा का दिल एक बार लुप से उछला और फिर मुतवातिर[24] झकोरे लेता रहा। ठुकराए हुए बटन पर तरस खाकर उसने उठाया और वापस काज में पिरो दिया।

शाम को टैनिस खेलते वक़्त वह बराबर उनकी गेंदें उठाकर देता रहा। जब हमीदा बी ज़न से गेंद को मारतीं, तो कोई चीज़ दनदनाती हुई सूखा के दिल में आ लगती। वह गेंद के पीछे दौड़ता और चोट खाए हुए कबूतर की तरह तिलमिलाती गेंद को ठंडा होने से पहले ही दोनों मुट्ठियों में दबोच लेता। गेंद देते वक़्त वह दोनों आँखों में उस मुस्कराहट को समेट लेता, जो हमीदा बी के शीरीं लबों[25] पर थरथरा जाती।

---

22. ताने भरी, 23. मटियाली, 24. लगातार, 25. मधुर होंठों,

अदिया के झाँझनों की आवाज़ पर उसने ध्यान न दिया। वह चुना हुआ साग लिये बावर्ची के पास जा रही थी, मगर उसकी झाँझनों की झंकार मौत का घंटा साबित हुई। फ़ौरन बावर्ची की पसली फड़की और उसे जाना पड़ा। काश, हमीदा उसके फुर्तीले हाथों की ख़िदमत का कुछ ख़याल करतीं, मगर नहीं...

"जाओ सूखा, अम्मी ख़फ़ा होंगी..." उन्होंने आख़िरी गेंद बिना मुस्कराए ही ले ली और वह सिर झुकाए लौट आया। रात को जूठे बर्तन समेटते वक़्त उसने हमीदा बी की रकाबी सबसे ऊपर रख ली। ज़्यादा बर्तन न माँजे। इसलिए कि नौकर-चाकर उमूमन डोंगों, या जूठी प्लेटों में ही खा लेते थे, मगर सूखा को इससे नफ़रत थी। वह सूखी रोटी पर खाता, मगर जूठी रकाबी में नहीं, मगर हमीदा बी की रकाबी कितने सलीक़े से जूठी की गई होती थी।

ज़रा-सा कोना सालन का...एक आलू का टुकड़ा, दो-चार नाज़ुक-सी हड्डियाँ, भला क्या जूठी है रकाबी। नन्हे मियाँ की तरह थोड़ी कि भर-भर चमचा हर डोंगे में से लेकर अम्बार थोप लिया और शुरू कर दी तराई। जैसे निवाले नहीं बन रहे हैं, पहलवानी हो रही है। तौबा! देखने की न रहती उनकी रकाबी। शोरबा टपक रहा है, चावल गिर रहे हैं, हड्डियाँ उगाल की तरह चबा-चबाकर थूकी जा रही हैं। ऊपर की रकाबी उसने चौकी पर रख दी और बर्तन कूंडी में डालने चला गया। वापस लौटा, तो रकाबी ग़ायब थी।

चौकी के पास अदिया बैठी उसमें सालन और रोटी चूर-चूर करके अपनी बिल्ली को खिला रही थी।

मारे तैश के सूखा की सूरत भयानक हो गई। एक बार तो जी चाहा कि तोस काटने की छुरी उठाकर सुर्ख़ टोल की गठड़ी में आर-पार भौंक दे!

"मैं...यह...यह...मेरी..." वह हकलाया।

"हुँह...जूठी रकाबी है। मैंने चौकी पर से ली है।" अदिया अपने बाप को सुनाने के लिए चिल्लाई।

"इतने बर्तन धोना पड़ें, तो पता पड़े...हुँह..." बावर्ची को गर्दन मोड़ते देखकर सूखा ख़ून के घूँट पी गया।

"ले भाई, इस डोंगे में खा ले। कबाब भी है। मैंने तो खाया नहीं। आज कुछ जी अच्छा नहीं।" कुर्ता सरकाकर बावर्ची पेट पर डफ़ली बजाने लगा।

"मैं खाना नहीं खाऊँगा," उसने कड़वे-कड़वे आँसू हल्क़ में चूस लिए और सिर झुकाए बर्तन समेटता रहा। अदिया ने एक बार तीखी-सी नज़र डाली और डोंगों का सालन प्यालियों में उँडेल अपनी कोठड़ी की तरफ़ चल दी।

"मेरी बिल्ली कहती है, आज का सालन बड़ा मीठा था...हमीदा बी की जूठन थी न!" जाते-जाते अदिया ने ताना मारा। सूखा इतना छिछोरा न था, जो

कोई लौट के बात कहता, पर जी चाहा, मूंडी काटी की थूथनी उसी बान के जूते से रगड़ फेंके, जिससे वह क़ोरमे का पतीला माँज रहा था।

"देखा अम्मी ? मना किया था। फिर भी चले आ रहे हैं, असग़र भाई। नफ़रत है इन्हीं बातों से!" सूखा ने झाड़ू देते वक़्त बड़ी बीबी जी से कहते सुना।

"ऊई, तो क्यों न आए...अल्लाह रखे, उसका घर है..." बड़ी बीबी बोलीं।

"पर, अम्मी, मेरी पढ़ाई का हरज होगा...यह भी कोई बात है। इतनी जल्दी क्या मार थी आने की। अभी उनके यहाँ से होकर आ रही हूँ।" हमीदा बी झल्लाई हुई गुनगुनाती चली गईं अपने कमरे में। बीबी जी मुस्कराकर रह गईं और सूखा ने देखा कि हमीदा बी की जान को रोग-सा लग गया। फ़िक्रमन्द और घबराई हुई-सी रह गईं। गाड़ी के वक़्त तो मारे परेशानी के बुरा हाल हो गया। पढ़ती हैं, तो पढ़ा नहीं जाता। रंग है कि फ़क़! किताब खोलती हैं, बन्द कर देती हैं। एक नज़र दीवार पर, तो दूसरी नज़र कलाई पर! अगर होती सूखा की दुआओं में कुछ गर्मी, तो रेलें लड़ गई होतीं और...मगर रेलें न लड़ीं। हाँ, असग़र मियाँ की तक़दीर ज़रूर लड़ गई। रेत की बोरियों जैसे चौड़े-चौड़े पैर मारते वह ऊपर चढ़ आए। यह उनकी अजीब आदत थी कि रास्ते में हर एक की मिज़ाजपुरसी करते जाते :

"क्यों बे रम्मू...कलफ़ ठीक न दिया अब के कालरों में, तो मारते-मारते उत्तू कर दूँगा..."

"ओहो, सलाम अलैकुम बावर्ची, कैसे हो ?...मैं तो कहता हूँ यह क़ूलिंज[26] के दौरे नहीं, क़ोरमे के हैं...खाना कम कर दो!"

"सलाम बड़ी बी...ओहो, नगा हो, तुम भी शादी-वादी तो कराती नहीं!"

"ऐ मियाँ, जब कहो, जब करा दूँ!"

"चार साल से खाक छनवा रही हो!"

"ऐ, बस इम्तिहान हो लें!"

"लानत इम्तिहानों पर...कहाँ हैं ?...क्यों बे सूखा, बड़ा लमढींग होता जा रहा है..." वह हमेशा उसके चपत मारने की कोशिश करते, मगर सूखा ग़ोता मारकर सफ़ा वार ख़ाली दिए जाता और जब वह आगे निकल जाते, तो उसका जी बेइख़्तियार मुजरिमाना अफ़आल[27] की तरफ़ राग़िब[28] होता। चाहे काला पानी हो, चाहे फाँसी, बस एक दफ़ा कसकर उनके मोटे कूल्हों पर एक लट्ठ टिका ही दे। वापस जाते वक़्त असग़र मियाँ सबको इनाम देते। इसलिए सारे नौकर उन्हें सलाम करने बरसाती में जमा हो जाते, मगर सूखा को उमूमन उस वक़्त कोई ज़रूरी काम लाहिक़[29] हो जाता। रुख़सती सलाम साफ़ बचा जाता और अगर वह उसके नाम की अठन्नी किसी को दे जाते, तो वह उसे ज़मीन पर डालकर उस पर थूक देता।

---

26. आँतों का दर्द, 27. अपराधी क्रियाओं, 28. झुकवाता, 29. याद,

"सूखा, असग़र मियाँ पूछें, तो कह देना, मैं सो रही हूँ।" हमीदा बी ने सूखा से राज़दाराना अन्दाज़ से कहा और ज्यों ही हमीदा बी का नाम आया, वह चिल्ला-चिल्लाकर कहने लगा, "साब, सो रहीं है हमीदा बी!" मगर असग़र मियाँ मस्त हाथी की तरह झूमते कमरे में घुस गए और हुक्म चलाना शुरू किया, "चलो, सीधी तरह टैनिस खेलो।"

"अल्लाह, सिर में दर्द हो रहा है।"

"तो लाओ, हम अभी अच्छा कर दें।" मगर हमीदा बी उनसे बचकर दूर कोने में जा खड़ी हुईं। लाख ख़ुशामद की, मगर कम्बख़्त न पसीजा, हाथ पकड़कर घसीट लाया।

यही नहीं, वहाँ तो हमीदा बी के हिस्से का चैन ही उड़ गया। हमीदा बी चुपकी बैठी खाना खातीं, मगर असग़र मेज़ के नीचे से पैर डालकर उनकी पिंडलियों में चुटकियाँ भरा करते। सूखा ख़ामोश ख़ून भरी आँखों से उनके अज़दहे[30] जैसे पैर को मेज़ के नीचे रेंगता देखा करता। काश, उसका बस चलता, तो वह उस मनहूस अज़दहे का फन कुचलकर उसे चूल्हे में दबा देता और जब धीमे-धीमे सुलगकर राख हो जाता, तो उससे अपने सारे जूठे बर्तन चमका डालता।

एक दिन तो हद हो गई। ड्राइंग-रूम में वह सोफ़ा झाड़ने लगा, तो उसका दिल लरज़[31] उठा। हमीदा भी अपने घुटनों में मुँह दिए सुबकियाँ भर रही थीं और वह इनसानी गेंडा पास खड़ा..."तुम्हें हमारी क़सम" कह रहा था। सूखा को भौचक्का देखकर वह खिसिया-से गए और डाँटा, "अबे चल यहाँ से..." मगर सूखा न हिला।

"नहीं...मत जा सूखा..." हमीदा बी ने मुँह उठाकर कहा।

"मैं कहता हूँ...अबे सूखा के बच्चे...जाता है कि..."

"ख़बरदार, जो सूखा तू गया..." हमीदा बी ने प्यार से डाँटा। सूखा पत्थर के बुत की तरह जमकर खड़ा हो गया। असग़र ऐसे सौ-पचास भी आ जाएँ, तो अगर हमीदा बी हुक्म दें, तो वह चट्टान बनकर डट जाए, चाहे वह उसकी लाश को कुचलते जाएँ, मगर...

"अच्छा, यह बात है तो....ख़ैर..." असग़र मियाँ सूखा के आहनी[32] इरादे से हारकर हमीदा बी पर हमलावर हुए, मगर वह हिरनी की तरह छलाँगें मारती अपने कमरे में ग़ायब...दरवाज़ा बन्द...!

रात को जब थका-हारा सूखा पलंग पर लेटा, तो बान का हर तार बिच्छू के डंक की तरह उसे डसने लगा। जिस्म नींद के लिए मचल रहा था, पर नींद कहाँ? वह परेशान था और यह परेशानी बेबुनियाद न थी। हमीदा बी दिन-ब-दिन रुआँसी और चिड़चिड़ी होती जाती थीं और आज तो वह रो रही थीं। वह कम्बख़्त खड़ा

30. अजगर, 31. काँप, 32. इस्पाती,

रुला रहा था। उससे बचने के लिए वह हर वक़्त डरी हुई फ़ाख़्ता की तरह छुपती फिरती थीं। हमीदा बी! वही न, जिन्होंने उस दिन अमलतास के फूलों का गुच्छा बालों में लगा लिया था, तो ऐसा मालूम हुआ था, जैसे काली रात में तारों के गुच्छे जगमगा उठे हों।

उसने ज़ोर-ज़ोर से अपनी खुरदरी हथेलियाँ झिलंगे की पट्टी पर घिसीं। काश, वह उनमें मची हुई खुजली मिटा सकता और फिर उसे ऐसा महसूस हुआ, जैसे अस्ग़र मियाँ के जिस्म पर से वह सब्ज़ धारियोंदार क़मीज़ खींचकर उतार ली है और अब उनकी खाल को भी खुरच रहा है। काँटा लेकर उसने उन्हें गोदना शुरू किया। चौड़े कन्धे, मोटे-मोटे बाज़ू, रानें, पिंडलियाँ और पर-नुची मुर्ग़ी के रंग के ताज़ा शेव किए हुए गाल, वह बराबर नमक-मिर्च और लीमू लगा-लगाकर नन्हे-नन्हे ख़ून भरे गड्ढे बनाता रहा। फिर दाँत किचकिचाकर एक बार ही उन गुस्ताख़ आँखों को काँटों में पिरोकर सिरके में डुबो दिया। उस ज़ेह्नी क़त्ल की दहशत से वह बिल्कुल थक गया। जिस्म को सीधा डालकर वह झोले पलंग में दुबक गया। रात भर वह कुछ न कुछ करता ही रहा। उसका हमज़ाद स्कीमें बनाता और उन पर अमल करता रहा। कभी हमीदा बी को अज़दहों से बचा रहा है, कभी दरिया की बड़ी-बड़ी लहरें मुँह फाड़े लपकी चली आ रही हैं, और वह मोटर जैसी तेज़ी से उन्हें बचा ले जाता ह। बड़े-बड़े काले पिस्तौल लिये डाकू, आधे मुँह पर डाठा बाँधे हमीदा बी के कमरे में झाँक रहे हैं और सूखा उनसे भिड़ा जा रहा है और फिर बचाई हुई हमीदा बी को वह साबुन के झागों की तरह दोनों हाथों के चुल्लू में हल्के-हल्के धुआँ बनते देखता...वह ग़ायब हो जातीं।

सुबह ही सुबह अस्ग़र मियाँ के कूच का ज़िक्र सुनकर सूखा बेइख़्तियार कुरसी के पीछे राख पोंछने के बहाने मुँह छुपाकर मुस्करा दिया। यक़ीनन वह उसके इरादों से दहशतज़दा[33] होकर भाग रहे थे—दुम दबाकर!

''हत तेरे की।'' उसने चाहा, ज़ोर से चिल्लाकर कहे, मगर वह चुप हो गया। हमीदा बी कुछ बिगड़ी-रूठी-सी अपने कमरे से निकलीं और अदिया को पुकारने लगीं।

''जी...साहब...'' सूखा हस्बे-आदत बोला।

''तुम नहीं, अदिया,'' सूखा का मुँह उतर गया। बावुजूद कोशिशों के वह अदिया की ज़रूरत को दुनिया से न मिटा सका। उसका ख़ून तेल की तरह कड़कड़ाने लगता, जब वह उसे हमीदा बी के निजी कपड़े धोते वक़्त उन्हें कीचड़ में सानता देखता। उस वक़्त भी जब जम्हाइयाँ लेती, गुनगुनाती अदिया जीना बत्तख की तरह टाँगें मारती आई, तो सूखा झुलसकर रह गया।

---

33. भयभीत,

जान-बूझकर उसने कपड़े तीन दफ़ा गिराए और उन्हें बजाय हाथ में उठा के पैरों से घसीटती ग़ुस्लख़ाने तक ले गई। सूखा का दिल घिसटता चला गया।

''हाथ टूट गए हैं,'' वह ग़ुर्राया।

''अरे, तुम कौन जमादार जी हो...ऐसे ही ले जाएँगे!''

''मती-धूसे, मुझे दे!''

''नहीं...तुम्हारे धोने के नहीं हैं।''

''बक मत री...''

''लो...लो...लो,'' अदिया ने नागिन की तरह फुँकारकर सारे कपड़े सूखा के मुँह पर मार दिए और चिल्लाती हुई भागी हमीदा बी के कमरे की तरफ़। वह सहमा हुआ कपड़े समेट ही रहा था कि हमीदा बी लरज़ती-काँपती निकलीं...'ओह!' वह जल्दी से एक कोने में खड़ा हो गया। अदिया ने नथनी को मानीखेज़[34] खटके से ज़रा उचकाया और मुस्कराहट रोकती, नाक बजाती, कपड़े समेट, चल दी।

उस दिन सूखा सारा दिन ख़ौफ़ज़दा[35] और सहमा-सा रहा। वह कभी हमीदा बी को देखता, कभी असग़र मियाँ को...और कभी अदिया को, लेकिन तीनों के पास से उसकी नज़रें लाजवाब लौट आतीं। झाड़ू देने के बहाने से उसने असग़र मियाँ की जेबें टटोलीं, मगर वहाँ तो सिवाय नाख़ून काटने के चाक़ू के और कुछ न मिला! असग़र की नीयत ख़राब थी। क्या अजब, जी जाने से पहले कुछ कर बैठे। सारा दिन वह किसी न किसी बहाने से उनके पीछे लगा रहा। दो-एक बार असग़र मियाँ ने शुब्हा से देखा, मगर उसने ऐसी सूरत बना ली, जैसे कुछ हो ही न। मुसीबत यह थी कि वह लोग बातें भी तो अंग्रेज़ी में करते थे, सिवाय 'यस' और 'नो' के कोई बात पल्ले न पड़ती, लेकिन अगर दोनों को जमा किया जाता, तो यक़ीनन 'नो' की तादाद पचास गुनी ज़्यादा होती और हमीदा बी की हर 'नो' पर असग़र का रंग फीका और सूखा का तेज़ हो जाता। वही हुआ, जिसका डर था। सूखा बावर्चिन से मसाला की काब[36] लिये बावर्ची को देने जा रहा था कि पत्तों की आहट हुई और फिर किसी ने उसके पैर ज़मीन में गाड़ दिए।

'नो,' हमीदा बी की थकी हुई आवाज़ आई। सूखा के जिस्म में चिंगारियाँ-सी लपकने लगीं। असग़र की भारी सड़क कूटने के इंजन जैसी आवाज़ उनकी आवाज़ को पीसती हुई घड़घड़ाई। चाँद की फीकी रौशनी में उसने हमीदा बी का काग़ज़ जैसा सफ़ेद चेहरा एक रुख़ को मुड़ा देखा। असग़र उनका हाथ पकड़े खींच रहा था और वह बल खाए जाती थीं।

''आह!'' हमीदा बी के मुँह से आख़िरी बार निकला और फिर असग़र ने उनका मुँह बन्द कर दिया।

---

34. अर्थपूर्ण, 35. भयभीत, 36. थाल,

भिड़ों का छत्ता कानों के रास्ते सूखा के दिमाग़ में घुस गया। दूसरे लम्हे में वह उनके सिर पर था। भारी मसाला की काब उसने पूरी ताक़त से असग़र मियाँ के सिर पर दे मारी और चारों शाने[37] चित धक्का मारकर सीने पर चढ़ बैठा, मगर एकदम ही उसके ऊपर ऊँची एड़ी के जूतों और तेज़ नाख़ूनों के टोकरे-टोकरे बरस पड़े। बदहवास[38] कुत्ते की तरह वह झाड़ी में जिस्म को खरोंचें लगाता अंधाधुंध भागा।

"यह क्या हो गया था इसे?" उसने असग़र को कहते सुना।

"न जाने...दिमाग़ ख़राब है पगले का...आपके चोट तो नहीं लगी!"

दूसरे दिन सुबह जब अदिया चाय लेने बावार्चीख़ाने में गई तो नल के पास मोटी-सी गर्दन का साँड़ जैसा मरदुआ बैठा बर्तन माँज रहा था। अल्लाह जाने उसने क्या कहा कि वह सहमी हुई बावर्ची के बिल्कुल पास जा खड़ी हुई, "कितना धुआँ है। बाप रे बाप।" उसने कील पर टँगी हुई पीली बनियान देखकर टोल के सुर्ख़ दुपट्टे में आँखें छुपा लीं और बाहर भाग गई।

37. खाने, 38. घबराए हुए।

हीरोइन

ताली हमेशा दो हाथ से बजती है। अदबी ताली बजाने के लिए दो हाथों की ज़रूरत पड़ती है, और अर्फ़े-आम में इन हाथों से हमारा मतलब अदब के हीरो और हीरोइन से है। यों तो ऐसा अदब भी है, जिसमें हीरो और हीरोइन नहीं, वह अदब भी ऐसा ही है, जैसे किसी ने एक हाथ और पैर के तलवे की मदद से ताली बजा दी हो। ऐसी ताली बज तो गई, मगर किताबों की जिल्दों ही में गूँजकर रह गई। अवाम तक उसकी रसाई[1] न हो सकी और अगर सारे अदब में हीरोइन और हीरो न होते, तो यक़ीनन यह ख़ुश्क सुतून बनकर हल्क़ में फँस जाता।

अवाम की तवज्जुह[2] हासिल करने के लिए बन्दर-बन्दरिया को डुगडुगी बजाकर नचाना पड़ता है। वैसे अगर वाज़[3] करने खड़े हो जाएँ, या हालाते-ज़माना सुनाने लगें, तो ज़ाहिर है, कि कोई भी न सुनेगा। देखिए न, महकमा-ए-तालीम और मस्जिदों से लोग कितना कतराकर निकलते हैं।

लिहाज़ा जब किसी को कुछ कहना होता है, तो बन्दर-बन्दरिया के गले में डोरी बाँधी और डुगडुगी बजाना शुरू कर दी। हीरो और हीरोइन के रसीले कारनामों में ऐसी रंगीनियाँ भरीं कि लोग टूट पड़े। कुछ एहसासात[4] को फुसलाया, कुछ जज़्बात को गुदगुदाया और मतलब हासिल हो गया। शोबा-ए-तालीम[5] में सबसे ज़्यादा अहमियत[6] दिलचस्प अस्बाक़[7] को हासिल है। हर बात ऐसी सूरत में पेश करनी चाहिए कि बच्चे उसमें गिल्ली-डंडा और कबड्डी की रानाइयाँ[8] पाकर मुतवज्जेह[9] हो जाएँ। अदब का भी कुछ यही हाल है। कड़वी से कड़वी ख़ुराक शक्कर में लपेटकर दे दीजिए, लोग वाह-वाह करके निगल जाएँगे। रामायण और महाभारत का ज़माना क्यों अब तक कल की बात बना हुआ है। अज़ीम बेग चुग़ताई ने क़ुरान की मदद से पर्दा को चाक करना चाहा, मगर सिवाय मौलवियों की जूतियों के कुछ न मिला, लेकिन 'शरीर बीवी' ने कुनेन खिलाकर और 'कोलतार' ने अक़्लों पर स्याह पर्दा डालकर हिजाब[10] को मार भगाया। अल्लामा राशिदुल-ख़ैरी

1. पहुँच, 2. ध्यान, 3. प्रवचन, 4. अनुभूतियों, 5. शिक्षा विभाग, 6. महत्त्व, 7. पाठों, 8. दिलचस्पियाँ, 9. ध्यान देनेवाला, 10. संकोच, शर्म,

और प्रेमचन्द जी अगर हीरो-हीरोइन के कन्धों का सहारा न लेते, तो आज बजाय लोगों के दिलो-दिमाग़ के, सिर्फ़ बोसीदा क़ुतुबख़ानों में पड़े ऊँघ रहे होते।

अदब और ज़िन्दगी, अदब और समाज, अदब और तारीख़[11] में चोली-दामन का साथ है, अगर इन्हें एक दूसरे से जुदा करने की कोशिश की जाए, तो दोनों मिट जाएँगे। दूसरे मानों में अगर अदब से ज़िन्दगी यानी हीरो और हीरोइन को अलग कर दिया जाए, तो एक ख़ला[12] रह जाएगा।

हीरो से ज़्यादा मैं इस वक़्त हीरोहन की हैसियत (जो अदब में है) पर ग़ौर करना चाहती हूँ। हीरोइन 'जामे-जम' की-सी हैसियत रखती है। उस पर एक निगाह डालकर ही हम उसके ज़माने की इक़्तिसादी[13], मुआशरती[14] और सियासी हालत का अन्दाज़ा लगा सकते हैं, मसलन, 'फ़साना-ए-आज़ाद' की औरत को देखकर, जो उस ज़माने का अन्दाज़ा लगाया जा सकता है, वह यह है कि उस वक़्त जो क़ाबिले-ज़िक्र औरत थी, वह निहायत मुहज़्ज़ब[15], तालीमयाफ़्ता और दिलचस्प तवाइफ़ थी। सरशार को भला शरीफ़ घराने की औरत कहाँ मिली होगी, और वह भी मुसलमान ख़ानदान की। उस वक़्त शरीफ़ बीवियाँ तो घर में बैठी हंडिया, चूल्हे से सिर मार रही होंगी। सड़ी-बुसी बेढंगी ख़ादिमाएँ, जिनसे उकताकर लोग तवाइफ़ों की आग़ोश[16] में सुकूने[17]-दिलो-दिमाग़ तलाश करने जाते थे। यह तवाइफ़ इतनी बाज़ारी और कारोबारी क़िस्म की न थी। वह बिल्कुल शरीफ़ज़ादियों की तरह रहती, मगर शरीफ़ज़ादियों से ज़्यादा ख़ुश-मिज़ाज और लतीफ़[18] थी। ज़ाहिर है कि तवाइफ़ की हैसियत बिल्कुल एक बाग़े-आम की-सी थी, जो अवाम के चन्दे से अवाम की ख़ुशनूदी[19] के लिए क़ायम किया जाए। हर मर्द की इतनी हैसियत कहाँ कि तालीम-याफ़्ता या सलीक़ामन्द बीवी, शानदार मकान में फूलों से लदी और इत्र में बसी हुई रख सके, लिहाज़ा उसने उसका निहायत आसान इलाज निकाला। घर में तो बीवी रखी, जो अलावा नस्ल बढ़ाने के दूसरी ज़रूरतों को भी पूरा करती रही और बाज़ार में तवाइफ़, जो जज़्बाते-लतीफ़ा की पाल-पोस करती रही। यह बड़ा कारआमद[20] इन्तिज़ाम साबित हुआ। घर भी रहा और रंगीनियाँ भी।

मगर तवाइफ़ की सौकन गृहस्थिन ने शरारतें शुरू कर दीं। अगर मियाँ सुकूने-रूह के लिए तवाइफ़ के यहाँ गए, तो वह भी मुहल्ला-टोला में आँख लड़ाने लगी। मजबूरन वह शौहर, जिन्हें 'बाग़े-आम' की सैर ज़रा महँगी पड़ती थी, वापस गृहस्थिन की तरफ़ लौट पड़े। सोचा, कि चौराहे की हांडी से तो अपनी दाल-रोटी ही बेहतर है। औरत भी कुछ शेर हो गई। उसने वह सब कुछ सीखना शुरू किया, जिसकी तलाश में शौहर तवाइफ़ के पास जाता था, मगर आहिस्ता-आहिस्ता उसने क़दम बढ़ाए। अहिंसा की पॉलिसी के मातहत तवाइफ़ के दर से भीख माँगकर

---

11. इतिहास, 12. रिक्तता, 13. आर्थिक, 14. सामाजिक, 15. सभ्य, 16. आलिंगन, 17. शान्ति, 18. कोमल, 19. प्रसन्नता, 20. लाभदायक,

इज़्ज़त और तवज्जुह हासिल करना शुरू की। सरशार की फ़तहमन्द तवाइफ़ को शिकस्त देकर प्रेमचन्द की गृहस्थन घूँघट काढ़े क़दम-क़दम पर पैर चूमती, माथा टेकती, अदब में रेंगने लगी। अपने ही गमले में छोटी-मोटी कोंपलें फूटते देखकर कुछ मतहैयिर[21], कुछ मग़रूर, उसी की सिंचाई करने लगी। रंडी तो ख़ैर थी ही, मगर यह मीठी-मीठी, मासूम-सी बेज़रर[22] चीज़ कुछ ऐसी प्यारी मालूम हुई कि तवाइफ़ का पल्ला उचक गया। उसकी ख़ूबियाँ अजीब हो गईं। वही नाज़ो-अदा, जिसकी तलाश में नाकें रगड़ने जाते थे, रंडी के चहुल बन गए। चौराहे के नल को गन्दा कहकर लोगों ने अपने ही घरों में कुएँ खोदना शुरू किए, मगर यह कुएँ रोज़-ब-रोज़ गहरे होते गए, यहाँ तक कि किनारे हाथ से छूट गए और डूबना पड़ा। तवाइफ़ बहुत झल्लाई, बहुत बिगड़ी, मगर ताज सदा एक के सिर नहीं रहता। नाआक़िबत-अंदेश[23] ने फल तो कच्चे-पक्के ख़ूब खाए, मगर नई पौध नहीं लगाई और इधर मासूम घूँघट वाली ने नई पौध भी लगाई और पुरानी को भी सींचा। नतीजा यह कि रंडी के खंडहरों को मेटकर गृहस्थन ने दुनिया बनानी शुरू कर दी और फिर उसकी कमान चढ़ गई। वही एड़ी तले कुचलनेवाले मर्द उसकी हिमायत में एक दूसरे को लानत-मलामत करने लगे। एक दूसरे के ऐब खोलकर शाहराहे-आम पर पटक दिए। वह ख़ुद ग़ैर-जानिबदार[24] रही। न किसी से लड़ी, न भिड़ी। अहिंसा की क़ाइल, मगर जैसे गांधी व्रत रख-रखकर गवर्नमेंट को बौखला देते हैं, बिल्कुल उसी तरह झुकी-झुकी आँखों से नक़ाब के पीछे से हश्र बरपा करने लगी, लेकिन अब भी पूरी फ़त्ह हासिल न हो सकी, क्योंकि तवाइफ़ के बाद फ़ैशनेबल मेम या पारसिन ने कुछ न कुछ हिस्सा मैदान का घेरे रखा। अदब की इस क़िस्म की हीरोइन ने हर कहानी और हर क़िस्से में घुसना शुरू किया, मगर वह जिसने तवाइफ़ को मार भगाया, उस मेम से क्या दबती! उसने इतना तो मालूम कर लिया कि घर में बैठने से काम नहीं चलेगा। मर्द मजबूरन उसे घर में बन्द करके अकेला बाहर जाता था, मगर वहाँ वह अकेला रह नहीं सकता। वह सीधे हाथ में छड़ी और उलटे हाथ में औरत चाहता है। तक़्वियते[25] दिलो-दिमाग़ के लिए घर में रखी हुई माजून दफ़्तर और कारोबार में भला क्या मदद पहुँचा सकती है, लिहाज़ा वक़्ती गुज़ारे के लिए उसने दफ़्तर ही में दूर बैठी हुई टाइपिस्ट, कभी-कभी नज़र आ जानेवाली मैनेजर की हसीन लड़की और ऐसी ही इक्का-दुक्का हीरोइन ढूँढ़कर जिस्म तापना शुरू कर दिया। इसके जवाब में "गूदड़ का लाल, रौशन बेगम, ज़ोहरा बेगम" की हीरोइन को देखकर हमें मानना पड़ता है कि औरत की जंग बराबर जारी रही और जीत आख़िर में उसी की हुई।

मगर उसे फिर भी क़रार न आया। उसने तो बिल्कुल ही तौक़-गुलू[26] बनने का फ़ैसला कर लिया था। वह और बढ़ी। पहले तो घर की चारदीवारी में रिश्ते के

---

21. विस्मित, 22. अहानिकारक, 23. अदूरदर्शी, 24. निष्पक्ष, 25. शक्ति, 26. गले का हार,

भाइयों, उनके दोस्तों, और पास-पड़ोस वालों से आँख-मिचौली शुरू कर दी। अज़ीम बेग की हीरोइन के पर्दे और बुर्के के ताने-बाने के अन्दर कुश्तियाँ पछाड़नी शुरू कर दीं। मौक़ा-बेमौक़ा सिर पर चढ़ बैठी, गर्दन में झूल गई, सीने पर आन लगी। यह छुपे-ढके जलवे और भी ज़्यादा गुदगुदाने लगे। तवाइफ़ के नख़रे पुराने और प्रेमचन्द की अहिंसा की क़ाइल मुक़द्दस[27] चेली बेवक़ूफ़ और बुज़दिल नज़र आने लगी। उसके गेगलेपन से जान जल गई। जितना भी वह नाक रगड़ती गई, उससे नफ़रत होती गई। यहाँ तो अब सिर्फ़ वह हीरोइन पैर जमा सकती थी, जो मुँह का निवाला उचक ले, भिड़ों का छत्ता मुँह पर औंधा दे, बजाय मीठी-मीठी नज़रों के कुनेन में बुझे हुए तीरों से कामो-दहन की तवाज़ो[28] करे। पढ़ी-लिखी चाहे ख़ाक न हो, मगर वक़्तन-फवक़्तन थप्पड़ और चाँटों से गाल सेंक दे। तनख़्वाह कम, गुज़र मुश्किल, लेकिन अगर ऐसी शोख़ो-शंग बीवी हो, जो सारे दुख-दर्द चुटकियों में उड़ा दे, तो फिर कौन जन्नत की आरज़ू में मरे।

मर्द, औरत के ज़ुल्म सहने के लिए ही पैदा हुआ है। उसके बग़ैर तो जन्नत में भी रहने को तैयार न हो सका। हज़रत आदम ने बैठे-बिठाए पसली चीरकर उस फितने को निकाल डाला और अपने सिर पर सवार कर लिया, ख़्वाह बीवी हो या रंडी, जो लगाम पकड़े हँके चले जाएँगे, जितने कौड़े ज़्यादा पड़ेंगे, चाल में मस्ती और रवानी बढ़ती जाएगी, मगर हर बात की हद होती है। दिल के साथ-साथ वह कौलो-फ़ेल[29] की भी चौकीदार बन बैठी और दिमाग़ की पासबानी[30] शुरू कर दी। साँप के मुँह की छछूंदर बन गई, जो निगली जाए, न थूकी जाए। छतरी, टोपी और बरसाती कोट की तरह साथ टँगकर रह गई, यहाँ तक कि मर्द चीख़ उठा। सबसे पहले पितरस क़ुबूले और उनके बाद अज़ीम बेग चुग़ताई और शौक़त थानवी भी चीख़-चीख़कर दुहाई देने लगे, उधर चचा छक्कन, मुंशी जी, मिर्ज़ा जी, और हज़ारों जी भी पुकार उठे—

''यह ज़्यादती है बेगम! हमें हँसाओ, मगर इतना कि पेट में दर्द उठने लगे!''

उधर हीरोइन ढीली डोरी खींचती गई। उसने यह राज़ भी मालूम कर लिया कि अगर वह ज़रा दबी हुई है, तो सिवाय इसके और कोई बात नहीं कि मियाँ पैसों पर अकड़ते हैं। क्यों न यह चार पैसों की कमान तोड़कर अलग कर दी जाए, लिहाज़ा मुहल्ला टोला की सिलाई से शुरू करके इक़्तिसादी[31] बाज़ार के हर कोने में रेंगने लगी। इस नए रूप ने उसमें चार चाँद लगा दिए। वैसे औरत अगर भेस बदलकर आए, तो ख़ुद उसका मियाँ उस पर आशिक़ हो जाता है। जब कमाने निकली, तो यों मालूम हुआ, जैसे कोई शानदार सर्कस शहर में आ गया है। औरत स्कूलों में पढ़ा रही है। मुल्ला जी हक्का-बक्का मुँह फाड़े रह गए। औरत डॉक्टर बन गई। हकीम जी मारे हैरत[32] के पलकें झपकाने लगे। अदालत में वकीले-मुख़ालिफ़ को बौखलाहट

27. पवित्र, 28. सेवा, 29. कथनी और करनी, 30. रखवाली, 31. आर्थिक, 32. विस्मय,

के मारे खाँसी का दौरा पड़ गया—"हटो, बचो। औरत आ रही है!" लोग घबराकर उलट गए और वह धड़ाधड़ मैदान मारने लगी। इक़्तिसादियात के मैदान के साथ-साथ भला वह दिल की दुनिया को क्या न ताराज[33] करती, लिहाज़ा हर तरफ़ तबाही मचा दी।

तो...यह कमाऊ हीरोइन जिस्मानी और दिमाग़ी एतिबार से चाक़ो-चौबन्द, बिल्कुल लुटेरों की तरह चारों तरफ़ हाथ मारने लगी। अब तो मज़ाक़ की हद हो गई। ख़ैर कुनेन खिलाती थी, थप्पड़ लगाती थी, तो कोई मुज़ाइका न था। यह तो एक औरत के नख़रे हुए। चौकीदारी करती थी। ज़रा इसी बात पर टसवे बहाने लगती थी। हमज़ाद बनकर वक़्त-बेवक़्त सवार रहती थी, तो क्या था? थी तो अपनी दस्तनिगर, अपनी बिल्ली भी कभी पंजा मार बैठती है, मगर ख़ुर-ख़ुर करके फिर अपना नर्म-गर्म जिस्म पैरों से रगड़कर मना भी तो लेती है। फ़ैशन भी करती है। फ़ुज़ूल-ख़र्च है तो क्या! है तो अपनी! हमीं से तो माँगकर इतराती है। हमारी ही जेबों से तो इठला-इठलाकर पैसा निकालती है, लेकिन यह बिल्कुल मरदानावार, इक़्तिसादी[34] दुनिया में खम ठोंककर जो ख़ुद अपनी कमाई कहकर खसोट ले जाती है, यह तो सरासर डाकाज़नी है—साफ़ धोखा!

नतीजा यह कि बड़ी जल्दी यह हीरोइन बन गई। बहुत समझाया, साफ़-साफ़ दिखा दिया कि ऐसी ख़ुदसर[35] और ख़ुदमुख़्तार[36] औरतों का बड़ा बद अंजाम होता है। हराम के बच्चे पैदा हो जाते हैं। इस्मतें ख़ाक में मिल जाती हैं। सारी दुनिया जन्म में थूकती है। दफ़्तर में क्लर्क बहका ले जाते हैं। हस्पतालों में डॉक्टर रोग लगा देते हैं। स्कूलों में मास्टर आशिक़ हो जाते हैं। इधर वालिदैन को शम्ए-हिदायत दिखाई। स्कूल में हर लड़की को कम-अज़-कम एक बार ज़रूर नाजाइज़ बच्चे की माँ बनना पड़ता है। पढ़ना-लिखना कुछ नहीं, सिर्फ़ इश्क़-बाज़ी सिखाई जाती है। शर्म दिलाई, बेटियों और बीवियों की कमाई खाते हो, डूब नहीं मरते। यह मास्टर देखने में खटाई जैसे चमरख, मगर हर एक अपने वक़्त का मजनूँ और फ़रहाद है। उस वक़्त की जो कहानी उठाकर देखिए, बस उस्ताद और तालिबा[37] के पुरसोज़ इश्क़ और इबरतनाक अंजाम से पुर नज़र आएगी।

यक़ीनन यह अदब भी अपना असर दिखाता और हीरोइन वापस पति के चरणों में सरनिगूँ[38] ढकेल दी जाती। बात यह होती कि बाज़ार में न जाने क्यों लड़कों से ज़्यादा लड़कियों की माँग हो गई। अगर एक ग्रेजुएट बीस रुपया कमाता, तो लड़की एक सौ बीस मार लेती। ज्यों-ज्यों तालीमे-निस्वाँ[39] कारआमद[40] होती गई, तालीमे-मर्दां फ़ुज़ूल और बेकार बनती गई। हीरोइन ने पैर मज़बूत जमा लिए, लेकिन साथ ही साथ एक अजीबो-ग़रीब कशमकश शुरू हो गई। तालीमयाफ़्ता

---

33. बरबाद, 34. आर्थिक, 35. उद्दंड, 36. स्वावलम्बी, 37. विद्यार्थिन, 38. नतमस्तक, 39. स्त्री-शिक्षा, 40. लाभदायक,

लड़कियों की माँग बढ़ी, मगर इस तेज़ी से नहीं, जिस तेज़ी से तादाद बढ़ी। जब एक मैट्रिक पास लड़की अन्क़ा[41] समझी जाती थी, अब गली-गली ग्रेजुएट उग आईं। शादी के बाज़ार में बड़ी अफ़रा-तफ़री मच गई। एक पढ़ी-लिखी लड़की के लिए कम-अज़-कम आई.सी.एस. या पी.सी.एस. तो हो! काश, गवर्नमेंट लड़कियों की तादाद देखकर अफ़सरों का तक़रुर्र[42] करती, तो यह मुसीबत क्यों नाज़िल[43] होती। यह गिने-चुने अफ़सर तो ऊँट की दाढ़ में ज़ीरा बनकर रह गए। जिसने ऊँची बोली लगाई, वही ले उड़ा। नतीजा यह हुआ कि ग्रेजुएट और तालीमयाफ़्ता लड़कियों की कसीर तादाद इस इन्तिज़ार में कि कब गवर्नमेंट ऑफ़ीसर बरसें और वह समेट लें। मुख़्तलिफ़ शोबों[44] में नौकर हो गईं। इससे यह नहीं समझना चाहिए कि अफ़सरों की तादाद कम रही, तो क्लर्क बदक़िस्मत, स्कूल मास्टर नाकाम और उजड़े हुए डॉक्टर नहीं पैदा हुए। वह तो और भी शिद्दत से पैदा हुए। अब इन बेचारों के पास दो रास्ते रह गए। या तो जाहिल लड़कियों से नसीबा फोड़ लें, या अमीर और तालीमयाफ़्ता लड़कियों से तख़य्युली[45] इश्क़ करके ज़िन्दगी उनकी याद में गुज़ार दें। जिन्होंने दिल पर पत्थर रखकर सिर फोड़ लिया, उनकी रूहें भी जीवन-साथी की तलाश में भटकीं। ज़िन्दगी भर हमख़याल और हम-मज़ाक़ बीवी का अरमान दिल में कचोके मारता रहा और जो ज़्यादा हिम्मत वाले थे, वह पास-पड़ोस की कभी-कभी नज़र आ जानेवाली अपटूडेट हसीना की आग में सुलगने लगे। आख़िरु-ज़िक्र तादाद में ज़्यादा बढ़े और नतीजा यह हुआ कि औरतें और मर्द पैदा होते गए और दुनिया में रहते गए। एक दूसरे के लिए नहीं, बल्कि 'मौज़ूँ[46] रिश्ता' के लिए, बिल्कुल जैसे एक दुकान में कपड़ों के गट्ठड़ पड़े सड़-गल रहे हों, और दूसरी तरफ़ सड़कों पर नंगे घूम रहे हैं। एक होटल में बासी मिठाइयों और खानों के अम्बार मोरियों में लुंढाए जा रहे हैं और दूसरी तरफ़ लोग फ़ाक़ों से मर रहे हैं। ज्यों-ज्यों दुकानें और होटल लवाज़िमात[47] से भरते जाते हैं, सड़कों पर नंगे और भूखों की तादाद बढ़ती जाती है। इसी तरह एक पिंजरे में लड़के और दूसरे में लड़कियाँ बन्द करके बीच में चाल-चलन के पहरेदार बिठा दिए गए। लड़कियाँ कुँआरी बैठी सूख गईं, उधर लड़के हैवान बनते चले गए। नतीजा यह कि इनसानियत ज़्यादा भूखी, मफ़्लूज[48], और ग़ैर-इनसानी बनती गई और फिर एक ऐसा तब्क़ा पैदा हुआ, जो बरसों की छुपी-ढकी ग़िलाज़तों[49] के मवाद की तरह फूट पड़ा। उसने जो पहला काम किया, वह तख़रीब[50] था। बूढ़े घने हुए पेड़ का तना उखाड़े बग़ैर नया पौधा लगाना दुश्वार है। पुराने मकान को ढहाकर ही नई कोठियाँ बनाई जा सकती हैं। सबसे पहले तो औरत और मर्द के बीच में जो पासबान[51] बैठा था, उससे मुठभेड़ हुई। चूँकि बग़ैर औरत के दुनिया अधूरी थी, घर में अपनी कमाई से

41. अप्राप्य, 42. नियुक्ति, 43. प्रकट, 44. विभिन्न विभागों, 45. काल्पनिक, 46. उपयुक्त, 47. खाद्य-सामग्री, 48. पक्षाघातग्रस्त, 49. मलिनता, 50. विनाश, 51. रखवाला,

औरत रखने की न ही इक़्तिसादी हालत ने इजाज़त दी और न पासबानों ने। लाचार होकर वह वापस तवाइफ़ की आग़ोश में जा गिरा। गृहस्थ हीरोइन के राज में तवाइफ़ मिट-मिटाकर ख़ाक हो चुकी थी। नाक़द्री और फिटकार ने उसे सूरत से बे-सूरत कर दिया था। कुछ दीवालिया होकर निकाह कर बैठी थीं, कुछ लम्बी-चौड़ी दुकानें लुटाकर गन्दी नालियों के पास ख़ोंचा लगा चुकी थीं। कुछ ने रूप बदल डाला था और जैसे तवाइफ़ हीरोइन से मर्द को छीनने के लिए गृहस्थिन ने घूँघट उठाया था, आज उसने उसे फेंके हुए आँचल में मुँह छुपाने की कोशिश की थी। कभी गृहस्थिन ने उसके हथकंडे और बनाव-सिंगार छीने थे, आज उसने गृहस्थिन की बेचारगी और बेकसी की आड़ ले ली और सिवाय बिल्कुल निचले तब्क़े के तवाइफ़ को पहचानना भी दुश्वार हो गया था, और जब यह दिमाग़ी तब्क़ा तवाइफ़ की तलाश में निकला, तो उसकी हालते-ज़ार[52] देखकर उसका जी दहल गया। तवाइफ़ अब वह सरशार की चहकती हुई बुलबुल नहीं रही थी, बल्कि भूखी-कमीनी बिल्ली बन गई थी। सिवाय फ़क़ीरों और यक्का-ताँगा वालों और मज़दूरों के किसी को उसका नामो-निशान भी मालूम न रहा था। अपना मतलब था, तो उसी तवाइफ़ को शे'रों में पिरो डाला, क़सीदों में गूँधकर शे'रों में सजाकर अदब को उसकी कूंडी बना दिया और फिर जो भूले तो ऐसा भूले कि लौटकर ख़बर भी न ली। घर में नल लग गया, तो मीठे पानी के कुओं को ऐसा फ़रामोश[53] किया कि अंधे होकर साँपों और कनखजूरों का मस्कन[54] बन गए और अब वक़्त पड़ा, तो उसी के किनारे प्यासी ज़बानें लटकाए हाँफ रहे हैं। यही नहीं, बल्कि म्यूनिस्पैलटी से कहकर सफ़ाई कराने पर तुले हुए हैं, मगर यह अंधा कुआँ दोबारा कारआमद होने से पहले बड़ी सख़्त मदद का तालिब था। चुनाँचे बाग़ी तब्क़ा उसकी हिमायत में चीख़ पड़ा। पुकार-पुकारकर उसने दुनिया के उस ज़ख़्म को दिखाया, जो नासूर बनकर बिजबिजा उठा था। ग़रीब, मगर ख़ुद्दार[55] जवान उस तब्क़े की हिफ़ाज़त को उठ खड़ा हुआ, जो उसकी थी, उसके काम आ सकती थी। उसे सारा हुस्न और तमाम लताफ़तें[56] उस फ़कीरनी में नज़र आईं, जिसमें दुनिया भर की ग़िलाज़तें जज़्ब हो चुकी थीं, मगर जो उसे मिल सकती थी। नाक़द्री की वजह से वह गिर गई थी और उसी के करम[57] की मुहताज थी। शरीफ़ औरत उस नौजवान की ज़िन्दगी से दूर-तर होती गई, वह उसके बारे में न जान सका और न उसने जानने की कोशिश की। उसकी नज़रों में वह सिर्फ़ नकचढ़ी, ख़ुदग़र्ज़ और झूठी मख़लूक़ बनकर रह गई, जो प्यार भरी नज़रों को गाली और इश्क़ को घिनौना समझती है, जो मुहब्बत करना हत्क समझती है और मर्द की हिफ़ाज़त अपनी तौहीन। उसमें आम तवाइफ़ जैसी गन्दी, भयानक जाज़िबियत[58] कहाँ? आम तवाइफ़ से वह तवाइफ़ मुराद नहीं, जो बड़े आदमियों की दुनिया में चमका करती है, बल्कि

52. दुर्दशा, 53. भुला, 54. घरौंदा, 55. स्वाभिमानी, 56. कोमलताएँ, 57. कृपा, 58. आकर्षण,

सड़क की वह नंगी भूखी कुतिया, जो राह चलते की टाँग पकड़कर घसीटती है, जो हर क़ीमत पर हर हैसियत के इनसान को लंगर बाँटती है। उसकी गन्दगी और ग़िलाज़त घिन खाने की चीज़ नहीं, बल्कि इसलाह[59] की मुहताज है। अगर हमारे मकान में नाली सड़ रही है, तो यह उस बेचारी नाली का क़ुसूर नहीं, बल्कि मकानदार का क़ुसूर है। उसे गन्दा कहकर मुँह मोड़ लेने से गन्दगी दूर नहीं हो जाएगी। तवाइफ़ गन्दी और बीमार, कमीनी और जालसाज़ है, तो यह उसका क़ुसूर नहीं, बल्कि निज़ाम का क़ुसूर है, जो इनसानियत की यों बेक़द्री करता है। नए अदीबों ने तवाइफ़ों का हाल लिखकर बेशक एक मुतअफ़्फ़िन[60] फोड़े का मुँह खोल दिया, जिसने नाज़ुक-मिज़ाज लोगों की लतीफ़ तबीयतों पर बुरा असर डाला, मगर उस फोड़े का मवाद निकल जाने से दुनिया के थोड़े-बहुत दुख मिट जाने का इम्कान[61] पैदा हो गया। तवाइफ़ कैसी भी ज़लील हो, हमारी दुनिया के जिस्म का एक हिस्सा है, उसे सड़ाकर नहीं फेंका जा सकता। लोग उसे औरत नहीं मानते। वह जो दुनिया के हर दुखियारे का सहारा, हर भूखे का दस्तरख़्वान है। वह बेशक औरत नहीं, मगर उससे भी ज़्यादा कारआमद हस्ती है। यही वजह है कि आजकल का नौजवान गृहस्थिन से ज़्यादा बाज़ारी माल की बेहतरी का ख़्वाहाँ[62] है। वह उसकी ज़िन्दगी से दूर और क़रीब भी है। उसे क्या ग़रज़ तालीमे-निस्वाँ[63] नहीं हो रही या बेवाएँ बिन ब्याही सूख रही हैं या मियाँ-बीवियों की नाकें काटे डाल रहे हैं। उसकी बला से दुनिया भर बेवा हो जाए और औरत मिटे या रहे। देखिए न, आपके मुहल्ले की नाली ख़राब हो जाती है, तो आप ग़ुल मचा देते हैं और आप परवाह नहीं करते कि इस साल लड़ाई की वजह से विक्टोरिया गार्डन में उम्दा बीज न बोए जा सके, इसलिए इस साल तख़्ता-गुल की बहार से लोग महरूम[64] रह जाएँगे। आपकी बला से फूल खिलें या न खिलें, मगर नाली ज़रूर साफ़ होनी चाहिए।

अब ख़्वाह दुनिया मौजूदा अदब की हीरोइन को नापाक[65], उर्यां[66] और मकरूह[67] कहे, ज़माने ने उसे हीरोइन का रुत्बा दे दिया। यह ज़माने की निशेबो-फ़राज़ की ढाली हुई ईंट है, जो तामीर में अपनी जगह पा गई।

तो यह हुई हीरोइन, सरशार की नाज़ो-अदा भरी नाज़नीन, जिसे दुनिया में सिवाय खाने-पीने और ऐश करने की किसी बात की फ़िक्र नहीं। मैंने ग़लत कहा! एक बात की बेइन्तहा फ़िक्र है, और वह इश्क़ लड़ाने की। यह ज़माना है, फ़ारिग़ुलबाली[68] का, फिर इसके मुक़ाबले में प्रेमचन्द की मज़लूम औरत और राशिदुलख़ैरी की कुचली हुई बेवा। यह ज़माना है इक़्तिसादी[69] कशमकश का और सुधार का। फिर लीजिए, मज़ाहनिगारों[70] को। यह हँस गए और हँसा गए। चमड़ी में मगन, न आगे जाना, न पीछे हटना! फिर एम. अस्लम की साधु की लड़की, जिसे

59. सुधार, 60. बदबूदार, 61. सम्भावना, 62. इच्छुक, 63. स्त्री शिक्षा, 64. वंचित, 65. अपवित्र, 66. नग्न, 67. घृणित, 68. सम्पन्नता, 69. आर्थिक, 70. हास्य लेखक,

सिवाय नदी के किनारे आने-जानेवालों से प्रेम की पेंगें बढ़ाने और भँवरों के साथ गीत गाने के और कोई काम नहीं। मिस हिजाब की बेवक़ूफ़, काहिल और बेमसरफ़[71] दोशीजा[72], जिसे सिवाय चुहियों से डरकर बेहोश हो जाने के और कुछ नहीं आता। जहाँ हुस्नो-इश्क़ को बनावट ने उल्लू बना रखा है। यह ज़माना है, आजिज़ आकर ऊँघने का। और फिर कृष्ण की ज़िन्दा औरत, बेदी की कारोबारी हीरोइन, मंटो की जीती-जागती, सबकी जानी-पहचानी, बेहया रंडी। इस्मत की बेचैन, मुँहफट और बेशर्म लड़की, सत्यार्थी की ख़ानाबदोश, अस्करी की फ़ल्सफ़ी मेम साहब...यह ज़माना है ज़िन्दा रहने के लिए लड़-मरने का, कुछ तामीर करने के लिए जिद्दोजहद का, कुछ मिटाने के लिए और कुछ बनाने के लिए दीनो-दुनिया को तलपट कर देने का, जैसा कि मौजूदा फ़िज़ा से ज़ाहिर हो रहा है।

अब देखना है कि हमारी आइन्दा ज़िन्दगी की हीरोइन किस शान से जलवा-अफ़रोज़ होती है। ख़ुदा के बाद औरत ही की परस्तिश[73] अदब में की गई है, या शायद उसका नम्बर पहले आता है। और फिर दुनिया की दूसरी ताक़तों का, जहाँ तक अन्दाज़ा किया जाता है, आनेवाली हीरोइन न तो ज़ालिम होगी, न मज़लूम, बल्कि सिर्फ़ एक औरत होगी और अहरमन व यज़्दान[74] के बजाय अदीब उसे औरत का रुत्बा ही बख़्शेंगे और फिर तामीर शुरू होगी।

✿✿✿

71. बेकार, 72. युवती, 73. पूजा, 74. पारसियों के मतानुसार 'पाप' का ख़ुदा और 'नेकी' का ख़ुदा।